텃밭백과

이 책은 제가 경험한 일과 자료 조사를 바탕으로 만들어졌습니다. 어린 시절 시골에 살았던 기억이 이 책을 쓰는 데 많은 도움이 되었습니다.
시골에서 감성을 키울 수 있게 길러주신 부모님, 고맙습니다. 제게 밭을 마련해주고, 주말마다 도시락을 챙겨주고, 먹을 것을 날라다 준 아내가 있었기에 지난 10년의 텃밭 생활이 가능했습니다. 가족과 보내지 못한 주말을 오랜 세월 견뎌준 아내 조미순, 딸 박현지, 아들 박주현에게 이 책을 바칩니다.
주문한 씨앗이 도착하면 착불금을 내주고, 씨앗을 챙겨주고, 거름 냄새 나는 옷을 빨아준 아내에게 다시 한 번 감사한 마음을 전합니다.
텃밭 농사 초기에 몰래 비료를 뿌리다 많이 싸운 나의 텃밭 파트너 장모님이 옆에 계셔서 늘 든든했습니다.

텃밭백과

ⓒ 박원만 2007

초판 1쇄	2007년 12월 29일			
초판 17쇄	2024년 1월 3일			
지은이	박원만			
출판책임	박성규	펴낸이	이정원	
편집주간	선우미정	펴낸곳	도서출판 들녘	
기획이사	이지윤	등록일자	1987년 12월 12일	
편집	이동하·이수연·김혜민	등록번호	10-156	
디자인	하민우·고유단	주소	경기도 파주시 회동길 198	
마케팅	전병우	전화	031-955-7374 (대표)	
경영지원	김은주·나수정		031-955-7381 (편집)	
제작관리	구법모	팩스	031-955-7393	
물류관리	엄철용	이메일	dulnyouk@dulnyouk.co.kr	
ISBN	978-89-7527-590-6 (03520)			
	978-89-7527-160-1 (세트)			

값은 뒤표지에 있습니다. 잘못된 책은 구입하신 곳에서 바꿔드립니다.

유기농 채소 기르기

박원만 지음

들녘

| 추천의 글 |

텃밭 농사의 결정판

15년 전, 처음 심은 작물이 배추였다. 배추 씨앗이 싹트는 게 얼마나 놀랍고 신기한지 그 경이로움은 오랜 시간이 지나도 가시질 않아 지금도 씨앗을 심으면 과연 이 녀석이 제대로 싹을 틔울까 가슴을 조아리며 기다린다. 결국 땅 위로 나온 싹을 볼 때면 여전히 "이~야!" 하고 감탄사가 절로 난다. 처음의 그 감동을 잊지 못해 평생 농사만 지으신 마을 어르신께 물어봤더니 "아, 그 맛으로 농사 짓는 거지!" 하신다. 그게 아마 생명을 키우는 일에서 느낄 수 있는 감동이리라. 그 생명의 꿈틀거림을 지켜보는 기쁨 때문에 사계절 중 봄이 가장 기다려지는 것 같다.

새싹 보는 것만큼 놀라운 것이 퇴비 만들기다. 요즘은 화학비료나 가축 똥으로 만든 유기질 퇴비가 시판되고 있어서 얼마든지 사다 쓸 수 있다. 그러나 퇴비를 돈 주고 사다 쓰는 사람은 농사의 참된 재미를 알 수 없다. 퇴비는 동물 것이든 사람 것이든 똥과 오줌이 기본 재료다. 또 먹다 남은 음식물도 훌륭한 재료다. 그것들을 톱밥이나 왕겨, 낙엽, 재, 마른풀과 잘 섞어주면 거름이 되는 것이다.

더럽고 냄새나는 똥오줌이나 음식물 찌꺼기가 풀과 마른 재료들을 만나 발효해 달콤한 향을 풍기는 거무튀튀한 흙으로 변하면 먹어도 탈이 없을 정도가 된다. 이렇게 발효가 끝난 거름에는 작물이 좋아하는 영양분은 물론 흙을 건강하게 해주어 병원성 세균을 물리치는 유익한 미생물들이 많이 들어 있다. 이런 거름을 흙에 넣어주어야 흙이 살아나고, 살아난 흙에 다양한 생명들이 옹기종기 모여드는 것이다. 그 흙에 작물을 심으면 무럭무럭 건강하게 자라 친환경 유기농사가 저절로 이루어진다.

그런데 이런 농사의 참맛을 오롯이 담은 책이 나왔다. 유기농 채소를 기르는 『텃밭백과』이다. 전문 농사꾼도 아니고 농학을 전공한 학자도 아닌 아마추어 텃밭 농사꾼인 박원만 선생이 10년 동안 모아온 이 기록들은 질로나 양으로나 가히 텃밭 농사의 모든 것을 담은 결정판이라고 할 수 있다. 퇴비 만들기에서부터 씨받기까지 온 정성을 기울여 기록한 농사법은 반갑기 그지없다. 다만 퇴비를 만들 때 자기 똥오줌을 활용하는 법이 빠진 것이 조금 아쉽고, 저자가 밭에 주는 거름의 양이 좀 많지 않은가 싶은 우려가 들긴 한다. 하지만 씨앗을 종류별로 모두 갈무리해서 카메라로 찍고, 벌레 먹은 작물들까지 허투루 넘어가지 않고 초심자를 배려한 1,400여 장의 사진 기록으로 남긴 것은 정말 감동적이다. 또한 대부분 간과하기 쉬운 연작피해 사례까지 꼼꼼히 챙겨 선명한 사진으로 보여주는 대목에서는 나도 모르게 무릎을 쳤다. 보통 사람의 취미생활이라고는 볼 수 없는 지난한 노력의 흔적이다. 『텃밭백과』에서는 아름다운 농사의 향기가 넘친다.

정용수_전국귀농운동본부 도시농업위원회 위원장

| 들어가는 글 |

10년 동안 내 손으로 쓴 유기농 텃밭 일지

작은 밭을 만들어 식물을 심고 거두어들이는 일은 즐겁다. 물론 그렇게 하고 싶어도 여건이 되지 않아 못하는 사람이 있는가 하면 심고 가꾸는 일 자체를 달가워하지 않는 사람도 있다. 나는 평범한 직장인으로 농사에는 아무런 관심도 없던 사람이다. 그러나 마음속으로는 시골의 담장과 초가 지붕, 사립문 등 어릴 때 보아온 분위기를 잊지 못하고 있었다. 그러다 우연한 기회에 땅이 생기면서 온갖 상념에 잠기기 시작했다. 여기에는 무엇을 심을까? 심는 방법은? 관리는? 이것은 물을 좋아하나? 건조한 기후가 맞나? 갈무리는 어찌해야 할까? 수많은 고민 끝에 여러 곳에서 정보를 찾고, 책도 보면서 몇 년간 텃밭을 가꾸다보니 나름대로 아하, 이러면 되는구나 하는 생각을 하게 되었다. 농사라고는 아무것도 모르던 사람이 직접 퇴비를 만들고, 씨앗을 심고, 수확하는 기쁨을 맛보면서 처음으로 진정한 보람을 느꼈다면 지나친 과장일까? 계획, 실천, 반성을 반복적으로 해볼 수 있다는 것 또한 텃밭의 좋은 점이었다. 무엇을 얼마 만큼 심어야 하나, 어떻게 심어야 하나, 가꾸기는 어떻게 하나 등등 즐거운 고민거리가 나날이 늘어난다.

텃밭을 가꾸면서 처음 겪은 고민은 파종과 복토였다. 도대체 씨는 언제 어떻게 뿌려야 하고, 어느 정도 흙을 덮어야 발아가 잘될까? 그것이 늘 어려웠다. 그래서 텃밭에 관한 여러 가지 책을 구해 읽었다. 그러나 대부분의 책이 일본 책을 그대로 번역

한 것이어서 우리나라의 실정과는 너무 달랐다. 두 나라의 기후가 전혀 다르기 때문에 겨울을 지나고 봄에 감자가 싹을 틔우는 이야기라든지, 월동으로 기르는 양배추 이야기 같은 정보는 우리나라 남부 지방 또는 제주도에서나 가능한 일이었다. 또 어떤 책에서는 아스파라거스, 브로콜리, 적색종 양파, 쌈용 케일 같은 씨앗이 구하기 쉬운 종자라고 되어 있었다. 일본에서는 텃밭 인구가 많아 종묘의 수급이 원활한지 몰라도 우리나라에서는 구하기가 쉽지 않은 종자들이었다. 설령 종자를 구할 수 있다고 해도 일부는 가격이 너무 비싸 텃밭에서 기른다는 것은 엄두도 못 내는 경우가 있었다. 처음 텃밭 농사를 할 때는 씨앗에 대한 근본적인 이해와 더불어 기후에 따라 심는 시기, 씨앗을 덮는 흙인 복토의 정도, 수확 시기, 자라는 모양 등의 자료가 있어야 한다. 그러한 자료를 바탕으로 몇 해쯤 농사를 짓다 보면 조금씩 눈이 뜨인다. 그러나 경험을 통해 여러 가지 정보를 스스로 배워야 한다는 것은 초심자에게 너무 무거운 짐이다.

그래서 나는 10년 가까이 직접 텃밭을 가꾸며 관찰하고 기록한 자료를 모아 한 권의 책으로 묶어낼 결심을 하게 되었다. 물론 10년이라고 해도 실제로는

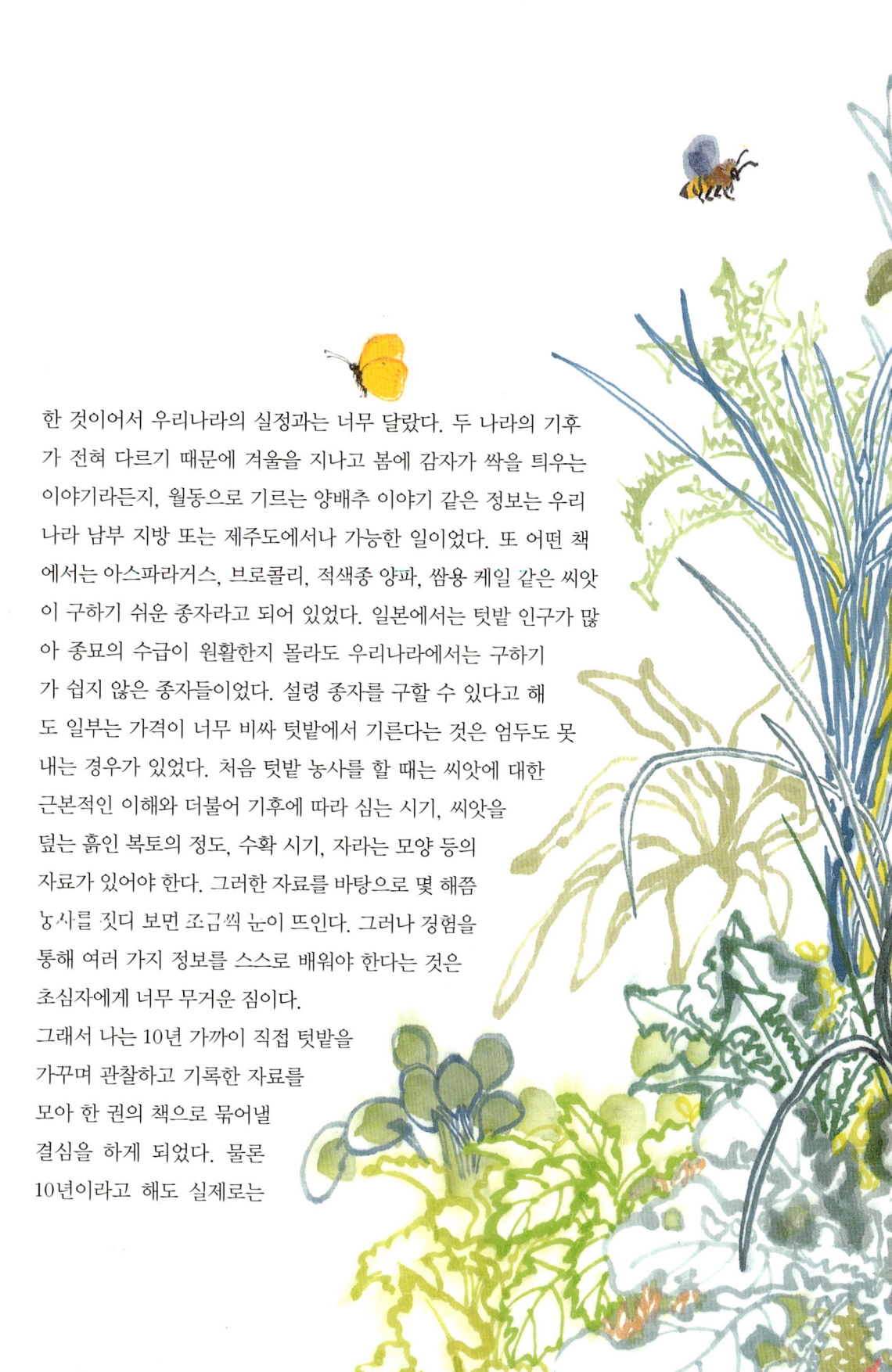

남들보다 몇 번의 경험을 더 한 것에 불과하다. 우리나라 기후에 맞추어 벼농사를 짓는다면 50년 동안 50번의 경험밖에는 하지 못하고, 그 경험조차 해마다 달라지는 기후를 감안하면 같은 조건이 반복되는 경우는 거의 없기 때문이다. 공장이 아닌 자연을 상대로 하는 농사에서 경험을 늘린다는 것은 시간에 비례한다. 언제나 주어진 조건에 적합한 길을 따라가는 선택을 할 뿐이다. 게다가 아직은 얕은 지식과 내가 경험한 것만을 토대로 작성한 내용이라 오류가 적지 않을 것이다. 또한 지역에 따라 다른 여러 조건을 무시하고 이 글을 썼다는 점도 아울러 헤아려주었으면 좋겠다.

그러나 나는 작물을 처음 가꾸는 초보자들에게 우리 실정에 맞는 도움을 주고 싶었다. 내가 처음 작물을 키울 때, 지금 자라고 있는 모습이 정상인지 아닌지 알 수가 없어 고민을 많이 했기 때문이다. 그래서 나는 처음 씨앗을 뿌려 싹트는 모습, 중간중간 자라는 모습, 수확하는 모양까지 참고가 될만한 사진을 찍었다. 내가 기른 모습과 본인의 밭의 상황을 비교해볼 수 있도록 하기 위해서다.

처음 텃밭을 구해 무언가를 기르려고 할 때는 정말 막막하다. 이 책이 그런 고민을 조금이나마 덜어줄 수 있었으면 하고 생각해본다. 내심 언제나 곁에 두고 읽어볼 수 있는 충실한 텃밭 안내서가 되었으면 하는 욕심도 내본다.

텃밭에 씨앗을 심고 모종을 구해다 심는 것은 금전으로 따질 수 없는 무언가를 준다. 이것은 어쩌면 여유이고 휴식일 것이다. 그러나 그보다 앞서 한 가지 분명한 사실은 누구나 씨앗을 심을 때는 무엇인가를 얻으려고 한다는 점이다. 수확한 상추를 먹고, 깻잎을 먹고, 풋고추를 먹는 게 그냥 시장에서 사다 먹는 것과 무슨 차이가 있을까? 그러나 분명한 차이가 있다.

또한 텃밭은 내게 자연을 가르친다. 식물이 자라면서 열매 맺는 과정을 지켜보는 것은 상상하기 어려운 기쁨이다. 마치 아기를 기르는 심정이랄까? 아이들은 자라서 미운 짓도 곧잘 하지만 채소들은 언제나 아기처럼 순하고 여리다. 채소가 자라나는 것을 지켜보는 기쁨은 이 세상 어느 것에 비할 바가 아니다.

사람들은 흔히 "어디에다 정을 붙여야 된다"는 말을 한다. 나는 그 정을 붙일 만한 곳 중에 텃밭이 최고라고 생각한다. 기르는 기쁨과 먹는 기쁨, 나누는 기쁨을 동시에 맛볼 수 있는 곳이 텃밭이다. 온 가족이 밭에서 흙놀이를 하면서 정을 나누는 것도 빼놓을 수 없는 즐거움이다. 텃밭에 갈 때는 되도록 할아버지 할머니와 함께, 부부가 함께, 아이들과 함께 가는 것을 권한다. 텃밭에 들어서면 누구나 즐겁게 대화를 나누게 된다. 쑥쑥 커가는 아기 같은 채소들이 날이면 날마다 새로운 이야깃거리를 만들어주니까.

2007년 12월 박원만

텃밭백과 | 차 례

추천의 글 • 텃밭 농사의 결정판_정용수(전국귀농운동본부 도시농업위원회 위원장) 4
들어가는 글 • 10년 동안 내 손으로 쓴 유기농 텃밭 일지 6

먼저 알아야 할 것들
자주 쓰는 농사 용어 기타 용어들 14
농사의 시작은 퇴비 만들기 21
풀과 함께 키우자 34

기르는 즐거움

42 배추과 채소
배추 52 · 열무 63 · 무 69 · 양배추 79 · 케일 92
꽃양배추 브로콜리, 콜리플라워 100
청경채 108 · 얼갈이배추 112 · 총각무 116 · 적겨자채 120
적환무 124 · 갓 돌산갓, 얼청갓 128 · 유채 136

142 잎줄기 채소
쑥갓 142 · 근대 148 · 시금치 156 · 아욱 164 · 미나리 170
셀러리 177 · 신선초 184 · 상추 191 · 양상추 200

208 양념 채소
부추 208 · 대파 218 · 쪽파 227 · 염교 236
양파 243 · 마늘 253 · 리이크 260
달래 271 · 아스파라거스 278

288 뿌리 채소

당근 288 · 감자 297 · 고구마 308
토란 318 · 우엉 326 · 야콘 332
생강 340 · 땅콩 345 · 돼지감자 350

354 열매 채소

가지 354 · 토마토 363 · 고추 372
오이 382 · 호박 394
참외 403 · 딸기 410

418 콩 · 곡식

완두콩 420 · 강낭콩 425
콩 흰콩, 서리태, 쥐눈이콩 430
들깨 437 · 옥수수 446 · 사탕수수 455

462 산나물

취나물 465 · 머위 470
파드득나물 475 · 산마늘 479 · 곰취 483

487 봄나물

냉이 488 · 벼룩나물 490 · 돌나물 492
왕고들빼기 495 · 두릅 497

500 허브 식물

배초향 501 · 페퍼민트 506 · 박하 509
스테비아 513 · 차이브 518 · 초피나무 522

525 약용 식물

익모초 526 · 당귀 529 · 인삼 533

536 꽃

목화 537 · 부용화 541
봉숭아 545 · 접시꽃 548 · 참나리 551
원추리 554 · 비비추 557
기린초 560 · 옥잠화 563
섬초롱 566 · 금계국 569
코스모스 571

참고문헌 573
찾아보기 574

먼저 알아야 할 것들

싹이 트는 씨앗은
갓난아기를 기를 때와 같은
흥분과 경이로움을 느끼게 한다.
작은 씨를 뿌려 싹 나는 모습을 지켜보고,
자라나는 모양을 관찰하다 보면
이 작은 씨앗이 억센 나무도 되고 풀도 되는
위대한 자연의 이치를 깨닫는다.
비좁은 텃밭이라고 무시하지 말고 규모와 장소에 따라
적절한 채종을 하고, 퇴비를 만들어두자.
알맞은 시기를 잡아
계속 이와 같은 과정을 따라하는 것이 중요하다.
직접 채소를 기르다 보면
시장에서 파는 푸성귀들을 구별하는 눈도 생긴다.
건강한 채소를 단번에 알아볼 수 있다.
상추, 쑥갓, 무, 배추 등의 잎에 붙어 있는 벌레도
징그럽지 않고 어여쁘게 보인다.

자주 쓰는 농사 용어

씨앗 준비

밭을 일굴 때 처음 생각하는 것은 씨앗이다. 씨앗 값도 문제고, 씨앗에 대한 정확한 정보도 문제다. 현실적으로 토종 씨앗은 거의 없다. 외국의 종자회사에서 수입한 씨앗을 우리나라에서 포장만 해 공급하는 게 현실이다. 부실한 모종과 씨앗을 심었다가 한 해 농사를 망치면 어쩌나 하는 걱정이 든다. 그래서 특수한 경우를 제외하고는 자가채종을 해 심는 것이 최선이다. 자가채종해 오랜 기간 기르면 내 텃밭이 종자은행이 되므로 유전자변형 씨앗이나 거대 종자회사의 횡포에 시달리지 않을 수 있다.

더구나 시중에 판매되는 씨앗의 포장 단위는 보통의 텃밭용으로는 양이 많은 편이다. 그것은 전문 농업 종사자들을 위한 것이다. 파종하고 남은 종자의 보관도 매우 어렵다. 내 경험으로는 시중에 나와 있는 상추, 양상추, 근대 등의 잎줄기 채소를 비롯해 열무, 얼갈이배추의 종자는 텃밭에서 쓰기엔 대체로 양이 많고, 배추, 무 등은 적당하다. 나는 우리 밭에 있는 것들 가운데 상추, 근대, 유채(겨울초), 아욱, 호박, 쑥갓, 파, 쪽파, 오이, 고들빼기, 취나물, 달래 등은 자가채종을 한다. 최근에는 배추, 케일 등의 종자도 채종하고 있다.

　물론 종자를 갈무리하자면 일감이 장난이 아니다. 정리도 해야 하고, 봉지나 통에 넣어 이름표도 달아야 하고, 날씨가 좋지 않을 때는 방안에 들고 가서 말리고 비비고 해 튼실한 놈으로 골라 놓아야 하니 이것이 보통 일이 아니다. 그래도 진정한 농사는 채종이 선행되어야 한다는 것이 내 생각이다. 여행을 다니거나, 산책을 할 때 눈에 띄는 종자나 꽃을 달고 있는 식물을 보면 하나씩 준비해두는 것도 좋은 방법이다.

　모종으로 심어야만 잘되는 것들도 있는데 고추, 가지, 피망, 토마토 등의 가지과 작물이 그렇다. 브로콜리, 케일, 셀러리 등은 집에서 싹을 틔워 모종을 만들어도 좋다. 하지만 시장에서 판매하는 모종을 구입해 심는 편이 수월하다.

이랑 만들기

　생전 처음 텃밭 앞에 선 사람이 이랑을 만든다는 것은 쉽지 않은 일이다. 어떤 작물을 심는가에 따라 이랑의 모양이 달라져야 하기 때문이다. 토란 같은 물을 좋아하는 작물은 이랑을 만들지 않아도 되지만, 물을 싫어하는 고추나 토마토 같은 것들은 두둑을 높여야 한다. 감자나 고구마

기타 용어들

1 결구 배추, 양상추, 양배추 등의 채소가 포기를 채우는 것을 일컫는 말.

2 곁순지르기 줄기의 겨드랑이에 나는 순을 곁순이라 하는데, 이것을 잘라내는 것을 말한다.

3 고랑 두둑과 두둑 사이의 길고 좁게 들어간 곳으로, 물 빠지는 기능과 관리를 위해 접근하는 통로로 이용된다.

4 꺾꽂이 식물의 자라는 줄기를 잘라 심는 것으로 흔히 삽목이라고 한다. 주로 개나리, 스테비아, 박하 등의 식물을 증식시킬 때 많이 이용하는 방법이다.

5 꽃대 꽃자루가 달리는 줄기.

6 덩굴손 줄기나 잎의 끝이 다른 물체를 감을 수 있도록 가늘게 덩굴로 모양이 바뀐 부분.

7 덩이뿌리(괴근) 식물의 뿌리가 양분을 저장해서 비대해진 것으로 괴근이라고도 부르며 고구마와 야콘 등이 대표적인 덩이뿌리 식물이다.

8 덩이줄기(괴경) 식물의 뿌리줄기가 가지를 치고 그 끝에 양분을 저장해 비대해진 형태의 식물로 감자, 돼지감자, 튤립 등이 이 부류에 속한다. 괴경이라고도 부른다.

9 도장 싹이 튼 식물이 웃자라 쓰러져 말라 죽는 현상.

10 돌려짓기 작물을 일정한 순서에 따라서 주기적으로 교대해 재배하는 방법. 윤작(輪作)이라고도 한다.

11 누둑 식물을 심기 위해 만든 흙 두둑이.

12 뒷그루 후작이라고도 하며, 어떤 작물을 수확하고 이후에 재배하는 것을 말한다.

13 멀칭 모종을 심거나 파종을 할 때 그 위에 무엇을 덮는 것으로, 보통 비닐 제품이 재료로 많이 쓰인다. 피복이라고도 한다.

14 모종 씨앗을 심어 아주심기 하기 전의 상태를 말한다.

15 밑거름 밭을 일굴 때 넣어주는 거름. 흔히 기준이 되는 거름을 일컫는다.

16 밀생 자라는 작물의 밀도가 높은 상

같이 땅속에서 수확물을 키우는 작물은 특히 두둑을 만들고 심어야 한다. 상추, 열무 등의 잎채소라면 두둑을 너무 높이지 말고, 비가 왔을 때 물이 빠지는 물고랑만 내주면 기를 수 있다. 이랑은 한 번 만들면 되도록 그대로 유지하면서 필요할 때 다듬어 사용하는 편이 효율적이다. 땅을 완전히 뒤엎고 새로 이랑을 만들려면 힘들기도 하지만 이랑 안에 사는 작은 생물들의 보금자리를 보존하는 것이 좋기 때문이다.

씨뿌리기

처음에는 쉽다고 생각하지만 시간이 지날수록 어려운 것이 씨뿌리기다. 오랜 세월 농사만 지으신 분들도 씨뿌리기가 어렵다고 고백한다. 초보는 몰라서 어렵고 프로는 너무 변화가 많은 상황을 알기에 힘든 것이다. 기온, 강우, 햇볕, 발아율, 솎음질 등의 상황을 정확하게 예측하기란 쉽지 않고, 해마다 다른 상황이 벌어지기 때문에 고민이 많다. 씨앗을 너무 배게 심으면 솎아내는 노동을 해야 하고, 너무 적게 뿌리면 발아가 잘 안 되어 소가 뜯어 먹다만 풀밭처럼 되어버린다.

모종용 씨뿌리기

모종으로 가꾸어 본밭에 옮겨 심는 경우, 나중에 모종삽으로 파낼 때 뿌리가 다치지 않을 정도의 씨앗 간격이 확보되어야 한다. 그래야 이식 후 몸살이 적고 본밭에 적응이 잘된다. 상추, 양상추(결구상추)는 보통의 씨뿌리기 후 솎아내는 모종을 그냥 옮겨 심어도 잘 자라는 종류니까 별도로 간격 유지를 하거나 모종상 등을 만들 필요가 없다. 적당한 간격이란 것도 작물에 따라 다르지만 모종삽으로 뿌리를 덜 다치게 파냈을 때 작업이 수월하게 이루어질 정도면 적당한 거리다. 모종을 키우는 종류로는 고추, 오이, 옥수수, 콩, 아스파라거스, 브로콜리, 양배추, 케일, 양상추, 배추 등이다.

모종을 키우면 모종이 크는 동안 본밭에 다른 작물을 가꿀 수 있기 때문에 효율적으로 밭을 이용할 수 있다. 예를 들면 본밭에 열무를 키우는 동안 작은 밭에 오이 모종을 키우면, 열무를 수확하고 난 자리에 바로 오이를 재배할 수 있다. 이런 식으로 밭의 이용률을 높인다.

흙덮기 복토

씨앗을 뿌린 후 덮는 흙, 혹은 그런 작업을 뜻하는 복토는 일반적으로 종자 지름의 2~3배 정도가 적당하다고 한다. 종자가 큰 콩이라든가 땅콩 등은 2~3배를 측정하기가 그리 어렵지 않은데, 씨앗이 아주 작은 상추, 배추, 고들빼기 등은 어느 정도가 2~3배인지 가늠하기란 쉽지 않다. 이런 경우는 보통 골을 조금 파고 씨앗을 골에 뿌린 다음, 복토를 손바닥으로 살짝 톡톡 치면 알맞다. 조금 덮는다고 호미를 쓰면 흙덮기가 고르게 되지 않아 발아가 제대로 이루어지지 않는다. 많이 나는 곳은 아주 조밀하게 나고 없는 곳은 듬성듬성하게 싹이 튼다. 빛을 좋아하는 호광성 또는 광발아성 씨앗(우엉, 셀러리, 상추, 배추, 양배추 등)은 얕게 흙덮기를 하고, 빛을 싫어하는 호암성 씨앗(호박, 박 등의 박과 식물과 무, 부추 등)은 흙을 두텁게 덮는다.

아주심기

모종이 어느 정도 자라면 본밭에 옮겨심기를 한다. 이때는 모종을 키우는 밭에 물을 흠뻑 주어 굳어진 흙을 풀어준다. 그러면 모종삽으로 떠낼 때 모종의 잔뿌리가 덜 끊겨 채소가 몸살을 덜한다.

태. 즉, 밀도가 높게 생육한다는 뜻이다.

17 발아 싹이 트는 것.

18 배다 작물이 빽빽하게 자라는 것을 일컫는 말로 "배게 자란다"고 표현한다.

19 복토 씨앗을 뿌린 다음 그 위에 덮는 흙, 혹은 그런 작업을 말한다.

20 비늘줄기 양파, 파, 쪽파, 부추, 마늘 등의 백합과 식물의 알뿌리를 말한다.

21 사이짓기 어떤 작물의 이랑이나 포기 사이에 한정된 기간 동안 다른 작물을 심는 것을 이른다.

22 솎아내기 촘촘하게 자라는 곳의 식물을 뽑아내어 알맞은 간격으로 넓혀주는 것이다.

23 숙근성 식물 여러해살이식물 중에 뿌리를 성장시켜 영양을 축적하고, 새로운 개체를 만들어내는 식물로 아스파라거스, 부용화, 백합 등이 대표적인 식물이다.

24 순지르기 식물의 생장줄기 제일 끝부분을 잘라 내는 것으로 오이, 콩, 토마토 등은 자라나는 줄기 끝 부분을 순지르기 한다.

25 실생법 씨앗을 심어 번식시키는 방법.

26 아주심기 모종이나 묘목을 일생동안 기르는 곳에 심는 것이다. 정식이라고 많이 표현한다.

27 액체비료 물거름, 액비라고도 한다. 깻묵, 쌀겨, 닭똥(계분), 등에 설탕과 물을 넣어 액체 상태로 만든 후 발효를 시켜 사용하는 비료다. 웃거름으로 많이 사용하며, 적당한 비율로 희석시켜서 쓴다.

28 연작장해 같은 작물을 한곳에서 계속 재배하면서 생기는 장해 현상.

29 웃거름 식물이 있는 줄기 주변에 주는 거름. 즉, 자라는 도중에 주는 거름이라는 뜻으로 덧거름이라고도 한다.

30 유기농 화학비료나 농약을 전혀 쓰지 않는 농사법. (3년 이상 농약, 화학비료를 사용하지 않고 기른 작물에 '유기농제비'라는 말을 사용할 수 있다.) 좁은 의미로는 유기물을 넣어 재배하는 무농약, 무화학비료를 일컫는 말로 해석되기도 한다. 그러나 넓은 의미로는 유기적인 관계를 유지해 지속가능한 농사를 이르는 말이다. 즉, 자연계 전체의 유기적인 관계를 이르는 뜻이다.

아주심기 전후로 물을 많이 뿌려준다. 그래야 뿌리와 흙이 닿은 부분에 물이 충분히 스며들어 서로 밀착이 돼 뿌리내림이 좋아진다.

퇴비주기

　퇴비를 적당하게 주는 것은 정말 어려운 작업이다. 되도록이면 완숙된 퇴비를 사용한다. 완숙된 퇴비란 부숙이 잘된 퇴비를 말하는데, 초보자가 골라내기는 무리다. 거름이 된다고 아무거나(생풀, 낙엽, 왕겨 등) 넣고 씨를 뿌리면 제대로 싹이 트지 않는다. 여러 가지 이유가 있지만 제일 큰 원인은 이것들이 씨앗과 표면의 흙이 잘 결합하지 못하도록 방해하기 때문이다. 이렇게 되면 씨앗은 건조한 땅에 계속 머물러 있는 상태가 돼 싹을 틔우지 못한다. 책을 찾아보면 가스장해, 질소용탈 등 다른 여러 가지 이유들이 나와 있지만 너무 전문적이어서 읽어도 잘 이해가 가지 않을 것이다.

　거름을 많이 필요로 하는 고추, 토마토, 옥수수 등에는 평균보다 조금 많은 양의 퇴비를 넣고 상추, 고구마, 콩에는 덜 넣어야 한다. 퇴비를 과하게 쓰면 식물이 이용하고 남은 성분이 지하수나 빗물에 녹아들어 수질오염을 유발하게 되므로 주의한다.

수확하기

　수확시기를 맞추는 일도 어렵다. 채소를 기르다 보면 도대체 언제 따야할지 고민이 된다. 예를 들어 고구마는 심은 후 120~140일 사이에 수확하는 것이 가장 좋다고 한다. 그런데 중간에 캐서 먹고 싶을 때는 덜 성숙된 고구마라도 이용할 수 있을 것이다. 때를 알고 모양과 색깔을 알고 있으면 감각이 생긴다.

　토마토의 경우에는 약간 덜 익은 것을 수확해야 보관이 가능하며, 오이는 이용 목적에 따라 조금 덜 성숙된 것을 수확하기도 한다. 노각을 만들 목적이면 아주 늦혀서 수확한다.

　특히, 주말이나 일주일에 한 번 들러보는 텃밭은 수확 시기를 정확하게 맞추는 것이 거의 불가능하다. 이때는 작고 연한 오이나 가지라도 수확하는 것이 좋다. 너무 늙어버려 따지 못하는 것보다는 나으니까. 수확에 대한 정확한 정보는 책이 가르쳐 줄 수 있는 것이 아니다. 오로지 본인의 판단과 시행착오를 바탕으로 결정된다. 이용 목적에 따라 수확시기는 언제나 달라진다는 점을 명심하자.

갈무리하기

수확을 하고 나면 털고 정리하는 갈무리가 필요하다. 갈무리가 어려운 건 날씨에 영향을 받기 때문이다. 말리는 중에 비를 맞히면 곤란하다. 덜 마른 상태의 열매는 며칠만 방치해도 곰팡이가 피고 싹이 난다. 수확한 열매 중에 튼실한 것을 골라 다음 해 사용할 씨앗으로 보관하는 것도 중요한 일이다. 뿌리 및 줄기채소(토란, 무, 감자, 고구마 등)는 수확 후 얼지 않게 보관한다. 얼어버리면 바로 상하기 때문에 주의한다.

씨앗으로 사용할 열매는 여유 공간이 있을 경우 봉지에 담아서 냉장고에 보관하는 것이 가장 좋다. 종묘상에서 파는 씨앗의 양은 일반적인 텃밭에는 많은 편이다. 최소 포장 단위도 텃밭에 3~4번 파종해야 겨우 소비할 수 있을 정도다. 이런 씨앗은 파종 후 봉지의 입구를 잘 말아 스테이플러로 찍어 씨앗이 흐르지 않도록 하고, 다른 큰 봉지에 넣어 방습제를 넣은 뒤 냉장고에 보관하면 일반적인 종자 유효 기간보다 1~2년 정도 더 오래 사용할 수 있다.

섞어심기

섞어심기를 자연스럽게 하는 사람은 진정한 고수다. 여러 가지 밭작물

31 유기질 비료 비료 성분이 유기화합물의 형태로 함유되어 있는 비료. 보통은 인공물을 배재하고 자연물을 이용해 만든 퇴비 중에 비료 성분이 많이 함유된 퇴비를 말하기도 한다.

32 이랑 만들어 놓은 밭의 한 두둑과 한 고랑을 아울러 이르는 말.

33 잎채소 잎을 먹는 채소로 주로 상추, 배추, 갓 등의 채소를 잎채소라 한다.

34 자가채종 기르는 식물에서 직접 씨앗을 받아 이용하는 것.

35 정식 씨앗을 뿌려 어느 정도 자란 모종을 아주 심는 것 우리말로 아주심기라 한다.

36 퇴비 짚·잡초·낙엽 등을 쌓아 썩힌 비료. 비료 성분의 함량이 보통 1% 미만이다. 두엄이라고도 한다.

37 파종 씨앗 심기. 씨뿌리기.

38 포기나누기 뿌리를 나누어 심는 것. 뿌리가 늘어나는 작물인 대파, 부추, 아스파라거스, 배초향, 머위 등의 작물은 뿌리에서 새로운 눈이 발생하는데, 이 새로운 눈이 있는 뿌리를 원뿌리에서 분리해 이식하는 증식법이다.

39 포트묘 플라스틱으로 된 포트에서 기른 모종. 플러그처럼 꽂아서 이용할 수 있다고 해서 플러그묘라고 부르기도 한다.

40 휴면 씨앗, 종구, 알뿌리 등이 일정한 기간 또는 조건이 되어야 싹을 틔우는 현상. 쪽파는 더운 여름을 지나야 비늘줄기의 휴면이 타파되고, 감자는 수확 후 90~120일이 지나야 싹이 돋는다. 휴면이 있는 종자는 주의해 파종한다.

의 자라는 정도와 수확시기 등을 조절할 수 있어야 섞어심기가 가능하기 때문이다. 무조건 섞어 심는다고 다 되는 것이 아니라 상호보완적인 식물을 같이 가꿔야 한다. 마늘이 싹트는 시기인 3월에 마늘 사이에 상추씨를 흩뿌려두면 마늘 사이에서 잘 자란 상추를 얻을 수 있다. 고추와 들깨, 토마토와 대파, 배추와 무, 콩밭에 옥수수, 콩밭에 열무, 감자 심은 골 옆에 강낭콩 등은 좋은 섞어심기다. 한여름 뙤약볕을 피해서 가꾸어야 하는 종류는 주변에 키 큰 옥수수와 사탕수수 등을 심어 놓으면 보완이 되어 잘 자란다.

밭일을 하다 보면 밭둑에 돋아나는 여러 가지 풀, 나무, 넝쿨 등이 성가시다. 그 중에서 유난히 번식력이 좋은 것이 산딸기와 찔레다. 이들을 무조건 뽑아버리지 말고 중간에 두면 이것에 유난히 진딧물이 달라붙게 돼 밭에 심은 작물에 진딧물이 덜 붙는 것을 볼 수 있다. 지칭개라는 식물도 농사에 피해가 안 되는 장소에 있다면 몇 포기는 그냥 놓아둔다. 나중에 보면 여기에 개미와 무당벌레, 진딧물이 많이 붙어 있다. 우리밀을 밭 주위에 돌아가며 심어두어도 진딧물이 오다가 여기에 붙게 되어 채소를 보호할 수 있다.

농사의 시작은 퇴비 만들기

잘 만든 퇴비는 텃밭의 보약

농사는 퇴비를 만드는 일에서부터 시작한다고 감히 장담한다. 조그만 텃밭에 웬 퇴비를 만들어서 사용하는가 싶겠지만 그렇지 않다. 퇴비를 만들어 사용하는 것은 자가채종에 버금가는 중요한 일이다.

퇴비를 만들어 쓴다는 것이 생소하게 느껴질 수도 있다. 나도 처음에는 퇴비에 대해서 별다른 신경을 쓰지 않고 그냥 시중의 종묘상이나 지역 농협 매장에서 판매하는 부산물 퇴비와 유기물 퇴비를 구입해 썼다. 가끔은 아버지께서 소를 기르면서 만들어둔 퇴비를 차에 가득 싣고 와 사용하기도 했다. 그러다가 어느 날 문득 예전에 시골에서 퇴비를 만들던 생각이 났다. 그래서 주변의 풀을 모으고 집안에서 생기는 음식물을 모아 밭의 귀퉁이에 쌓으면서 퇴비에 관심을 갖기 시작했다. 초기에는 포장용 나무판재를 이용해 3면을 막고 위에는 못 쓰는 장판을 구해서 덮었다. 그리고 그 안에 퇴비 재료를 모아 두었다가 한 번씩 끄집어내 뒤집어주는 정도로 만들었다. 그런데 발효 과정이 너무 더디고 풀들이 엉겨들어 처음에는 몹시 애를 먹었다.

재료에 대해 관심이 늘면서 그 위에 설탕물을 뿌렸다. 슬슬 효과가 느껴지자 이번에는 방앗간에서 왕겨와 쌀겨를 구해서 추가했다. 이렇게 하면 훨씬 발효가 잘

된다는 것을 안 뒤부터 본격적인 퇴비 만들기에 들어갔다. 다양한 재료를 준비하고(짚, 낙엽, 풀, 왕겨, 깻묵, 쌀겨, 숯 찌꺼기, 생선 찌꺼기, 족발 부산물, 한약 찌꺼기 등) 만드는 방법에 대해서도 많이 조사했더니 더 좋은 퇴비를 만들 수 있었다.

퇴비의 놀라운 효과

만들기가 이렇게 힘든데, 굳이 퇴비를 주어야 할까? 다루기도 힘들고, 부피도 크고, 만드는 과정에서 냄새도 나고, 보관도 힘들지만 퇴비의 효과를 보고 나면 이것 없는 밭은 생각할 수 없을 정도다.

양분 공급 퇴비의 효과 중에 으뜸이라면 당연히 양분 공급이다. 흙에 있는 양분은 채소가 자라면서 고갈되는데, 퇴비는 이를 보충해준다.

물리성 개선 퇴비는 토양의 구조를 식물이 자라기에 적당한 구조로 바꾼다. 흙이 푸슬푸슬해져 뿌리를 잘 뻗게 하고, 수분 유지가 잘되어 가뭄이 들어도 작물이 잘 견디도록 해준다. 비가 많이 올 때는 물이 잘 빠져서 뿌리의 습해를 방지하는 역할도 한다. 또 퇴비를 준 밭은 이를 먹이로 하는 지렁이가 많이 늘어나 밭을 갈아주는 효과를 낸다.

화학성 개선 퇴비에 있는 다양한 미생물이 토양의 화학적 성질을 개선한다. 토양 중의 인산 성분을 식물이 이용할 수 있게 한다. 퇴비를 준 밭의 식물은 외부의 화학적 충격에 견디는 능력이 뛰어나다. 산성비가 내려도 쉽게 토양을 산성화시키지 않으며 다른 화학적 변화에 민감하게 반응하지 않아 식물이 안정적으로 자라는 토양을 만들어준다.

퇴비는 언제 만들까

뚜렷한 제한사항은 없지만 아무래도 시간적 여유가 있는 늦가을 또는 겨울에 퇴비를 만드는 것이 좋다. 재료를 준비하고 쌓고 뒤집고를 반복하면서 여름 농사보다 힘든 일을 겨울에 하니 사계절이 공평하게 돌아간다는 생각이 든다.

이듬해 봄에 써야 하기 때문이기도 하지만 퇴비를 겨울에 만드는 건 나름대로 이유가 있다. 여름이라면 퇴비의 온도가 상승해 냄새가 엄청나 사실상 작업이 거의 불가능하다.

겨울에 퇴비를 만드는 것이 가장 편하고 실패의 가능성도 적다. 늦가을이 발효에 적당한 기온이기도 하며, 뒤집을 때도 수월하다. 여름에 만들면 주변의 파리가 퇴비 재료에 엉겨 구더기가 많이 발생하고 냄새가 많이 나므로 좋지 않다. 한꺼번에 많은 퇴비를 만들기 어려운 경우, 1년에 두 번 만든다. 가을에 한 번, 봄에 한 번 만드는데 가을에 만드는 퇴비는 봄에 심는 작물의 밑거름과 여름철 웃거름으로 사용한다. 봄에 만든 퇴비는 가을채소인 무와 배추의 거름으로 사용하면 된다.

모든 게 다 퇴비의 재료

집에서 먹다 남은 음식이나, 채소의 찌꺼기, 과일 껍질, 상해서 못 먹게 된 과일 등을 모아서 퇴비를 만들고 밭에서 돋아나는 풀을 뽑아 퇴비로 만들어 다시 있던 자리로 되돌리는 수고를 아끼지 말아야 한다. 퇴비의 재료는 제한이 없다. 아무거나 구하기 쉬운 재료로 골고루 준비해둔다.

깻묵 주변의 기름 짜는 방앗간에 가면 손쉽게 깻묵을 구할 수 있다. 다만 가격이 조금 비싼 편이고 무거워서 다루기가 쉽지는 않다. 퇴비 재료 중에는 가장 비싼 재료로 보통 1kg당 200원 정도의 가격이다.

쌀겨 쌀겨는 벼를 다루는 방앗간에서 부산물로 나오는 재료다. 요사이 대형 미곡처리장이 생기면서 예전처럼 작은 정미소가 많이 사라졌다. 그래서 주변에서 구하기 쉽지 않은 재료다. 보통 1kg당 120원 정도다. 그나마 양이 적으면 엄청난 고통을 감수하면서 본인이 직접 포대에 담고 가격을 치르고 운반해야 한다는 어려움이 있다.

왕겨 정미소에 가면 포대에 담아서 판매하는데, 포대를 가져가면 그냥 담아올 수 있는 곳도 있다. 30kg 정도를 담아 2,000원에 판매하는 곳도 보았는데, 그런 곳에서 구해다 밭에 쌓아두고 필요할 때마다 사용하면 편리하다. 옆의 사진은 어느 정미소의 왕겨 퍼 담는 시설이 재미있어서 찍어둔 것이다. 매달린 줄을 당기면 막고 있던 양철판이 올라가면서 안에 있는 왕겨가 쏟아지게 되어 있다.

방앗간에서 왕겨 담는 모습

쏟아지는 아래에는 포대를 고정시키는 못이 박혀 있어 포대의 양옆을 못에 걸고 입구를 약간 벌리고 줄만 당기면 왕겨가 들어간다. 다른 곳에서는 왕겨를 한번 담으려면 한 손으로는 포대를 벌리고 한 손으로는 삽자루 잡고 해야 하는데 이 집은 시설이 좋아 자주 이용하고 있다.

숯 찌꺼기 예전에는 연탄불을 피우는 숯을 구워서 판매할 목적으로 숯가마가 그리 멀지 않은 장소에 여럿 있었으나, 요사이는 용도가 제한적이라 숯을 굽는 가마가 흔하지 않다. 다행히도 나의 경우는 그리 멀지 않은 곳에 숯막이 있다. 그곳에서 숯 찌꺼기를 한 포대에 5,000~6,000원에 구입한다. 보통 한 번에 10포대 정도 구입한다. 더불어 목초액도 20리터 한 통을 구하고, 고기 굽는 참숯도 20,000~30,000원 어치 구입해 밭에 있는 창고에 넣어두고 필요할 때 꺼내 쓴다.

나뭇재 내가 이용하는 숯가마에서는 30~40kg 한 포대에 10,000원을 받는다. 값싸게 구하려면 시 외곽 지역에 최근에 많이 생긴 황토찜질방에서 쉽게 얻을 수 있다.

짚 주변에 논농사를 짓는 곳에서 구한다. 가을에 콤바인으로 벼를 벨 때 볏짚을 구한다고 미리 이야기를 해두면 썰지 않고 그대로 논에 깔아놓는다. 그러면 며칠 마르기를 기다려 묶어 운반해오면 두고두고 이용할 수 있다. 주로 씨앗 파종 후 덮는 재료로 쓴다. 풀이 덜 나게 하는 피복재로 이용하면 자연스럽게 퇴비화되어 칼리 성분이 풍부한 거름이 된다.

생선 부산물 생선 가게에서 구할 수 있다. 어차피 버리는 것이므로 조금만 노력하면 아주 양질의 퇴비 재료를 쉽게 구할 수 있는 셈이다.

낙엽 텃밭 주변이나, 가까운 야산에서 몇 포대 준비해두면 요긴하게 사용할 수 있다. 아파트 주변이나 도시의 도로에 굴러 다니는 낙엽은 되도록이면 사용하지 않는 것이 좋다. 각종 쓰레기가 섞여 있어 골라내기도 힘들고 매연에 찌든 것

미리 얻어둔 생선 찌꺼기

이 찜찜해 나는 거의 이용하지 않는다.

한약 찌꺼기 집 주변의 한의원이나 건강원에 들러 한약 찌꺼기를 얻어다 퇴비 재료로 사용하면 아주 좋은 효과를 볼 수 있다. 한약 찌꺼기가 퇴비에 좋다는 소문이 돌면서 아는 집이 아니면 그나마 구하기가 쉽지 않다.

퇴비 재료의 성분

퇴비 재료의 비료 성분을 표로 정리했다. 각각의 재료를 준비하는 데 도움이 될 것이다. 물론 일반적인 비료 성분을 나타낸 것이다. 재료의 특성에 따라 성분이 달라질 수 있고, 수분 함량에 따라서도 많이 달라진다. 특히 질소(N), 인산(P), 칼륨(K)을 비료의 3요소라 하는데, 이들 성분이 골고루 들어간 퇴비를 만들어주면 좋지만 채소에 따라서 더 좋아하는 성분이 있으므로 이것도 미리 알아두면 도움이 된다.

퇴비 재료의 비료 성분 함유량 (단위 %)

성분 \ 재료	깻묵	닭똥	쌀겨	생선 찌꺼기	우분	돈분	나뭇재	왕겨	볏짚
질소(N)	5	4	2	8	0.3	0.6	0	0.5	0.6
인산(P)	2.2	2	4	3	0.2	0.5	3	0.2	0.2
칼륨(K)	1.2	1	1	1	0.1	0.4	6	0.5	1.0

질소 잎과 줄기의 성장을 돕는다. 주로 잎과 줄기를 먹는 상추, 쑥갓, 열무, 배추 등의 잎줄기 채소류를 재배할 때 필요한 영양분이다. 잎을 무성하게 하는 성질이 있어 질소 성분을 과다하게 주면 열매나 뿌리가 부실해진다.

인산 꽃을 잘 피게 하고 과실의 성장을 돕는다. 뿌리의 발육에도 도움이 된다.

칼륨 광합성을 촉진하고 양분을 축적하는 데 탁월하다. 특히 뿌리채소(감자, 고구마, 토란 등)의 성장에 도움이 된다. 칼륨 성분이 많은 재료를 주변에서 구하기 쉽지 않다는 단점이 있다. 유일하게 칼륨 성분이 많은 재료가 나뭇재, 왕겨재 등 태워서 남는 것들이다. 다른 재료(질소=깻묵, 인산=쌀겨)에 비해서 구하기 쉽지 않은 재료다.

뒤집기가 중요하다

퇴비 재료를 골고루 넣고 수분을 적당하게 맞추어 쌓아두면 저절로 발효가 진행된다. 그렇다고 가만히 두면 품질 좋은 퇴비가 되지 않으므로 온도가 어느 정도 올라가는 시점에서 뒤집어준다. 뒤집기는 재료가 골고루 발효할 수 있게 도와준다. 겨울에는 7~10일 지나서 한 번 뒤집어 주고, 또다시 7~10일 간격으로 뒤집기를 한다. 그렇게 6주 정도가 지나면 퇴비가 어느 정도 익어간다. 겨울이 아닌 계절에는 온도가 더욱 급격하게 올라가므로 뒤집는 기간을 4~5일로 짧게 잡는다.

깻묵 풀기 기름집에서 구해온 깻묵은 아주 단단해 잘 풀리지 않는다. 망치로 때려서 으깨려면 힘도 들고 튀어나가는 가루가 많아 효율적이지 않다. 우선 구입한 깻묵을 바닥에 쌓아두고 물뿌리개로 물을 뿌려주면 불어서 잘 풀리게 된다. 물을 한 번 뿌리고 시간이 조금 지난 뒤에 또 뿌리면 하루쯤 뒤에는 웬만큼 불어서 저절로 풀린다. 물이 골고루 스며들게 해주면 더 좋다.

물을 뿌려 깻묵을 푼다.

비벼둔 퇴비 재료

섞어 넣기 모아둔 재료를 골고루 넣고 잘 섞어준다. 쌀겨는 물을 많이 먹으므로 물을 뿌려가면서 한다. 준비해둔 재료를 골고루 삽으로 뒤섞으면서 수분 조절을 해준다. 수분은 전반적으로 약간 모자라게 하는 것이 좋은 퇴비를 만드는 요령이다. 퇴비 재료를 골고루 섞었을 때 푸슬푸슬할 정도가 되면 적당하다. 손으로 꽉 쥐어짰을 때 손에 물기가 배어 나오는 정도도 괜찮지만 이보다 수분이 적은 게 더 좋다. 물기가 많으면 부패해버리기 쉬우니 주의한다.

섞어 넣을 때 밭의 흙을 전체 퇴비 중량의 30~40% 정도 넣어준다. 그러면 퇴비의 품질이 상당히 증가되며, 흙 속의 미생물이 퇴비화 과정을 촉진하는 효과를 볼 수 있다. 그리고 전에 만들어 사용하던 퇴비를 남겨 두었다가 전체 양의 5~10% 정도 섞어두면 미생물 공급이 원활하게 되어 퇴비화가 쉬워진다.

쌓아두기 여러 가지 재료를 잘 비벼서 비를 맞지 않는 장소에 쌓아둔다. 쌓는 높이는 계절에 따라 조금씩 달라진다. 기온이 올라가는 시기에는 조금 낮게 40~50cm 높이로 쌓아두고, 겨울에는 조금 높게 60~70cm 정도로 쌓아둔다. 장소는 아무 곳이나 상관없지만 외부의 물기가 스며들지 않고, 위에 덮개를 씌워줄 수 있는 장소가 좋다. 야외라면 위에 비닐 등을 씌우고 다시 짚이나 낙엽 등으로 보온을 해주어야 한다. 창고에 쌓아두어도 위를 짚으로 덮어주면 발효가 잘된다. 또 위를 짚 등으로 덮어두어야 주변의 파리나 벌레가 들어가지 않는다.

쌓을 때 중간에 막대를 꽂아두었다가 나중에 뒤집지 않고 막대만 뽑아주면 산소가 공급되어 뒤집는 효과를 볼 수도 있다. 중간에 막대를 꽂지 않아도 나중에 막대를 군데군데 찔러주면 같은 효과를 볼 수 있다.

뒤집기 퇴비를 만들어두고 일주일 정도 지나면 온도가 상당히 올라간다. 이때 한 번 정도 뒤집어 주면 좋다. 퇴비 전체를 끄집어내어 뒤섞어 다시 쌓아두고 위에 짚으로 덮어두는 것이다. 이렇게 퇴비를 모두 끄집어내고 다시 쌓으려면 엄청나게 많은 시간과 노력이 들어간다.

뒤집기 할 때 수분이 모자라면 물을 뿌려가면서 수분 조절을 해주는 것이 좋다. 야외에서 만드는 경우 뒤집기가 비교적 수월하지만 작은 퇴비장에 쌓아둔 경우에는 엄청난 노력이 들어간다. 그래서 나는 요즘 막대기로 촘촘하게 퇴비더미에 구멍을 내어 공기가 잘 통하게 해주고 뒤집는 횟수를 종전의 반으로 줄였다.

뒤집기를 할 때 엄청난 열기 때문에 김이 많이 발생한다. 처음 뒤집을 때는 간장을 달이는 것과 흡사한 냄새가 난다. 이후 뒤집는 횟수가 증가하면 점점 달콤한 향기가 난다.

제대로 이용해야 퇴비다!

퇴비를 쌓아두고 뒤집기를 3~4번 거치면 어느 정도 완숙퇴비가 된다. 비벼 쌓은 후 2~3개월이 지나야 안심하고 사용할 수 있는 수준이다. 무엇보다도 퇴비에서 열이 많이 나지 않아야 완숙되었다고 볼 수 있다. 퇴비에서 계속 열이 나고 있

쌓아둔 모습

쌓고 난 다음 짚을 덮어둔다.

퇴비를 덮은 짚을 걷어낸 모습

뒤집기를 위해 끄집어낸 퇴비

다면 아직 발효 중이라고 보아야 한다.

완숙에 가깝게 되면 누룩 띄울 때 나는 달콤한 향이 난다. 사용하려는데 아직까지 간장 달이는 냄새가 난다면 완숙된 퇴비가 아니다. 완숙 여부는 냄새와 열로 어느 정도 판단이 가능하다. 만든 지 3개월을 넘어서고, 뒤집은 횟수가 4회를 초과하면 거의 완숙에 가깝다고 생각하면 된다. 퇴비를 끄집어낼 때는 위에 덮어둔 짚을 걷어내고 사용할 만큼 퍼낸 후 다시 짚으로 덮어둔다. 그래야 파리도 덜 붙고, 습도도 유지되며, 잠자는 미생물을 보호하는 효과도 있다.

이렇게 만들어진 퇴비는 일반적인 퇴비의 개념이 아니라 유기질 비료로 보아야 한다. 보통의 퇴비보다는 양질의 재료인 깻묵과 쌀겨의 양이 많아 질소와 인산이 풍부하다. 다만 칼륨 성분이 조금 모자라는 것이 흠이다. 이는 수시로 주변의 찜질방에서 재를 구해다 밭에 뿌려주면 보충이 된다.

예전에는 나무를 연료로 이용했기 때문에 흔하던 것이 요사이는 구하기 힘든 재료가 되었다. 집에서 나온 재를 콩, 부추, 감자밭에 뿌려주던 옛날을 떠올리다가 그때 그렇게 해준 것이 아주 과학적인 농사법이라는 사실을 깨닫게 되었다.

밑거름으로 이용 밭을 일굴 시기에 $1m^2$에 퇴비를 2~3kg 정도 뿌리고 일구면 아주 좋은 밑거름이 된다. 물론 작물의 성질에 따라 투입하는 양을 조절해야 하지만 이것은 경험이 필요하다. 거름을 많이 요구하는 고추, 가지, 오이 등의 작물에는 조금 더 넣어주고, 거름을 조금 요구하는 상추, 아욱, 고구마 등에는 조금 덜 넣는다.

웃거름으로 이용 거름을 많이 요구하는 식물이라든가 밭에서 오랜 기간 열매를 맺는 과채류(토마토, 고추, 오이, 호박, 가지 등) 또는 부추, 파 등의 채소에는 반드시 웃거름이 필요하다. 이때 만들어둔 퇴비를 이용한다. 오이, 가지, 고추 등에는 한 번에 포기당 200g 정도를 넣어준다. 줄기에서 20cm 떨어진 곳에 호미로 구덩이를 파내고 거름을 넣고 흙을 살짝 덮어주면 된다. 밭을 파내고 넣기가 불가능한 부추, 쪽파, 마늘 등은 골 사이에 거름을 넣고 짚으로 덮어주거나, 골 사이를 조금 긁어낸 뒤에 퇴비를 넣고 흙을 덮어준다.

짚을 걷어내고 퇴비를 퍼낸다.

좋은 퇴비의 조건

요사이 대도시 주변에서는 주말농장을 쉽게 볼 수 있다. 삽을 들고 밭에서 일하는 도시인들이 많다. 나도 가끔 주변의 주말농장에 들러 주로 어떤 작물을 가꾸는지 구경하곤 한다. 그런데 막 퇴비를 뿌려둔 텃밭에서 거름냄새가 많이 나는 경우가 흔하다. 냄새가 많이 나는 퇴비는 아직 덜 된 퇴비다. 좋은 퇴비의 조건을 알아본다.

- 냄새가 나지 않을 것(나더라도 누룩 띄우는 정도의 냄새가 날 것)
- 수분이 적을 것
- 밭에 뿌려주고 난 뒤 6개월 정도 지나면 형체가 없어지는 것

어떤 퇴비는 밭에서 그 형태를 너무 오랫동안 유지하는 경우가 있다. 주로 톱밥이나 파쇄목으로 만든 퇴비다. 완숙되지 않은 상태로 밭에 사용을 하면 파쇄목의 나무 조각이 그 형태를 오랫동안 유지한다. 겉보기는 밭이 온통 퇴비로 뒤덮인 형상인데 오히려 채소가 잘 자라지 못한다. 발효가 덜 된 나무 부스러기가 밭 흙과 섞여 있어 수분을 잘 보존하지 못하기 때문이다. 이럴 경우 건조한 상태가 계속되

어 씨앗이 잘 싹트지 않고, 싹이 터도 자라는 데 방해를 받게 된다.

시중에서 판매하는 퇴비를 이용하는 경우 믿을만한 퇴비를 구한다. 음식물로 만든 경우는 염분이 많아 피해를 주는 수가 있고, 하수처리장에서 나오는 부산물을 이용하는 경우 중금속오염 등이 염려된다. 그래서 작은 규모의 주말농장이라도 구석에서 퇴비를 만들어 이용하면 아주 양질의 거름을 이용할 수 있어 좋다.

물거름액비 만들기

위의 과정으로 만든 퇴비는 효과가 아주 더디게 나타나는 거름이다. 보다 빠른 거름효과를 필요로 할 때는 물거름을 만들어 이용하는 게 좋다. 만드는 방법에 있어서 반드시 이것이 정답이라는 외길이 아니니 자신의 형편에 맞게 만들어 사용하자.

만든 퇴비를 이용하는 방법 위에서 만든 퇴비를 큰 항아리나 고무통에 넣고 물을 부어 물속에서 미생물을 증식시키면 물거름이 된다. 이때 퇴비는 고운 망사에 넣어 물속에 담근다. 망사는 못쓰게 된 스타킹이나 양파망을 이용한다. 재료는 물 50ℓ 당 퇴비 5~6kg과 흑설탕 1kg을 넣고 2주 정도 두었다가 사용하면 좋다. 시간이 지나면 수시로 잘 저어준다. 집에서 가까운 곳에 밭이 있다면 하루에 2~3차례 저어주면 좋은 물거름이 만들어진다.

깻묵액비 위와 마찬가지로 물 50ℓ 당 깻묵 5~10kg, 흑설탕 1kg을 넣고 2주 이상 두었다 사용하면 된다. 이것도 하루에 2~3차례 잘 저어주면 좋다. 밭에 들를 때마다 저어주어도 질 좋은 물거름이 된다.

주의사항 항아리나 통을 잘 막아 파리나 벌레가 못 들어가게 해주어야 한다. 파리가 많이 꼬이면 구더기가 생긴다. 양질의 액비를 만들려면 통의 입구를 잘 막고 기포발생기(어항에 사용하는 소형 기포발생기)를 이용해 공기를 넣어주면 좋다. 아니면 시간이 되는 대로 막대를 이용해 저어주어도 된다.

사용법 액체로 된 물을 떠내어 10~20배 희석해 찌꺼기를 걸러내고 바가지로 밭에 뿌려주거나 물

만든 지 2주된 깻묵액비

뿌리개로 뿌려주면 된다. 잘 걸러내서 분무기를 이용해 채소의 전면에 골고루 분사해주는 방법도 있다. 이를 엽면시비(식물의 잎에 거름을 주는 것)라고 한다.

조금씩 여러 번 만들기

앞서 말한 퇴비 만들기는 소규모 텃밭이나 주말농장에서는 쉽사리 실행하기 어렵다. 규모가 맞지 않으면 실천하기 어렵다. 집에서 나오는 음식물을 이용해 소규모로 퇴비를 만들 수 있는 방법을 소개해본다.

플라스틱 통 준비 시중의 그릇 집에 가면 쉽게 구할 수 있는 높이 80~120cm 정도, 용적 100~200ℓ 정도 되는 뚜껑 있는 플라스틱 재질의 통을 준비하자.

플라스틱 통 가공 플라스틱 통의 아랫부분을 커터나 쇠톱을 이용해 잘라낸다. 잘라내는 폭은 퇴비를 쉽게 꺼낼 수 있게 삽이 들어가는 폭으로 맞춘다. 즉 가로 30cm, 높이 25cm 정도면 적당하다.

① 통의 아랫부분을 잘라낸다.(가로 30cm, 높이 25cm)
② 잘라낸 부분에 경첩을 달아 작은 문처럼 열고 닫을 수 있게 통에 부착한다.
③ 옆면에 드릴로 작은 구멍을 많이 뚫는다.(직경 2mm 정도)
④ 작은 문 위의 사방에도 드릴로 작은 구멍을 뚫는다.(직경 4mm 정도)
   (이곳에 철사나 활대를 걸쳐둔다, 사진 참조)
⑤ 통의 아랫면에 10mm 정도의 구멍을 10여 개 낸다.(지렁이 통로)
⑥ 그늘진 곳에 3~5cm 정도 되는 받침대를 설치하고 그 위에 통을 올려놓는다.

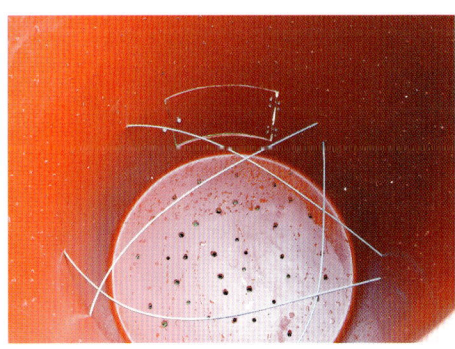
퇴비 통의 내부

퇴비 통을 설치한 모습

재료 쌓기 이렇게 만들어진 통의 활대 위에 거친 재료(옥수숫대 마른 것 같은 길고 조금 단단한 재료)로 걸쳐둔다. 거친 퇴비 재료 위에 밭에서 생기는 찌꺼기, 집안에서 나오는 음식물 쓰레기 중 염분이 적은 재료를 생기는 대로 조금씩 통에다 쌓아둔다. 수분이 모자라는 것 같으면 간간이 물을 조금씩 뿌려주고 주변의 밭 흙을 조금씩 뿌려준다. 항상 수분을 적당하게 조절하는 것이 가장 중요하다. 수분이 많으면 마른 재료를 더 넣어주고 적으면 생풀 등을 잘라 넣어 수분을 보충한다. 재료 중에 깻묵이나 쌀겨가 있으면 넣어준다. 그러면 비료 효과가 아주 좋아진다. 퇴비 재료를 쌓으면서 밭의 지렁이가 눈에 띄면 몇 마리 잡아 넣는다.

- 초기에 발효의 진행이 늦어지면 설탕물을 만들어 조금 뿌려준다.
- 농작물 정리하다 남은 재료나 수확 후 다듬고 남은 재료 등을 모두 넣어준다.
- 통이 꽉 차서 눌리지 않을 정도만 재료를 넣는다.
- 뚜껑 위에 돌이나 무거운 것을 올려놓아 뚜껑이 날리지 않도록 한다.

이용하기 아래의 경첩 달린 문을 열고 삽을 넣어 맨 아래에 있는 퇴비를 꺼내서 이용한다. 이때 한꺼번에 많은 양의 재료가 들어 있을 경우 전체를 뒤집어 골고루 섞어 다시 통속에 넣는다. 그러면 뒤집는 효과가 생겨 골고루 발효가 진행된다. 퇴비는 애벌레가 없는 시기인 겨울과 봄에 꺼내 쓰는 것이 좋다.

참고사항 퇴비 통을 설치하고 각종 자재를 넣어 두면 상당한 열이 발생한다. 그러나 열은 아무런 문제도 되지 않는다. 주변의 동애등에가 많이 나타나 퇴비 통 주변을 날아다니다 퇴비 통의 작은 구멍을 통해 알을 낳기도 한다. 통의 내부에 동애등에의 애벌레가 많이 보여도 계속해서 퇴비 재료인 음식물 쓰레기, 깻묵, 밭의 흙을 넣어주자. (최근 농업진흥청 농업과학기술원에서는 동애등에를 이용한 음식물 분해 결과를 발표했다. http://rad.korea.kr/ 에서 동애등에를 검색하면 상세한 정보를 알 수 있다.)

놀라운 미생물의 세계

퇴비를 만들면 놀라운 미생물의 세계를 발견하게 된다. 퇴비 재료에 포함된 돼지 뼈, 팔뚝만한 생선 등이 퇴비를 한 번 뒤집을 시기가 되면 흐물흐물한 상태로 변한다. 두 번째 뒤집으면 생선뼈는 이미 찌를 능력을 상실했으며 돼지 뼈에 붙은 연골은 모두 사라져버렸다. 나중에 사용할 때 보면 큰 뼈만 조금 남고 형태가 없다. 생선 껍데기와 비늘도 형체를 알아볼 수 없게 변한다.

퇴비에 대한 오해

밭에 유기물-퇴비, 기타부산물(화학비료는 아님)-의 투입량이 많아지면 화학비료를 과다 투입한 것과 똑같은 현상이 일어난다. 즉 식물이 이용 가능한 이상의 유기물을 투입하면 결국 토양에 녹아들어 하천이나 지하수의 오염원이 되는 것이다. 이를 잘 모르는 사람들이 유기질의 재료로 만든 퇴비나 부산물 비료 등을 많이 주면 줄수록 좋다고 착각한다. 적당한 양 이상이 되면 이들 유기물이나 화학비료 모두 동일한 피해를 입힌다. 다만 퇴비는 농도가 일반적인 비료에 비해 아주 낮으므로 많이 주어도 전체적인 비료 성분이 적어 피해가 덜하기 때문에 그냥 무시하고 넘어가는 것이다. 1%의 질소를 포함하는 퇴비 1톤을 주어야 겨우 10kg의 질소 비료를 주는 효과를 낸다. 이는 시중에서 판매하는 요소 비료 1포대(25kg)보다 적은 질소 성분이다.

풀과 함께 키우자

　많은 사람들이 채소를 기를 때 그 주변에서 같이 자라는 풀들을 무작정 뽑아낸다. 나는 진정한 고수란 채소와 풀이 공존하게 하면서 서로 의지하게 기르는 사람이라고 믿는다. 요사이는 풀 약이라고 하는 제초제를 뿌려 풀을 고사시키고 채소만 자라게 관리하는 곳이 대부분이다. 사실 여름에 풀을 뽑거나 베어낼 때 흐르는 땀과 감겨드는 풀, 그리고 날아다니는 벌레까지 있다면 여간 성가신 게 아니다. 그러나 풀이 채소에 끼치는 영향을 생각하면 쉽게 뽑아내서는 안 된다.

　윤구병 선생은 "잡초는 없다"라고 말했고, 에머슨은 "잡초는 그 가치가 우리에게 아직 알려지지 않은 풀이다"라고 했다. 나도 잡초라는 명칭보다 풀이나 야생초라는 이름이 더 맞다고 생각한다. 흔히들 풀을 두고 "고랑에 김을 매고 돌아보니 처음 맨 곳에 다시 풀이 자라고 있다"고 말하는데 그만큼 풀의 성장은 빠르다.

무서운 번식력

밭을 마련하고 아주 조금이라도 채소를 길러 본 경험이 있다면 누구나 풀의 강인한 생명력과 번식력에 감탄을 금치 못할 것이다. 풀 중에 잘 자라고 영양도 풍부하고 맛도 좋은 것이 있다면 벌써 채소로 길렀을 것이다. 나는 풀이 채소라면 좋겠다는 생각을 수도 없이 했다. 기르지 않아도 해마다 엄청나게 나서 나물로 이용하는 비름은 땅을 가리지 않고 잘 자란다. 최병성 목사는 『딱새에게 집을 빼앗긴 자의 행복론』에서 정말 아무짝에도 쓸데가 없다고 생각한 환삼 덩굴이 다람쥐와 새들에게 씨앗을 먹여 겨울을 나게 한다고 썼다.

환삼 덩굴은 엄청나게 쏟아내는 씨앗의 숫자도 놀랍지만 봄에 다른 씨앗이 깨어나기 전에 제일 먼저 싹을 틔운다. 처음에 나는 코스모스와 비슷한 것 같아 혹시나 싶어 그냥 지켜보았지만 요사이는 환삼 새싹만 보아도 무서운 생각이 든다. 줄기가 어찌나 까칠한지 맨손으로는 덩굴과 잎을 잡지도 못한다. 뿌리는 또 얼마나 깊게 땅을 파고 드는지 잡아 당겨도 잘 뽑히지 않는다.

풀의 대표격인 강아지풀과 피를 봐도 무서운 생각이 든다. 씨앗이 덜 여물어도 땅에만 닿았다 하면 여지없이 발아하는 것들이라 밭에 나는 것들은 씨앗이 달린 이삭째 모두 꺾어 멀리 냇가에 버린다. 다음해 봄이 걱정되기 때문이다.

쇠별꽃은 이름은 아주 이여쁘지만 이 풀을 아는 사람들은 모두 치를 떤다. 계절을 가리지 않고 피어나고 겨울에도 땅에 붙어 성장을 하다 이른 봄에 온 땅을 뒤덮는 풀이다. 봄부터 피는 꽃은 금세 씨앗이 되어 또다시 어린 새싹을 수도 없이 키워낸다. 이 풀은 지상부의 줄기를 모두 잘라내어도 뿌리에서 다시 새싹이 자라난다. 줄기를 당기면 늘어나는 성질이 있어 잘 끊어지지 않는다.

명아주도 강인함에 있어서는 감탄을 금치 않을 수 없다. 풀이면서도 줄기를 잘라 지팡이를 만들 만큼 강하다. 명아주는 늦여름에 싹을 틔워도 반드시 씨앗을 퍼뜨리고 생을 마감한다. 엄청나게 달리는 명아주 씨앗을 보면 온몸으로 전율이

풀과 함께 키우자 **35**

엄청나게 씨앗을 맺는 비름

환삼 덩굴에 달린 씨앗 꼬투리

강아지풀 이삭

번진다. 조금만 건드려도 쏟아지는 명아주 씨앗은 다음 해에 엄청나게 새싹을 키운다.

이들 씨앗은 보통 곡식이 보여주는 씨앗 양보다 몇 배 혹은 몇 십 배다. 사람이 접근해 조금만 건드려도 아직 여물지 않은 씨앗이 바닥에 떨어져 이듬해 봄까지 기다렸다가 자란다.

눈부신 성장력

풀이 무서운 것은 엄청난 번식력과 함께 빠른 성장력 때문이다. 봄에 자라는 작은 풀은 비를 몇 번 맞고 나면 채소를 가릴 정도로 엄청나게 키가 자란다. 그러면 생존 경쟁에서 채소가 지게 된다. 가만히 두면 밭이 모두 풀로 뒤덮여버린다. 채소를 조금이라도 수확하려면 채소와 경쟁을 벌이는 옆의 풀은 정리해준다. 채소 파종 후 한두 번 정도 풀을 정리해주면 채소가 자라면서 그늘을 만들어 풀을 억제한다.

채소 주변의 풀을 어느 정도 정리하면 채소가 풀에게 지지 않을 만큼 자란다. 감자밭 사진을 보면 20일 만에 자라난 풀을 볼 수 있다. 잎이 몇 개 나온 강아지풀은 20일 만에 이삭을 늘어뜨린다. 감자 사이에 자리잡은 명아주는 훌쩍 자라 감자밭의 주인 노릇을 한다. 풀들은 날씨만 적당하면 성장속도를 엄청나게 높여 씨앗을 남긴다.

돌피 이삭

쇠별꽃 줄기가 자라면서 꽃피는 모습

좀명아주 씨앗

질긴 뿌리

채소를 기르면 아주 심고난 후 보통은 물을 주고 그늘도 만들어 뿌리가 잘 뻗어 이식 몸살을 적게 하도록 도와주어야 한다. 잘못 관리하면 햇볕에 모두 타죽고 만다. 그런데 풀들은 뽑아내어 아무 데나 던져두어도 자리를 잡고 자손을 남긴다. 엄청난 뿌리의 힘이 있기에 가능하다. 웬만큼 뿌리가 손상되지 않고서는 쉽게 죽지 않는다. 엄청난 회복력이다. 이 질긴 뿌리를 뽑으려다가 주변의 채소까지 같이 뽑히는 불상사가 생긴다.

그런데 풀의 이런 성질을 이용하는 농사법도 있다. 『신비한 밭에 서서』의 저자 가와구치 요시카즈는 이렇게 뻗은 풀뿌리가 땅을 파고 들어 미생물을 자라게 만들고, 토양에 양분을 주어 기름지게 만든다고 말한다. 사람이 괭이나 삽으로 땅을 파헤치면 고작 30cm 정도를 경운하는데, 풀뿌리는 2m 땅속까지 뻗는다고 한다. 그래서 풀을 뽑아내지 않고 농작물 주변의 풀만 밑동을 낫으로 베어내어 그 자리에 놓아주는 농법을 주장한다.

아래로 뻗어나는 뿌리만으로는 생명을 남기기에 부족하다고 판단한 강아지풀, 피, 닭의장풀(달개비) 등은 마디마다 뿌리를 만들어 생존을 위한 투쟁을 한다. 이들 풀은 줄기가 잘려도 마디가 땅에 닿으면 새로운 뿌리를 내리고 생명을 유지할 수 있다. 쇠별꽃은 뜯어진 줄기의 마디에서 새뿌리가 생겨 많은 줄기를 키워낸다.

강인한 생명력

풀은 뽑아서 햇볕에 노출 시켜도 잘 죽지 않는다. 다 말라 죽어간다고 생각했는데 끈질지게 목숨을 부지하다 비가 오고나면 어느덧 옮겨 심은 듯이 자리잡는다.

6월 4일의 감자밭

6월 24일의 감자밭, 20일 만에 무성해진 풀

질경이 뿌리

별꽃 뿌리

엄청 뻗은 뿌리

특히, 피, 쇠비름, 닭의장풀은 뽑아서 던져 놓으면 마디에서 뿌리가 내려 자라기 시작한다. 이런 강인한 풀일수록 씨앗은 작고 처음 돋아나는 새싹은 한없이 연약하게 보인다. 망초, 왕고들빼기, 자리공, 지칭개 등의 풀은 정리하기 좋게 자라지만 닭의장풀과 쇠비름은 손이 많이 간다.

뿌리가 뽑힌 풀들이 죽은 듯이 땅에 붙어 있다가 장마철이 되면 뿌리를 뻗고 새로운 줄기를 키워 자손을 남긴다. 옆의 사진들은 뿌리를 뽑아 내버려둔 풀의 모습이다. 들깨를 심으려고 밭을 정리하면서 풀을 뽑아놨는데 장마철이 되면서 새로운 뿌리를 뻗어 자라기 시작한다. 장마 전에는 곧 햇볕에 타 죽어버릴 것만 같던 풀이 비를 몇 번 맞더니 이렇게 생기를 되찾는다. 가만히 두면 줄기를 더 많이 뻗

강아지풀 마디에서 돋아나는 뿌리

고 더 일찍 많은 씨앗을 남긴다. 보이는 대로 한번씩 뒤집어주어 뿌리가 잘 뻗어나지 못하게 해준다.

이상하게 생긴 풀, 새삼

세상에 이런 종류의 풀이 있다니! 나는 새삼을 보고 아주 놀랐다. 씨앗이 싹을 틔우자마자 가는 줄기를 움직여 다른 풀을 감아 생명을 유지하는 풀이 새삼이다. 조건이 잘 맞는 풀을 만나서 번식을 하면 엄청난 씨앗을 다시 땅에 흩어 놓는다. 다른 식물의 줄기를 감으면서 영양을 취해 살아가는 기생풀인 새삼은 다루기가 매우 어렵다. 새삼 줄기가 감고 있는 풀을 모두 제거해야 없앨 수가 있다. 그리고 기르는 작물에 감긴 줄기는 하나씩 손톱으로 긁어내야 한다. 정 안 되면 작물과 새삼을 모두 베어 한꺼번에 제거하기도 한다.

닭의장풀 마디에서 돋아나는 뿌리

마디에서도 뿌리를 내리는 피

새삼을 보면서 식물도 거의 동물 수준의 움직임이 있다는 걸 알 수 있었다. 물론 움직이는 식물도 있지만 새삼은 보통 밭에서 볼 수 있는 종류와는 확연히 다른 민첩함이 있었다. 새삼이 막 싹을 틔워서 줄기를 뻗고 있을 때 줄기를 만지면 줄기 전체가 지렁이가 꿈틀거리듯이 움직인다. 새삼으로서는 생명을 걸고 줄기를 뻗는 것이다. 줄기가 재빨리 다른 식물을 감아 영양을 취하지 못하게 막으면 새삼은 금세 말라 죽는다.

잘린 마디에서 새롭게 자라는 쇠별꽃

뽑아놓은 까마중이 자라는 모습

새삼이 많이 나는 곳에 다른 풀이 없게 만들어 두고 관찰하면 말라 죽은 새삼의 줄기를 볼 수 있다. 새삼은 씨앗이 발아하자마자 줄

뽑아둔 풀이 뿌리를 내리는 모습

기를 바로 뻗는 독특한 식물이다.

새삼 역시 엄청나게 성장을 하면서 번식하기 때문에 무섭다. 영양 많은 식물에 붙어 금세 줄기를 온통 휘감으며 희고 작은 꽃을 피워 열매를 맺는다.

『토종 약초 장수법』 1권에는 새삼의 씨앗이 한약재로 사용된다고 적혀 있다. 또한 새삼의 씨앗을 모아 술에 담아 두었다 3개월 후부터 음용하면 피로회복에 효과가 있다고 한다.

새삼 싹이 자라는 모습

취나물 줄기를 감고 있는 새삼

둥근 열매 뭉치를 남기는 새삼

기르기의 즐거움

텃밭을 여러 해 하다 보면
어느새 계절 감각이 생긴다.
절기에 관심을 가지게 되어
씨 뿌리는 계절을 저절로 알 수 있게 된다.
자연의 흐름을 이해하고 시기를 맞추는 지혜가 생긴다.
매일매일 일기예보에 귀를 기울이면서
다른 사람들이 느끼지 못하는 즐거움을 맛본다.

배추과 채소

배추과(십자화과) 채소의 종류는 무, 배추, 갓, 열무, 얼갈이배추, 총각무, 청경채, 유채, 브로콜리, 콜리플라워, 양배추, 케일(쌈 케일, 녹즙용 케일), 적환무(20일무) 등이 있다. 가정에서 주로 먹는 채소가 여기에 속한다.

재배시기

대체로 서늘한 시기에 잘 자란다. 그래서 3월 중순 이후 파종해 무더위가 찾아오기 전인 6월 말 이전에 수확하는 것과, 8월 중순 이후에 파종해 12월의 본격적인 겨울 추위가 오기 전에 수확하는 재배시기를 선택한다. 열무, 얼갈이배추 등의 채소는 그늘이 약간 지는 곳에 파종해 채소가 귀한 한여름에 먹기도 한다.

배추과 채소의 종류 및 특징

종류	무, 배추, 갓, 열무, 얼갈이배추, 총각무, 청경채, 유채, 브로콜리, 콜리플라워, 양배추, 케일(쌈 케일, 녹즙용 케일), 적환무
특징	-원산지가 유럽, 중국 등이 많다. -서늘한 기후를 좋아한다. -추위에 견디는 성질이 있다.(0°C에서도 대부분 견딤)
많이 보이는 벌레	진딧물, 벼룩잎벌레, 좁은가슴잎벌레(무잎벌레), 배추흰나비 애벌레, 섬서구메뚜기, 거세미나방 애벌레, 배추순나방 애벌레
많이 발생하는 병	노균병, 무름병

배추과 채소 씨앗

주의사항

배추과 작물은 주변에서 비교적 많이 재배하는 중요한 채소다. 그러나 주변에서 손쉽게 많이 기른다고 해서 무조건 쉽게 기를 수 있는 건 아니다. 이들 작물은 비교적 서늘한 기후를 좋아하는 채소인데 우리나라에서 파종하는 시기는 이른 봄 또는 더운 여름의 끝자락이다. 그때쯤 되면 반드시 비를 많이 맞아 작물이 연약해지고 병충해가 만연한다. 잘 자라던 작물의 겉잎에 구멍이 생기고 잎사귀마다 기어 다니는 벌레를 보면 뾰족한 대책이 없다. 몇 포기 기르지 않는 작은 밭이라도 벌레를 잡는 일은 무척 힘든 작업이다. 벼룩잎벌레와 좁은가슴잎벌레(무잎벌레)가 지나가고 나면 잎사귀는 무참하게도 그물 모양이 되고 어린잎은 아예 떡잎조차 남지 않는다. 이들 벌레는 땅속에서 알 상태로 있다 깨어나 식물을 타고 올라가 자라기 때문에 작물에 한랭사를 씌워도 별 도움이 되지 않는다. 벌레 때문에 연약해진 식물체는 곧바로 진딧물이 붙어 수습하기 힘든 상태가 된다.

이러한 일을 당하지 않으려면 연작을 하지 말아야 한다. 한 번도 같은 종류의 작물을 재배한 적이 없거나 재배한 장소에서 멀리 떨어진 곳에서 키우면 벌레가 덜 생긴다. 이들 작물에 붙는 벌레는 날지 못하는 것들이 대부분이기 때문에 먼 거리를 이동하지 못한다. 하지만 계속해서 같은 장소에서 같은 작물을 재배하면 벌레들의 증식을 막을 수 없다.

배추과 채소를 재배할 때는 3~4년의 주기를 두고 다시 심길 권한다. 무농약으로 재배를 하려면 아래의 순서를 따르면 좋다.

강낭콩(봄) → 무, 배추(여름) → 감자(봄) → 들깨(여름) → 양파(늦가을) → 콩(여름) → 상추, 아욱(봄) → 무, 배추(여름) → 완두콩(봄) → 들깨(여름) → 옥수수(봄) → 시금치(가을) → 감자(봄) → 무, 배추(여름)

연작이 되는 종류의 채소라 하더라도 같은 작물을 오래 재배하면 그 작물을 좋아하는 병충해가 늘어나기 마련이다. 밭에서 올해 재배한 작물을 기억해 두면 다음해 어떤 종류의 작물을 파종해야 할지 알 수 있다. 자신의 밭에서 기르는 작물의 지도를 만들어 기억해두면 좋은 결과를 얻을 수 있다.

좁은가슴잎벌레 무잎벌레

좁은가슴잎벌레를 예전에는 무잎벌레라고 불렀다. 이름에서 알 수 있듯이 무잎을 아주 좋아하는 벌레다. 처음에는 아주 작은 벌레가 무, 배추 등의 잎에 다닥다닥 붙어 있어 잡기가 어렵다. 조금 자라면 3~4mm 정도 되는 새까만 애벌레가 된다. 이 애벌레는 잡으려고 손을 대면 바닥으로 떨어진다. 바닥에 떨어지면 흙색에 묻혀 구분이 안 된다. 그래서 손으로 잡기가 더 어렵다.

애벌레가 어느 정도 자라서 탈피를 하면 청색이 감도는 검은색의 성충이 된다. 성충이 된 좁은가슴잎벌레는 껍질이 연약해 손으로 누르면 잘 터지지만 오래된 성충은 갑옷이 딱딱해 손으로는 눌러 잡기가 어렵다.

성충이 되면 길이가 3~4mm 정도 되는 딱정벌레와 비슷한 모양이 되는데 핀셋으로도 잘 집히지 않는다. 이 벌레는 봄·가을에 주로 발생하며, 성충의 모습으로 월동을 한다. 기어 다니기 때문에 한번 번성하면 매년 그 자리에 다시 발생하므로

좁은가슴잎벌레 유충

좁은가슴잎벌레 유충

좁은가슴잎벌레 성충

잎벌레 피해 중기

잎벌레 피해 말기

배추과 채소의 연작지에 피해를 준다.

피해 사진을 보면 피해의 심각성을 실감할 것이다. 마치 작물이 말라죽은 것처럼 변해버렸다.

대책 벌레가 심하게 많을 경우 손으로 조금씩 잡아 개체를 줄여주는 방법과, 이동성이 떨어지는 특징을 이용해 작물의 재배지를 변경하는 방법이 있다. 하지만 손으로 일일이 잡는다는 것은 보통 힘든 일이 아니다. 어린 애벌레는 작아서 잘 보이지 않으므로 더욱 곤란하다. 그래서 재배지를 매년 바꾸어주는 것이 가장 효율적인 대처 방안이다. 지난해 재배했던 장소에서 5m 정도만 떨어져도 피해를 크게 줄일 수 있고, 거의 영향을 받지 않을 수도 있다.

벼룩잎벌레 무벼룩잎벌레

벼룩잎벌레는 무벼룩잎벌레라고도 한다. 역시 이름에서 알 수 있듯이 무잎에 잘 생기는 벌레다. 성충의 크기는 2~3mm 정도로 아주 작다. 게다가 엄청나게 높이 도약하기 때문에 손으로 잡기가 불가능하다. 잡으려고 접근하면 40~50cm 이상을 톡톡 튀어 도망간다. 그래서 벼룩이라는 이름이 붙지 않았나 싶다. 좁은가슴잎벌레는 5월 말부터 활동을 시작하는 데 비해 벼룩잎벌레는 이른 봄부터(3월 중순) 활동을 시작해 열무, 무, 배추, 양배추 등에 피해를 준다.

피해 이른 봄에 파종한 양배추, 케일, 브로콜리, 열무 등의 떡잎을 갉아 먹어 구멍을 내거나 생장점을 파먹어 모종을 못쓰게 만든다. 살아남은 모종이 있어도 아주 부실해진다.

대책 아직까지 확실한 대책을 마련하지 못한 상태다. 다만 이른 봄에 모종으로 사용할 양배추, 브로콜리, 케일에 한랭사를 씌워 벌레의 접근을 막아주면 어느 정

떡잎에 붙은 벼룩잎벌레

열무에 붙은 벼룩잎벌레

벌레에 뜯긴 모종

벌레에 뜯긴 양배추 모종

도 피해를 줄일 수 있다. 역시 전년도에 배추과 식물을 재배한 곳에서 조금 떨어진 장소를 선택해야 한다는 점을 잊지 말아야 한다.

진딧물

진딧물은 거의 모든 채소에 광범위하게 발생하는 벌레다. 진딧물은 날아서 이동하기 때문에 더욱 피해 범위가 넓다. 주로 양배추, 케일, 배추, 무 등에 많이 발생한다. 진딧물이 번성하는 채소 줄기에는 반드시 개미가 왔다 갔다 하는 것을 볼 수 있다. 진딧물이 내는 감로라는 단물을 개미가 취하고, 대신 천적인 무당벌레나 다른 벌레로부터 진딧물을 보호해주는 공생 관계이기 때문이다.

진딧물은 크기가 2~3mm 정도여서 눈으로 확인하는 것이 쉽지 않다. 한두 마리 흩어져 있을 때는 거의 알아챌 수도 없다. 여러 마리가 어울려 있어야 그나마

월동 중인 진딧물

배추 잎의 진디

케일 잎의 진딧물

지칭개의 진디를 잡는 무당벌레

양배추 꽃대의 진디

눈에 띈다. 진딧물은 성충의 상태로 배추 잎뒷면이나 땅에 달라붙은 식물의 잎 뒷면에서 월동을 한다.

피해 진딧물은 줄기나 잎의 수액을 직접 빨아먹어 식물을 연약하게 만든다. 또한 다른 바이러스를 옮기는 매개체 역할을 하여 병을 전파하기도 한다. 직접적인 피해를 심하게 보는 식물은 주로 키가 큰 식물의 줄기다. 진딧물이 날아와서 앉기가 편한 식물일수록 피해가 심하다.

대책 진딧물 무리가 붙어 있는 채소 잎을 보이는 대로 따서 땅에 묻어 개체를 줄이거나, 진딧물이 유난히 좋아하는 지칭개, 보리, 밀 등을 심어 진딧물이 날아오다 이들 식물에 붙게 해 옆에 있는 채소를 보호하는 방법도 있다. 근본적인 방법은 천적인 무당벌레를 많이 번식시켜서 진딧물의 개체를 줄여 주는 것이다.

배추흰나비 애벌레

배추흰나비는 그런 대로 볼만한데 이들이 낳아놓은 알에서 깨어난 애벌레는 못된 녀석이다. 양배추, 케일, 배추, 열무, 무 등에서 주로 볼 수 있는 애벌레는 왕성한 식욕 탓에 빨리 성장을 하는 만큼 작물에 많은 피해를 준다. 알에서 갓 깨어난 어린 애벌레는 아주 작아 푸른 채소 잎에 딱 달라붙어 있으면 눈에 잘 보이지 않

양배추에 붙은 배추벌레

배추 잎에 붙은 배추벌레

벌레에 뜯긴 양배추

양배추 꽃대에 찾아든 나비

는다. 어떤 것에는 한 포기에 수십 마리가 동시에 붙어 있을 때도 있다. 잎에 남은 벌레 배설물은 주변에 반드시 한두 마리의 애벌레가 있다는 증거다. 이들 애벌레는 이른 봄부터 늦가을 서리가 올 때까지 활동한다. 일부 애벌레는 몇 차례 서리가 지나갈 때까지 활동한다. 처음 텃밭을 할 때는 밭 위를 날아다니는 나비, 나방에 애착을 느끼기도 했지만 애벌레에게 당하고 나니 사랑스럽다는 생각이 별로 들지 않는다.

피해 배추과 채소의 잎을 뜯어 먹고 구멍을 낸다.

대책 아직까지 뚜렷한 대책은 없다. 그저 보이는 대로 잡아주어야 한다. 밭을 돌아볼 때 유심히 살피면서 벌레 배설물이 있는 잎을 발견하면 자세히 들춰보고 잡는다. 그래도 배추흰나비 애벌레는 조금 자라면 크기가 커져서 눈에 잘 띈다. 이동성도 거의 없어 쉽게 잡을 수 있다.

메뚜기, 섬서구메뚜기

배추과의 식물에 많이 보이는 벌레가 이들 메뚜기 종류다. 매년 가을이면 섬서구메뚜기가 많이 보이는데, 주로 배추, 양배추, 무의 잎을 갉아 먹는다. 다른 벌레에 비해 치명적인 피해를 끼치지는 않는다.

섬서구메뚜기

메뚜기

기타 벌레

자주 보이는 벌레 중에 거세미나방 애벌레가 있다. 거세미나방 애벌레는 2~3cm 정도 크기에 통통하다. 주로 양배추, 배추 등의 밑동을 갉아 먹는다. 옮겨 심은 배추가 다음 날 쓰러져 있다면 거세미나방 애벌레가 채소의 밑동을 싹둑 잘라버렸을 가능성이 높다. 거세미나방 애벌레는 낮이면 흙 밑에 숨어 지내다가 밤이면 활동을 시작하므로 잡기가 쉽지 않다.

배추순나방 애벌레는 배추, 열무, 무 등의 생장점에 붙어 생장점을 갉아 먹는다.

양배추 잎의 담배거세미 애벌레

거세미나방 애벌레

배추순나방 애벌레

크기는 1.5~2cm 정도이며, 채소의 고갱이를 먹으므로 심하면 생장점이 없어져 작물의 성장을 멈추게 만든다. 이 벌레는 쉽게 눈에 띄지 않기 때문에 생장점 부근의 잎을 일일이 들추어가며 잡아주는 수밖에 도리가 없다. 생장점에 실이나 거미줄 같은 것이 엉겨 있으면 반드시 그 안에 배추순나방 애벌레가 있다.

병

배추과 식물은 서늘한 기후를 좋아하는데 우리나라의 여름 날씨는 기온이 높고 습기도 많아 병치레가 잦다. 노균병이나 무름병이 대표적이다. 파종 초기 무더운 날씨에 비가 계속 내리면 증상이 심해지다 날씨가 서늘해지면 자취를 감춘다.

봄 재배 양배추, 케일, 브로콜리 등은 7월의 무더위 때문에 무름병이 심해진다. 양배추는 거의 모든 포기가 쓰러지고, 케일은 다소 피해를 입는다. 배추나 열무에도 증상이 나타나는 포기가 더러 보인다.

무름병에 쓰러진 양배추 포기

무름병에 걸린 양배추 줄기

무 잎의 노균병

재배 요령

배추과 채소는 종류도 다양하고 주변에서 많이 재배를 하므로 유달리 병충해에 많이 시달리는 편이다. 봄에 일찍 활동을 시작해서 서리가 내릴 때까지 움직이는 각종 벌레들이 농부를 지치게 한다.

그러나 어디 병 없이 자라는 만

물이 있을까? 가만히 지켜보면서 물 주고 거름 주다보면 사람이 먹을 정도의 잎사귀는 남는다. 밭이 비옥하면 채소가 자라는 속도가 빨라 벌레가 있더라도 건강하게 자라는 채소의 양이 많아진다. 밭이 척박하면 벌레가 먹고 난 뒤에 남는 것이 거의 없다. 그래도 씨앗을 뿌리고 한랭사 등을 씌워주면 벌레의 피해를 어느 정도 줄일 수 있다. 다양한 식물을 섞어서 심는다든지 장소를 자주 바꾸어 기르면 훨씬 수월하게 재배할 수 있다.

배추과 채소

배추

- **분류** : 배추과
- **원산지** : 중국 북부 지방
- **재배지역** : 한국(전국), 중국, 일본
- **특징** : 서늘한 기후를 좋아함
  영하 2℃ 정도까지 견딤
  저온에서는 성장이 더딤
- **역사** : 고려시대(1236)

재배시기

■ : 파종   ■ : 아주심기   ■ : 수확

배추만큼 친숙한 채소도 없다. 어느 동네를 가도 재배하고 있다. 가을에 배추를 기르지 않는 것은 채소를 기르지 않는다고 판단할 정도다. 배추는 봄, 가을에 걸쳐 파종할 수 있다. 아무런 시설 없이 재배하려면 가을 재배가 무난하다. 그래서 텃밭에서 키우는 배추는 가을 재배를 의미한다.

봄 재배는 모종을 키우기도 어렵고 한창 자랄 때 장마철의 무더위에 무름병에 걸려 거의 못쓴다. 서늘한 기후가 지속되는 기간이 비교적 긴 가을이 배추 재배시기의 적기다.

밭 만들기

감자, 상추, 열무, 아욱 등의 봄 파종 작물을 수확한 장소가 자연스럽게 배추 재배지가 된다. 배추를 심을 장소로 선정된 밭은 7월 말에 석회를 1m²당 100~200g(1컵)을 넣고 표면

배추 재배 참고용 밭

에 있는 석회가 덮일 정도로 살짝 일구어 놓는다. 파종하기 1~2주 전에 완숙퇴비를 1m²당 4kg 정도, 깻묵을 4컵(800g) 정도 넣고 밭을 일구어 두둑의 너비가 1m, 높이가 15~20cm 정도 되게 준비한다. 밭의 높이는 물 빠짐을 고려한다. 물이 잘 빠지는 곳은 조금 낮게, 물이 고이는 장소는 약간 높게 만든다.

씨앗 및 모종 준비

가까운 종묘상이나 웹사이트를 통해 가꾸고자 하는 종류의 배추 종자를 준비한다. 아래의 표가 도움이 될 것이다. 자신의 밭에 맞는 종자를 준비해 적당한 시기를 잡아 파종하는 것이 요령이다.

종자 준비 주의사항

밭의 조건	종자의 종류 및 파종시기	
남부 지방 해가 잘 드는 밭	중·만생종	8월 중순·말 파종
남부 지방 해가 잘 들지 않는 밭	조·중생종	8월 중순·말 파종
중부 지방 해가 잘 드는 밭	중생종	8월 중순 파종(8월 초 한랭사 이용)
중부 지방 해가 잘 들지 않는 밭	조생종	8월 중순 파종(8월 초 한랭사 이용)

텃밭이나 주말농장에서 씨앗을 파종해 배추를 재배하려면 매우 번거롭고 비용이 많이 든다. 더구나 일찍 파종해야 하는 부담도 있다. 배추 씨앗은 다른 씨앗에 비해 상당히 비싸다. 2,000개 또는 10ml에 6,000원부터 10,000원 정도 하고, 20ml에 20,000원이 넘는 씨앗도 있다. 이런 경우는 시중에서 판매하는 모종을 구입해 재배하는 편이 여러 모로 수월하다.

모종은 8월 말이나 9월 초에 구입한다. 너무 크지 않고 잎에 윤이 나는 연녹색을 고른다. 그러나 모종을 사서 배추를 기르면 솎아 먹는 재미를 포기해야 하는 아쉬움이 남는다.

파종 및 모종 기르기

준비된 밭에 30~40cm 간격으로 줄뿌림한다. 씨앗이 작고 둥글어 고르게 파종하기 힘들다. 파종 골은 호미를 이용해 밭 흙을 살짝 긁어내고 골의 중간에 배추 씨앗을 2~3cm 간격으로 한 알씩 넣는다. 그 위에 5mm 정도로 흙을 가볍게 덮고 물을 흠뻑 뿌려준다. 파종 후 사진과 같이 한랭사를 씌우면 8월의 햇볕을 완화시켜주며, 주변의 벌레가 접근하지 못한다. 또한 굵은 소나비가 내려도 물방울이 퍼져 잎을 보호하는 효과가 있다.

나는 9월 초에 파종해 김장 때 조금 작은 포기를 수확하는 쪽을 택하기도 한다. 속이 꽉 찬 속노랑 배추김치보다 잎이 조금 너울진 푸른색의 배추김치를 좋아하기 때문에 내게는 이때가 딱 맞는 재배시기다. 이 시기는 파종 후 관리가 수월하지만 조금 작고 볼품없는 배추를 수확한다는 단점이 있다.

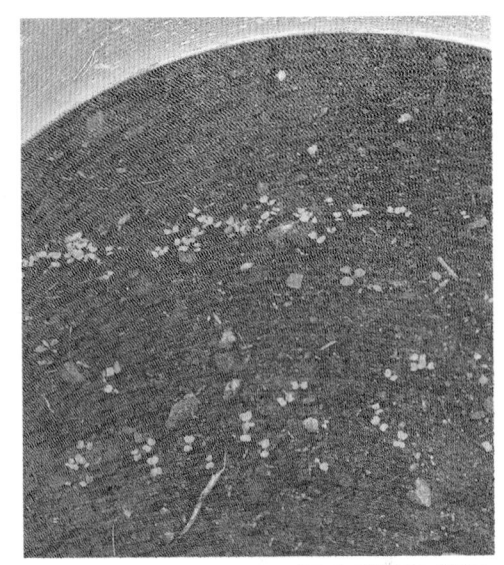

파종 후 한랭사를 씌웠다.

아주심기

씨앗으로 파종한 배추의 본잎이 4~5매가 되면 모종이 다치지 않게 모종삽으로 한 포기씩 정성들여 파낸다. 모종삽으로 파내기 전에 물을 흠뻑 뿌려주는 것을 잊지 말자. 포트 모종을 구입했을 때도 뽑아내기 전에 물을 충분히 뿌려주고 2~3시간 후 하나씩 조심스럽게 뽑아낸다. 40cm 간격으로 하나씩 심는데, 너무 깊게 심지 않는 것이 좋다. 모종 상태에서 흙에 잠겼던 부분 이상을 심지 않는다.

자라는 모습

8월 중순 이후 배추를 파종하면 날씨의 영향을 많이 받는다. 태풍 등의 피해 없이 순조로운 날씨가 이어진다면 잘 자란다. 하지만 배추 파종 직후의 우리나라 날씨는 보통 비 오는 날이 계속되거나, 태풍이 올라오는 시기다.

오른쪽 사진의 가운데 것은 파종 후 계속되는 비바람에 싹이 불규칙하게 돋아나고 부실하게 자라 파종 골 중간에 다시 파종한 모습이다. 두 번째 파종에서야 그나마 가지런하게 싹이 돋았다.

파종 7일된 배추 떡잎

파종 11일된 배추

큰 것은 3주, 작은 것은 파종 2주

대파 사이에 옮겨 심은 배추

파종한 지 3주 정도 되면 모종삽으로 파서 다른 장소에 옮겨 심어도 된다. 다른 작물을 수확한 자리나, 키가 큰 토마토 줄기 아래에 배추를 심어두고 배추가 자라는 대로 토마토 줄기를 정리해두면 좋다. 중간 사진은 봄에 토마토를 심고, 그 사이에 대파를 심어두었다가, 나중에 토마토 아래에 배추를 옮겨 심은 것이다. 배추가 어느 정도 자란 후 토마토 줄기를 정리하고 배추를 기르는 모습이다.

큰 포기 4주, 작은 포기 3주

파종 후 4주 정도가 되면 잘 자라는 포기는 본잎이 10여 장을 넘기는 것도 생긴다. 이때쯤 되면 붙어 자라고 있는 배추는 솎음수확이 가능하다.

배추 씨앗을 파종해서 배추를 기르면 솎아내서 신선한 가을 시래기로 이용할 수 있다는 데 재미가 있다. 데쳐서 쌈으로도 쓰고 나물로도 먹는다. 힘은 조금 더 들지만 씨뿌려 가꾸기의 가장 큰 장점인 솎음배추의 맛을 제대로 느낄 수 있다.

파종 4~5주가 되면 가을 날씨로 접어들면서 배추가 좋아하는 서늘한 기온과 맑은 햇빛이 이어진다. 이때의 배추는 하루가 다르게 성장한다. 연한 녹색을 띠던 잎사귀가 어느새 진한 녹색으로 바뀌고 겉잎은 억세게 변해간다.

파종 5주된 배추밭(9월 중순)

파종 9주된 배추밭(10월 중순)

10월 말이 되면 일부 지역에는 서리가 내리기 시작한다. 배추는 약한 서리와 서서히 추워지는 영하 4~5°C 정도로는 동해를 입지 않는다. 그러나 영상의 기온이 갑자기 뚝 떨어져 영하 5°C 이하가 되면 동해를 입는다.

기온이 떨어지기 전에 배추를 묶어주면 갑자기 기온이 내려가거나, 동해를 입을 기온 이하로 내려갔을 때 겉잎이 감싸주어 배추 속은 얼지 않는다.

하지만 기온이 어느 정도 유지되는 지역이나 김장을 일찍 하는 지역에서는 굳이 배추를 묶지 않아도 된다. 기온이 높을 때 배추를 묶어주면 오히려 배추 속이 상할 수도 있다. 몇 포기의 배추는 묶지 않고 그냥 밭에 두면 12월 초까지는 생식으로 이용할 수 있다.

묶은 배추도 기온이 영하 5°C 이하로 급격하게 떨어지지 않을 경우, 배추 속을 뜯어 생식 쌈으로 먹거나, 데쳐서 먹으면 가을 수확에서 느끼지 못했던 배추의 단맛을 느낄 수 있어 좋다. 그렇다고 추위가 이르게 찾아오는 해에 배추를 밭에 그냥 두면 모두 얼려 죽이는 일이 생길 수 있으니 항상 주의한다.

11월 중순 묶어둔 배추

묶지 않은 배추(12월 중순)

두더지 피해

두더지는 배추가 어릴 때부터 다 자랄 때까지 문제를 일으킨다. 배추뿌리 밑을 두더지가 지나다니면 배추 뿌리가 들떠서 말라버린다.

배추밭의 두더지 구멍

두더지 때문에 뿌리가 들뜬 배추

연작장해

주로 잎벌레에 의한 피해가 많이 나타난다.('배추과 채소' 44쪽 참조) 이를 피하려면 3~4년 주기로 돌려가면서 재배한다. 배추과 채소를 재배한 장소에서 5m 정도의 거리만 떨어져 있어도 피해를 완화시킬 수 있다.

배추에 붙은 벌레들

벌레들에게 완전히 당한 배추

2년 연작 피해 모습

3년 연작 피해 모습

웃거름주기 및 풀 대책

배추를 파종하고 나면 가을풀들이 배추와 함께 자란다. 배추가 어릴 때 주변의 풀을 한 번 정도 정리해주어야 한다. 주로 자라는 풀은 명아주, 비름나물, 바랭이, 피, 별꽃 등이다. 이 풀들이 바로 배추 옆에서 자라면 뽑기가 쉽지 않다.

풀뿌리를 뽑을 때 배추까지 다치지 않게 하기 위해서 배추 포기 주변을 한 손으로 꼭 누르고 옆의 풀을 살살 흔들면서 뽑아준다. 배추가 아직 어린 초기에 주변의 풀을 정리해주면 이후에는 배추가 자라면서 풀을 누른다. 배추는 자라는 기간이 3개월 정도 되는 채소이므로 밑거름만으로는 영양을 충분히 공급해주기 어렵다. 따라서 자라는 상태에 따라 웃거름을 준다. 배추 파종 골 중간쯤 흙을 호미로 죽 파낸 다음 퇴비를 넣고 흙을 덮어준다.

배추밭에 자라는 풀

골에 퇴비를 주기 어려운 경우는 포기 옆의 흙을 호미로 10cm 정도 파내고 퇴비를 넣은 다음 흙을 덮어준다. 웃거름 주는 시기는 파종 5~6주 정도에서 솎음수확을 한 후가 가장 좋다. 그 이후에는 여유가 있을 때 깻묵액비를 20배 정도 희석해 뿌려주면 잘 자란다.

수확

솎음수확 파종 4주 이후부터 가능하다.

본수확 본수확이란 김장 시기인 11월 말경부터 모두 수확하는 것을 말한다. 김장용으로 쓸 때는 밑동을 칼로 도려내어 수확한다. 겉잎은 떼어내서 바로 삶아 시래기를 만들거나, 그늘에 말려두고 나중에 시래기로 이용한다.

김장용으로 수확한 배추 가운데 몇 포기를 물이 고이지 않는 장소를 골라 묻어두면 1~2월에 싱싱한 배추를 맛볼 수 있다.

시래기용으로 모아둔 배추

배추를 수확해 묻어두었다.

씨받기

재래종 배추씨를 조금 얻어서 심어보았다. 포기가 차는 것은 일부 수확해 이용하고 포기가 부실하고 잎이 벌어진 배추는 밭에 그냥 두고 비닐을 씌워두었다. 겨우내 추위를 견딜 수 있을 정도로 보온을 해준다.

날씨가 따뜻한 지역에서는 보온을 하지 않아도 월동이 가능하다.

3월 중순 이후 꽃대가 올라오는 시기에 비닐을 걷어주면 꽃이 피고 씨앗이 맺힌다. 5월 말이 지나 씨앗 꼬투리가 누렇게 변색되면 베어서 잘 말려두었다가 털어내면 씨앗을 얻을 수 있다.

겨울에 비닐을 씌워준다.

● 반드시 포기가 차지 않은 배추를 월동시켜야 한다.
● 두더지나 쥐가 비닐 안으로 들어가 자라고 있는 배추를 뜯을 수도 있다.
● 월동 후 잎에 붙어 있는 애벌레들이 많다. 되도록이면 잡아낸다.
● 재래종 배추의 씨앗을 받아야 한다. 시판되는 배추의 씨앗을 받아 심으면 다음 해에 기이하게 변형된 배추나 포기가 이상한 배추가 많이 나온다.

꽃대가 올라온다.

재래종 배추는 볼품없고 포기가 작은 것 같아도 연속적으로 재배할 수 있어서 좋다. 가을에 비싼 배추 씨앗을 구하지 않아도 되고, 넉넉하게 뿌릴 수 있으니 여유롭다.

배추꽃

재배일지

2002년 감자를 캐고 난 후 밭에 아무것도 심지 않고 기다렸다가 정리하고 퇴비 넣은 다음 배추씨를 파종했다. 밭을 일구는데 봄에 적당히 캔 곳에서 주먹만 한 감자가 나왔다. 삽에 반 토막이 난 게 대부분이었지만 맛나게 먹었다.

베어 말릴 때가 되었다.

씨앗을 털어낸다.

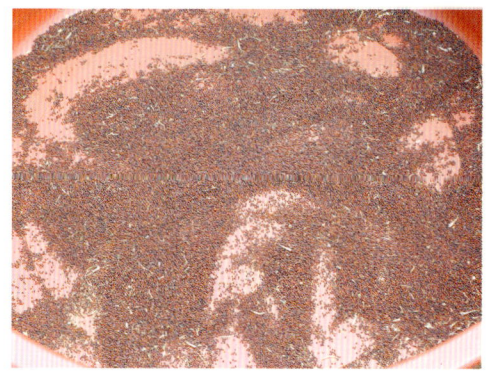

받은 씨앗을 정리해서 말린다.

배추씨를 파종할 때 너무 조밀하게 심지 않으려고 노력했는데 싹이 트고 난 후의 모습을 보니 역시 너무 촘촘하게 심었다. 중간에 솎아 먹으면 되겠다 하다가 나중에는 또 혹시나 가을에 모자라면 어쩌나 싶어 그냥 두었더니 전체적으로 포기가 작은 배추가 되어버렸다.

배추 씨앗은 작고, 동글동글해 고르게 파종하는 것이 무척 어렵다. 간격을 맞추어 한 알 한 알 심고 복토한 뒤 3일 정도 기다리니 새싹이 세상을 보려고 고개를 내밀었다. 며칠 잘 자라고 있는데 9월 초부터 내린 장맛비에 절반 이상이 녹아버렸다. 올해는 정말이지 비가 심하게 내렸다. 강원도 강릉에서는 하루 강수량이 900mm 이상이었고, 전국적으로 수많은 목숨이 희생당한 엄청난 비였다. 사람, 가옥, 도로 할 것 없이 모두 다 막대한 피해를 입은 상황에서 우리 밭의 가을 채소만 건강하기를 바라는 것은 나만의 욕심이었다.

빗발이 약해지는 중간 중간에 밭에 가보면 병난 개 털 빠지듯이 여기저기가 뻐끔뻐끔하게 비어 있다. 그래서 종자 한 봉지를 더 사다가 보충용으로 사이사이 뿌려주었다. 죽지 않고 버틴 싹은 빗물이 튀어 흙탕이다. 여름에 만든 영양제, 천혜녹즙, 현미식초, 목초액을 적당하게 희석해 분무기로 잎사귀를 씻어주듯 뿌려주었다. 그 덕분인지 잘 자라 9월 말에는 솎아서 나물도 해먹고, 김치도 담았다. 조밀하게 자라는 무와 배추를 솎을라치면 장모께서 아깝게 왜 뽑느냐고, 혹시 옆에 것들이 어떻게 될지도 모르는데 그냥 두라고 해서 배게 난 것이라도 손대지 않고 대부분 그냥 놔두었다.

올해 농사도 작년과 마찬가지로 포기가 작아 시장에서 파는 배추 한 통에 대려면 우리 밭의 배추 3~4포기를 합쳐야 겨우 비슷하다. 그래도 내 손으로 키운 생명력이 넘치는 배추를 바라보는 것만으로도 기뻤다. 11월 20일 수확해 김장을 담았다. 밭에서 직접 담아 항아리 묻고, 김치 갈무리하는 것으로 올해의 배추 농사를 마감했다.

2003년 8월 15일 파종했다. 시장에 나오는 상품용 같지는 않아도 제법 잘되었다. 밭에서 김장을 해 옹기 속에 묻어두고 일부는 가져와 김치냉장고에 넣어두고 먹었다. 비료와 농약을 사용하지 않으니 성장이 더디고 단단하다. 나는 이렇게 말하지만 우리 김치를 맛본 사람들은 좀 질기다고도 한다.

2005년 배추와 무를 심고 한랭사를 쳐두었다. 파종 20일 뒤 한랭사를 걷고 보니 온통 좁은가슴잎벌레(무잎벌레) 성충과 유충이 바글거린다. 시간이 지나면 좋아지리라 생각하고 내버려두었다. 중간에 부실한 포기만 솎아내고 잘 자란 포기 옮겨심기나 하면서 벌레를 관찰하고 싶었다. 어떤 양상으로 나타나는지 궁금했다. 여태껏 벌레를 잡겠다고 목초액을 뿌리고, 현미식초도 뿌려보고 난리를 쳤는데 가만히 두면 어떤 차이가 날지 지켜보고 싶었다.

한동안 그렇게 내버려두었더니 벌레에 진딧물까지 엉겨 밭이 엉망이다. 내년에는 다른 곳에 심어야겠다. 올해 김장은 시장에서 판매하는 배추를 사서 담았다.

2006년 8월 20일 파종했다. 벌레를 조금 줄여보려고 작년에 사용한 한랭사를 꺼내서 쳐주었다. 그래도 우리 밭은 온통 잎벌레 천국이다. 숫자가 워낙 많아 잡을 엄두가 나지 않을 지경이다. 한 번도 배추를 심지 않은 곳을 골라 열심히 옮겨심었다. 그 노력 덕에 옮겨 심은 배추는 피해가 덜했다. 하지만 본밭에 그냥 놔둔 배추는 벌레에 엄청나게 당했다. 내년에는 밭을 완전히 바꾸어 한 번도 배추를 기르지 않은 곳으로 이전해야겠다.

열무

- **분류** : 배추과
- **원산지** : 팔레스타인 지역
- **재배지역** : 한국(전국), 아시아 지역
- **특징** : 서늘한 기후를 좋아함
- **적정온도** : 15~20℃
- **역사** : 삼국시대(문헌상으로 고려시대)

재배시기

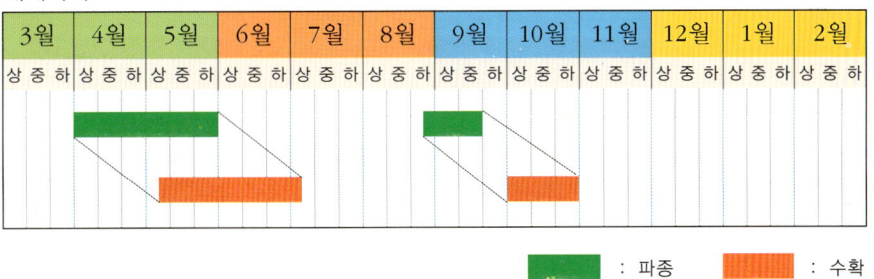

■ : 파종   ■ : 수확

열무는 봄, 가을에 싱싱한 김치 재료로 많이 이용하는 채소다. 서늘한 기후가 오래 지속되는 봄·가을이 재배적기다. 여름에 약간 그늘이 지는 장소를 찾아 재배해도 되지만 병충해가 심하고, 무더위와 습기를 견뎌내지 못한다.

밭 만들기

봄 재배 봄 열무는 싱추, 쑥갓 등의 채소와 함께 3월 말에서 4월 중순에 파종하므로 밭을 조금 일찍 만든다. 물이 잘 빠지는 밭은 약간의 비탈만 만들어줘도 되기 때문에 이랑의 높이를 5~10cm로 잡아 심한 비가 오면 물이 빠지는 정도로 한다. 반면에 습한 밭은 이랑의 높이를 20cm 이상 높게 만든다. 열무는 습한 밭을 싫어하므로 물 빠짐이 좋은 곳을 골라 심는 것이 요령이다. 파종하기 1~2주 전에 1m²당 완숙퇴비 2kg 정도, 깻묵 2컵(400g) 정도를 넣고 밭을 일구어 놓는다.

가을 재배 가을 열무는 특히 물 빠짐에 유의해서 이랑을 조금 높게 만든다. 우리나라의 9월은 태풍을 동반한 비가 며칠씩 내리는 날이 항상 있다는 걸 감안한다.

씨앗 준비

가까운 종묘상이나 웹사이트를 통해 가꾸고자 하는 종류의 종자를 준비한다. 여름 파종에 적합한 종자도 판매하고 있으니 심는 시기별로 각기 다른 종류의 씨앗을 준비한다. 잎의 모양에 따라 결각종과 판엽종으로 분리되기도 한다. 결각종은 줄기를 기준으로 잎이 있고 없고가 반복되는 대칭형이고, 판엽종은 잎이 연속적으로 붙어 생긴다. 우리가 말하는 보통 열무는 결각종을 이야기하는 것이다.

씨앗은 보통 100ml(1dl), 50ml 단위로 포장되어 있어 텃밭이 작은 경우에는 반 이상이 남게 된다. 남은 씨앗은 봉지의 윗부분을 여러 번 접어 스테이플러로 두 번 정도 찍어 냉장고에 보관해두면 이듬해에 또 사용할 수 있다.

파종

준비된 밭에 20~30cm 간격으로 줄뿌림한다. 밭이 넓으면 손에 쥐고 쓱쓱 뿌리는 흩어뿌림을 하고 쇠스랑으로 살짝 긁어 흙을 덮어둔다. 씨앗 모양은 무 씨앗과 흡사하다. 줄뿌림을 할 때는 호미를 이용해 밭 흙을 살짝 긁어내고 파종 골을 만든 다음, 골의 중간에 열무 씨앗을 1~2cm 간격으로 한 알씩 뿌린다. 5mm 정도로 흙을 덮고 물을 흠뻑 뿌려준다.

열무 씨앗

자라는 모습

파종 후 5~6일이 지나면 떡잎이 나오고, 며칠 더 있으면 떡잎 사이에서 본잎이 자라기 시작한다. 파종 후 떡잎이 나오는 시기는 기온과 밀접한 관계가 있다. 기온이 높으면 일찍 싹이 트고, 낮으면 늦게 싹이 튼다. 열무는 재배시기를 잘 선정해 서늘한 기후가 이어질 때 심으면 누구나 잘 가꿀 수 있는 채소다.

열무에는 벼룩잎벌레가 잘 생기는데, 이 벌레는 떡잎에 상처를 내고 흉터까지 남긴다. 이 벌레는 본잎에도 계속 피해를 준다. 파종 후 4주까지는 벌레 때문에 무척이나 고생을 하지만 날씨가 좋아지면 벌레를 견뎌내고 자라는 걸 볼 수 있다.

봄 재배의 경우, 파종 초기에는 기온이 낮은데다 벌레가 습격해 성장이 더디다. 그러나 5월로 접어들어 기온이 올라가면 왕성하게 자라면서 수확의 기쁨을 준다.

파종 10일된 열무 떡잎

파종 20일된 열무

봄 파종 열무는 6월이 되면 꽃대가 올라와 더 이상 채소로는 수확할 수 없다. 이때는 열무를 정리하고 다른 작물을 준비해야 한다.

여름인 8월에 열무를 파종하면 잘 자라다가도 9월의 비바람이 지나고 나면 아랫잎부터 누렇게 변한다. 바람이 잘 통하지 않는 곳에는 무름병에 걸린 열무가 보

파종 20일 지난 열무밭

열무에 붙은 벼룩잎벌레

파종 4주된 열무

파종 5주, 솎음수확 후의 열무

이기 시작한다. 8월 파종 열무는 물 빠짐이 좋은 밭에 파종 골 사이를 넉넉하게 잡아서 길러야 한다.

6월 초, 열무밭에 오이를 심었다.

8월 파종 열무의 9월 중순 모습

연작장해

배추과 채소를 같은 밭에 계속 기르면 벌레가 만연해 못쓰게 된다. 발생하는 벌레와 피해양상은 무나 배추와 같다. 그나마 이른 봄에는 좁은가슴잎벌레가 발생하지 않는다. 이때도 벼룩잎벌레가 열무를 힘들게 하는데 피해를 줄이려면 배추과 채소를 재배한 곳을 피해 밭을 바꾸어 가면서 재배하는 수밖에 없다.

웃거름주기 및 김매기

열무는 성장이 워낙 빨라 웃거름을 주고 재배할 시간적 여유가 없다. 그래서 처음 밭을 만들 때 넉넉하게 퇴비를 넣어주고 기르는 것이 좋다.

봄 재배 봄 파종 열무는 풀이 나기 전에 자라기 때문에 풀 걱정이 별로 없다.

여름·가을 재배 이른 봄을 제외한 때에는 모두 풀을 조심해야 한다. 내 밭에는 특히 비름나물이 많이 자란다. 어느 때는 이것이 비름밭인지 열무밭인지 구별이 안될 정도다. 그래서 나는 비름이 많이 자라게 되면 열무를 포기하고 그냥 비름을 수확해서 쓴다.

수확

솎음수확 파종 3주 후부터 솎음수확이 가능하다. 솎아서 겉절이를 해먹거나 데쳐서 나물을 해먹는다. 열무의 양이 많을 때는 솎아낸 걸 삶아서 시래기로 쓰면 좋다. 겨우내 먹던 억센 시래기와는 차원이 다른 부드러운 봄 향기가 풍기는 연한 시래기를 맛볼 수 있다.

본수확 파종 후 6~7주쯤 지나 모두 수확해서 김치를 담거나, 남는 열무는 시래기를 만들어 냉동실에 두고 이용한다. 봄 파종 열무 중에 몇 포기는 수확하지 않고 밭에 두면 초여름에 꽃을 볼 수 있다. 기후가 맞으면 씨앗을 맺기도 한다. 이 씨앗을 받아 두었다가 다시 파종하면 좋다. 그러나 대부분 꽃이 피고 꼬투리가 생길만 하면 노린재가 달라붙어 씨앗으로 영글지 못하고 말라버린다. 방충망 등을 씌우고 잘 관리하면 씨앗을 받을 수 있다. 특별한 시설이 없다면 자가채종이 힘든 작물이다.

8월 파종 열무밭의 풀

열무꽃, 6월 초순

재배일지

2004년 4월 10일에 퇴비를 조금 넣어 밭을 갈고 바로 파종을 했다. 일주일 후에 보니 벼룩잎벌레가 떡잎을 갉아 먹고는 온통 그물망을 만들어 놓았다. 그 광경을 지켜보시던 우리 장모 "하나도 못 먹겠나, 약 뿌리사!" 하신나. 그때의 상황에서는 나노 약 한 번만 뿌리면 좋겠다는 생각이 들었다. 그래도 태연하게 "장모님, 못 먹어도 할 수 없지요. 다른 것이나 심으면 되지요" 하면서 애써 평정심을 잃지 않으려고 했다. 그런데 2주 후에 보니 더욱 가관이다. 벌레들이 본잎이 돋아나는 자리까지 그물을 만들었다. 올해는 그냥 밭을 갈아엎어야 하나 하는 생각이 들 정도다. 그래도 갈 때마다 물을 주면서 잘 자랄 수 있을거라는 기대를 놓지 않았다.

3주쯤 지나자 그동안 비도 내리고 물을 많이 준 덕분인지 억세지만 먹을만한 열무 잎사귀가 남아 있었다. 또 한 주가 지나자 이제는 열무가 얼마나 잘 자랐는

지 솎아달라고 난리를 친다. 이렇게 수확한 열무 가지고 김치를 담고 시래기거리도 장만해두었다. 1개월이 넘으니 억센 잎사귀가 점점 연해지면서 제모습을 찾았다. 솎아내는 대로 계속 자란 열무는 파종 2개월이 지나면서 다시 억세지고 일부는 꽃대를 세웠다. 그래서 자리를 정리해 지지대를 세우고 오이를 옮겨 심었다.

  그렇게도 재배하기 어려운 봄 열무였는데, 이것이 쉬운 작물이 될 줄은 몰랐다. 땅이 비옥해지고 지렁이가 늘어나자 무농약 봄 열무 재배가 쉬운 일이 되었다. 다른 작물도 그렇지만 열무 재배의 핵심은 땅심이 살아 있으면 벌레가 먹는 양보다 성장이 빨라 사람 먹을 것이 생긴다는 사실이다. 척박한 땅에서는 작물의 성장이 더뎌 벌레가 먹고 나면 당연히 우리 먹을 것이 없어진다. 기름진 땅을 만들고, 잘 자랄 수 있게 밑거름을 잘 넣어주면 씨뿌리는 사람에게 분명 보람이 있다.

무

- **분류** : 배추과
- **원산지** : 중앙아시아로 추정
- **재배지역** : 한국(전국), 중국, 일본
- **특징** : 서늘한 기후를 좋아함. 영하 1℃ 정도 견딤
  저온에서는 성장이 더딤, 모종으로 재배하지 못함
- **역사** : 삼국시대(문헌상으로 고려시대)

재배시기

: 파종   : 수확

배추와 함께 주된 김장 재료로 친숙한 채소다. 재배시기를 배추와 같이 잡으면 수월하다. 즉, 가을에 파종해 김장철에 수확하는 것이 무난하다. 그래서 텃밭에서 무를 재배한다고 하면 보통 가을 재배를 의미한다. 서늘한 기후가 오래 지속되는 지역이 잘 맞다는 점을 감안해서 기른다.

밭 만들기

무는 감자, 상추, 열무, 아욱 등의 봄 채소를 거둔 장소에 기르면 된다. 무를 심을 장소로 선정된 밭은 7월 말에 석회를 1m²당 100~200g(1컵) 넣고 표면의 석회가 덮이는 정도로 살짝 일군다.

파종하기 1~2주 전에 1m²당 4kg 정도의 완숙퇴비와 깻묵 4컵

무 재배 참고용 밭

(800g) 정도를 넣고 밭을 일구어 이랑 너비가 1~1.2m, 높이가 15~20cm 정도 되게 준비한다.

참고사항 전문 농가에서는 무를 기를 때 고구마, 고추와 같은 식으로 두둑을 만들어 재배한다. 이렇게 하면 나중에 솎아서 열무처럼 이용하는 재미는 없다. 그러나 20cm 간격에 3~4개의 씨앗을 점 파종하므로 씨앗이 적게 든다.

씨앗 준비

가까운 종묘상이나 웹사이트를 통해 가꾸고자 하는 종류의 종자를 준비한다. 무는 목적에 따라 종자를 준비하는 기준이 달라진다. 뿌리를 쓸지 무청을 쓸지에 따라 종자를 선택한다.

뿌리 위주의 종자와 무청 위주의 종자가 있는 반면 절충식 종자도 있다. 보통 김장용으로만 사용하는 경우는 뿌리 위주의 종자를, 김장도 하고 시래기로도 이용하려면 절충식 종자를 선택한다.

무 씨앗은 배추 씨앗에 비해 싸고 포장 단위도 크다. 보통 100ml(1dl), 50ml 단위로 포장되어 있어 텃밭이 작은 경우 반 이상이 남게 된다. 남은 씨앗은 그대로 봉지의 윗부분을 여러 번 접어 스테이플러로 두 번 정도 찍어 냉장고에 보관해두면 이듬해 다시 사용할 수 있다.

참고사항 배추와의 가장 큰 차이는 모종으로 심지 않는다는 것, 그리고 아예 시중에 모종이 나오지 않는다는 점을 들 수 있다. 무와 성질이 비슷한 당근을 시험용으로 옮겨심기 해봤는데 옮겨 심은 당근에는 잔뿌리의 발달이 두드러지고, 큰 뿌리도 2~3개로 갈라지는 것이 많이 보였다. 그래서 옮겨 심을 경우 잔뿌리가 많아져 이용하기 불편하고 상품성도 떨어지니 이 방법을 쓰지 않는다는 것을 알았다. 무도 마찬가지의 이유로 옮겨심기 모종이 시중에 나오지 않는 것 같다.

파종

준비된 밭에 30~40cm의 줄 간격으로 줄뿌림한다. 호미로 파종 골을 만들고 골의 중간에 무 씨앗을 2~3cm 간격에 한 알씩 넣는다. 5mm 정도로 가볍게 흙을 덮어준 다음 물을 흠뻑 뿌려준다.

파종 후 오른쪽 사진에서와 같이 한랭사를 씌우면 8월 중순의 무더위를 약간이라도 완화시켜줄 수 있어 재배가 훨씬 쉬워진다. 활대를 50cm 간격으로 설치하고 위에 한랭사를 씌운 다음 가장자리를 흙으로 빈틈없이 덮어준다. 무는 서늘한 기후를 좋아하므로 우리나라의 8월 날씨와는 어울리지 않는다. 그래서 인공적으로 해를 가리는 흰색의 한랭사를 쳐준다. 한랭사의 또 하나의 역할이라면 8월 중순에 세차게 내리는 소낙비에서 무의 떡잎을 보호해준

파종 후 한랭사를 씌웠다.

다. 여름에 소나기가 내리면 굵은 빗방울 탓에 흙바닥에 짓물러 죽는 떡잎이 많기 때문이다. 이 경우도 한랭사를 씌우면 많이 완화할 수 있다.

나도 2005년부터 시험적으로 한랭사를 설치하기 시작했는데 다른 큰 효과를 기대하지 않는다면 쓸만하다.

한랭사는 포장 단위가 100m로 되어 있어서 작은 텃밭용으로는 구입하기가 쉽지 않다. 가격도 만만치 않아 텃밭 또는 주말농장을 하는 이웃과 공동으로 구입해 사용하는 방안을 강구하면 좋다. (2005년 한랭사 1묶음에 20,000원 구입)

나는 아예 재배시기를 늦춰 9월 초에 파종해 김장 때 조금 작은 무를 수확하기도 한다. 이때는 파종 후 관리도 쉽고 조금 자라면 서늘한 가을을 맞이하므로 좋은 재배시기라 할 수 있다. 조금 작고 볼품없는 무를 수확한다는 단점이 있지만 속은 실해서 충분히 보상이 된다.

자라는 모습

파종 후 4~5일이 지나면 떡잎이 나오고, 또 며칠 더 있으면 본잎이 떡잎 사이에서 자라기 시작한다. 기르기로 따지면 무는 배추와 비슷한 난이도인데, 재배시기만 잘 선정하면 누구나 어느 정도의 성과를 올릴 수 있는 작물이다. 그러나 의외로 장소 선정에 문제가 생길 수도 있고, 계속해서 무를 연속 재배하며 어려움을 많이 겪을 수 있다. 남들이 쉽게 재배하는 채소라고 해서 나에게도 언제나 쉬운 것은 아니란 사실을 염두에 두어야 한다.

파종 후 30일 정도 지나면 솎아서 열무처럼 이용할 수 있다. 기간이 지남에 따라 계속 솎아주어 무의 간격이 15~20cm 정도 되도록 한다. 싹이 터서 자라는 초

파종 11일 | 파종 2주
파종 18일 | 11월 초

기에는 서로 경쟁적으로 크는 것이 좋으므로 조기에 솎음 간격을 너무 넓히지 않는 것이 좋다.

두더지 피해

무도 배추와 마찬가지로 두더지에 의한 피해가 상상외로 크다. 파종 얼마 후에 보면 두더지가 여기저기 터널공사를 하는 것이 보인다. 어떤 때는 밭에 가만히 있으면 옆의 흙이 움직이는 것이 보일 때도 있다. 두더지가 지나간 자리의 무는 뿌리가 들떠 이내 말라 죽고

위는 벌레에 당하고 밑으로는 두더지에 당한 무

만다. 안타까운 마음에 발로 밟고 물을 주어도 상처 받은 무는 쉽게 회복하지 못한다. 크게 자랄 때까지 문제를 일으킨다. 밭 흙이 조금 찰져서 비가 오고난 후 잘 굳는 곳에 파종을 하면 두더지 피해를 어느 정도 줄일 수 있다.

연작장해

무를 같은 밭에 계속 기르면 벌레가 만연해 못쓰게 된다. 밭에 따라 보이는 벌레가 다르고, 주변의 상황에 따라 또 달라지지만 내 밭에서 경험한 벌레를 주로 기술했다.('배추과 채소' 42쪽 참조)

내 밭의 경우는 땅을 가리는 증상 등은 특별히 없었는데 벌레가 너무 많이 발생해 작물을 거의 전멸시킨 적이 있다. 무를 한 번 심으면 연속으로 그 자리를 쓰지 말고 2~3년 후에 다시 그 자리에 재배하기를 권한다. 밭이 모자라거나 형편이 안 되면 이웃의 다른 작물과 바꿔 짓는 한이 있더라도 연속 재배만은 피해야 한다. 물론 잘 듣는 농약을 몇 번 사용한다면 이러한 문제는 해결이 되겠지만, 무농약 재배를 원칙으로 삼는다면 반드시 밭을 돌려가면서 재배해야 한다. 거리상으로도 원래 밭과 상당히 떨어져 있는 것이 유리하다.

벌레(좁은가슴잎벌레, 벼룩잎벌레)는 이동성이 약간 떨어지기 때문에 작년에 파종한 무, 배추, 갓 등의 배추과 채소를 재배한 지역에서 5m 정도만 떨어지면 피해를 대폭 줄일 수 있다. 그나마 2년 정도의 연작은 벌레를 조금씩 잡아가면서 키우는 게 가능하지만 3~4년 연작은 손대기가 거의 불가능하다.

나도 3년 연작을 했을 때, 파종 초기에는 벌레가 보이는 대로 손으로 잡았다. 그러다 나중에는 그것도 지쳐 거의 포기하는 마음으로 그냥 두었다. 다행히 10월

3년 연작 무의 벌레 피해(9월 말)

3년 연작 무, 회복된 밭(10월 말)

4년 연작 무의 벌레 피해(9월 중순)

4년 연작 무의 벌레 피해(11월 중순)

로 접어들면서 날씨가 서늘해지고 벌레가 먹는 양보다 무가 빨리 성장해주는 덕에 농사가 잘되었다.

김매기 및 웃거름주기

무밭의 풀은 파종 후 무가 싹이 틀 때 동시에 싹이 트고 자란다. 따라서 무가 어릴 때 주변의 풀을 한 번 정도 정리해주어야 한다. 이 정리가 늦어져 풀이 활개를 치게 되면 무가 약해진다. 생존경쟁에서 밀리는 것이다.

파종 3주 정도 되었을 때 꼼꼼하게 풀을 정리해주면 무가 먼저 성장해 그늘을 만들면서 풀이 자라는 것을 억제한다. 초기의 풀은 뿌리가 엄청나게 발달해 뽑기가 쉽지 않다. 주변의 흙덩이를 많이 들고 일어나기 때문에 풀을 뽑을 때는 언제나 풀 주변을 손바닥으로 누르면서 제거하는 것이 요령이다. 초기에는 비름, 명아주, 바랭이 등이 보이다 수확기가 되면 별꽃 종류가 많이 보인다.

웃거름을 주기 위해서는 우선 무 파종 골의 간격을 충분히 넓게 잡는다. 30cm 이상이면 좋다. 그래야 파종 6~7주 정도 지나면 골 사이를 호미로 파고 웃거름을 줄 수 있다. 웃거름은 솎음수확을 한 후 주는 것이 가장 좋다. 만들어둔 퇴비를 웃거름으로 주고 그 이후는 여유가 되면 깻묵액비를 20배 정도 희석해 뿌려주면 성장이 촉진된다.(쪽파의 웃거름주기 233쪽 참조)

수확

솎음수확 파종 3주 이후부터 솎음수확이 가능하다. 솎아서 겉절이를 담거나 데

초기에 돋아나는 풀

무와 함께 있는 풀

쳐서 나물 또는 시래기로 이용하면 좋다. 파종 2개월 정도 지나면 뿌리를 뽑아 이용해도 된다.

잎줄기 따기 무가 어느 정도 자라면 잎이 무성해진다. 이때 아랫잎을 따서 삶아 시래기로 이용하면 좋다. 잎줄기를 딸 때 한꺼번에 너무 많이 따내면 무 뿌리가 부실해지므로 한 포기에서 2~3개의 잎줄기만 따내도록 한다.

본수확 11월 중순에서 말경 김장을 할 때 모두 수확하는 것을 말한다. 김장용으로 수확을 할 때는 뿌리째 뽑아내서 뿌리와 줄기가 구분되는 곳을 칼로 잘라낸다. 뿌리는 김장용으로 사용하고 위에 붙은 줄기는 시래기로 쓴다. 김장용으로 쓰고 남는 무는 물이 고이지 않는 장소를 골라 묻어둔다. 그러면 3월까지 조금씩 캐서 이용할 수 있다. 저장용으로 묻어두는 무는 뿌리와 줄기를 칼로 잘라낼 때 뿌리 부분의 무가 잘려나가지 않게 조심해야 한다. 무의 윗부분이 상처를 받으면 보관 중에 짓무르는 수가 있다.

무의 부분 수확

모두 수확한 모습

겨우내 먹을 무를 묻어둔다.　　　　　　　　　　　　　　묻어둔 무를 꺼내어 정리했다.

묻는 방법 장소 선정이 중요하다. 물이 고이지 않는 장소를 고른다. 습기가 조금 차는 곳은 비닐이나, 양은으로 된 용기를 땅에 묻고 용기 안에 무를 넣은 다음 위에 짚을 두텁게 덮고 흙으로 덮어두면 된다. 깊이는 용기가 묻히는 정도 또는 50cm 정도 파낸다. 파낸 곳에 짚을 조금 깔고 무를 올리고 다시 짚을 두텁게 10cm 정도 깔고 위에 흙을 20cm 이상 덮는다. 눈, 비가 걱정되면 흙 위에 비닐을 덮어둔다.

무시래기 만드는 방법 무를 수확한 후 줄기를 모아서 시래기를 만든다. 곧바로 먹을 것은 생으로 있는 줄기를 삶아 한 번에 먹을 만큼만 비닐봉지에 넣어 냉동실에 넣어 두면 된다. 나머지는 끈으로 엮어 그늘에 달아두고 필요할 때마다 삶아 먹는다.

재배일지

무를 심지 않는 가을은 상상이 되지 않는다. 뭔가 빠진 듯한 느낌이 든다. 밭을 처음 시작할 때부터 계속해서 무를 재배하고 있다. 무를 재배하는 초창기에는 아주 잘 되어 별 걱정이 없었다. 그런데 이제는 무를 파종하는 것이 큰 고민거리 중에 하나가 되었다. 장소 선정이 어렵고 벌레가 덜 붙을 수 있

무청 말리기

는 곳을 골라야 하는 어려움이 있다. 남들은 이제 농사 몇 년 지었으니 어떤가 하고 프로다운 면을 기대하고 밭을 방문하는데 정작 무 배추 등이 자라는 밭을 보여줄 용기가 나지 않는다. 어떤 때는 거의 전멸에 가까운 실패를 보기도 하고, 잘되어도 주말농장 처음 분양받아 정성들여 기르는 초보에는 미치지 못한다.

밭에 벌레가 바글거리고 무 잎에 붙은 잎벌레가 초토화시키는 장면을 볼 때면 잘 듣는 농약을 사용해볼까 많은 유혹을 받기도 한다. 게다가 같이 가는 우리 장모까지 가끔은 "뭐 먹을라고?" 하면서 빈정거리신다. 그래도 요새는 농약, 비료 안하고 기른 농작물이 약이 된다는 정보를 알고는 위로를 해주시기도 한다. 초창기에는 도저히 용납을 못하셨는데 지금은 이해의 단계로 접어들었으니 그나마 다행한 일이다.

나 어릴 때는 들판을 돌아다니거나 학교에서 집으로 돌아오는 길에 주인이 보이지 않는 무밭의 무를 뽑아 입으로 껍질을 벗겨내고 질겅질겅 먹기도 했다. 다른 채소는 직접 먹는 것이 별로 없는데 무만큼은 아무 도구 없이도 그냥 먹을 수 있어 좋았던 시절이 있었다.

어느 땐가 우리 동네에서 단무지용 무를 많이 심었다. 가을에 그 무를 뽑아 모두 단무지를 담았다. 단무지용 무를 처음 보는 우리 동네 친구들은 그렇게 길고 쭉 빠진 무를 뽑아 많이도 먹었다. 단무지용 무는 이때까지 먹던 오동통한 무보다는 매운맛이 덜하고 아삭한 것이 각별했다.

한겨울 먹을 것이 귀할 때 동네에서 가까운 밭에 묻어둔 무 저장고는 우리 같은 조무래기들에게 간식거리를 제공하는 역할을 했다. 여럿이 모여 놀다가 내기를 하거나, 민화투를 쳐서 지는 친구가 무를 꺼내러 가야 한다. 달빛이 푸르게 빛나던 밤, 발소리를 줄여 남의 밭으로 살금살금 기어가서 입구를 막아둔 짚덩이를 뽑아내고 짧은 팔로 온몸을 집어넣어 무를 몇 개 꺼내고 나면 얼굴까지 흙이 묻어 있다. 뒤돌아 오는 급한 마음에 어떤 때는 무 저장고의 입구를 느슨하게 막아 다음날 동네가 떠나가게 욕이 들렸다. 우리는 마치 아무 일도 없던 것처럼 태연하게 행동했다. 범인으로 몰리는 무리는 언제나 우리보다 나이가 많은 동네의 청년들이었다.

할머니하고 나는 멀리에 있는 작은 밭에 매년 무를 심었다. 집에서 족히 1.5km는 떨어진 곳이다. 거기까지 거름 져다 나르는 것이 큰일이고, 무를 심어두고 물 주는 것도 큰일이었다. 밭 아래의 웅덩이에서 물을 길러 많이 준 것 같은데 돌아서면 말라 있는 무밭이 떠오른다. 지금 그곳에는 우리 할머니가 잠들어 있어 매년 추석, 설날 성묘 가서 보고 온다.

  지금은 무를 재배하면서 한 번도 무를 뽑아 생으로 먹어본 일이 없다. 왠지 내키지도 않고 맛도 그때와 같지 않을 것 같은 생각이 든다. 내년에는 한번 먹어 보리라 다짐해본다.

양배추

- **분류** : 배추과
- **원산지** : 유럽의 지중해 부근
- **재배지역** : 한국(전국), 전 세계
- **특징** : 서늘한 기후를 좋아함
  영하 15℃ 정도 견딤
  저온에서는 성장이 더딤
- **역사** : 중국을 통해 1900년 이후 도입 추정

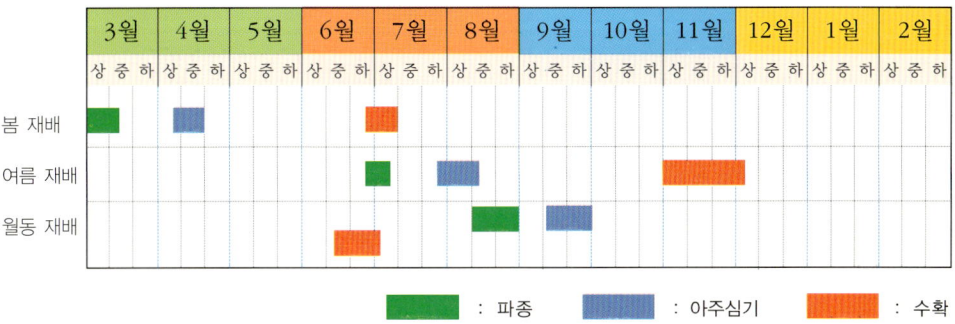

텃밭이나 주말농장에서 실제로 재배할 때 참으로 난감한 게 이 양배추다. 위의 표를 보면 재배시기 폭이 넓어보인다. 그런데 막상 해보면 봄에 재배하는 것도 마땅치 않고, 여름 재배도 힘들고, 월동 재배는 거의 불가능하다. 봄 재배는 판매하는 모종을 구해서 하고, 월동 재배는 남부 지방이나 서해안 같은 비교적 겨울이 따뜻한 지역에서 가능하다. 한편으로는 약간의 노력을 기울이면 또 언제든 재배할 수 있는 것이 이 양배추다. 이른 봄에 집 안에서 모종을 길러 4월 중순에 아주 심기 하거나, 6월에 파종해 한랭사를 씌우고 모종을 길러 7월 말 또는 8월 초에 아주 심는 여름 재배가 있다.

씨앗 준비

가까운 종묘상이나 웹사이트를 통해 가꾸고자 하는 종류의 양배추 씨앗을 준비한다. 종묘상에서는 양배추에 대한 상세한 정보를 알기가 어려우므로 인터넷 등을 통해 정보를 검색한 다음 종묘상에 들러 씨앗을 구입하거나, 웹사이트에서 주문하도록 한다. 전문적인 종묘상이 아니면 양배추 씨앗을 가져다 놓은 곳이 그리 많지 않다.

재배시기별 종자선정 고려사항

재배시기	종자의 특징	주의사항
봄 재배	조생종, 내서성	8월 무더위 전에 수확 가능 품종 선택
여름 재배	중·만생종, 내한성	한랭사를 이용한 모종 재배
월동 재배	중·만생종, 내한성	12월 전에 결구가 진행되지 않는 파종시기 선정

모종 기르기

밭에서 모종 기르는 법 파종하기 1~2주 전에 밭을 준비한다. 완숙퇴비를 1m²당 2kg 정도를 넣고 밭을 일구어 두둑의 폭이 1m, 높이가 10cm 정도 되게 만든다. 모종의 수량을 미리 결정해 어느 정도 면적에 파종해야 하는지 알아둔다. 보통 한 번에 재배할 양으로 20포기 정도를 잡으면 무난하다. 양배추와 동시에 파종해 모종을 기를 수 있는 종류는 케일, 브로콜리, 콜리플라워 등이다. 늦봄이나 여름에 모종을 기를 때는 약하게 그늘이 지는 곳이 좋다.

집 안에서 모종 기르는 법 지난해 고추 모종을 구입한 포트를 이용해 종묘상에서 판매하는 상토를 채워 넣고 씨앗을 파종해 모종을 기르는 방법이 있다. 집 안에서 몇 포기 길러 재배하는 만큼 관리가 쉽다.

1) 상토를 포트 안에 꼭꼭 눌러 채워 넣는다.(3월 초·중순)
2) 격자 안의 상토를 손끝으로 조금 눌러 2~3개의 씨앗을 넣고 3mm 정도로 상토를 덮는다.
3) 물을 준 다음, 양지바르고 밤 기온이 심하게 내려가지 않는 곳에 둔다.
4) 흙이 마르는 것 같으면 스프레이로 살살 물을 뿌려 촉촉하게 한다.
5) 싹이 나면 튼튼한 모종 하나를 남기고 나머지는 솎아낸다.
6) 4월 중순이나 말경, 모종이 어려도 아주 심는다.(집 안에 계속 두면 웃자라게 되어 연약한 모종이 된다.)

집 안에서 모종 기르기

파종

모종용 밭을 준비한다. 줄 간격 20cm에 2cm당 하나의 씨앗이 놓이도록 줄뿌림한다. 씨앗이 작고 둥글어 고르게 파종하기가 매우 힘들다. 파종 후 한랭사를 씌우면 모종 기르기가 한결 쉬워진다. 활대를 50cm 간격으로 설치하고 위에 한랭사를 씌워준 다음 가장자리를 빈틈없이 흙으로 덮어준다. 한랭사 안에 여러 가지 모종을 동시에 가꿀 때는 씨앗 봉지를 돌로 눌러 경계 표시를 해두면 나중에 혼동이 없다(활대와 한랭사는 종묘상에서 쉽게 구할 수 있다).

파종 후 관리

파종 후 관리가 제일 힘들다. 틈틈이 들러 물도 주고, 적당한 때 한랭사를 걷어내고 자라는 정도를 관찰하면서 돋아나는 풀도 정리해준다. 아주심기를 염두에

한랭사를 씌운 모습   파종 2주, 풀과 함께 자람

배추과 채소

두면, 포기 사이의 간격이 넓을수록 뿌리를 덜 다치게 하면서 모종삽으로 파내기에는 좋으나 모종의 상태를 고려해 10cm 정도 유지하도록 한다. 그러므로 수시로 솎아주어 포기 사이를 넓혀주는 것이 튼튼한 모종을 기르는 비결이다.

파종 2~3주가 되면 본잎이 2장 정도 나오는데, 이때 뽑아서 다시 심은 다음 본잎이 6~7장이 되면 아주심기 하는 게 좋다고 한다. 이렇게 하면 뿌리가 튼튼해지고 자라는 속도도 좋아진다고 한다. 하지만 나는 여태껏 그렇게 해보지 못했다. 이식하는 것이 번거롭고 잘못 관리하면 오히려 좋지 않은 결과가 될지도 모른다는 염려에 실천을 못하고 있다. 주말농장이라면 자주 들러보지 못하는 현실을 감안해 중간의 가식은 생략하고 파종 5주쯤 되어 아주 심는다. (하루에 한 번씩 밭을 들여다볼 수 있는 여건이 되는 분들은 실천해보기를 권한다.)

한랭사 씌우기

무더운 여름에 모종을 길러야 하는 경우, 또는 봄이라도 지난해 배추과 작물을 심었던 밭에 모종을 길러야만 할 때는 반드시 한랭사가 필요하다. 벌레와 강한 햇빛을 막아주어 모종이 건강하게 자라게 해준다.

한랭사를 씌우지 않은 봄 파종

한랭사를 씌우지 않고 봄에 파종하면 벌레에 떡잎부터 뜯기고, 생장점이 뜯겨나가 모종으로 자라지 못하는 포기가 많아진다. 특히, 배추과의 식물을 재배한 밭에는 벼룩잎벌레, 좁은가슴잎벌레가 많기 때문에 떡잎도 제대로 자라지 못한다.

벼룩잎벌레는 이름에서 알 수 있듯이 몸집이 작고(2~3mm) 톡톡 튀어다니기 때문에 손으로 잡을 수가 없다. 한 번에 30cm 넘게 튀므로 한랭사를 이용해 접근을 막아주는 것이다. 떡잎을 파먹을 경우 초기 피해가 막심하다.

9월에 파종하는 월동 재배용 모종은 한랭사를 씌우지 않아도 된다. 그러나 이 경우에도 배추과 작물을 재배한 밭을 피해서 파종해야 한다.

벼룩잎벌레 성충

모종 구입하기

작은 규모의 텃밭이라 씨앗을 준비하고, 모종 기르는 어려움 없이 양배추를 재배하고 싶으면 모종을 쓰면 된다. 이른 봄에 주변의 종묘상이나 전통 5일장에 들러 모종을 사는 데, 보통 포트 묘(일명 플러그 묘)로 판매를 한다.

종묘상에서 파는 각종 모종

밭 만들기

양배추의 고향은 건조하고 서늘한 지중해이므로 원산지 사정을 감안해 두둑을 높게 만들어 배수에 주의를 기울인다. 아주심기 1주 전에 퇴비를 $1m^2$당 4kg 정도, 깻묵을 큰 컵으로 4컵(800g)을 넣고 밭을 일군다. 두둑의 높이는 20cm, 폭은 40~50cm 정도로 만든다.

두줄심기의 경우, 두둑 높이를 동일하게 하고 폭을 60~70cm 정도로 넓힌다.

아주심기

모종밭에 있는 모종이 다치지 않게 주의하면서 모종삽으로 한 포기씩 정성들여 파낸다. 이식하

포기 사이 40cm 이상, 두줄심기

배추과 채소 **83**

기 전에 물을 흠뻑 뿌려 두었다가 물기가 조금 잦아들고 모종 주변에 있는 흙이 물을 충분히 머금었을 때 모종삽으로 한 포기씩 파내어 정성껏 옮겨 심는다.

만들어둔 밭에 40~50cm 간격으로 심고 물을 준다. 너무 깊게 심지 않는 것이 좋다. 모종 상태에서 흙에 잠긴 부분 이상을 심지 않는다.

재배시기별 아주심기

재배시기	주의사항
봄 재배	조생종 구입, 늦어도 4월 말에 모종 아주심기 완료(되도록 일찍 심기)
여름 재배	파종을 6월에 해 7월 중순에 아주 심는 것이 좋음(이때는 모종 구하기가 쉽지 않다)
월동 재배	9월 파종 10월 아주심기, 월동 전에 포기가 차지 않게 심어야 함(봄에 수확하는 포기가 제일 큼지막함, 영하 10℃이하로 자주 내려가는 지역은 월동 불가)

아주 심은 지 1개월쯤 되면 빨리 자라는 양배추는 본잎이 12~16장 정도가 된다. 이때부터 본격적으로 잎 수가 늘어나고 생장점에서 많은 수의 잎이 생성되어 포기가 차기 시작한다. 빨리 자라는 양배추는 아주 심고 9주가 지나면 작은 포기로 수확이 가능하다.

김매기 및 웃거름주기

아주 심은 양배추가 자라는 시기에는 풀 관리와 함께 웃거름이 필요하다. 주로 자라는 풀은 명아주, 비름나물, 바랭이, 피 등이다. 이 풀들은 웃거름을 줄 때 같이 호미로 긁어주면 된다. 양배추가 많이 자라 우거지기 시작하면 풀 걱정을 하지

아주 심은 지 4주된 양배추

아주 심은 지 4주된 양배추 포기

않아도 된다. 풀이 많은 영향을 주지 않을 때는 가만히 둔다. 그러나 키 큰 종류의 명아주, 까마중 등은 한 번 정도 베어 깔아주는 수고를 해야 한다.

풀 씨앗이 떨어지는 시기가 되면 씨앗이 있는 꼬투리를 뜯어 멀리 버리거나, 나무 밑에 깔아둔다. 밑거름을 넣지 않고 심은 경우 아주 심고 1개월 정도 지난 후 포기 사이나 줄기에서 15cm 정도 떨어진 곳에 호미로 10cm 정도 구덩이를 판다. 그 자리에 퇴비를 한두 주먹 넣은 다음 흙을 덮어준다. 밑거름을 충분히 넣은 경우는 2개월 정도 지난 후에 웃거름을 준다. 그 이후에는 여유가 되면 깻묵액비를 20배 정도 희석해 뿌려주면 잘 자란다.

수확

양배추는 포기가 차면서 단단해진다. 손으로 눌러 약간 단단하다는 느낌이 들면 수확해도 된다. 칼로 밑동을 베어내고 겉잎을 모두 벗겨낸다.

직접 길러서 먹어보면 각별한 맛을 느낄 수 있다. 내가 길러서가 아니고 유기물을 듬뿍 넣고, 그 유기물 사이를 지렁이가 기어 다니고, 지렁이 잡으러 두더지 지나간 구멍을 발로 밟아 정성을 기울인 맛을 느낄 수 있다. 갓 수확한 양배추를 쪄서 잘 만든 간장이나, 강된장을 끓여 쌈 싸먹으면 한여름에

아주 심은 지 7주된 양배추

아주 심은 지 11주된 양배추

풀과 힘께 자라는 양배추

양배추 웃거름 주는 모습

물 주고 고개 숙여 벌레 잡으면서 양배추와 나누었던 밀담이 모두 맛으로 돌아온다. 처음에는 시장에서 판매하는 큼지막한 덩어리가 아니라서 실망할 수도 있다. 그러나 직접 기른 작은 양배추의 단단한 육질을 먹어보면 시장에서 여태 사다먹던 양배추와는 다른 진한 맛을 느끼게 될 것이다.

벌레

양배추는 배추나 무에 비해 가꾸기 쉽다. 잎사귀에 붙어있는 벌레도 비교적 큼지막해서 손으로 잡기에 충분한 것들이다.('배추과 채소' 42쪽 참조)

병

양배추는 무농약으로 재배해도 특별한 병치레를 하지 않는다. 다만 재배시기에 따라 발생하는 치명적인 병이 있다. 봄에 심어 여름에 수확하는 양배추는 주의한다. 포기가 덜 차서 조금 기다리다 보면 7월의 장마와 무더위를 맞게 된다. 옆은 4월 3일에 파종해 5월 8일에 아주 심은 양배추의 여름 모습이다.

양배추의 고향이 약간 건조하고 서늘한 지역임을 감안한다면 무더

수확한 양배추

7월 10일의 양배추

7월 17일의 양배추

7월 24일의 양배추

7월 31일 무름병이 심해짐

무름병이 심한 줄기

7월 31일 무름병으로 쓰러진 양배추

위가 심한 우리나라 여름에는 약하다는 것을 알아야 한다. 그래서 양배추는 고랭지재배 또는 따뜻한 제주도나 서남해안에서 주로 월동 재배를 한다. 고랭지가 아닌 일반 텃밭이나 주말농장에서는 무름병에 걸리지 않게 7월 초 이전에 수확을 모두 마치도록 한다. 그래서 봄 재배는 조생종의 종자가 필요하고, 모종도 조금 일찍 구입해 심어야 한다.

월동 재배

월동 재배는 늦여름이나, 가을에 아주심기를 해 잎 수가 많지 않고, 결구가 많이 진행되지 않은 상태에서 한다. 포기가 많이 찬 상태에서 월동시키면 이듬해 봄에 바로 꽃대가 올라오면서 꽃을 피운다.

양배추는 한겨울에 다 얼어 죽어 있는 것처럼 보이지만 봄이 되면 잎에 생기를 띠면서 다시 살아난다. 월동 전에 포기가 많이 찬 양배추는 겨울의 추위에 포기 전체가 얼어버려 삶은 듯이 있다가 봄에 말라 죽는다. 포기가 덜찬 양배추는 꽃대가 올라오면서 꽃을 피우고, 포기가 차지 않은 상태에서 월동한 양배추는 잎이 자라면서 포기가 차기 시작한다. 한겨울

한겨울의 양배추, 1월 2일

봄의 양배추, 4월 5일

에도 기온이 심하게 내려가지 않는 지역에서는 충분히 월동 재배가 가능하다. 자신의 밭에서 기온이 가장 따뜻한 곳을 골라 몇 포기의 양배추를 월동시키면 어떤 포기는 꽃을 피우고 또 어떤 포기는 가을 재배에서 맛보기 쉽지 않은 튼실한 양배추를 준다. 가을에 잘 자라지 못하고 수확하기에는 너무 어린 포기는 월동시키면 좋은 봄채소를 준다.

주의사항 월동이 모두 되는 것은 아니고 지역이나 종자에 따라 많이 달라진다. 반드시 내한성이 강한 종자를 선택해 월동 재배를 해야 한다. 늦가을에 모종을 심어서 잘 자라지 못한 상태에서 겨울을 맞이하면 얼어 죽는 포기가 많이 나온다. 반드시 어느 정도 자라다 겨울을 맞아야 월동이 가능하다.

씨받기

양배추는 케일보다 씨받기가 더욱 어렵다. 꽃이 늦게 피어 열매가 익어가는 시

월동 양배추, 4월 30일

월동 양배추의 꽃, 5월 8일.

기에 장마를 맞게 되고, 진딧물과 노린재 등이 씨앗 꼬투리의 다육질의 즙액을 빨아먹어 씨앗으로 영글지 못한다.

씨앗을 받아보려면 꽃이 피고 가루받이가 어느 정도 진행된 시기에 망을 씌워 진딧물이나, 노린재의 접근을 막아주면 된다. 진딧물이나 노린재까지 붙은 꼬투리는 자라면서 껍질만 남은 채 말라버려 씨앗은 모두 덜 익은 상태로 쪼그라져버린다. 양배추와 케일은 시설이 없는 곳에서 씨앗을 받기 어렵다.

재배일지

양배추를 무농약, 무비료로 노지에서 재배할 수 있는지 알아보고 싶었다.

2004년 7월 18일, 25일에 파종하고, 8월 15일 정식했다. 8월 22일에도 추가로 정식했다. 8월 15일 정식한 모종 가운데 보름 정도 지나자 80% 정도는 잘 자라고, 20%는 이미 거세미라든지 다른 벌레들에게 당해 뿌리내림이 잘 안 되었다. 가을에 결구가 잘된 3~4포기를 수확해 맛만 보고 나머지는 그대로 월동을 시켰다. 포기가 너무 작아 수확할 수가 없어 월동을 시킨 것이다. 그해 겨울에 영하 15℃ 이하로 떨어지는 날이 제법 있었는데, 모두 얼어 죽지 않고 봄에 다시 활기를 찾았다. 지난 가을에 포기가 제법 큰 상태에서 월동을 한 것은 봄에 바로 추대를 하고 꽃을 피웠다. 포기가 작고 결구가 진행되지 않은 상

5월 말, 양배추꽃

꼬투리가 생긴 모습, 6월 중순

태에서 월동을 한 몇 포기는 추대를 하지 않고 그대로 포기가 차면서, 가을에 결구를 진행한 포기보다 월등하게 튼실한 포기가 되었다. 겨울에 그렇게 바싹 마르고 얼고 하면서 다 죽은 것처럼 보였는데 봄이 되면서 생기를 찾고 어떤 것은 꽃을 보여주고 어떤 것은 포기를 채우고 있는 놀라운 광경이 펼쳐진다. 월동 후 꽃

대가 서는 포기에는 배추흰나비 애벌레가 전혀 보이지 않았는데, 포기를 채우는 양배추의 잎에는 늘 몇 마리의 애벌레가 잎을 갉아 먹고 있다. 벌레들이 어떻게 구분을 하는지 참으로 놀라울 따름이다.

2005년 4월 3일 파종했는데, 떡잎에 벌레가 붙어 제대로 자라는 것이 거의 없다. 처음에는 벌레 때문에 떡잎에 구멍이 나고 해서 엉망으로 자라는 듯 보였는데, 날씨가 조금 따뜻해지니 잘 자라서 건강한 포기가 되었다. 그냥 지켜보면서 옆에서 마음으로 응원을 보내고 격려의 말을 조금 해주면 어린 모종은 다시 힘을 내고 튼튼하게 자라난다. 이런 경험을 몇 번 해보면 작물을 기르는 힘이 생긴다. 밭에 들러 잎사귀 한 번 만져주고 물 한 번 주고 하다보면 양배추는 어느새 큰 포기가 되어 잎이 떡하니 하늘을 떠받치고 있다.

2006년 봄에 집에서 모종을 길러 4월 중순에 아주 심었다. 심하게 부는 봄바람에 모종의 반 이상이 목이 부러져 없어졌다. 남아 있는 포기는 결구가 진행되는 시기에 무더위가 찾아와 일찌감치 작은 포기로 수확을 했다. 몇 포기는 남겨두고 관찰을 했으나, 역시 7월 중순 이후에 무름병이 돌아 모두 버려야 했다.

5월 말에 모종을 길러 7월 중순에 아주 심어 기른 양배추는 겨울이 되기 전에 수확을 마칠 수 있었다. 이때를 재배시기로 선택하는 것이 가장 수월하다. 수확 후 줄기에서 자라는 여러 개의 작은 봉우리는 겨울을 나고 이듬해 봄에 꽃대를 세우고 꽃을 피우고 씨앗을 맺는다. 꽃이 피고 꼬투리가 맺히는 초기에는 아주 잘 자라지만 꼬투리의 성숙 기간이 길어 진딧물이 많이 붙고 다른 벌레도 붙어 제대로 씨앗이 되지 않는다.

처음에는 한없이 어렵기만 하던 양배추 재배도 7년을 넘기니 좀 쉽게 느껴진다. 이제 여름에도 재배를 하고 겨울에도 월동 재배를 할 수 있게 되었다. 그래도 봄에 파종해 여름에 수확하는 일은 아직까지 정말 힘들다. 여름의 장마와 무더위에 양배추가 견디질 못하고, 줄기 무름병이 돌면서 하나둘 쓰러진다. 제 수확 시기가 멀더라도 좀 작은 포기로 만족하고 딴다면 여름 재배도 가능하다.

내 고향에서는 양배추를 간난이라고도 하고 가배추(영어의 케비지cabbage가 떠오르는 발음이다)라고도 불렀다. 초등학교 2학년 때, 고학년생들은 학교에 딸린 실습용 밭에서 양배추를 길러 한 명당 4~5포기 정도 수확해 집으로 가져간 기억이 난다. 학교의 쪽문에 붙은 밭에는 봄이면 너울어진 양배추 잎이 가득이었다. 각자 기르는 양배추를 잘 돌보고 집으로 가져가는 그 모습이 엄청 부러웠다. 늦은 봄이 되면 양배추를 들고 집으로 가서 밥솥에 쪄서 쌈을 싸 먹던 모습이 떠오른다. 우리 누나도 양배추를 가져왔었는데 그 맛을 보고는 반해버렸다. 4학년 때 전학을 가게 되면서 나는 양배추를 길러볼 기회가 없었다. 학교에서 양배추 기르기는 몇 년 하다가 없어졌다고 하니 내가 전학을 가지 않고 그대로 고학년이 되었어도 기회는 없었을 것이다. 우리 고향 동네는 지금도 그렇지만, 당시에도 양배추를 기르는 집이 없었다. 이러한 이유로 텃밭이 생기면서부터 양배추를 기르고 싶었던 것은 아마도 나에게는 당연한 일이었지 싶다.

케일

- **분류** : 배추과
- **원산지** : 유럽의 서남부 해안 지방
- **재배지역** : 한국(전국), 전 세계
- **특징** : 서늘한 기후를 좋아함
  영하 2℃ 정도 견딤
  저온에서는 성장이 더딤
- **역사** : 최근에 재배 시작

재배시기

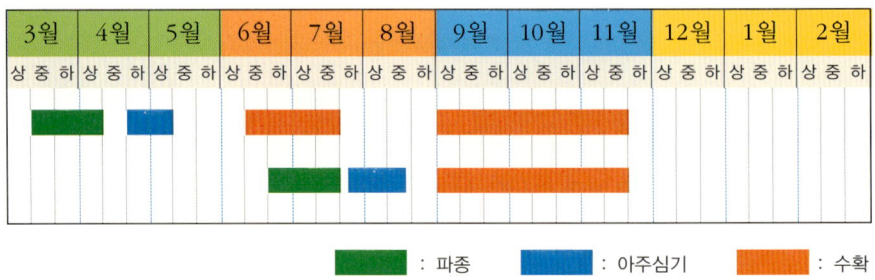

케일은 양배추의 원종이므로 양배추에 준해서 기른다. 봄 재배와 가을 재배로 나눌 수 있다. 서늘한 기온을 좋아하므로 우리나라의 한여름을 피해서 기르면 풍성하게 수확할 수 있다.

같은 종자라도 여름에 모종을 길러 가을에 수확하는 케일의 잎이 봄 재배보다 훨씬 좋다. 봄 재배 케일은 여름으로 접어들면서 수확을 하게 되어 무더위에 상하거나 약해진 잎이 많다.

모종 기르기

양배추 재배와 동일하므로 양배추 편을 참조한다.

씨앗 준비

가까운 종묘상이나 웹사이트를 통해 가꾸고자 하는 종류의 케일 종자를 준비한다. 케일은 녹즙용과 쌈으로 이용하는 두 종류가 있다. 우리 집은 녹즙을 먹지 않아서 나는 주로 쌈용 케일을 기르고 있다. 녹즙용은 잎이 넓고 줄기가 굵은 데 비해, 쌈 케일은 잎이 작고 줄기도 조금 가늘게 자란다.

주의사항 남부 지방 또는 제주도에서는 월동이 가능할지 모르지만 내가 재배하는 대전 근교에서는 힘들다. 2006년 겨울은 유난히 기온이 높아 월동이 되었다. 4번 재배하는 중에 한 번의 월동이 이루어진 셈이다.

파종 및 관리

양배추 재배와 동일하므로 양배추 편을 참조한다.

모종 구입하기

케일은 몇 포기만 심어두면 이용할 수 있으므로 굳이 종자를 구해서 기르지 않아도 되지만 양배추나 브로콜리 등의 모종을 직접 기를 때 함께 기르면 좋다. 4월 말에 모종을 구입해서 심으면 5월 말부터 수확이 가능하다.

시판되는 각종 모종, 가운데 것이 케일이다.

참고사항 여름에 모종을 심는 가을 수확용은 시중에서 모종 구하기가 어렵다.

아주 심을 밭 만들기

케일은 물 빠짐이 잘되는 곳이면 장소를 가리지 않고 심어도 된다. 수시로 잎을 따서 이용하므로 눈에 잘 띄는 곳에 기르는 것이 좋다. 따로 두둑을 만들지 않아도 되므로 가지나 오이를 심은 곳에 그냥 길러도 된다. 가을 재배의 경우 감자, 마늘, 양파 등을 수확한 자리에 기르면 좋다. 아주심기 1~2주 전에 퇴비를 $1m^2$당 4kg 정도, 깻묵을 큰 컵으로 2컵(400g)을 넣고 밭을 일구어 둔다. 아니면 앞그루의 거름이 충분하면 퇴비를 넣지 않고 심어두고 4~5주 후에 웃거름을 준다.

아주심기

양배추 재배와 동일하므로 양배추 편을 참조한다. 다만 심는 간격을 충분하게 두어야 한다는 사실을 잊지 말자. 반드시 40cm 이상을 유지해야 한다. 직접 재배한 모종의 경우 아랫 부분이 심하게 구부러져 있는 경우가 있다. 이런 경우 자라나는 생장점이 노출될 수 있게 한 상태에서 구부러진 부분을 최대한 땅에 묻는다. 그래야 생장점이 반듯하게 되고 바람에 꺾이지 않게 된다.

구부러진 케일 모종 심는 방법

반듯하게 심고 나중에 북준다.

구부러진 모종은 자라는 생장점이 반듯해지도록 심는 것이 요령이다. 나중에 바람에 흔들리거나, 옆으로 누울 때는 북주기를 해 쓰러지지 않게 해주어야 한다.

케일은 아주 심은 지 1개월쯤 되면 아랫잎을 수확해도 될 만큼 자란다. 아랫잎을 계속 수확하면서 줄기가 자라게 둔다. 봄에 키우기 시작한 케일은 가을이 되면 줄기가 60~70cm까지 자란다. 자라는 동안 잎이 무성해지지 않도록 계속 따주어

아주 심은 지 1개월된 케일

아주 심은 지 2개월된 케일

7월 말의 케일

서리를 맞고도 견디는 케일, 11월 중순

줄기가 비바람에 쓰러지지 않게 해주어야 한다. 그리고 줄기가 옆으로 쓰러질 위험이 있으면 포기 밑동에 북주기를 해준다.

웃거름주기 및 김매기

케일은 한 번 심어두면 기온이 내려가서 잎이 얼어버리는 시기까지 수확이 가능하다. 긴 기간 밭에서 자라므로 반드시 웃거름이 필요하다. 봄에 심은 케일은 여름 장마가 지나가면 한차례 웃거름을 준다. 포기에서 15cm 정도 떨어진 곳을 호미로 10cm 정도 깊이로 판 다음 퇴비를 한두 주먹 넣고 흙을 덮어주면 된다.

케일은 자라면서 잎을 수확하기 때문에 양배추, 브로콜리에 비해 그늘을 덜 만든다. 그래서 주변에 많은 풀이 자라게 된다. 풀이 케일을 뒤덮지 않을 정도로 관리해주어야 한다. 자라는 풀들은 웃거름을 줄때 호미로 긁어주면 어느 정도 관리할 수 있다. 억세게 자라는 피나 바랭이 뭉치는 낫으로 베어 케일 포기 주변에 깐다.

케일에 웃거름주기

풀을 베어 깔아준 모습

수확

케일은 잎을 이용하는 채소이므로 상추와 같은 방법으로 수확한다. 아주 심고 1개월 이상 지나면 잎이 손바닥만큼 자란다. 그러면 자란 잎을 줄기의 아랫부분부터 한 장씩 수확한다. 아래에 있는 잎이 지저분하거나, 벌레 먹은 상처가 많을 때는 뜯어서 버린다. 아래에 있는 잎이 억세어져 먹기가 곤란할 때는 버리고 그보다 위에 있는 보드라운 잎을 딴다. 수확할 때는 잎이 6장 이상 줄기에 항상 붙어 있도록 관리해주어야 한다. 줄기에 붙은 잎의 수가 너무 적거나, 어리고 연약한 잎만 있으면 잘 크지 않는다.

아랫잎부터 한 장씩 수확한다.

잎은 6~8매 정도를 항상 남겨둔다.

자주 보이는 벌레

양배추에 보이는 벌레와 비슷한데 한 가지 다른 점이 있다면 케일 잎에는 배추흰나비 애벌레가 양배추에 비해 덜 보인다. 그래서 벌레에 뜯겨 잎에 구멍이 나는 경우가 비교적 적다. 그러나 진딧물이 양배추, 브로콜리 등에 비해 많은 편이다. 이는 양배추나 브로콜리보다 케일이 키가 커서 진디가 날아다니다 붙기 수월해 그런 것 같다.

병

케일도 양배추와 유사한 특징이 있다. 봄에 가꾸는 케일은 긴 여름의 장마철에 아주 취약하다. 잎과 줄기 모두 연약해지고 일부는 줄기무름병(양배추 참조)에 걸리기도 한다. 장마철의 고온다습한 시기가 지나고 선선한 초가을이 되면 케일은

긴 장마에 잎과 줄기가 약해진 케일   장마로 인해 약해진 쌈용 케일

다시 생기를 찾고 신선한 잎을 길러낸다. 나는 6월 파종, 7월 중순 아주심기를 많이 이용한다. 이때 기르는 케일이 가꾸기도 수월하고 병에도 강하게 자란다.

씨받기

월동이 가능한 지역에서는 비교적 손쉽게 씨앗을 받을 수 있다. 봄에 꽃대가 서면서 4월 말부터 꽃이 피기 시작한다. 꽃이 지고 꼬투리가 달리면, 그것을 말리고 털어 씨앗을 얻는다. 배추와 유채는 월동 후 재빨리 꽃이 피면서, 날씨가 따뜻해지기 전에 씨앗이 영글기 때문에 씨받기가 아주 수월하다. 그러나 케일은 꽃이 늦게 피고 꼬투리가 영그는 데 오랜 시일이 걸린다. 그래서 날씨가 좋아지면 온갖 벌레들의 표적이 되어 씨앗이 되기에 많은 어려움이 있다. 씨앗을 제대로 받으려면 그물이나 양파망 같은 것을 씌워 벌레의 접근을 막아야 한다.

참고사항 양배추에 비해서 씨앗을 받기가 조금 수월한 편이나 아무런 시설이 없는 곳에는 꽃대에 진딧물과 여러 종류의 노린재가 달라붙어 씨앗으로 영그는 것이 드물다. 배추, 유채는 4월 중순에 꽃이 활짝 피어 5월 말에는 씨앗이 영글고 6월 초에는 씨앗을 털 수 있는 데 비해, 케일은 이것들보다 1개월 늦게 진행된다.

주의사항 꽃대가 서고 씨앗이 자라면 무게가 늘어서 비바람에 쉽게 쓰러진다. 쓰러지기 전에 지지대를 세워 묶어준다.

재배 주의사항

파종시기와 연작을 생각한다. 파종은 여름의 장마철을 피해 재배하는 것이 좋다. 즉, 봄 재배보다는 초여름에 파종해 초가을에 아주심기 기간을 선택하는 것이 초보자에게는 수월하다. 그리고 배추과의 작물을 기른 장소와 떨어진 곳에 케일을 파종해 길러야 한다. 배추과 식물을 기른 장소에 케일 모종을 심으면 벼룩잎벌레, 좁은가슴잎벌레가 만연해 모종을 기르기 어렵다. 모종인 상태만 지나면 이후에는 벌레가 만연해 못쓰는 경우는 없다.

재배일지

2004년 농약 없이 케일을 기르는 것은 불가능한 일인지 고민이다. 봄에 파종한 케일 중 세대로 사라는 건 달랑 2포기에 불과하고 나머지는 다 벌레들이 갉아 먹고 있다. 그나마도 6월 말에 시작되어 7월 20일경에 끝난 장마에 케일은 땅에서 사라지고 줄기만 그 자리에 덩그러니 남았다. 봄부터 그렇게 어렵사리 생명을 키운 케일이 모두 전멸했다. 몇 포기 남아 있는 케일에도 벌레가 많고, 잎사귀를 보아하니 도저히 먹을 형편이 되지 않는다.

2005년 4월 3일에 파종을 했는데 발아 초기에 벌레가 모두 뜯어 먹고 한 포기도 자라는 것이 없다. 그래서 4월 말에 다시 케일을 파종하고 한랭사를 두 겹 씌우고 길러보았다. 한 달이 지난 뒤, 제법 많은 모종이 자랐다. 한랭사를 씌우면 벌레가 조금 덜 붙는 것 같고, 햇볕도 어느 정도 차단이 되어 벌레에 약한 케일이 싹을 틔우고 잘 자랄 수 있는 것 같다. 4월 26일 파종한 케일 십여 포기는 정식을 해 잘 길러냈다. 케일은 비교적 장마를 잘 견디는 작물이고, 여름의 뙤약볕에서도 성장을 하는 강인한 작물이다. 봄 파종은 모종만 잘 기르면 80% 이상 성공이라 할 수 있다. 모종을 길러 본잎이 3~4장일 때 옮겨 심으면 찬바람이 부는 가을까지 녹색의 푸른 잎을 수확할 수 있다.

우리 집은 케일 녹즙을 먹지 않기 때문에 큰 잎의 케일은 모두 따버리고, 작고 어린잎만 수확해 한여름에 상추가 없을 때 상추 대용으로 이용한다. 4월 26일 모종을 구해다 심은 6포기 중 한 포기는 거세미나방 애벌레에게 줄기가 잘렸지만 나머지 5포기는 너무 잘 자라고 있다. 녹즙용이라 잎이 징그럽게 크다. 일주일마다 3~4장의 잎을 수확해도 될 정도로 잘 자라고 있다. 녹즙용이라도 좀 작은 중간 잎은 쌈으로 먹어도 좋다.

2005년 녹즙용의 케일을 잘 먹지 않아 쌈용 케일을 7월 19일 파종해 8월 31일 정식했다. 씨앗을 많이 뿌려 놓은 터라 정식을 다하지 못하고 일부는 본밭에서 그냥 자라게 두고 일부는 정식한 곳에서 길렀다. 정식한 케일은 잎이 크고, 넓게 자라는 반면 본밭에서 조밀하게 자라는 케일은 잎이 작고 보드라워 먹기 좋게 자란다. 여름의 끝자락에 상추가 자라지 않을 때, 이 쌈 케일과 들깻잎이 효자 노릇을 한다.

2006년 제대로 길러볼 욕심으로 봄에 집안에서 모종을 길러 보았다. 3월 19일, 트레이포트에 씨앗을 넣어 두자 4월 중순이 되어 본잎이 4매 정도 되었다. 이 시기에 십여 포기를 아주심기 했는데, 4월 말에 불었던 심한 바람에 줄기가 부러지고 다섯 포기만 살아남았다. 아주 심은 지 1개월 후까지 잘 자라다가 6월 말에 장마가 시작되면서 잎이 시원찮고 줄기도 연약해졌다. 살아남은 다섯 포기를 기르다 7월 초에 뽑아버리고 한 포기만 길렀다. 남아 있는 한 포기의 케일이 8월 중순을 지나면서 원기를 회복해 활기차게 잘 자라고 잎도 싱싱하게 먹음직스러웠다.

가을 재배를 위해 5월 말 파종해 한랭사를 씌우고 모종을 길렀다. 7월 초에 아주 심고 가꾸었다. 7월과 8월의 무더위에 케일이 상당히 고생을 했는데 입추가 지나니 잎에 생기를 띠었다. 이후 이어지는 서늘한 기온에 잘 자라면서 좋은 잎을 많이 주었다. 케일은 초여름에 모종을 길러 7, 8월에 아주 심어 가을에 수확하는 재배가 좋은 결과를 가져온다.

4월 말, 월동 후 꽃대가 올라온다.

5월 중순에 핀 꽃

6월 중순, 씨앗이 영글어간다.

7월 초순, 씨앗을 털어 정리한다.

꽃양배추
브로콜리, 콜리플라워

- **분류** : 배추과
- **원산지** : 지중해 동부 연안 지역
- **재배지역** : 한국(전국), 전 세계,
- **특징** : 서늘한 기후를 좋아함
  꽃봉오리를 식용으로 이용
  고온다습에 약함
- **역사** : 6.25전쟁 이후 재배 시작

재배시기

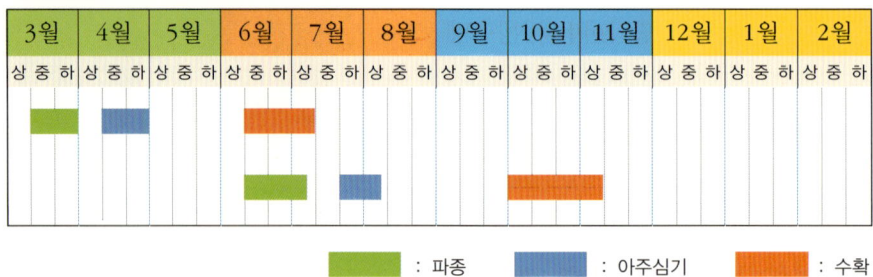

브로콜리와 콜리플라워를 우리말로 꽃양배추라고 부른다. 양배추에 준해서 기르면 좋은 결과를 얻을 수 있다. 봄 재배와 가을 재배로 나눌 수 있다. 봄에 집 안에서 모종을 길러 이식하거나, 종묘상에 나오는 모종을 구입해 기르는 방법이 있다. 서늘한 기후를 좋아하므로 여름에 모종을 길러 초가을에 아주심기해서 기르는 것이 수월하다. 브로콜리와 콜리플라워는 서늘한 기후에서 잘 자라므로 우리나라의 경우 여름을 피해 재배한다.

브로콜리 종자 봉지를 보면 '녹국'이라고 쓰여 있다. 즉, 녹색의 꽃이 피는 종자라는 뜻이다. 콜리플라워는 녹색 이외의 꽃을 피우는 브로콜리라고 생각하면 이해가 쉽다. 둘 다 꽃양배추인데 색깔이 틀리고 재배 역사가 틀려 그 이름도 다르다. 콜리플라워의 꽃봉오리 색깔은 흰색, 오렌지색 등이 있다. 생긴 모양도 조금 다르다. 콜리플라워는 브로콜리에 비해 키가 작은 편이다.

브로콜리, 콜리플라워, 양배추, 케일은 자라는 정도가 비슷해 모종 상태에서는 쉽게 구분이 되지 않는다. 그러나 자라면서 차이가 나기 시작한다. 양배추는 포기가 차고, 케일은 잎만 계속 자란다. 브로콜리와 콜리플라워는 잎 색깔과 잎이 퍼지는 정도, 색상으로 구분을 할 수 있다.

브로콜리 잎

콜리플라워 잎

모종 기르기

양배추 재배와 동일하므로 양배추 편을 참조한다.

씨앗 준비

가까운 종묘상이나, 웹사이트를 통해 가꾸고자 하는 종류의 꽃양배추(브로콜리, 콜리플라워) 종자를 준비한다. 종묘상에서 정보를 얻기보다는 인터넷 매체를 통해 미리 종자에 대한 정보를 얻는 것이 좋다.

재배에 따른 종자 특징

재배시기	종자의 특징	주의사항
봄 재배	조생종, 내서성	6월 말 장마 시작 전에 수확 가능 품종 선택
가을 재배	중·만생종, 내한성	11월 중순까지 수확 가능한 품종 선택

주의사항 남부 지방 또는 제주도에서는 월동이 가능할지 모르지만 내가 재배하는 대전 근교에서는 월동이 불가능하다. 영하 2°C 이하로 떨어지는 곳에서는 월동이 불가능하다. 양배추와 케일에 비해서 추위에 많이 약하다.

파종 및 관리

양배추 재배와 동일하므로 양배추 편을 참조한다.

모종 구입하기

브로콜리 모종은 종묘상에서 쉽게 구할 수 있지만, 콜리플라워 모종은 찾기가 힘들다. 브로콜리를 종묘상에서 구입해 심을 경우, 모종이 큰 것일수록 유리하고, 이른 봄에 심을수록 좋다. 즉, 장마가 본격적으로 시작되기 전에 수확해야 한다. 늦어도 4월 25일 이전에는 모종을 구입해 심는다.

아주 심을 밭 만들기

꽃양배추는 서늘하고 물 빠짐이 좋은 곳에서 재배해야 한다. 감자가 잘 자란 밭에서는 무난하게 기를 수 있다. 가을 재배의 경우는 감자, 마늘, 양파 등을 수확한 자리에 기르면 좋다. 퇴비는 $1m^2$당 4kg 정도, 깻묵을 큰 컵으로 4컵(800g) 넣고 밭을 일구어 둔다. 보통의 다른 봄 채소에 비해서 조금 많은 퇴비를 넣어 둔다. 두둑은 물 빠짐을 고려해 조금 높게 20cm 정도로 한다.

아주심기

꽃양배추는 양배추, 케일 등에 비해 잎이 크게 자라므로 포기 사이의 간격이 넓어야 한다. 반드시 50cm 정도를 유지한다. 특히, 봄 재배 꽃양배추는 포기 사이의 간격을 넓게 잡아야 한다. 직접 집에서 기른 모종의 경우 봄바람에 꺾이지 않게 주의한다. 구부러진 모종은 자라는 생장점이 반듯하도록 심는 것이 요령이다. 나중에 바람에 흔들리거나, 옆으로 누울 때는 북주기를 해 쓰러지지 않게 해주어야 한다.(케일의 아주심기 94쪽 참조)

주의사항 집에서 모종을 길러 4월 중순에 정식한 모종의 60% 이상이 바람에 꺾여 죽어버리는 경우가 있다. 이때는 모종을 집에서 조금 더 길러 아주심기 한 후에 바람에 모종의 목이 꺾이지 않을 정도로 해주어야 한다. 4월에 부는 강한 바람이 치명적이다.

자라는 모습

꽃양배추는 기온이 서늘한 시기에 급속하게 성장한다. 기온이 20°C 전후이고

파종 1개월 후의 모종   아주 심은 지 3주된 콜리플라워

아주 심은 지 6주된 콜리플라워   아주 심은 지 8주된 콜리플라워

아주 심은 지 3주된 브로콜리   아주 심은 지 8주된 브로콜리

햇빛이 비치는 시간이 길어지는 4~5월과 추석 전후의 9~10월에 잘 크는 채소다. 자라는 정도는 계절에 따라 다소 차이가 난다. 봄에는 초기 성장이 둔하고 기온이 10°C 이하로 내려가는 10월 중순 이후의 가을부터는 성장이 둔해진다.

수확 시기의 브로콜리

가을 재배 콜리플라워

수확 후 곁가지에서 생기는 꽃봉오리

봄 재배 콜리플라워

위의 예는 단지 그 조건에서 자라는 모습을 보여준 것에 불과하다. 모종의 상태, 심은 간격, 지력의 상태 등에 따라 성장 속도는 많이 다르다. 같이 파종해 같은 조건에서 길러도 성장하는 데 1개월 정도 차이를 보인다. 아주 심은 지 7주 정도 지나면 꽃봉오리가 보이는 포기가 있는가 하면 10주가 지나도 꽃봉오리가 생기지 않는 것이 있다.

수확

브로콜리와 콜리플라워는 줄기의 끝부분 즉, 생장점에 피는 꽃봉오리를 수확해 이용한다. 그러므로 한 포기에서 한 개의 꽃봉오리를 수확한다. 수확 후 곁가지에서 자라는 작은 꽃봉오리를 얻을 수도 있으나, 봄 재배에서는 어렵고 가을 재배를 일찍 수확하고 기다리면 맛볼 수 있다. 수확할 때는 잎을 몇 장 붙여서 잘라내도록 한다. 봉우리 옆에 붙은 잎은 이용해도 된다.

주의사항 가을 재배 꽃양배추는 기온이 급격하게 영하로 떨어지면 얼어버리므로 영하로 떨어지기 전에 수확한다. 기온이 급격하게 떨어지는 시점이 되면 작은 꽃봉오리 상태에서 수확해 이용하는 편이 좋다.

웃거름주기 및 풀 정리

봄에 기르는 조생종 꽃양배추는 아주 심은 지 2개월이면 수확이 끝나므로 밑거름으로만 재배가 가능하다. 그러나 가을에 재배하는 종류의 중·만생종은 아주 심은 뒤에도 3개월 이상 자란다. 비교적 긴 기간을 밭에서 자라므로 반드시 웃거름이 필요하다. 웃거름을 줄 때는 포기에서 15cm가량 떨어진 곳을 호미로 10cm 정도 깊이로 파고 퇴비를 한두 주먹 넣고 흙을 덮어준다.

함께 자라는 풀

꽃양배추는 자라면서 잎이 무성해져 작물 아래에 풀이 잘 자라지 못한다. 꽃양배추의 잎이 무성해지기 전에 자라는 풀이 꽃양배추의 성장에 방해가 될 정도면 약간 손질해주는 정도로 관리한다.

꽃양배추의 성장이 활발한 시기에는 풀이 어느 정도 자라도 상관없다. 이때는 풀이 자라는 대로 두어도 된다. 다만 풀 씨앗이 많이 떨어진 이듬해가 걱정이 되면 씨앗이 퍼지기 전에 정리해준다.

병

꽃양배추도 양배추와 유사한 특징을 갖는다. 봄에 가꾸는 꽃양배추는 장마철에 아주 취약하다. 잎과 줄기 모두 연약해지고 일부는 줄기무름병에 걸리기도 한다. 본격적인 장마와 무더위가 오기 전에 조금 덜 성숙한 꽃봉오리를 수확하고 정리해야 한다.

가을 재배는 날씨가 서늘해 꽃양배추가 자라기에 적절하다. 그래서 병 발생이 없어 질 좋은 꽃양배추가 많이 생긴다.

봄 재배는 장마철이 오기 전에 수확이

포기 옆에 구덩이를 판다.

구덩이에 퇴비를 넣고 흙을 덮는다.

꽃양배추와 함께 사는 풀

7월 장마에 약해진 브로콜리

장마철의 브로콜리 꽃봉오리

가능한 재배시기를 잡아야 피해를 줄일 수 있다. 즉, 봄에는 조생종을 키워야 좋은 결과를 얻을 수 있다.

재배 주의사항

꽃양배추의 원산지는 서늘한 유럽 지방이다. 그래서 우리나라의 긴 장마와 무더운 여름에 적합한 채소는 아닌 듯하다. 제대로 키우려면 고랭지 같은 곳을 찾아야 한다. 그래도 집 안에서 조금 일찍 모종을 길러 4월 중순에 아주심기를 하면 즐길만한 봉오리 몇 개는 건질 수 있다. 즉, 장마 전에 수확을 해야 한다. 가을 재배의 경우도 6월 초에 모종을 길러 7월에 아주 심어 기르면 서늘한 가을에 질 좋은 꽃봉오리를 수확할 수 있다.

재배일지

2004년 4월에 파종을 해서 시험 재배해보았다. 결과는 참담했다. 여름 장마가 되기 전까지는 잘 자라는 듯이 보였다. 그러나 꽃봉오리가 생기기 시작하면서 시작된 장마에 잎 전체가 삭아 없어지는 것이었다. 게다가 장마가 끝난 뒤에 이어지는 고온의 날씨에 작물들은 거의 회복불능 상태가 되었다. 가을 배추 파종을 위해서 모두 제거했다. 제대로 된 꽃을 하나도 볼 수가 없었다.

2005년 브로콜리 씨앗을 200개 정도 뿌렸다. 모종상이 아닌 밭에 그냥 뿌렸다가 좀 자라면 옮겨 심을 요량이었다. 발아는 제대로 되었는데 떡잎이 나오면서부터 벌레가 붙어 거의 전멸 상태에 가깝다. 4월 3일에 씨앗을 뿌려 자란 10여 포기를 제외하고는 싹이 트면서 모두 벼룩잎벌레에게 당하고 말았다.

2005년 4월 26일 모종을 구입해서 심은 여섯 포기의 브로콜리는 6월 중순에 모두 질 좋은 봉오리를 수확하게 해주었다. 맛도 좋고 보기에도 탐스러운 브로콜리를 수확했다. 아마도 모종은 아주 조생종이거나 시설에서 온도를 조절해 3월 초에 파종한 것으로 보인다. 시중에 판매될 때는 본잎이 6~7매로 제법 나와 장마 전에 수확이 가능했던 것 같다.

2006년 집 안에서 포트에 모종을 길러 봄에 심어보았다. 장마 전에 일부를 수확했는데 일부는 수확이 불가능했다. 6월에 파종해 8월에 옮겨 심은 꽃양배추는 모두 수확이 잘되었다. 특별한 시설이 없는 경우에는 이 시기를 선택해 재배하는 것이 적당할 듯싶다.

브로콜리와 콜리플라워는 꽃봉오리를 식용하는 채소다. 이것들의 모종을 직접 기를 때는 초기 관리와 장소 선정이 아주 중요하다. 2년간 실패를 거듭하고 얻은 결론은 봄 파종을 할 때는 집 안에서 상토를 채운 포트에 모종을 길러 4월 20일경에 본밭에 심으면 거의 다 수확할 수 있다는 것이다. 가을 재배는 6월에 약간 서늘한 장소(밭의 귀퉁이나, 낙엽수가 그늘을 만들어주는 곳)를 골라 한랭사를 씌우고 모종을 기르면 벌레의 피해가 줄어 정상적인 모종을 기를 수 있다. 가을 재배의 경우, 아주 심는 시기는 여름이 된다. 한여름의 무더위에는 조금 힘겹게 자라지만 초가을로 접어들면 선선한 기온 덕분에 하루가 다르게 자란다.

꽃양배추는 우리나라에서 많이 재배하는 채소가 아니다. 하지만 최근 건강에 좋다는 평가가 나오면서 주목받는 채소가 되었다. 특히 암 예방에 탁월한 효과가 있다고 발표되고 있다. 재배하는 입장에서는 종자의 구입도 만만치 않다. 무엇보다도 씨앗 값이 비싼 편이다. 포상 단위가 텃밭에 석낭하시 않게 나오는 종류이기도 하다. 브로콜리는 그나마 주변의 종묘상에서 소포장(100, 200개들이)으로 판매하기 때문에 손쉽게 재배할 수 있다. 반면 콜리플라워는 소포장 종자가 활성화되어 있지 않고 20ml들이 등의 큰 단위의 포장이 대부분이다. 조만간 텃밭이나 주말농장을 하는 인구가 늘어나면 다양한 종류의 포장과 모종이 시판되겠지만, 아직은 가을에 기르는 꽃양배추 모종이 나오지 않아 조금 아쉽다.

청경채

- **분류** : 배추과
- **원산지** : 중국 화중 지방
- **재배지역** : 아시아 지역
- **특징** : 서늘한 곳을 좋아함. 여름 재배가 어려움
- **역사** : 1970년대 재배 시작

재배시기

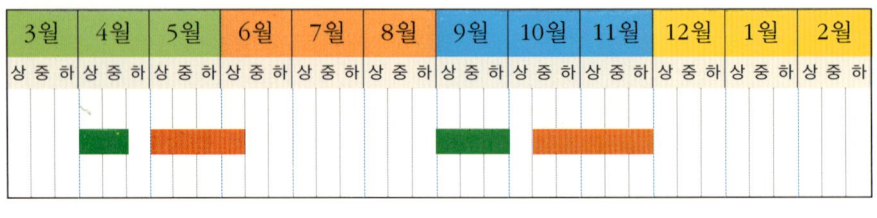

■ : 파종   ■ : 수확

청경채는 중국 원산의 채소로 우리나라에서 재배해온 기간이 비교적 짧다. 서늘한 지역에서는 연중 재배가 가능하지만 특별한 시설이 없으면 한여름과 겨울에 재배하기가 힘들다.

쌈밥집에서 재료로 많이 이용하면서 유명해졌는데 생식, 나물, 국 등의 재료로 활용할 수 있다. 가을 재배가 수월하다.

밭 준비 및 파종

물 빠짐이 좋은 밭을 골라 1m²당 3kg의 완숙퇴비와 깻묵 2컵(400g) 정도를 넣는다. 밭을 일굴 때는 두둑의 높이를 10cm로 하고 폭은 1m로 한다.

두둑을 만든 지 2주 후 호미로 얕은 골을 만들고 씨앗이 1~2cm에 하나씩 떨어지게 한다. 줄 간격은 30cm 정도로 한다. 파종 후 물을 흠뻑 뿌려준다.

옮겨심기가 가능한 작물이므로 싹이 잘 나지 않는 곳에는 빽빽하게 자라고 있는 부분의 모종을 골라 이식한다.

자라는 모습

파종 후 3~4일이면 얕게 묻힌 씨앗의 싹이 돋아나고 늦어도 일주일 정도면 완전하게 발아한다. 발아는 파종시기의 온도에 따라 크게 달라진다. 봄 파종 때보다는 가을 파종할 즈음이 기온이 높기 때문에 발아에 소요되는 기간이 짧아진다. 파종 3주가 지나면 솎아내 이용할 수 있을 만큼 자란다. 4주 정도 지나면 포기가 큰 것을 이용할 수 있고, 5주 이후에는 수확해도 된다.

청경채 싹, 파종 1주 / 파종 2주 때의 청경채
파종 4주 때의 청경채 / 파종 5주 때의 청경채

수확

파종 후 3주 정도면 복잡한 곳을 솎아서 수확할 수 있다. 이후에는 포기가 큰 것부터 차례로 밑동을 잘라 수확한다. 상추처럼 아랫잎부터 한 장씩 수확해서 이용하는 방법도 있지만 잔손이 많이 가므로 포기째 수확해 이용하는 방법이 좋다. 청경채는 수분 함량이 많아 맛이 시원하다. 쌈으로 이용해도 되고, 겉절이나 국에 이용해도 좋다.

주의사항 청경채를 수확하다 보면, 서리를 맞히고도 계속 수확하는 수가 생긴다. 서리를 맞으면 단맛이 조금 느껴지지만 퍼석퍼석한 느낌이 든다. 그래서 쌈으로 이용하고 싶으면 서리를 맞히지 않는 것이 좋다. 서리를 계속 맞으면 오른쪽 사진처럼 잎에 흰색의 줄무늬가 선명해지고 잎 끝부분이 변색된다.

서리 맞은 청경채, 11월 말

웃거름주기 및 풀 관리

청경채는 그다지 많은 거름을 필요로 하지도 않고 짧은 기간에 수확이 가능한 채소라 웃거름을 주지 않아도 된다. 월동이 되는 남부 또는 서해안 지방의 따뜻한 곳에서는 웃거름을 주고 기르면 이듬해 씨앗을 받을 수 있다. 씨앗을 받기 위해 재배하는 경우는 10월 중순에 청경채 포기 사이에 퇴비를 흩어 준다.

청경채가 자라면 여러 가지 풀도 함께 자라게 된다. 잠시 한눈을 팔면 풀이 우거져 청경채를 못쓰게 만든다. 그래서 수시로 풀을 정리해주어야 한다. 초기에 밭에 나가보면 싹트는 것도 더딘 것 같고 별 것 아니게 보이지만, 시간이 지나면 채소 성장 속도보다 풀의 성장 속도가 늘 빠른 것을 경험할 수 있다.

돋아나는 풀, 파종 3주

무성하게 자라는 풀, 파종 6주

재배 주의사항

청경채는 씨앗이 작아 골고루 파종하기가 무척 힘든 작물이다. 그래서 파종 후 자라는 과정에서 솎아내는 작업이 필요하다. 파종 2주 후에는 5cm 간격에 한 포기씩 자라게 하고, 자라면서 커지는 높이에 따라 포기의 간격을 넓혀주어야 한다. 파종 3주 후부터는 솎아낸 청경채를 이용할 수 있다.

잎벌레에 모두 없어진 청경채

장소 청경채는 물을 많이 먹는 채소다. 수시로 물을 주어야 하므로 물을 주기 편리한 장소를 선택한다. 단, 배추과 채소를 재배한 곳은 꼭 피해야 한다.

병충해 청경채는 배추과 식물의 특징을 모두 지니고 있다. 그래서 배추과 식물에 많은 피해를 주는 잎벌레에 아주 취약하다. 위의 사진은 2년 연속 배추를 재배한 곳 근처에 심은 청경채가 파종 3주 만에 거의 없어진 모습이다. (물론 파종 전에 토양소독제로 고시된 농약을 사용하면 이와 같은 피해를 예방할 수 있다.)

얼갈이배추
엇갈이배추

- **분류** : 배추과
- **원산지** : 중국 북부 지방
- **재배지역** : 아시아 지역
- **특징** : 서늘한 곳을 좋아함. 여름 재배가 어려움
  중북부 지방 월동 불가
- **역사** : 고려시대

재배시기

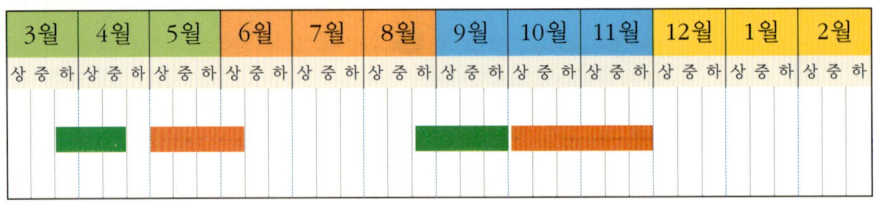

＊위의 표는 일반 평지의 노지에서 재배하기 수월한 기간을 표시함. ■ : 파종   ■ : 수확

배추와 모든 특징이 동일하다. 중국 북부가 원산지이며, 서늘한 기온에서는 연중 재배가 가능하지만 특별한 시설을 하지 않으면 한여름과 겨울에는 재배하기 힘들다. 최근에는 계절별로 재배에 적합한 품종이 개발되어 판매된다. 특히, 내한성(겨울 재배용), 내서성(여름 재배용) 종자로 구분되어 있다. 얼갈이배추는 도시 근방에서 가을 또는 겨울에 하우스 재배를 통해 이른 봄 김칫거리가 귀할 때 출하되는 반결구종의 배추다.

밭 준비 및 파종

물 빠짐이 좋은 밭을 골라 1㎡당 3kg의 완숙퇴비와 깻묵 2컵(400g) 정도를 넣고 밭을 일구어 둔다.

봄 재배는 두둑의 높이를 5~10㎝ 정도로 낮게 하고, 가을 재배는 가을 장마에 대비해 15㎝ 정도로 조금 높게 한다. 두둑의 폭은 1m로 한다. 두둑을 만든 지 2주 후 호미로 얕은 골을 만들고 씨앗이 2~3㎝에 하나씩 떨어지게 한다. 줄 간격은 20~30㎝ 정도로 한다. 파종 후 물을 흠뻑 뿌려준다.

자라는 모습

파종 후 3~4일이면 얕게 묻힌 씨앗은 싹이 돋아나고 늦어도 일주일이면 완전하게 발아한다. 발아는 파종시기의 온도에 따라 크게 달라진다. 봄 파종 때보다 가을 파종 때의 기온이 높아 발아에 소요되는 기간이 짧아진다. 봄 파종은 싹이 자라는 초기 기온이 낮아 성장이 더딘 데 비해, 가을 파종은 자라는 초기의 기온이 높아 성장이 빠르다.

얼갈이배추는 파종 후 30일 정도 경과하면 수확해 이용할 만큼 자란다. 성장이 비교적 빨리 이루어지므로 약간 어리다 싶을 때 수확해 이용하는 것이 좋다.

4월 10일 파종, 10일 후

9월 14일 파종, 5일 후

파종 20일의 얼갈이배추

파종 35일의 얼갈이배추

주의사항 얼갈이배추는 성장 초기에 경쟁적으로 자라게 하는 것이 좋다. 그리고 솎아내는 시기를 잘 조절해야 한다. 그렇지 않고 보통의 채소처럼 초기부터 솎아내는 작업을 시작하면 옆으로 떡 벌어진 모양이 된다.

수확

파종 3~4주 후부터 복잡한 곳을 솎아서 수확할 수 있다. 그러나 빽빽한 곳이라고 해서 너무 솎아내버리는 통에 간격이 넓어지면 잎이 억세지고 옆으로 떡 벌어진 얼갈이배추가 되므로 주의한다. 수확은 파종 5~7주 정도 지나면 완료하도록 한다. 얼갈이배추는 채소가 귀한 봄철에 데쳐서 나물이나 시래기로 이용하면 각별한 맛을 느낄 수 있다.

주의사항 봄 재배 얼갈이배추는 수확 시기가 늦어지면 높은 기온 탓에 빽빽한 부분의 잎이 상할 수가 있다. 그래서 장마 전에 모두 수확하는 것이 좋다.

씨받기

가을에 파종한 얼갈이배추는 포기 간격을 넓혀주면 추위에 견디는 힘이 좋아 월동이 잘된다. 그러면 월동 후 씨앗을 받을 수 있다. 내 밭은 대전 근교에 있는데, 얼갈이배추를 월동시켰더니 거의 말라버리고 몇 포기만 꽃대를 세우고 꽃을 피웠다. 대전 이남에서는 자가채종을 위해 가을에 월동시키는 재배도 권할만하다. 씨앗도 받고 꽃도 구경하면 좋을 것 같다.

3월 초, 겨울을 나고 자라는 얼갈이배추

4월 초, 꽃대가 자라는 얼갈이배추

웃거름주기 및 풀 관리

얼갈이배추는 그다지 많은 거름을 필요로 하지도 않고 짧은 기간에 수확이 가능한 채소라 웃거름을 주지 않아도 된다. 다만 씨앗을 받을 목적으로 재배하는 곳에서는 10월에 포기 사이에 퇴비를 한줌 넣어주면 좋다.

봄 재배 얼갈이배추는 다른 풀에 비해 빨리 자라고 또한 촘촘하게 자라므로 풀들이 잘 자라지 못한다. 그리고 풀이 많이 자라게 되는 시점이 되면 이미 수확시기가 되므로 그다지 문제가 되지 않는다. 이에 비해서 가을 재배는 주위에 돋아나는 비름이 몹시 힘들게 한다. 이때는 초기에 풀을 한차례 꼼꼼하게 정리해주면 이후는 아주 수월하게 자란다.

봄 재배 얼갈이배추밭

재배 주의사항

파종 후 서로 경쟁적으로 자라게 조금 배게 심는다. 그러면 나중에 자라면서 그늘이 생겨 주변의 풀이 덜 자란다.

장소 물 빠짐이 좋고 비옥한 토양이 좋다. 약한 그늘이 들어도 잘 자라는 편이다. 단, 배추과 채소를 재배한 곳을 피해서 재배해야 한다.

병충해 및 곤충 배추과 식물에 많은 피해를 주는 잎벌레에 아주 취약하다. 땅을 파헤집고 다니는 땅강아지, 두더지 등이 기어 다니면 뿌리가 들떠서 말라죽게 된다. 아직까지 땅강아지와 두더지에 대한 대책이 없어 고민이다.

총각무
알타리무

- **분류** : 배추과
- **원산지** : 중국 중북부 지방
- **재배지역** : 아시아 지역
- **특징** : 서늘한 곳을 좋아함. 여름 재배가 어려움
  재배기간이 짧다.
- **역사** : 고려시대 추정

재배시기

■ : 파종　■ : 수확

소형종의 무라고 생각하면 된다. 서늘한 기온에서는 연중 재배가 가능하지만 특별한 시설을 하지 않으면 한여름과 겨울 재배는 부적합하다. 뿌리가 굵어지는 시기에 수확해 잎과 뿌리를 동시에 김치로 이용하는 채소다.

잎줄기의 성장은 무보다 무성하지 않고 뿌리는 무보다 작다. 씨앗의 크기는 열무에 비해서 좀 작은 편이나 배추에 비해서는 많이 크다.

밭 준비 및 파종

모든 조건이 얼갈이배추와 동일하다.

자라는 모습

파종 후 3~4일이면 얕게 묻힌 씨앗은 싹이 돋아나고 늦어도 일주일 정도면 완전

열무와 총각무 씨앗

히 발아한다. 발아는 파종시기의 온도에 따라 크게 달라진다. 봄 파종 때보다는 가을 파종 때가 기온이 높기 때문에 싹트는 데 걸리는 기간이 짧다.

총각무는 파종 후 50~70일 정도 경과하면 뿌리의 길이가 10~15cm 정도로 자란다. 성장이 비교적 빨리 이루어지므로 약간 어리다 싶을 때 수확하는 것이 좋다.

파종 일주일의 총각무 떡잎

파종 11일의 총각무

파종 1개월의 총각무

파종 2개월의 총각무

수확

파종 4~5주가 지나면 복잡한 곳을 솎아서 수확할 수 있다. 솎아내는 간격이 넓으면 잎이 억세게 자란다. 적당하게 경쟁을 시키면서 자라게 해야 나중에 이용하기가 좋다. 봄 파종 총각무는 파종 50일 이후 수확을 하고, 가을 파종은 60일 정도가 적당하다.

주의사항 봄 재배의 경우 수확시기가 늦어지면 기온이 높아져 배게 자라는 부분

중의 일부는 포기가 상한다. 장마 전에 모두 수확하는 것이 좋다. 가을 재배는 서리를 맞으면 잎이 질겨지고 뿌리가 딱딱해지므로 조기에 수확한다.

봄 파종 총각무

가을 파종 총각무밭의 풀

두더지가 지나간 흔적

잎벌레가 지나간 자리

웃거름주기 및 풀 관리

총각무는 그다지 많은 거름을 필요로 하지도 않고 짧은 기간에 수확이 가능한 채소라 웃거름을 주지 않아도 된다. 다만 다른 채소를 수확한 직후에 밑거름을 넣지 않고 파종한 경우는 웃거름을 주어야 잘 자란다. 퇴비는 골 사이를 호미로 죽 긁어내고 퇴비를 넣고 흙을 덮은 다음 물을 뿌려 주면 된다. 성장이 더디고 잎의 색깔이 노랗게 변할 땐, 자주 물거름을 주면 많이 좋아진다.

봄 재배 총각무는 풀에 비해 빨리 자라므로 풀 걱정이 좀 덜하다. 그리고 풀이 많이 자라게 되는 시점이 바로 수확시기와 연결되므로 그다지 문제가 되지 않는다. 이에 비해서 가을 재배는 주위에 돋아나는 비름, 별꽃 등을 주의해서 관리한다. 풀이 자라는 초기에 한차례 꼼꼼하게 정리해주면 총각무가 아주 수월하게 자랄 수 있다.

재배 주의사항

파종 후 서로 경쟁적으로 자라게 조금 배게 심는다. 그러면 나중에 자라면서 총각무가 그늘을 만들어 풀이 덜 자라게 된다.

장소 물 빠짐이 좋고 비옥한 토양이 좋다. 약한 그늘이 들어도 잘 자라는 편이다. 특히, 배추과 채소를 재배했던 곳을 피해서 재배한다.

병충해 및 곤충 배추과 식물에 많은 피해를 주는 잎벌레에 아주 취약하다. 그리고 땅강아지와 두더지 등이 아래를 기어 다니면 뿌리가 들떠서 말라죽는다.

적겨자채

- **분류** : 배추과
- **원산지** : 중앙아시아
- **재배지역** : 아시아 지역
- **특징** : 서늘한 곳을 좋아함
  여름 재배가 어려움
  물 빠짐이 좋은 곳에 재배
- **역사** : 고려시대 추정

재배시기

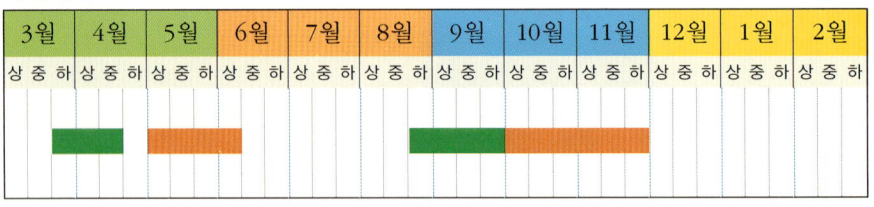

*위의 표는 일반 평지의 노지에서 재배하기 수월한 기간을 표시했음.　　■ : 파종　　■ : 수확

　겨자채의 잎이 적색인 것을 적겨자채라 하며 최근에 건강쌈채소로 많이 재배한다. 서늘한 기온에서는 연중 재배가 가능하지만 특별한 시설을 하지 않으면 한여름과 겨울은 재배에 부적합하다. 톡 쏘는 맛이 강해서 쌈으로 먹기를 꺼리는 사람도 있다. 겨자채에는 비타민A · C, 카로틴, 칼슘, 철이 풍부해 눈과 귀에 좋으며, 상추와 마찬가지로 진정효과가 있다. 시금치, 당근과 함께 갈아서 마시면 치질과 황달에 효과가 있는 것으로 알려져 있다.

밭 준비 및 파종

　물 빠짐이 좋은 밭을 골라 1m² 당 3kg의 완숙퇴비와 깻묵 2컵(400g) 정도를 넣고 밭을 일구어 둔다. 봄 재배는 두둑의 높이를 낮게 5~10cm 정도로 하고, 가을 재

적겨자채 모종

배는 가을 장마에 대비해 조금 높게 15cm 정도로 한다. 두둑의 폭은 1m로 한다. 두둑을 만든 지 2주 후 호미로 얕은 골을 만들고, 씨앗이 2~3cm에 하나씩 떨어지게 한다. 줄 간격은 30cm 정도로 한다. 파종 후 물을 흠뻑 뿌려준다. 옮겨심기가 가능한 채소이므로 모종을 길러 아주 심어 가꾸어도 된다. 적겨자채 모종은 전통 5일장이나 주변의 종묘상에서 손쉽게 구할 수 있다.

다른 채소(청경채, 얼갈이배추 등)와 같이 재배하면 밭을 효율적으로 사용할 수 있다. 보통은 5~10포기만 있어도 충분하게 즐길 수 있다.

자라는 모습

파종 후 3~4일이면 얕게 묻힌 씨앗에서 싹이 돋아나고 늦어도 일주일 정도면 완전하게 발아한다. 발아는 파종시기의 온도에 따라 크게 달라진다. 봄 파종보다는 가을 파종 때가 기온이 높아 발아에 소요되는 기간이 짧아진다. 파종 20일이 지나면 본잎이 2~3장 되면서 키가 6~7cm 정도로 자란다. 파종 후 1개월이면 키가 15cm 정도 자란다. 이때부터 잘 자란 잎을 수확해 이용한다.

수확

겨자채는 자라면서 잎이 커지고 늘어난다. 그래서 겉잎부터 한 장씩 따서 수확하면 장기적으로 수확할 수 있다. 조금 많이

파종 10일의 적겨자채

파종 20일의 적겨자채

파종 5주의 적겨자채

파종 11주의 적겨자채, 11월 중순

파종했을 경우에는 잘 자란 포기부터 밑동을 잘라 수확할 수 있다. 보통은 상추처럼 한 장씩 겉잎을 떼어내어 이용한다.

파종 3~4주 후부터 큰 포기에 달린 잎을 수확한다. 잎에 윤이 나는 짙은 갈색에 적색이 감도는 적겨자채를 상추와 함께 쌈으로 이용하면 각별한 향기를 느낄 수 있다.

주의사항 가을 재배의 경우 서리를 맞으면 아삭한 맛이 덜하고, 퍼석퍼석하며 질겨진다. 김장 재료로 사용하려면 양념으로 아주 조금만 넣어주는 것이 좋다. 언젠가 조금 욕심을 내어 김장 재료로 넣었더니 김치에 아주 강한 겨자채 고유의 맛이 들어 곤란했던 적이 있다. 처음에는 김치에 쓴맛이 난다고 잘 먹지 않다가 나중에 겨자채를 너무 넣어 그런 것 같다고 하면서 그해 김치를 겨우 다 먹은 기억이 있다. 그래도 김치가 익어 가면서 향이 옅어져서 먹을만했던 것이다.

웃거름주기 및 풀 관리

겨자채는 재배기간이 제법 길어 중간에 웃거름을 한차례 주는 것이 좋다. 우거져 자라면 웃거름주기가 만만치 않다. 이때는 포기 사이의 조금 듬성듬성한 부분에 퇴비를 한주먹씩 주거나, 만들어둔 깻묵액비가 있으면 자주 준다.

다른 채소와 마찬가지로 함께 자라는 풀이 성가시게 한다. 풀이 조금 덜 자라게 하려면 겨자채를 조금 배게 심어 우거지게 키우면 된다. 아래 사진에서처럼 초기에는 풀이 돋아나지만 겨자채가 우거지면 그리 영향을 끼치지 못한다.

겨자채와 풀이 자라는 초기 모습

수확기의 겨자채와 풀

재배 주의사항

파종 후 서로 경쟁적으로 자라게 조금 배게 심는다. 그러면 나중에 자라면서 그늘을 만들어 풀이 덜 자라게 된다.

장소 물 빠짐이 좋고 비옥한 토양이 좋다. 약한 그늘이 들어도 잘 자라는 편이다. 단, 배추과 채소를 재배한 곳을 피해서 재배해야 한다.

병충해 및 곤충 배추과 식물에 많은 피해를 주는 잎벌레에 아주 취약하다. 나머지는 청경채, 얼갈이배추 등의 주의사항과 동일하다.

적환무
20일무

- **분류** : 배추과
- **원산지** : 지중해 연안
- **재배지역** : 전 세계
- **특징** : 서늘한 곳을 좋아함
  여름 재배가 어려움

재배시기

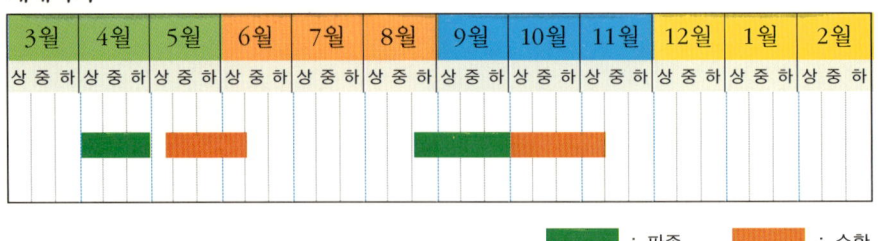

■ : 파종   ■ : 수확

작은 무를 연상시키는 채소다. 뿌리의 색깔이 빨간색을 띠는 것이 이색적이다. 유럽이 원산지이며 서늘한 기온을 좋아한다. 20일무, 적환무, 코매트, 래디시 등으로 불린다. 특히, 20일무라 하는 것은 기온이 적당하면 20일 만에 수확이 가능하다고 붙여진 이름이다. 뿌리의 색상이 빨간색이라 샐러드의 재료로 많이 이용된다. 겉 부분만 빨간색이고 내부는 흰색이며, 아삭거리는 맛이 좋아 생식으로도 적당한 채소다.

밭 준비 및 파종

물 빠짐이 좋은 밭을 골라 1m²당 3kg의 완숙퇴비와 깻묵 2컵(400g) 정도를 넣고 밭을 일구어 둔다. 봄 재배는 두둑의 높이를 낮게 5~10cm정도로 하고, 가을 재배는 가을 장마에 대비해 조금 높게 15cm 정도로 한다.

두둑의 폭은 1m로 한다. 두둑을 만든 지 2주 후 호미로 얕은 골을 만들고 씨앗이 2~3cm에 하나씩 떨어지게 한다. 줄 간격은 20~30cm 정도로 한다. 파종 후 물을 흠뻑 뿌려준다.

자라는 모습

파종 후 3~4일이면 얕게 묻힌 씨앗은 싹이 돋아나고 늦어도 일주일 정도면 완전하게 발아한다. 발아는 파종시기의 온도에 따라 크게 달라진다. 파종 2주 정도 지나면 본잎이 2~3장 자라는 시기가 된다. 열무나 총각무보다 잎줄기가 짧고, 알뿌리는 작고 통통하다. 파종 3~4주 후부터 수확해 이용할 만큼 자란다. 비교적 빨리 자라기 때문에 약간 어릴 때 수확해 쓰는 것이 좋다.

파종 5일 파종 2주

파종 4주 파종 6주

솎아내기

20일무는 간격을 조금 넓게 잡고 씨앗을 뿌려야 하는데 파종이 배게 되면 솎아내기가 힘들기 때문이다. 본잎이 1장일 때 포기 사이의 간격을 3~4cm 정도로 유지하고, 본잎이 3~4장일 때는 5~6cm 유지하는 것이 좋다. 이후에 자라는 정도를 봐가면서 최종적으로 포기 간격이 10cm 정도 되도록 솎아낸다.

주의사항 솎아내기가 제대로 되지 않으면 사진에서 보이는 것처럼 뿌리가 길쭉하게 자라버려 모양이 좋지 않다. 포기 사이를 넓혀주어 뿌리가 서로 닿지 않게 해준다. 둥근 모양이 꼭 필요한 경우는 솎아내기에 주의해 모양을 만든다.

복잡하게 자란 뿌리

수확

파종 후 3~4주 정도면 복잡한 곳을 솎아서 수확할 수 있다. 열무나, 얼갈이배추 등에 비해 과감하게 솎아내야 한다. 수확시기가 늦어지면 뿌리가 갈라지는 경우가 생기므로 수확을 약간 빨리 하는 것이 요령이다. 20일무 뿌리를 깎아서 생으로 먹어보면 아삭한 맛이 있어 좋다. 무의 약간 매운맛이 필요한 곳에 이용한다.

적환무를 물김치에 조금 넣으면 전체적으로 붉은색이 은은하게 우러나오는 물김치를 즐길 수 있다. 가을에 심은 적환무를 이용하다가 양이 많아 물김치에 한번 넣어 보니 아주 고운 색깔이 난다. 생으로 먹을 때보다는 아삭한 맛은 덜하지만 색상을 내는 데는 그만이다. 적환무의 속은 흰색인데 껍질의 붉은색이 물들어 발그레하게 변하고, 국물도 붉은색으로 변한다.

물김치 안의 적환무

은은하게 우러나온 국물

주의사항 가을 재배의 경우 수확시기가 늦어지면 서리를 맞게 되어 잎줄기 부분을 못쓰게 된다. 서리를 맞히기 전에 수확을 모두 마쳐야 한다. 보통의 무에 비해 저온에 견디는 정도가 다소 떨어진다.

웃거름주기 및 풀 관리

20일무는 그다지 많은 거름을 필요로 하지도 않고 짧은 기간에 수확을 모두 마쳐야 하므로 웃거름을 주지 않아도 된다.

풀에 비해 빨리 자라고 수확시기가 빠르므로 주변의 풀들이 자랄 때가 20일무의 수확시기가 된다. 그래서 비교적 풀에 대해 자유롭다. 그래도 냉이, 별꽃, 비름 등이 많이 자라므로 상황에 따라 한 번 정도 주변의 풀을 정리하는 수고는 해주어야 한다.

주변에 돋아나는 풀

재배 주의사항

20일무는 서늘한 기온이 유지되는 시기에 파종하면 무난하게 수확을 할 수 있다. 다만 배추과의 채소를 재배하던 밭과는 조금 떨어진 곳을 선정해야 잎벌레의 피해를 줄일 수 있다. 다른 채소보다는 과감하게 솎아주어 복잡하게 자라지 않도록 한다.

갓 돌산갓, 얼청갓

- **분류** : 배추과
- **원산지** : 중앙아시아 및 히말라야 지역
- **재배지역** : 한국, 중국, 일본
- **특징** : 보수력이 좋은 밭에서 재배. 퇴비를 많이 준다. 5℃ 이하에서는 성장이 더딤
- **역사** : 삼국시대로 추정

재배시기

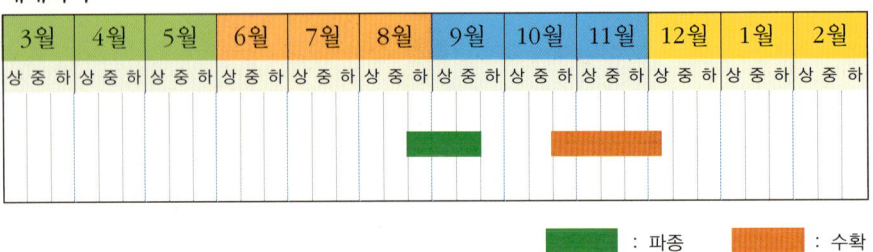

■ : 파종   ■ : 수확

갓은 서늘한 기후를 좋아하는 채소다. 잎의 모양이나 색깔이 다른 여러 가지 갓이 있다. 보통 많이 재배하는 종류는 김치를 담는 돌산갓과 김장의 양념으로 사용하는 얼청갓이다. 봄, 가을로 재배가 가능하지만 가을에 재배하는 것이 수월하고 김치를 담기에 적절해 가을 재배를 많이 하는 편이다.

밭 만들기

8월 중순에 감자, 양파, 마늘, 밀 등을 수확한 장소가 있으면 석회를 조금 뿌리고 일구어 둔다. 8월 말에 퇴비를 1m²당 4kg 정도, 깻묵을 800g정도 넣어 일구고 이랑을 만든다. 깻묵은 비가 오면 씻겨 내려가므로 반드시 밭 흙과 섞어 묻히도록 한다. 갓은 자라는 기간이

두둑과 고랑

비교적 짧고 자라면서 옆으로 퍼져 웃거름주기가 불편하다. 그러므로 밭을 일굴 때는 퇴비를 조금 넉넉하게 준다.

이랑은 그다지 높지 않아도 된다. 두둑의 폭은 1m 정도로 하고 30cm 간격으로 줄뿌림한다.

갓김치를 담을 경우, 한 가족이 먹을 양은 두둑 폭 1m에 길이 3~4m 정도를 뿌리면 충분하다. 밭이 여유롭게 넓다면 좀 많이 심어 솎아낸다. 그것으로 김치를 담그면 아주 보드랍고 톡 쏘는 갓김치를 즐길 수 있다. 심는 양에 비해 수확량이 의외로 많은 채소다.

참고사항 양념용의 얼청갓은 김장의 색깔을 내고 톡 쏘는 맛을 내는 재료이므로 아주 조금만 심는다.

파종 1주일, 돌산갓 떡잎

파종 11일된 얼청갓

씨앗 준비

씨앗은 가까운 종묘상이나 농업협동조합 매장 또는 웹사이트에서 구입한다. 종자는 여러 가지가 있지만 김장용 돌산갓과, 양념용 얼청갓을 준비한다.

포장 단위가 조금 큰 편이라 파종 후 남은 씨앗은 봉지 위를 말아 스테이플러로 찍어 냉장고에 두면 2년 정도는 사용할 수 있다.

파종 18일된 얼청갓

파종시기

김장용 갓의 파종시기는 자기 밭의 환경에 맞추어 결정해야 한다. 해가 많이

파종 4주된 돌산갓

들고 따뜻한 남부 지방은 9월 중순, 중부 지방은 9월 초에 파종하는 것이 적당하다. 너무 일찍 파종하면 김장철에 많이 자라 대궁이 억세져서 이용하지 못하게 된다. 또 너무 늦으면 갓이 연약해 갓김치 맛을 제대로 느끼지 못할 수 있다.

김장 무, 배추를 파종하고 10~20일 정도 지난 시기가 적당하다. 날씨가 좋을 때 일찍 파종하면 꽃대가 올라오는 수가 있으므로 주의해야 한다. 약간 늦게 파종하는 것이 좋다.

씨뿌리기

갓 씨앗은 전체적으로 배추 씨앗과 매우 흡사하게 생겼다. 크기는 배추 씨앗 보다 조금 작은 1.2mm 정도이고 동글동글해 골고루 뿌린다는 것이 무척이나 어렵다. 줄뿌림의 경우 1~2cm 간격에 하나 정도의 씨앗이 떨어지게 하면 좋다. 조심스럽게 파종에 신경을 써도 자칫하면 한 곳에 서너 개의 씨앗이 떨어지기 일쑤다.

파종은 1cm 정도의 골을 호미로 판 다음 씨앗을 넣고 2~3mm 정도로 아주 얕게 복토한다. 그러나 제시된 숫자는 단지 숫자에 불과하며, 씨앗 위에 좀 얕게 흙을 덮는다는 기분으로 한다.

자라는 모습

파종 후 물을 흠뻑 뿌려주고 일주일 후에 밭에 들러보면 떡잎이 보인다. 복토가 얕은 씨앗은 떡잎이 벌어지고 조금 깊게 된 씨앗은 이제 막 세상을 보려 한다. 파종 2주가 되면 떡잎이 많이 퇴화하고 본잎이 제법 자란다. 이때쯤 복잡한 곳을 한 번 솎아준다.

갓의 잎에 붙어 있는 까만 점들은 해마다 무, 배추, 갓 등에 발생한다. 밭이 고온다습하면 발생하는 일종의 벌레 같은 것이 잎에 붙어 죽으면서 까만 점이 되는 것 같다. 잎이 자라면 차츰 없어진다.

4주가 지나면 제법 자라난 갓이 된다. 많이 크면 20㎝ 정도까지 포기가 자란다.

파종 2개월이 지나면 수확을 해도 될 만큼 성장한다. 얼청갓은 이제 색깔도 곱게 나고, 돌산갓은 억센 잎줄기를 세우며 하늘을 바라보는 모습이 된다. 김장을 일찍 하는 지방은 이때 모두 수확한다.

10월 말이 되면 지역마다 첫서리가 내린다. 서리와 영하의 기온이 반복되면서 겉잎은 얼었다, 녹았다를 반복하게 되고 이때 갓 특유의 맛이 더해진다. 너무 강한 추위가 한꺼번에 닥치면 심하게 얼어버린 나머지 줄기의 껍질이 벗겨지는 현상이 생기기도 한다. 김장철이 이른 북쪽지방은 11월 말경이면 김장을 하지만 대전 근방에서는 12월 초가 되어야 김장을 한다. 그때까지는 밭에서 추위를 견디며 지내야 한다.

파종 2개월된 얼청갓   파종 2개월된 돌산갓
11월 말의 돌산갓   11월 말의 얼청갓

갓은 비교적 추위에 약한데, 경험적으로 볼 때 대전을 중심으로 한 지역에서는 11월 중순 또는 말에 갓김치를 담그는 것이 적당할 것 같다. 너무 늦으면 얼었다 녹았다를 반복하다 질겨지는 특성을 보인다.

솎아내기

파종 후 2주 정도 지나면 씨앗을 많이 뿌린 곳에서 자라는 갓은 모양이 복잡하게 엉기기 시작한다. 이때 3cm 간격으로 한 포기를 두고 솎아준다.

솎아서 3cm 간격을 만든다.

파종 6주, 15cm 간격 유지

솎아주는 시기가 늦어지면 웃자라는 포기가 늘어나 전체적으로 부실하게 자란다. 갓은 조금 조밀하게 자라는 것이 전반적으로 연하다.

파종 6주 전후가 되면 키가 큰 포기는 25~30cm 정도가 된다. 이때는 한꺼번에 많은 양을 솎아서 솎음 갓김치로 먹는다. 솎는 간격은 포기 사이를 15cm 정도로 하고, 이후에는 솎지 않는다.

솎아내기를 한 후에는 액비를 흠뻑 뿌려주어 이후의 성장을 돕도록 한다. 이 시기는 고구마의 수확기이기도 하고, 배추가 속이 차는 때이기도 하다.

풀 대책

9월 말이 되어 날씨가 선선해지면 서늘한 기후를 좋아하는 풀들이 작물이 자라지 않는 공간의 고랑이나, 두둑에 많이 보인다. 그냥 두어도 되지만 봄에 한꺼번에 처리하려면 힘드니까 시간이 되는 대로 낫으로 베어 그 자리에 덮어둔다. 어떤 풀은 잠깐 사이에 뿌리를 많이 뻗고 번식도 잘해 이듬해 봄이 되면 처리하기가 아주 곤란하다. 꽃이 피고 씨앗이 떨어지면 해를 넘기며 계속 괴롭히므로, 씨앗이 되기 전에 풀을 정리하는 부지런함이 필요하다.

갓과 함께 자라는 가을풀

수확 중인 갓

갓을 잘라낸 모습

수확하기

솎음수확 갓은 파종한 지 5주 이상 지나면 솎음수확이 가능하다. 조금 많은 양을 솎아 수확하면 아직 덜 자란 보드라운 갓김치를 김장에 앞서 맛볼 수 있다. 김장때의 갓김치와는 구분되는 상큼하고 연한 맛을 즐길 수 있다.

본수확 김장을 담을 때 모두 수확한다. 칼로 갓의 뿌리 부분과 줄기 부분의 경계부를 잘라내어 수확한다.

추대

일부 얼청갓은 종자에 문제가 있어서인지 아니면 계절을 잘 아는 것인지 때가 되면 꽃대를 세우고 꽃망울을 맺는다. 꽃대가 늦게 올라와야 수확할 것이 많은데 꽃대가 반갑지 않게 제때 올라오니 전문 농가에서는 상품성 없는 농작물이라 싫어한다. 그러나 텃밭에서는 잘 하면 꽃을 볼 수 있는 기회가 된나. 내 밭에서 꽃망울을 낸 갓은 꽃이 피기 전에 심한 추위로 얼어 죽었다. 사진의 꽃망울은 12월 14일의 모습이다. 웬만한 추위는 견디지만 영하 5°C 이하가 지속되면 얼어 죽는다.

얼청갓 꽃대

얼청갓 꽃망울

연작피해

갓을 재배하다 보면 아무래도 해충의 피해를 무시할 수 없다. 두 번 연속으로 갓을 재배하면 좁은가슴잎벌레가 늘어난다. 2005년에는 겨우 몇 마리만 보이던 것이 2006년에는 수없이 보였다. 짝짓기 하는 성충의 모습이 갓 포기 여기저기에서 눈에 띈다. 갓에서 자주 보이는 벌레는 좁은가슴잎벌레다. 이런 현상을 줄이려면 배추과의 식물을 파종한 적이 없는 장소에 갓을 재배해야 한다. 한 번 재배하고 나면 다른 종류의 식물을 심어 2~3년 뒤에 다시 심는 것이 좋다.

자주 보이는 좁은가슴잎벌레 　　　　　2년 연작한 밭(왼쪽), 처음 파종한 밭(오른쪽)

재배일지

김치는 내가 담는 게 아니라 집사람이 담지만 옆에서 본 것을 정리해본다. 우선 수확한 갓을 손질한다. 변색된 겉잎을 뜯어내고 정리를 마치면 소금에 절여둔다. 한나절 이상을 절여두었다 물에 헹궈낸다. 찹쌀 풀을 끓여 여기에 고춧가루, 마늘, 젓갈, 파 등의 양념재료를 넣고 버무려 숙성시키면 된다. 이때 간은 소금으로 맞추고, 양념은 질퍽하지 않게 손으로 훑어낸다. 전체적으로 수분이 별로 없는 상태를 만들어야 한다. 갓김치가 익기 전에는 갓의 고유한 향기 때문에 약간 거북스러우나, 어느 정도 숙성이 되면 아주 맛있는 갓 향기를 즐길 수 있다.

갓김치를 좋아하는 사람이라면 누구나 한번 자신의 손으로 길러 먹을 욕심이 생긴다. 누군가 "갓김치를 좋아하면 나이가 들었다"고 한 말이 떠오른다. 갓을 오래전부터 심어보려고 했으나, 가을만 되면 무, 배추에 매달리다 보니 시간이 허락하지 않았다. 그러다 몇 년 전에는 아예 종자를 8월에 구입해두었다. 종류는 양념용의 얼청갓(반청갓)과 김장용의 돌산갓이었다. 많이 심지는 못하고 김장용으로 쓸 정도의 면적만 심었다.

　갓은 배추과의 채소를 심지 않은 곳이라면 아무 곳에서나 잘 자란다. 조금 늦게 9월 중순 파종을 선택하면 어려움 없이 재배해 갓의 향기를 진하게 느낄 수 있다. 자주 접하지 않는 채소를 재배하는 것이 낯설게 느껴지지만 시도해보는 즐거움이 있어 좋다. 나에게 특별한 의미를 지닌 갓은 처음 가꾸면서부터 좋은 느낌을 강하게 준 채소다. 남도를 다니면 식당마다 나오는 갓김치를 잊을 수 없어 하던 마음이 이제는 가을만 되면 갓을 재배하는 손길이 되었다.

유채
겨울초, 하루나, 시나나빠

- **분류** : 배추과
- **원산지** : 지중해 연안, 중앙아시아
- **재배지역** : 한국(제주, 남부), 중국, 일본
- **특징** : 서늘한 기후를 좋아함. 추위에 견디는 능력이 강함
  요새는 기름을 목적으로 재배
- **역사** : 『산림경제』(1643)에 기록

재배시기

■ : 파종   ■ : 수확   ■ : 씨받기

＊제주 및 남부 지방에서 많이 재배, 위의 재배시기는 대전 근교 기준

유채는 서늘한 기후를 좋아하므로 9월 이후에 파종하는 것이 좋다. 지역에 따라 재배시기가 달라진다. 제주 및 남부 지역은 조금 늦게 파종하고 중부 지방은 다소 파종시기를 앞당긴다. 4월에 파종해 열무처럼 이용하는 재배도 가능하다.

파종 준비

파종하기 1~2주 전에 1m²당 퇴비 3kg과 깻묵 2컵(400g) 정도 넣고 밭을 일구어 둔다. 두둑을 따로 만들지 않아도 되며, 편하게 관리하려면 두둑의 폭은 1m, 높이는 10cm 정도 되게 준비한다. 이랑의 폭과 높이는 밭의 형편에 따라 적당하게 한다. 물 빠짐이 좋은 밭을 고른다.

씨앗 준비

시중에서 판매되는 유채 씨앗에는 '월동춘채'라는 이름이 붙어 있기도 하다. 씨앗은 주변의 가까운 종묘상이나 웹사이트를 통해 구입한다.

오래전부터 주변의 농가에서 재배해오던 종자를 구해서 가꾸면 병충해에도 강하고 지역 적응성이 좋다.

파종 및 흙덮기

준비된 밭에 20~30cm 정도의 간격으로 폭이 5cm 정도 되는 파종 골을 만든다. 골을 만들 때는 호미로 밭 흙을 살짝 긁어내면 된다. 파종 골에 1~2cm 간격으로 씨앗을 하나씩 뿌려준다. 파종 후 흙덮기는 5mm 정도로 하고 물을 흠뻑 뿌려준다. 씨앗이 작고 동글동글해 가지런하게 뿌리기가 쉽지 않지만, 씨앗의 발아율이 상당히 높기 때문에 조밀한 파종을 피한다. 나중에 솎아내기가 힘들어진다.

파종 간격 및 파종 골 너비(예시)

자라는 모습

파종 후 1~2주 정도 지나면 떡잎이 올라오고 20일이 지나면 본잎이 2~4장이 되는 유채가 된다. 파종 10일이 지나면 떡잎 사이로 본잎이 올라오는 모습이 보이기 시작한다. 이후로 조밀한 부분을 솎아주거나 어릴 때 솎음수확을 해서 쌈, 나물, 겉절이로 이용하면 좋다.

파종 10일

파종 20일

파종 5~6주가 되면 10월 중순이 된다. 이때는 유채가 잘 자라는 계절이라 급격하게 성장한다. 유채의 가을 향기를 느낄 수 있는 시기이기도 하다. 포기 사이의 간격이 너무 조밀하지 않도록 솎아주면서 수확한다. 12월로 접어들면 유채는 땅으로 잎을 바짝 엎드려 겨울을 준비한다. 생명을 유지하는 가장 중요한 뿌리와 생장점만 남기고 나머지 잎들을 모두 정리한 다음 겨울을 준비하는 것이다. 가을이 되면 활엽수의 낙엽이 생기는 현상과도 흡사한데 물론 이 현상은 지역의 날씨에 따라 많이 달라진다. 부산 근교만 하더라도 겨울에 유채잎이 싱싱한 걸 볼 수 있다.

파종 5주 　　　　　　　　　　　　　　　　　　　　　1월 중순의 유채

시간이 지나면 바짝 엎드린 잎과 줄기가 거의 말라버리는 때가 온다. 이 시기가 조금 지나면 이른 봄이 되면서 생장점과 뿌리만 살아 있던 곳에서 활기찬 새잎이 나온다. 3월 말이면 새잎이 자라나는 포기의 밑동을 잘라내어 겨울을 지난 연한 유채의 향기를 즐길 수 있다. 4월이 되면 하루가 다르게 성장해 성질 급한 유채는

겨울을 지난 유채, 3월 초 　　　　　　　　　　　　잘 자라는 유채, 4월 초

먼저 꽃을 피우기도 한다.

참고사항 유채는 지역의 기온에 따라 많은 편차를 보이는 작물이므로 위에 언급한 시기가 반드시 자신의 밭에도 적용된다고 보기 어렵다.

수확

유채를 채소로 이용하는 경우 씨앗을 뿌리고 복잡하게 자라나는 곳의 밑동을 칼로 잘라 수확하는 솎음수확이 있다. 텃밭의 경우는 솎음수확 후 데쳐서 나물로 이용하거나 생채로 이용하면 좋다.

월동 후 유채의 잎이 자라는 3월에 수확해 김치를 담거나, 쌈으로 이용해도 좋다. 이른 봄 상추, 쑥갓, 열무 등이 귀한 시기에 좋은 채소가 된다. 다만 봄에는 수확할 수 있는 기간이 무척 짧다. 잎이 몇 장 자라는 듯하다가 바로 꽃대를 세우기 때문이다.

웃거름주기 및 풀 대책

가을풀씨가 많이 떨어진 곳에는 유채가 자라면서 바로 풀씨도 싹을 틔운다. 주로 쇠별꽃 등의 가을풀이 많이 돋아난다. 이들 가을풀은 초기에 한번 정리를 해주지 않으면 유채와 엉겨 붙어 나중에 정리하기가 어려워진다.

겨울을 지나면 풀은 급속히 성장해 유채를 모두 덮어버린다. 그나마 월동이 불가능한 명아주, 바랭이, 까마중 등은 말라 죽으니 다행이다.

9월 중순에 파종하는 유채는 거의 웃거름을 줄 시간도 갖지 못한 채 겨울을 맞이하고 최소의 에너지만을 소비하며 긴 겨울을 버틴다. 그러다 봄이 되면 잎을 왕성

유채밭의 풀, 10월 중순

깻묵을 뿌린 유채밭, 2월

유채꽃 (4월 30일)

씨앗이 영그는 유채 (5월 중순)

씨앗을 말리는 모습 (6월 중순)

볕 좋은 날 씨앗 말리기

하게 성장시키고, 줄기도 세우기 시작한다. 이 시기가 유채에게는 가장 많은 영양분이 필요한 때다. 봄이 되고 잎이 자라기 시작하면 유채밭에 거름과 깻묵을 섞어 웃거름으로 조금 뿌려준다. 1m²당 퇴비 2kg과 깻묵 2컵(400g) 정도 비율로 섞거나, 깻묵을 1m²당 1kg 정도 흩뿌려준다.

씨받기

가을에 씨앗을 뿌린 유채는 겨울의 혹독한 추위에 모든 잎을 땅에 바짝 붙이고 있는데, 그도 모자라 푸른 잎을 말려 최소한의 생명유지를 한다. 그러다 봄이 오고 날씨가 조금씩 풀리면 언제 그랬냐는 듯이 다시 활발한 생명활동을 시작한다. 다시 잎을 키우고 조금 지나면 줄기를 세우고 하나둘 꽃을 피우기 시작한다. 제주도 등의 따뜻한 지역에는 3월에 꽃이 피지만 우리 밭처럼 대전 근교에 있는 조금은 그늘진 북향 밭에는 4월 말이 되어야 유채꽃이 활짝 핀다.

꽃이 피고 시간이 좀 지나면 열매를 맺고 줄기가 약간씩 말라가는 모습이 보인다. 이때가 유채를 베어 말릴 적정시기다. 비를 맞지 않게 해 해가 잘 드는 곳에 3~4일 말려두었다 털어내면 된다. 종자용 씨앗을 남기고 나머지는 들기름을 짤 때 조금씩 섞어 기름을 짜면 유용하게 이용할 수 있다.

주의사항

유채는 파종 후 단기간(40~50일)에 수확

이 가능한 작물로 별다른 주의사항이 없는 대표적인 작물이다. 서늘한 기후가 되는 9월 중순에 파종하면 벌레도 별로 없고, 싹을 틔우면서 바로 잘 자라기 시작한다. 다만 이 채소도 배추과이므로 좁은가슴잎벌레에 의한 피해가 조금씩 나타난다. 이 문제는 배추과 채소를 재배하지 않은 곳이나, 재배지에서 조금 떨어진 장소에 파종하면 어느 정도 막을 수 있다.

재배일지

모양과 자라는 모습이 같은데 어떤 것은 유채, 어떤 것은 하루나, 또 겨울초로도 불린다. '월동춘채'라는 이름의 작물도 심어 보았는데 유채와 맛, 잎, 자라는 모습 등이 거의 흡사했다. 부산에서는 겨울초라고 불리며, 집 주변의 밭에 파종을 해 겨울에도 잎을 이용하고 봄에 돋아나는 잎을 쌈으로 많이 이용한다.

첫해인 2002년에는 10월에 파종을 해서 가을에 얼마 자라지 못하고 겨울을 맞이했다. 겨우내 얼어서 들뜬 곳의 유채는 말라 죽고 땅에 닿아 있는 곳은 싱싱하게 살아났다. 유채는 봄에 나물과 채소가 귀할 때 초봄의 향을 가져다주는 전령이다. 유채는 가을 채소를 모두 파종한 뒤에 제일 늦게 파종하므로 벌레나, 풀에 비교적 자유로운 작물이다. 밭은 배수가 잘되고, 물이 고이지 않는 땅을 골라야 한다. 퇴비를 약간 주고 흙을 일군 다음 씨앗을 흩뿌려주면, 가을에 솎아서 수확할 수 있고, 겨울이 지나고 봄이 되면 잎사귀와 꽃을 준다. 봄이 되면 밭에서 기르는 작물 중에 꽃이 가장 먼저 핀다. 꼭 먹기 위해서가 아니더라도 꽃을 보기 위해 한 번쯤 길러보는 것도 좋다.

3월 말 파종한 유채는 5월이 되면 아주 맛있는 쌈거리와 김칫거리를 제공해준다. 또 9월에 파종하면 10월 중순에 수확이 가능하다. 겨울을 나는 힘이 무척 좋아서 그렇지 사실은 열무처럼 아무 때고 (한여름 7~8월 제외) 파종할 수 있는 수월한 채소다. 밭에서 질서정연하게 길러 먹는 것도 제 맛이지만 마늘 밭이라든가 고랑 사이에 아무렇게나 흩뿌려두면 포기가 더욱 알차고 맛도 자연스럽다.

잎줄기 채소

쑥갓

- **분류** : 국화과
- **원산지** : 지중해 연안
- **재배지역** : 동남아, 한국, 중국, 일본
- **특징** : 서늘한 기후를 좋아함
  저온에 약함
- **역사** : 1527년경 도입 추정

재배시기

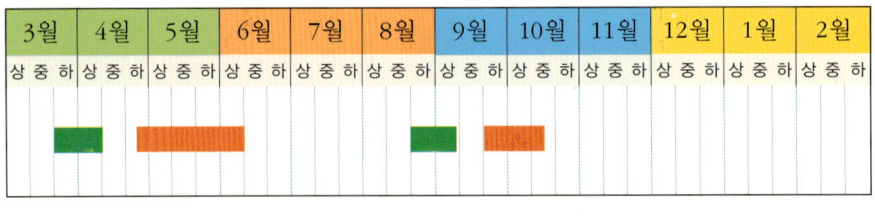

■ : 파종   ■ : 수확

쑥갓은 발아가 잘 안 되는 작물 중의 하나다. 기온이 10℃ 이하이거나, 30℃가 넘으면 발아율이 저조하므로 파종시기를 조절해주어야 한다. 봄에는 기온이 15℃ 이상 올라가는 시기에 파종하고 가을에는 30℃ 이하로 떨어지는 시기에 파종하는 것이 좋다. 상추 재배시기와 비슷한 때를 선택한다. 봄에는 파종시기에 대한 제약이 비교적 없으나, 가을 재배는 파종시기를 앞당기면 발아가 잘 안 되고 늦게 파

4월 3일 파종, 4주 지난 쑥갓

9월 7일 파종, 4주 지난 쑥갓

종하면 기온이 떨어지는 늦가을에 성장이 둔해져 봄보다 훨씬 덜 자란다.

쑥갓을 가을 재배하려면 상당한 어려움이 따른다. 위의 재배시기인 9월 초보다 빨리 파종하면 발아가 아주 저조해진다. 늦여름이나 초가을에 재배하고자 하면 한랭사를 씌우거나 해가림 재배 방법을 쓴다. 그러나 보통의 텃밭이라면 굳이 도구나 인공물을 이용하지 않아도 파종시기만 조금 늦추고 파종량을 늘이면 가을의 상큼한 쑥갓을 맛볼 수 있다.

발아가 걱정이 되면 서늘한 장소에서 싹을 틔워 파종한다. 싹을 틔우는 방법은 화장지나 못쓰는 헝겊에 물을 적신 다음 씨앗을 넣고 감싸서 다소 서늘한 실내에 둔다. 매일 수분이 부족하지 않게 물을 보충해주면 3~4일이면 싹이 나오는 모습이 보인다. 싹이 나올 때 서늘한 곳에서 약간 말려서 파종한다.

씨앗 준비

쑥갓은 크게 3종류의 종자가 있다. 소엽종, 중엽종, 대엽종으로 구분된다. 보통 씨앗을 판매하는 곳이나, 단위농협매장에는 중엽종 쑥갓 씨앗을 많이 판매한다. 보편적으로 재배하는 종자이고 구하기도 수월한 중엽종을 준비한다.

파종

파종하기 1~2주 전에 완숙퇴비를 1m²당 3kg 정도 넣고 밭을 일구어 둔다(퇴비가 완숙된 것이면 당일 퇴비를 넣고 밭을 일구고 파종해도 된다). 파종은 폭이 10cm 정도 되는 골을 30cm 간격으로 만들고 1~2cm당 하나씩 씨앗을 넣는다. 흙을 5mm 정도 덮어주고 물을 흠뻑 뿌려준다. 발아율이 좋지 않으므로 씨앗을 조금 넉넉하게 넣어준다.

자라는 모습

4월 말이 되면 기온이 오르면서 4월 파종 쑥갓이 자라기에 적당한 조건이 된다. 떡잎 두 장 달랑 올라온 것이 언제 자라나 싶어도 계절이 지나고 봄도 중반을 넘어서면 어김없이 잘 자라준다. 상추와 마찬가지로 솎아내기는 별도로 하지 않고 자라는 정도를 봐가면서 키가 7~8cm 정도 되면 복잡한 곳을 솎음수확한다. 최종적인 간격은 15~20cm 유지하는 것이 좋다. 5월 중순이 넘으면 하루가 다르게 성장한다.

4월 3일 파종, 4월 17일 쑥갓 모습

4월 3일 파종, 4월 20일 모습

4월 3일 파종, 5월 15일 쑥갓 모습

4월 3일 파종, 5월 29일 모습

쑥갓은 상추와 함께 키우면 잘 자란다. 오른쪽 사진에서 5월 15일과 5월 29일의 밭을 보면 쑥갓을 제때 수확하지 못해 쑥갓 아래의 상추가 힘없이 자라고 있는 것을 볼 수 있다. 식구도 몇 명 안 되는데 마음만 앞서서 먹을 수도 없을 만큼의 파종을 하는 내 잘못으로 해마다 이런 상황이 반복된다. 쑥갓이 어릴 때 솎음수확을 빨리해주고 상추도 포기 수를 조절하면 상추와 쑥갓은 함께 잘 자란다.

옮겨심기

파종 후 4주 정도 지나면 본잎이 6~7매가 되고 키도 10cm가량 자란다. 이때 복잡한 곳은 솎음수확을 하고 옮겨 심을 밭이 있거나 이웃에 필요한 곳이 있으면 모종삽으로 파내 옮겨 심는다. 옮겨심기는 저녁 무렵에 물을 흠뻑 뿌리고 뿌리가 덜 다치게 모종삽으로 파내거나 조심스럽게 뽑아내어 본밭에 심고 물을 준다.

수확

쑥갓은 파종 후 1개월이 지나면 솎음수확을 할 수 있다. 조밀한 부분을 솎아서 수확하다가 키가 15cm 이상 자라면 원줄기를 잘라서 이용한다. 그러면 곁가지가 여러 개 나와 자라게 되고 자라는 곁가지를 계속 수확할 수 있다.

봄 파종 쑥갓은 수확을 하다가 어느 정도 지나면 기온이 높아지고, 햇볕도 강한 여름이 되어 쑥갓의 맛도 떨어지고 잎사귀의 연한 아삭거림도 덜하게 된다. 이때의 쑥갓은 수확을 해도 데쳐서 나물로 먹는 데 그친다. 모두 정리하지 말고 몇 포기를 남겨두면 꽃도 구경하고 씨앗도 받을 수 있다.

자라는 줄기를 꺾어 수확

수확 후 곁가지가 자라는 모습

웃거름주기 및 풀 관리

쑥갓은 상추와 함께 조밀하게 심어 가꾸면 웃거름주기가 힘들어진다. 이때는 호미로 아래를 파내지 말고 줄과 줄 사이에 흩뿌려준다. 여유가 되면 깻묵액비를 20~30배 희석해 자주 뿌려주어도 잘 자란다.

봄에 나는 풀과 가을에 자라는 풀의 종류가 서로 다르다. 봄에는 주로 명아주, 비름, 바랭이, 냉이 등이 많이 자라는 데 반해 가을에는 별꽃 종류의 땅을 기는 풀이 많이 자란다. 쑥갓이 자라는 데 방해가 되는 풀은 한 번 정도 정리해주는 것이 좋다. 이후에는 쑥갓이 풀을 덮으면서 자란다. 그래도 명아주, 코스모스, 도깨비풀 등은 키가 잘 자라므로

가을 쑥갓과 함께 자라는 풀

보이는 대로 뽑아준다. 쑥갓 포기 밑에 여유가 있으면 짚이나 마른풀을 깔아준다. 가뭄 대책도 되고 풀을 덜 나게 하는 역할도 한다.

씨받기

쑥갓의 씨받기는 상추보다 조금 수월한 편이다. 상추보다는 약간 일찍 꽃을 피운다. 유럽에서는 관상용으로 기를 정도로 꽃을 보는 기쁨이 크다. 우리나라의 무더운 6월 말에서 7월 장마에 꽃이 모두 삭아버리고 안에 있는 씨앗도 없어져버리는 경우가 많다. 6월 중순에 꽃대가 올라오면 쓰러지지 않도록 지지대를 세워 묶어둔다.

쑥갓꽃

장마를 견딘 씨앗 뭉치를 7월 중순에 따서 잘 말려 비비면 가을에 심을 씨앗과 내년 봄에 심을 정도의 씨앗을 얻을 수 있다.

재배 주의사항

쑥갓은 그다지 주의할만한 병해충이 없어 기르기가 수월한 채소에 속한다. 그러나 가끔은 쑥갓의 꼭대기 부분에 진딧물이 많이 붙어 있는 걸 볼 수 있다. 이때는 진딧물이 붙은 포기만 뽑아 묻어버린다.

쑥갓은 각종 음식에 향기를 더하는 채소다. 상추와 함께 봄 채소의 대표적인 존

꽃망울이 맺힌 쑥갓(5월 말)

쑥갓의 꽃망울(6월 중순)

꽃이 활짝 핀 쑥갓(6월 말)   씨앗이 익은 쑥갓(7월 중순)

재다. 밭 귀퉁이에 몇 포기의 쑥갓만 있어도 향기가 풍긴다. 기르다보면 꽃도 보고 관리를 잘하면 씨앗도 받을 수 있다. 늦봄의 것은 다소 억세고 향이 짙어 식용으로 쓰기는 곤란하다. 이식성이 좋아 옮겨심기를 해도 되며, 줄기를 꺾어 수확을 하면 옆에서 새로운 줄기가 계속 자란다.

근대

- **분류** : 명아주과
- **원산지** : 남부 유럽
- **재배지역** : 한국(전국), 전 세계
- **특징** : 서늘한 기후를 좋아함
  물 빠짐 좋고 햇빛이 잘 드는 밭에서 재배
  두해살이풀, 옮겨심기가 수월함
- **역사** : 『동의보감』에 1613년 재배기록

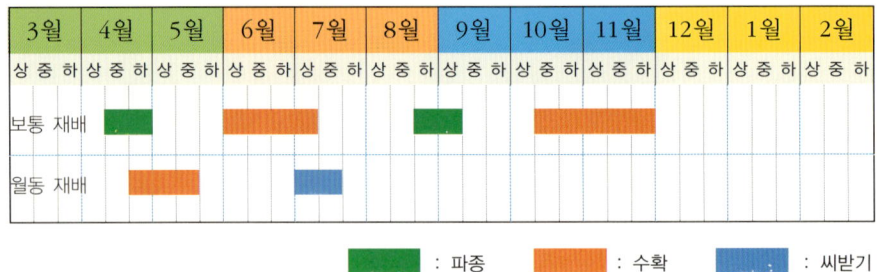

* 근대는 기온이 올라가는 시기에 언제든지 파종할 수 있다.

근대는 기온이 15°C를 넘어가는 시기라면 언제든지 파종이 가능하다. 자라는 기간도 다른 작물에 비해 길지 않아 밭이 잠시 쉬는 기간에 가꾸어도 된다. 재배 시기 표에서 봄, 가을을 구분한 것은 재배하기가 수월하기 때문에 표시한 것에 지나지 않는다.

근대는 명아주과의 작물로 건조와 더위에 견디는 능력이 다른 채소에 비해 월등하므로 기온이 10°C 이하로 내려가는 기간을 빼고는 언제든지 재배가 가능하다. 그러나 여름인 6, 7, 8월에는 파종하지 않는 것이 좋다.

파종 준비

파종하기 1~2주 전에 1m²당 100g 정도의 석회나, 고토석회(없으면 연탄재도 좋다)를 넣고 살짝 일구어 둔다. 일주일 뒤에 퇴비 3kg과 깻묵을 2컵(400g) 정도 넣고 밭을 일구어, 폭 1m 높이 20cm 정도 되게 이랑을 준비한다. 이랑의 폭과 높이는 밭의 형편에 따라 적당하게 한다.

씨앗 준비

근대 씨앗은 주변의 가까운 종묘상에 가면 언제나 구할 수 있다. 잎의 모양과 색깔에 따라 여러 종류로 나누어지지만 보통은 잎이 넓고 녹색을 띠는 백경근대를 많이 재배한다. 좋아하는 종류, 재배하고자 하는 종류의 씨앗을 준비한다.

파종 및 흙덮기

호미로 30~40cm 줄 간격이 되게 밭 흙을 살짝 긁어내고 2~3cm에 하나의 씨앗이 떨어지게 줄 뿌림한다. 파종 후 흙덮기는 1cm 정도로 한다. 파종이 끝나면 물을 흠뻑 뿌려주고 마무리한다.

참고사항 근대는 씨앗 하나에 2~3개의 씨앗이 들어 있으므로 이를 감안해 파종한다. 씨앗은 겉보기에 한 개처럼 보이지만 2~3개의 싹을 틔울 수 있다.

근대 씨앗

자라는 모습

파종 후 1~2주 정도 지나면 떡잎이 올라오고 20일이 지나면 본잎이 2~4장으로 자란다. 2주가 지나면 떡잎 사이로 본잎이 올라오는 모습이 보이기 시작한다. 파종 초기의 자라는 모습은 파종시기에 따라 많이 달라진다.

기온이 높을 때는 2주만 지나도 본잎이 2~3장 생기는 경우가 있고 봄에 일찍 파종하면 3주가 되어야 본잎이 2~3장으로 자란다.

파종 2주된 근대

파종 18일된 근대

봄 파종 5주된 근대   봄 파종 6주된 근대

봄 파종 근대는 5월이 되면 근대의 원산지와 흡사한 기후가 되면서 왕성하게 성장한다. 파종 5주가 지나면 잘 자라는 것들은 솎음수확해도 좋다. 이때 솎아내면서 포기 간격을 20cm 정도로 유지하면 이후 자라는 겉잎을 수확할 수 있다.

많은 양의 근대를 한꺼번에 수확하려면 6주쯤 되었을 때 모두 수확하고 밭을

가을 파종 근대, 12월 초   가을 파종 근대, 2월 초

가을 파종 근대, 3월 말.   가을 파종 근대, 4월 말

월동 근대, 5월 중순   월동 근대, 5월 말

정리해 다른 작물을 심는다. 가을 파종 월동 근대의 경우 날씨가 추워지면 근대 잎이 땅에 붙으려 하면서 아래로 처지기 시작한다.

  서리가 내리는 날이 많아져도 잘 견딘다. 날씨가 급격하게 추워지지 않는다면 12월 초까지는 수확이 가능하다. 월동 근대는 4월이 되면 급속하게 성장해 5월에는 꽃을 피울 준비를 마친다. 5월의 근대를 보면 근대가 명아주과라는 사실을 실감하게 된다.

솎아내기

4월 말 또는 9월 초 파종의 경우 4주가량 지나면 빠르게 성장한다. 복잡하게 자라는 부분이 있어도 가만히 두고 기른다. 그러다 5주쯤 되면 성장이 빠른 포기를 솎음수확하면서 포기 사이의 간격을 넓혀나가면 된다.

수확

근대를 수확하는 방법에는 솎음수확, 잎 따내는 수확, 전체 수확 이렇게 세 가지가 있다.

솎음수확 파종 5주 정도 지나면 솎음수확이 가능해진다. 크게 자라난 포기를 가위나, 칼로 밑동을 자르거나 조심스럽게 뽑아낸다. 솎음수확을 하면서 포기 사이의

아랫잎을 수확하는 근대

잎줄기 채소   **151**

간격을 넓혀 겉잎을 잘라서 수확하는 형태로 변경이 가능하다. 다른 용도로 밭을 쓸 계획이 있거나 한꺼번에 많은 근대가 필요하면 전체를 베어 수확한다.

아랫잎 따는 수확 솎음수확을 하면서 근대의 간격을 20㎝ 이상 유지하면 포기가 충실해진다. 잎과 줄기가 억세지고 아래로 처진다. 그러면 처진 아랫잎을 하나씩 따서 수확한다. 한꺼번에 많이 따내지 말고 2~3장씩 따낸 다음 잎은 항상 5장 이상 붙어 있게끔 유지하는 것이 좋다. 잎이 넓은 근대는 데쳐서 쌈을 싸먹어도 좋다. 특히, 월동 후의 근대는 보드라운 잎과 줄기를 선사한다.

풀 대책

봄 파종 근대가 자라는 초기에는 그리 많은 풀이 나지 않아 지켜보기만 해도 된다. 그러나 6월로 접어들어 비가 오고나면 하루가 다르게 풀이 성장한다. 특히, 채소가 없는 고랑과 근대가 완전히 밭을 덮지 않은 틈새에 많은 풀이 돋아난다. 풀이 어느 정도 자라는 6월 중순에는 풀을 베든지 뽑아서 그 자리에 깔아둔다.

가을 파종에서는 근대가 자라는 초기부터 풀이 문제다. 우리 밭의 경우는 별꽃이 특히 나를 괴롭힌다. 초기에는 대수롭지 않게 자라다 날씨가 추워지기 시작하면 엄청나게 많은 줄기가 땅을 덮어버린다. 이듬해 봄이 되면 근대가 별꽃에 파묻혀 자라지 못할 지경이다. 어느 정도 자라기를 기다렸다가 한꺼번에 정리해준다.

월동을 시키지 않고 연내에 모두 수확을 하는 경우에는 풀이 그다지 문제가 되지 않는다. 사진으로 언뜻 보기에는 봄 파종 근대 밭의 풀이 훨씬 심해 보이지만 실제는 가을의 풀이 훨씬 다루기도 힘들고 정리하는 시간도 오래 걸린다. 가을풀은 조금 소홀히 하면 금세 씨앗이 떨어지기 때문에 다음 해에 더 많은 풀이 자란다.

봄 파종 근대밭의 풀

가을 파종 근대밭의 풀

웃거름주기

근대는 자라는 기간이 상당히 긴 채소 중에 하나다. 파종 후 2개월이 지나서 모두 수확을 하지 않고 겉잎을 수확하는 경우, 한두 차례 웃거름을 주어 자람새를 좋게 해주어야 한다. 뿌림 골 사이를 호미로 조금 긁어내듯이 파내고 중간에 퇴비를 넣고 다시 흙을 덮어준다. 월동 후의 근대가 성장을 시작하기 전에 한차례 웃거름을 주면 이후에 자라는 잎과 줄기도 좋아지고 꽃대를 튼튼하게 세워 많은 씨앗을 준다. 웃거름을 줄 때는 겨우내 얼었던 겉잎과 말라 있는 줄기를 모두 제거하고 주변에 돋아나는 풀도 한번 긁어준 뒤 웃거름을 준다.

씨받기

가을 재배 근대가 겨울을 나고 봄이 되면 보드라운 잎과 줄기를 준다. 5월이 되면 꽃대를 세우고 키가 1m 남짓 자란다. 6월이 되면 꽃이 피고 씨앗이 영글어간다. 이때 비바람이 심하게 몰아치면 씨앗이 달린 무거운 줄기가 쓰러질 염려가 있으므로 대를 세워 묶어주거나, 3~4개의 줄기를 서로 묶어 쓰러지지 않도록 한다. 잎이 누렇게 변색되고 씨앗이 갈색으로 말라가면 줄기를 베어 그늘에 말린다. 다 말린 것을 털어내면 근대 씨앗이 나온다.

재배 주의사항

근대를 기르면 명아주의 생명력을 느낄 수 있다. 별다른 주의사항이 없으며 시기를 맞추어 씨앗만 뿌려두면 누구나 수확할 수 있는 손쉬운 작물이다. 텃밭농사를 처음 하는 경우, 자신감을 가질 수 있는 채소가 바로 근대다. 벌레도 별로 없으며, 자라다 생기는 병도 염려할 정도는 아니다. 다만 7월의 무더위와 잦은 비로

영글어가는 근대 씨앗

근대 씨앗 말리기

인해 잎과 줄기가 물러지는 현상이 생긴다. 따라서 재배시기를 조절해 무더운 여름을 피하도록 한다. 즉, 봄 재배 근대는 여름의 7월 중순 전에 모두 수확한다. 그리고 가을 재배 근대는 9월 초순에 파종하면 수월하게 기를 수 있다.

재배일지

근대에는 시금치와 비슷한 영양소가 함유되어 있다. 봄 재배 근대를 수확해 여름에 된장을 풀어 시원하게 국을 끓여 먹으면 원기를 되찾을 수 있는 좋은 식품이다. 뿐만 아니라 근대국은 위와 장을 튼튼하게 해준다. 어린이의 성장발육이 부진할 때도 근대국을 자주 끓여 먹이면 효과가 크다. 근대에는 비타민A가 풍부해서 밤눈이 어두운 사람에게나 피부가 거친 사람에게도 매우 좋다.

근대는 아무 곳에서나 잘 자라고 겨울을 나는 두해살이풀이다(겨울에 기온이 아주 낮아지는 지역에서는 월동이 어렵다). 봄, 가을 파종이 가능하다. 4월 중순에 파종을 해서 기르는 봄 파종과 8월 말에 파종해 이후에 재배하는 가을 파종이 있다. 가을 파종은 월동을 시키면 이듬해 봄에 보드라운 줄기와 잎을 수확할 수 있고, 조금 지나면 꽃대가 올라와 씨앗을 받을 수 있다. 근대는 이식성이 좋아 본잎이 2~3장일 때 옮겨 심으면 되므로 파종할 때 밭의 형편이 허락하지 않으면 좁은 면적에 배게 파종을 하고 옮겨심기로 가꾼다. 봄 파종 후 2개월 정도 지나면 장마가 시작된다. 근대 잎은 장마의 고온다습에 노출되어 장시간 지나면 잎이 녹고 바닥에는 곰팡이가 핀다. 그렇기 때문에 포기 사이의 거리를 유지하고 아랫잎부터 하나씩 솎아서 수확해 잎사귀가 서로 붙지 않게 한다. 그래도 7월 중순 이전에는 모두 수확하는 것이 좋다.

근대는 자가채종에 적합한 채소다. 다른 종류는 채종시기와 장마가 겹쳐 종자를 받는 데 어려움이 많다. 그런데 근대는 장마철 직전에 씨앗을 받을 수 있다. 근대 씨앗을 받으려면 봄에 아랫잎을 수확하고 줄기가 서면 그대로 두었다가 꽃이 필 무렵 대를 세워 묶어둔다. 대를 세우지 않으면 늦봄에 내리는 비바람에 쓰러져 버린다. 근대 꽃대는 높이가 1m가 넘으므로 채종을 위해서는 반드시 대를 세우고 묶거나, 부근에 있는 3~4개의 꽃대를 서로 묶어 비바람을 견디게 해야 한다. 근대 씨앗은 보통의 작물 씨앗보다 크며, 하나로 보이는 씨앗에 2~3개가 들어 있어 나중에 보면 2~3포기가 한꺼번에 자란다.

파종 후 30일 정도 지나면 1차로 솎아서 수확할 수 있다. 그 이후 수시로 솎아 이용하다가 포기 사이를 20~30cm 정도 유지하면 아랫잎을 하나씩 수확할 수 있다. 조금 조밀하게 씨앗을 뿌려 솎아내는 근대가 맛도 좋고 부드럽다. 대신에 잎이 넓지 않아 데쳐서 쌈으로 먹기에는 부족하다.

시금치

- **분류** : 명아주과
- **원산지** : 중앙아시아(이란 지역)
- **재배지역** : 한국(전국), 전 세계
- **특징** : 서늘한 기후를 좋아함, 추위에 견디는 능력이 강함 산성 토양을 싫어함, 고온(25℃ 이상)에서 재배 불가능, 연작장해 있음 (1~2년 휴지)
- **역사** : 『훈몽자회』(1527)의 기록으로 보아 조선시대 초기 재배 추정

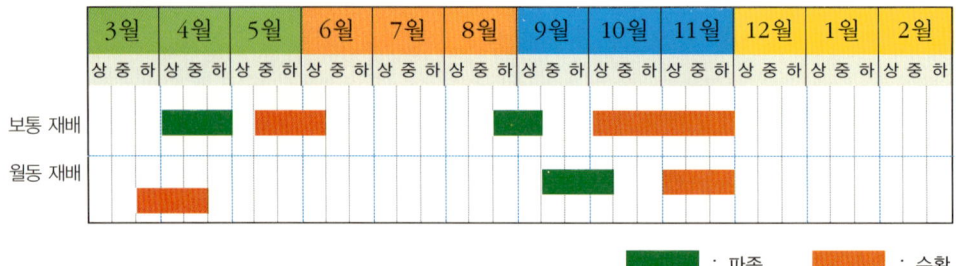

시금치는 기온이 5℃만 넘어가면 언제든지 파종이 가능하다. 그러나 발아하는 데는 기온에 따라 많은 차이를 보인다. 자라는 기간도 다른 작물에 비해 길지 않다. 그래서 밭이 잠시 휴지기간을 갖는 시기의 기온이 15~20℃가 될 때 시금치를 파종하면 좋다. 그러나 기온이 25℃를 넘어가면 성장하지 않기 때문에 한여름 재배는 피한다.

파종 준비

파종하기 1~2주 전에 1㎡당 100g 정도의 석회나, 고토석회를 넣고 살짝 일구어 둔다. 일주일 뒤에 1㎡당 퇴비 3kg 과 깻묵을 2컵(400g) 정도 넣고 밭을 일구어 이랑 폭이 1m, 평지보다 높이가 10cm 정도 올라오게 준비한다. 이랑의 폭과 높이는 밭의 형편에 따라 적당하게 한다. 시금치는 두둑 높이를 그다지 높이지 않아도 된다. 이랑 폭이 1m 정도면 관리하기가 편하다. 시금치는 약간 밀생시키는 것이 키가 커져 수확도 편하고 연한 줄기를 수확할 수 있다.

주의사항 시금치는 산성 밭을 싫어하는 대표적인 식물이므로 토양을 중성으로 만들어준다. 석회나 고토석회를 조금 넣어주는 것이 도움이 된다. 시금치가 자라다 말거나 잎 끝이 누렇게 변하는 것은 대부분 토양의 산성화 때문이다. 이것을 잘 기억하고 있다가 시금치가 자라지 못하면 토양교정을 위해 석회를 넣어준다.

나는 공장형 비료·퇴비 등을 일체 이용하지 않으나 석회만큼은 이용한다. 자연적으로 교정을 원한다면 바닷가에서 조개껍질을 구해다 빻아 넣어주면 된다. 그리고 생선뼈나 계란 껍질 등을 모아서 계속 넣어주면 효과를 볼 수 있다.

씨앗 준비

시금치 씨앗은 주변의 가까운 종묘상에 가면 언제나 구할 수 있다. 모양에 따라 잎 끝이 뾰족한 것과 둥근 것으로 나뉜다. 사전에 인터넷 검색을 통해 종자의 특징을 알아두고 구입한다. 오래전부터 재배해오던 재래종 시금치 종자를 구해서 가꾸는 것이 가장 좋은데, 병충해에도 강하고 씨앗을 받을 수 있다.

시금치 씨앗

파종 및 흙덮기

호미를 이용해 20~30cm 간격으로 밭 흙을 살짝 긁어낸 다음, 1~2cm 간격에 씨앗이 하나씩 놓이게 줄뿌림한다. 파종 후 흙덮기는 1cm 정도로 하고, 파종이 끝나면 물을 흠뻑 뿌려주고 마무리한다. 씨앗의 끝이 뾰족해 손을 찌르는 종류가 있는가 하면 돌출부가 없이 매끈한 종류도 있다. 돌출부가 있는 시금치 씨앗은 잡을 때 아플 수가 있으니 조금 느슨하게 잡고 뿌린다.

자라는 모습

파종 1~2주 정도 지나면 떡잎이 올라오고 20일이 지나면 본잎이 2~4장으로 늘어난다. 2주가 지나면 떡잎 사이로 본잎이 올라오는 모습이 보이기 시작한다.

초기 자라는 모습은 파종시기에 따라 많이 달라진다. 기온이 높을 때는 2주만 지나도 본잎이 2~3장 생기는 경우가 있고, 봄에 일찍 파종하면 3주는 되어야 본

싹트는 시금치

파종 4주째 시금치

4월 2일 파종한 시금치밭, 4월 30일

4월 2일 파종한 시금치밭, 5월 14일

잎이 2~3장으로 자란다.

봄 파종 5주가 지나면 낮 기온이 20°C까지 올라가는 5월 초순이 된다. 이때는 자라는 것이 보일 정도로 빨리 성장한다. 어린 시금치를 솎아서 수확을 해도 될 만큼 자란다. 시금치는 조금 조밀하게 길러야 부드럽다. 과도하게 겹친 부분만 조금 솎아주고 그냥 둔다. 그러다 파종 6~7주 후부터 본격적으로 솎아내면서 수확한다.

가을 파종 봄 파종 시금치에 비해 부드럽고, 조금 연약하다 싶을 정도로 자란다. 4월 초 파종한 시금치에 비해 초기 성장은 다소 우세하다.

월동 재배 다소 늦은 9월 중순 또는 10월 초에 파종한다. 9월 중순 파종은 10월 말에 솎음수확을 해 이용할 정도로 자란다. 그러나 조금 늦은 10월에 파종하면 본잎이 자라면서 서서히 날씨가 추워진다. 그러면 시금치는 땅에 바짝 엎드려 월동 자세를 취한다. 조금 늦은 10월 파종의 경우 싹트는 시일도 오래 걸리고 상당히 더디게 자란다.

이듬해 3월 말이 되면 갑자기 잎이 생기를 띠며 자라기 시작한다. 그러다 4월 초순에 바로 꽃대를 키우고 5월에는 꽃을 피운다. 월동 재배 시금치는 추운 겨울을 나면서 단맛이 들어 봄에 나물이나, 김밥 재료에 들어가면 각별한 맛이 난다.

9월 7일 파종 시금치 11일째

9월 7일 파종 시금치 4주째

9월 중순 파종 시금치 12월 중순

10월 말 파종 시금치 12월 중순

10월 파종 시금치 3월 말

월동 시금치꽃 5월 초

20cm 이상 자라는 시기가 수확적기다.

솎아낸 시금치

솎아낸 시금치밭

수확해 다듬은 시금치

수확

시금치는 복잡한 곳을 솎아주면서 계속 수확하는 방법과 파종 40일 이후 한꺼번에 수확하는 방법이 있다. 솎음수확은 파종 5주 정도 지나 시금치의 키가 10cm쯤 자라면 복잡한 곳을 솎아 포기 사이의 간격이 3~5cm 되도록 유지한다. 주말농장의 경우는 1주 단위로 포기 사이의 간격을 넓혀나가는 솎음수확을 계속한다. 그러다 파종 7주 정도 지난 시점에서 모두 수확한다. 수확 시기를 놓치면 꽃대가 올라와 못 먹는 시금치가 늘어난다.

이른 봄 파종 시금치는 파종 후 4~5주부터 솎음수확을 할 수 있고, 9월 초 파종은 3~4주부터 솎음수확이 가능하다. 솎아주지 않으면 포기 사이가 좁아져 위로 많이 자라는 시금치가 된다. 포기 간격이 적당하면 위와 옆이 균형잡힌 시금치로 자란다.

웃거름주기 및 풀 관리

봄·가을에 재배하는 시금치는 자라는 기간이 40~50일 정도로 짧아 모두 밑거름으로 주고 따로 웃거름을 주지 않는다. 그러나 가을에 씨앗을 뿌리고 이듬해 봄에 수확하는 시금치는 3월 초 밭 흙이 녹으면 파종 골 사이를 조금 파내고 퇴비와 깻묵을 넣고 가볍게 흙을 덮어준다. 이때 겨우내 자란 겨울 풀을 정리해주면 좋다. 이른 봄에 재배하는 시금치는 풀이 자라기 전에 먼저 자리를 잡으므로 풀 걱정이 덜하다. 봄 파종 시금치는

봄 파종 시금치와 같이 자라는 풀

가을 파종 시금치와 같이 자라는 풀

풀이 막 자라기 시작할 무렵에 수확을 마치기 때문이다. 그러나 가을 파종 시금치는 상황이 완전히 다르다. 파종시기에 시금치와 같이 싹을 틔워 자라므로 제거하기도 쉽지 않다. 그래도 다행인 것은 월동 시금치와 같이 자라는 풀 중에 명아주, 바랭이, 까마중 같이 월동이 불가능한 풀들이 말라죽는다. 월동가능한 풀인 별꽃 종류는 봄에 더욱 기승을 부린다. 월동 후 한번 정도 풀을 정리해주는 수고를 아끼지 말아야 한다.

씨받기

가을에 씨앗을 뿌린 시금치가 겨울을 지나고 4월 중순이 되면 바로 꽃대를 세우고 꽃을 피운다. 나의 경우 씨앗을 받으려 여러 번 시도했으나, 한 번도 성공하지 못했다. 시중에 판매하는 씨앗은 아마도 2세를 남기기 힘든 종류일 것이라고 이해를 하면서 넘어간다. 꽃대가 서고 꽃이 피고 씨앗이 영그는 것처럼 보이는데 실제 밀어보면 씨잇이 나오지 않는다. 기회가 되면 전통 재래종 시금치를 구해서 씨앗을 받아 계속 재배했으면 한다.

재배 주의사항

시금치는 파종 후 단기간(40~50일)에 수확이 가능한 작물로 별다른 주의사항이 없는 대표적인 작물이다. 다만 토양이 산성이면 기르기 어렵다.

한여름과 한겨울만 피해 파종하면 훌륭한 재배 성과를 올릴 수 있다. 벌레나 병이 발생하는 배추과 채소 재배에 싫증을 느낀 분이라면 시금치를 통해 자신감을 얻을 수 있을 것이다. 연작장해가 있으므로 한 번 재배하면 1~2년 후에 다시 심는 것이 좋다.

재배일지

1960년대에 태어난 사람들은 시금치 하면 뽀빠이를 떠올리게 된다. 적과 싸우다 몰리면 시금치 통조림을 먹고 힘을 내어 악당들을 물리치고 애인을 구하는 모습이 생각난다. 아마도 시금치에 이만한 힘을 내는 영양소가 있기 때문에 이와 같은 내용의 만화영화가 공영방송을 탔을 것이다.

시금치에는 각종 암에 대항하는 베타카로틴을 포함한 카로티노이드가 많이 함유되어 있다. 우리가 잘 알고 있는 칼슘, 철분, 비타민이 많아 자라는 청소년, 어린이에게 매우 좋은 채소다. 시금치에는 사포닌과 양질의 섬유소가 들어 있어 변비에 좋고 철분과 엽산이 있어 빈혈 예방에도 효과적이다.

특히, 시금치 뿌리에는 구리와 망간이 들어 있어 인체에 유독한 요산을 분리하고 배설시키는 작용을 한다. 동물실험에서는 시금치가 혈중 콜레스테롤 수치를 낮추며 소화기능을 강화시키는 것으로 나타났다. 몸에 안 좋은 채소가 어디 있을까마는 여러 채소 중에 단연 으뜸으로 치는 것이 시금치다.

내가 시금치를 가꾼 것은 늦가을에 빈 밭이 생기면서 무심코 시금치를 흩뿌려 두었던 것이 시작이다. 찬바람이 부는 겨울날, 조금 따뜻할 때 밭에 나가 시금치를 뜯어먹으면 맛이 좋았다. 늘 너무 늦게 심어 제대로 자라지 못하다 봄이 되면 너무 빨리 자라버려 수확기를 놓치곤 했다. 그러면 금방 꽃대 올라오고, 꽃 피고, 씨받을만하면 봄비가 너무 많이 와서 씨가 미처 영글지 못했다.

시금치는 한여름의 무더운 날씨와 장마철을 제외하고는 아무 때나 파종이 가능한 작물이다. 산성이 강한 곳에서는 잘 자라지 못하므로 반드시 석회를 조금 넣어 땅의 산도를 교정한 후 시금치를 재배해야 한다.

봄, 늦여름 파종은 파종 후 2개월이면 수확이 가능하고 늦가을 파종은 이듬해 봄에 수확이 가능하다. 시금치는 텃밭을 처음하시는 분에게 꼭 권하고 싶은 채소다. 시금치를 통해 자신감을 키울 수 있어 좋고 특별한 병충해가 없어 아무나 기를 수 있다. 명아주라는 풀을 아는 사람이라면 모두 생명력, 적응력 등의 단어를 떠올릴 것인데, 명아주과의 작물이 대부분 그런 특성이 있다. 잔병이 없고 아무 데서나 잘 자란다. 시금치와 근대가 대표적인 작물이다.

   시금치는 두둑 높이를 그다지 높이지 않아도 된다. 대체로 평지보다 10cm 정도 높게 하고 폭은 관리하기 편하게 1m 정도 한다. 시금치는 약간 밀생을 시키는 것이 키가 커져 수확도 편하고 연한 줄기를 수확할 수 있어 좋다.

아욱

- **분류** : 아욱과
- **원산지** : 아열대 아시아
- **재배지역** : 한국(전국), 유럽, 아시아 전역
- **특징** : 따뜻한 기후를 좋아함
  수분이 넉넉한 밭에 재배
- **역사** : 고려시대 이전부터 재배

재배시기

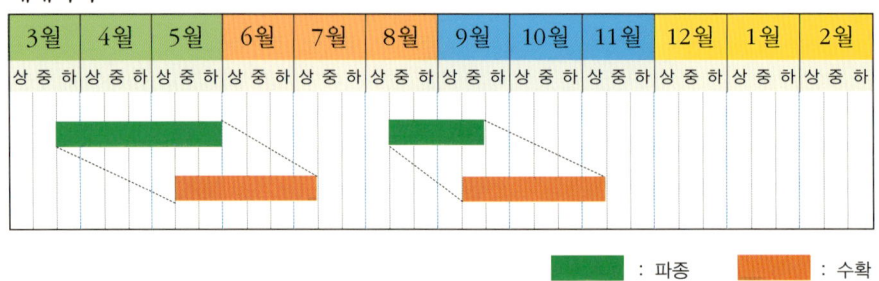

■ : 파종   ■ : 수확

아욱은 기온이 15°C를 넘어가는 시기라면 언제든지 파종 가능하다. 자라는 기간도 다른 작물에 비해 길지 않아 밭이 잠시 휴지 기간을 갖는 시기에 재배할 수 있다. 위의 표에서 봄·가을의 구분은 재배하기가 편하고, 아욱의 맛이 특히 좋은 때를 표시한 것뿐이다. 아욱은 아열대성 작물이므로 이를 감안해 수분이 많고, 기온이 높을 때 재배한다. 봄 파종한 씨앗을 받아 갈무리하면 가을 파종용으로 쓸 수 있다. 이것을 좀 남겨두었다가 이듬해 봄에 파종하면 연속 재배할 수 있다.

파종 준비

파종하기 1~2주 전에 1m²당 2kg의 완숙퇴비와 깻묵을 2컵(400g) 정도 넣고 밭을 일구어 이랑 폭이 1m, 높이가 10cm 정도 되게 준비한다. 이랑의 폭과 높이는 밭의 형편에 따라 적당하게 한다. 아욱은 습기를 좋아하기 때문에 이랑의 높이는 높지 않아도 되며, 물 주기 편리한 장소면 좋다. 아욱은 아무 땅에서나 잘 자라지만 퇴비를 많이 한 땅이라면 대가 실하고 연한 줄기를 수확할 수 있어 좋다.

씨앗 준비

아욱 씨앗은 주변의 가까운 종묘상에 가면 언제나 구할 수 있다. 다른 씨앗처럼 조생종, 중생종 등의 구분도 없고 품종이 균일한 것이 특징이다.

파종 및 복토

호미로 25~30cm 정도 간격을 두고 밭 흙을 살짝 긁어낸다. 1cm 간격으로 줄뿌림한 후 흙덮기는 아주 조금 한다는 기분으로 2~3mm 정도만 덮어둔다. 흙덮기가 끝나면 물을 뿌려주고 마무리한다.

자라는 모습

파종 후 1주 정도 지나면 떡잎이 올라오고 20일이 지나면 본잎이 2~4매가 되는 아욱으로 자란다. 2주가 되면 떡잎 사이로 본잎이 올라오는 모습이 보이기 시작한다. 파종 초기의 모습은 파종시기에 따라 많이 달라진다.

봄 파종 아욱 1주째

봄 파종 아욱 20일째

봄 파종 아욱 4주째

봄 파종 아욱 5주째

기온이 높을 때는 2주만 지나도 본잎이 2~3장 생기는 경우가 있고 봄에 일찍 파종하면 3주가 되어야 본잎이 2~3장으로 자란다. 봄 파종 아욱은 파종 후 3~4주가 지나면 아욱의 고향과 같은 기후가 되어 하루가 다르게 성장한다.

파종 5주가 지나면 크게 자라는 포기는 수확을 해도 된다. 이때 밭에 들러 아욱에 물을 많이 주면 포기가 땅에 바짝 붙기도 하는데, 다음 날이면 다시 하늘을 보고 있다.

수확

아욱 수확에는 여러 가지 방법이 있다. 우선 복잡한 부분을 솎아내는 솎음수확이 있고, 어느 정도 자란 후 한꺼번에 수확하는 방법, 솎음수확이 끝나고 포기 사이를 20cm 정도 넓혀두었다 하는 줄기 자르기 수확이 있다.

솎음수확 파종 4주가량 지나면 아욱이 빠르게 성장한다. 복잡하게 자라는 부분이 있어도 가만히 두고 기른다. 성장이 빠른 포기는 5주쯤 되면 솎음수확하면서 포기 간격을 넓혀나간다. 크게 자라난 포기는 가위로 밑동을 자르거나 조심스럽게 뽑아낸다. 솎음수확을 하면서 포기 사이의 간격을 넓히면 줄기를 잘라서 수확하는 형태로도 변경할 수 있다. 밭을 이용할 다른 계획이 세워져 있거나 한꺼번에 많이 필요하다면 전체를 베어 수확한다.

5주 정도 자라면 솎음수확한다.

줄기수확 아욱이 잘 자라 줄기가 25cm 정도 크면 줄기의 생장점이 있는 윗부분의 연한 잎과 줄기를 가위나 낫으로 잘라 수확하는 방법이다. 이때 윗부분의 연한 곳만 잘라 수확하고 아랫부분의 줄기를 그냥 두면 다시 곁가지가 연하게 올

아욱 줄기 수확 뒤의 모습

라온다. 곁가지를 한두 번 더 수확할 수 있어 오랜 기간 연한 아욱을 즐길 수 있게 해준다.

웃거름주기 및 풀 대책

아욱은 비교적 단기간에 수확을 마무리할 수 있는 채소다. 특별하게 웃거름을 주지 않아도 된다. 여유가 되면 솎음수확 후 양상추나 상추에 깻묵액비를 뿌릴 때 함께 뿌려주면 좋다. 아욱은 파종 후 자라면서 급격하게 잎을 키우므로 아래에 있는 풀을 그리 걱정하지 않아도 된다. 그래도 파종 초기에 빠르게 자라는 풀들은 어느 정도 정리를 해주어야 한다.

씨받기

봄 아욱은 수확을 몇 번 하다보면 줄기가 점차 억세게 나오고 꽃이 피기 시작한다. 줄기를 몇 포기 남겨 기르면 씨앗을 거둘 수 있다. 아욱은 다른 작물(상추, 쑥갓)보다 씨받기가 쉬운 편이다.

봄 아욱 가운데 다른 채소에 방해가 덜 되는 포기를 수확하지 않고 가만히 두면 줄기가 여러 개로 늘어나면서 꽃을 피우고 열매를 맺는다. 아욱꽃은 장마 후반기에 피기 시작해 장마가 끝나면서 영글기 때문에 씨앗 받기가 수월하다. 아마도 아욱의 고향이 아열대라서 우리나라의 여름 날씨에 타고난 강인함을 보이는지도 모른다. 가을 재배 아욱은 씨앗을 받을 만큼 대가 자라지 않는다. 저온기가 되면 성장이 멈추고 서리를 맞으면 모두 말라버린다.

꽃대에 꽃이 피고 씨앗이 맺히는 모습

씨앗을 말려 정리하는 모습

벌레 먹은 아욱잎 　　　　　　　　　　　11월 중순, 서리 맞은 아욱잎

재배 주의사항

아욱을 길러보면 그 생명력에 감탄한다. 한여름에 손쉽게 재배할 수 있는 채소가 드문데 아욱은 무더위를 잘 견딘다. 아욱은 별다른 주의사항이 없는 채소다. 다만, 아욱대가 어느 정도 자라면서 벌레가 많이 생기는 시기가 있다. 이 시기에 잘못 수확해서 집에 가져가면 욕도 먹고, 벌레에 기겁한 집사람 위로도 해주어야 하는 이중고에 시달릴 수 있다. 이때는 수확한 아욱을 밭 주변의 물속에 10~20분 담갔다 물을 털고 가져간다.

봄 재배는 무더위가 오기 전에 모두 수확해야 연하고 보드라운 아욱 줄기와 잎을 맛볼 수 있다. 가을 재배는 기온이 급격하게 내려가기 전에 모두 수확해야 한다. 서리를 맞으면 모든 잎이 말라 들어가고 생명을 거두어가는 시기가 된다. 서리 맞은 아욱 잎 아래로는 겨울을 즐기는 냉이, 뽀리뱅이 등의 풀이 보인다. 이들 풀은 겨울에 땅에 바짝 엎드려 있다가 날씨가 풀리는 이른 봄이 되면 밭의 주인이 된다.

재배일지

아욱은 영양가가 고루 들어 있는 채소 중의 하나다. 특히 칼슘이 많이 들어 있어 발육기의 어린아이에게 좋은 식품이다. 우리나라에서는 옛날부터 된장을 풀어 끓인 아욱국을 즐겨 먹어왔다. 아욱을 식용하면 장의 운동이 부드러워지는 등 변비에 좋다. 찬 성질이 있어 갈증을 많이 느끼는 사람에게 좋다고 한방에서는 이야기한다. 가슴에 열이 나며 땀을 많이 흘리는 사람도 아욱을 상용하면 여름 더위를 이기는 데 도움이 된다. 약용으로는 아욱꽃 말린 것을 동규화라 하고 씨앗 말린 것을 동규자라 해서 이뇨제로 쓴다. 산모가 젖이 잘 안 나올 때도 아욱 씨앗을 달여 먹으면 좋다고 한다.

내가 아욱을 알게 된 것은 결혼을 하고 나서부터다. 내가 자란 경상도는 다른 지방에 비해 아욱을 잘 기르지 않는다. 요새도 그 지방에 가보면 아욱을 재배하는 곳이 그리 흔하지 않다. 그런데 처가인 충청도에서는 아욱을 기르지 않는 것이 봄에 상추를 뿌리지 않는 것과 같은 일이라는 사실을 알았다. 집 나간 며느리가 아욱국에 돌아온다는 말이 있을 정도로 충청도에서는 아욱이 아주 특별한 대접을 받는 채소다.

아욱을 기를 때마다 느끼는 점은 그 생명력이다. 파종 후 발아를 하고, 조금 자랄 때까지는 아주 연약하지만 1개월이 지나면서 왕성하게 자란다. 이때가 처음 솎음수확할 시점이다. 그리고 간격이 넓어져 실하고 연한 대궁이 보이면 이때부터는 대궁을 꺾어 이용한다. 곧추선 중앙의 큰 대궁이 꺾이고 나면 아랫부분에서 곁가지가 생겨나 3~4개의 실한 곁가지를 수확할 수 있다. 봄 재배는 곁가지를 수확하는 것부터 3~5번 정도 수확이 가능하며, 가을 재배는 수확을 몇 번 하면 날씨가 추워져 더디게 자란다. 가을에는 주로 솎아내기 또는 아주뽑기 수확을 하는 것이 좋다.

미나리

- **분류** : 미나리과
- **원산지** : 중국으로 추정
- **재배지역** : 한국(전국), 일본, 중국
- **특징** : 다습지를 좋아함. 10℃ 이하 성장 정지
  줄기와 잎을 식용
- **역사** : 자생식물로 오래전부터 이용

재배시기

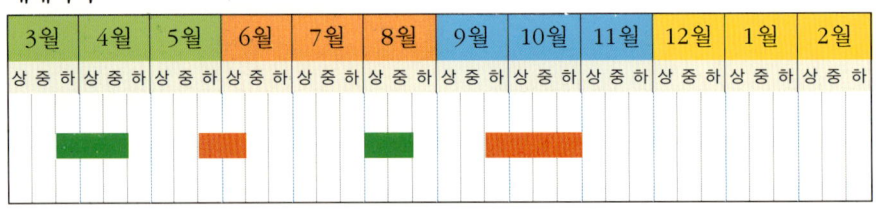

: 옮겨심기 또는 정리하기   : 수확

　미나리는 우리나라의 자생식물로 주로 봄·가을에 들판이나 개울에 자라는 것을 채취해 이용하던 잎줄기채소다. 텃밭이나, 플라스틱 용기에 재배하는 경우 봄에 개울가에서 뿌리째 캐서 심거나 시장에서 판매하는 미나리의 뿌리를 잘라 심어두면 된다. 재배의 적기가 있는 것이 아니라 심어두고 수시로 이용한다.

밭 준비

　미나리는 물에서 자라므로 물을 가두기 용이한 장소에서 재배해야 한다. 또한 물 대주기도 편리한 장소여야 한다. 약간 그늘이 지면서 물이 고여 늘 축축한 곳이 텃밭 주변에 있다면 미나리 재배에 최적이다. 미나리는 한여름의 강한 햇살을 싫어하므로 여름에 약하게 그늘이 지거나, 해가 빨리 지는 장소가 좋다. 낙엽수 주변에 큰 플라스틱 통을 놓고 흙을 채우고 물을 담아 기르는 것도 방법이다.

　내 텃밭에는 이와 같은 최적의 장소가 없어 밭을 30cm 정도 파내고 비닐을 깐 다음 다시 흙을 넣고 둑을 만들어 기르고 있다. 이렇게 인위적으로 밭을 만들면 나중에 비닐이 찢어지거나, 상하는 경우가 있어 물이 많이 새나간다. 해마다 미나리 밭을 정비하는 것도 큰 일이다. 비닐에 흙을 채울 때 10cm쯤 채우고 1m²당 4kg 정도의 퇴비와 깻묵을 큰 컵으로 2컵(400g)을 넣어주고 다시 흙을 덮는다. 이때 재거름(나뭇재 또는 재)이 있으면 조금 넣어주면 좋다.

모종 준비

미나리 모종은 봄철에 냇가나, 묵은 논에서 뭉치로 자라고 있는 미나리 줄기와 뿌리를 캐서 하나씩 분리해 옮겨 심으면 된다. 아니면 시장에서 판매하는 미나리 단을 구입해 줄기 부분을 이용하고, 아래의 뿌리를 모종으로 사용한다.

주의사항 모종을 준비할 때 풀이 덜 나는 곳과 풀 씨앗이 비교적 적게 떨어져 있을만한 곳의 미나리를 캐야 나중에 풀 관리가 쉽다. 주로 물풀에 해당하는 여뀌, 고마리, 사마귀풀, 피, 물봉선 등의 풀과 씨앗이 많이 달라붙어 있다.

비닐을 이용해 만든 미나리밭

비닐을 덮어 둑을 높인 모습

미나리 심기

미나리를 빨리 수확하려면 모종을 아주 촘촘히게 10cm 사방에 한 포기씩 심고, 가을부터 수확하려면 25cm 정도의 간격으로 심는다. 물을 가두어둔 밭에 모종의 뿌리가 뜨지 않게 손으로 꽂아둔다.

자라는 모습

미나리는 이미 자라고 있는 모종을 옮겨 심으므로 다른 작물에 비해 빨리 자란다. 봄에는 위로 자라고 여름에는 바닥을 기는 줄기를 뻗어 번식을 한다. 그리고 가을이 되면 다시 위로 줄기를 키우므로 봄·가을이 미나리 수확의 적기다. 여름에 꽃이 피고 난 미나리 줄기가 어지러이 널려 있을 때 미나리 줄기와 복잡한 곳의 뿌리를 걷어주면 땅속의 줄기가 잘 자라 가을에 수확하는 기쁨이 크다.

첫해 자라는 모습 미나리를 캐서 심은 첫해에는 조금 더디게 자란다.

심은 지 2주된 미나리, 4월 중순

심은 지 4주된 미나리, 4월 말

5월 중순

6월 중순

해를 넘긴 미나리 겨울을 맞고 다시 봄에 자라는 모습이다.

미나리밭, 1월 중순

미나리 파란 싹, 4월 중순

수확

미나리꽃

미나리는 자라는 대로 수확이 가능한 작물이다. 다만 햇볕이 많이 드는 여름에는 억세게 자라므로 이용하기 어렵다. 그리고 꽃이 피는 늦여름과 겨울에는 수확이 불가능하다. 그 외에는 수시로 이용한다. 특히, 봄에 돋아나는 튼실한 줄기의 보드라운 미나리와 가을에 자라는 연한 줄기가 일품이다. 미나리를 쌈으로 이용하면 상추만 이용할 때와는 사뭇 다른 맛을 준다. 미나리는 늦은 봄부터 대궁을 키워 여름이 되면 꽃대가 자라고 꽃이 핀다. 꽃의 모양은 멀리서 보면 부추꽃과 비슷하다. 미나리도 꽃이 피고나면 씨앗이 맺혀 씨앗으로도 번식이 된다고 한다. 그러나 씨앗으로 기르는 방법보다는 뿌리가 달려 있는 줄기를 심는 편이 수월해 보통은 뿌리 또는 줄기로 번식을 시킨다.

웃거름주기 및 풀 대책

미나리는 물에서 자라므로 웃거름주기가 까다롭다. 수확이 어느 정도 마무리되는 8월에 자라는 줄기를 모두 낫으로 베어 걷어낸다. 물이 고이지 않도록 물꼬를 튼 다음 물을 빼내고, 퇴비를 $1m^2$당 3kg 정도로 흩뿌린다. 이때 깻묵 등의 미숙한 퇴비는 가급적 넣지 않는 것이 좋다. 봄에는 마른 미나리 줄기에서 새싹이 돋아나기 전인 3월 초에 퇴비를 준다.

주의사항 퇴비를 주기 위해 물을 뺄 때도 미나리 밭에 수분이 마르지 않고 유지되도록 조심해야 한다.

미나리 밭에는 물이 차 있으므로 풀이 덜 날 것이라는 막연한 기대를 하기 쉽다. 그러나 물이 차 있는 곳에서 자라는 물풀들이 미나리만큼의 성장속도로 번식을 하므로 아주 성가시다. 보통의 밭은 호미로 정리를 하거나, 다른 풀 또는 짚으로 피복해주면 되지만 미나리는 이 방법을 쓸 수 없으니 풀을 하나씩 꼼꼼하게 제거해주는 수밖에 없다. 특히, 고마리와 사마귀풀은 번식 속도가 빠르고 마디마다

미나리와 함께 자라는 풀들

아주 작은 사마귀풀꽃

뿌리가 돋아나기 때문에 완전히 제거하기가 무척이나 어렵다. 그러나 이들 풀도 초가을이 되면 작고 어여쁜 꽃을 보여준다.

관리

미나리는 아무렇게나 심어도 잘 자라지만 사실 가꾸기가 어려운 작물이다. 봄에 돋아나는 줄기를 모두 두지 말고 중간에 솎아내듯이 많이 뽑아준다. 그러면 튼튼한 줄기의 미나리를 키울 수 있다.

꽃이 피는 7월 말이나 8월 초에 미나리 줄기를 모두 걷어내고 뿌리를 뽑아 다시 정리해 심거나 복잡한 곳의 뿌리를 뽑아준다. 이때 정리가 끝나고 웃거름을 주면 아주 좋은 가을 미나리를 맛볼 수 있다.

봄에 자라는 굵은 미나리에 비해 조금 연약하고 보드랍게 자라는 가을 미나리는 또 다른 즐거움이다.

베어내고 2주 지난 모습, 9월 중순

정리 후에 잘 자라는 모습, 10월 중순

재배 주의사항

미나리는 어려운 작물은 아니나 잔손질이 많이 가는 작물이다. 대신 벌레의 피해나 병에 상당히 강인하다. 봄에 미나리를 모두 캐내고 다시 심으면 관리하기가 쉬워진다. 여름에는 자라는 줄기를 모두 걷어내고 많이 번식한 곳의 뿌리를 조금 캐내는 정도면 적당하다. 뿌리가 너무 많이 번식해 배게 되면 자라는 줄기가 연약해지므로 뿌리를 조금 솎아낸다. 반드시 약간의 그늘이 드리워지는 곳에 심어야 한다. 햇볕이 강한 곳에서 키우면 줄기가 억세진다.

재배일지

우리 밭에는 물을 가두어 미나리를 기를만한 장소가 없어서 해마다 아쉬웠는데 2005년에 물 빠짐이 좋은 밭을 골라 억지로 파내고 비닐을 깔아 미나리꽝을 만들어 보았다. 물을 가두고 옛날 생각을 하면서 돌미나리를 구해서 심었다. 미나리는 생명력이 강해서 물기가 있는 곳이라면 아무 데서나 기를 수 있는 이점이 있다. 한 번 심어두면 해마다 그 자리에 미나리가 난다. 해마다 미나리꽝을 다시 만드는 것은 아마도 물을 좋아하는 잡초의 번식력을 억제하고, 미나리가 잘 성장하게끔 하려는 것일 테다. 미나리가 자리를 잡고 먼저 땅을 점령해버리면 주변의 잡초를 이길 수 있다.

미나리와 함께 부레옥잠 같은 물풀을 심어 두면 꽃을 볼 수 있다. 부레옥잠의 꽃은 꽃대가 올라오는 다음 날이면 꽃을 피우는데, 하루 뒤에는 꽃이 거의 지고 꽃대가 땅으로 내려간다. 꽃대가 땅으로 가는 것은 생존해 있는 동안 안에 있는 씨앗을 안전하게 땅에 심어두기 위해서라고 한다. 겨울을 나는 동안 자라던 줄기는 모두 얼어 죽고 땅속에 묻혀 있던 씨앗이 봄에 받아해 부레옥잠이 된다. 꽃은 보기 좋고 화려한데 볼 수 있는 시간이 하루뿐이라는 아쉬움이 있다. 부지런하지 않으면 길러도 꽃을 못 보는 수가 있다.

미나리꽝은 봄철에 만들어 여름에 파장하는 우리 동네의 명물이었다. 봄이 되면 동네 뒤의 약한 습지를 골라 집집마다 할당했다. 그곳에 들판에 널려 있는 돌미나리 캔 것을 재배했다. 거름이라고는 아궁이에서 꺼낸 재를 조금 뿌리는 게 전부였다. 밭은 꼭 해마다 새로 만들었는데 사방 5~10센티 간격으로 심어두면 봄 늦게부터 여름이 익어 가는 계절까지 맛볼 수 있었다. 부지런한 누나, 형을 둔 집은 좋은 자리에 좋은 돌미나리를 남들보다 먼저 심었다. 근데 우리 집은 항상 나쁜 자리를 차지했다. 아버지, 엄마, 형은 부산에 가고 집에는 할머니와 두 살 많은 누나, 동생만 있었기 때문에 늘 우리 집은 미나리꽝을 제일 늦게 만들었다. 그때는 미나리꽝 먼저 만든 집이 얼마나 부러웠는지 모른다. 집에서 5분 정도 걸어야 나오는 우리 집 미나리꽝에 갈 때면 뒷머리가 늘 간지럽고 누군가 뒤에서 잡아 끌 것 같아 자꾸 뒤를 돌아봤다. 그래도 겉으로는 태연한 척 해야 했다. 그때는 적어도 초등학교 3~4학년이면 남자 구실을 해야 했다. 아무리 아파도 울지 않고, 무서워도 무섭다 하지 않고, 상여집 주변에 있는 밭에도 혼자 가는 용기를 보여야 한다. 때로는 뱀이 많이 나오는 장소라도 늠름하게 접근해야 한다. 이런 이유로 미나리와 봄은 항상 나에게 머쓱한 추억이다. 미나리는 부추(정구지)만큼이나 추억이 많은데, 부추는 오래전부터 심었지만 미나리는 그러지를 못했다. 처음 수확하는 미나리는 보드라워 주로 쌈을 싸먹는데 여름이 다가오면서 점점 억세지면 베어다 데쳐서 나물로 먹으면 좋다.

셀러리

- **분류** : 미나리과
- **원산지** : 세계 각지
- **재배지역** : 한국(전국), 전 세계
- **특징** : 서늘한 곳에서 재배. 습기가 많은 곳에서 재배 약한 그늘이 있어도 됨
- **역사** : 임진왜란 이전 추정(약용재배) 식용재배는 6.25 이후

재배시기

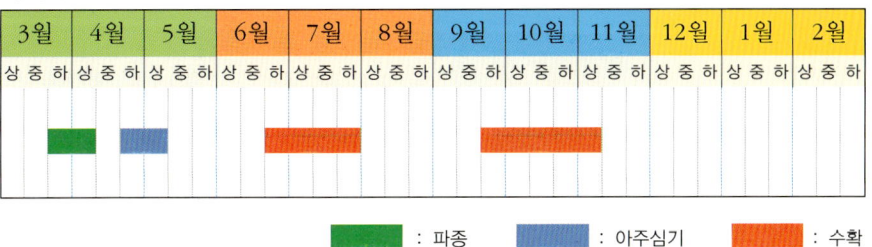

: 파종   : 아주심기   : 수확

서늘한 기온에서 잘 자라는 대표적인 채소가 셀러리다. 셀러리는 원래 약초로 이용되었는데 17세기 이후부터 유럽에서 채소로 재배를 시작했다. 습기가 잘 유지되는 장소를 좋아하며, 약한 그늘이 져도 성장에는 지장이 없다. 오히려 그늘이 조금 지면 재배하기 수월하다.

종자 및 모종 준비

텃밭 인구가 얼마 되지 않던 2000년에는 내가 사는 지역에서 셀러리 모종을 구하지 못했다. 그러나 요새는 텃밭 인구가 늘어나 봄날의 주말이면 종묘상에 발 디딜 틈이 없다. 그 덕에 셀러리도 모종으로 판매하고 있어 누구나 쉽게 직접 기른 셀러리를 맛볼 수 있게

셀러리 모종

잎줄기 채소 **177**

되었다. 씨앗은 주변의 종묘상이나 웹사이트 등을 통해 손쉽게 구할 수 있다. 종류는 여러 가지 있다고 하지만 실제 씨앗을 구할 수 있는 것은 델유타52~70R(톨유타) 종류다.

모종 기르기

셀러리만큼 힘들게 길러본 채소가 없을 정도다. 밭에 씨앗을 파종하면 웬만하면 발아가 되기 마련인데 나는 2년 연속 실패했다. 그러다 포트를 이용해 집 안에서 셀러리 모종을 기르는 데 성공했다.

발아적온이 20~25℃ 정도인데 봄에는 기온이 그것보다 떨어지니 아마도 밭에 씨앗을 뿌린 것이 싹트지 않았을 것이라 추정해본다. 모종을 기르는 순서는 아래와 같다.

1. 전년도에 구입해 심은 모종의 포트를 준비한다. (고추 등의 모종을 구입해 심고난 후 버리지 말고 잘 보관해 이용하자.)
2. 준비된 포트에 상토를 꼭꼭 눌러 담는다. (상토는 종묘상에서 구입)
3. 씨앗을 중심부에 3~4개 넣고 손으로 꼭 눌러 2~3mm 묻는다.
4. 스프레이로 조심스레 물을 뿌린다.
5. 햇볕이 잘 드는 따뜻한 실내에 두고 마르지 않게 물을 준다.

주의사항 셀러리 씨앗은 너무 작아 손으로 잡으면 10개가 넘어간다. 몇 개만 심는다는 것이 잘 안 되는 대표적인 씨앗이다. 그래도 심고 싹이 트는 대로 솎아내기를 해 모종을 기르면 된다. 모종이 자라면서 햇볕을 받는 쪽으로 고개를 숙이게 된다. 그러면 자주 돌려주어 한쪽으로 휘어져 자라지 않게 해준다.

셀러리 씨앗

아주심기 준비

셀러리는 서늘하고 수분유지가 잘되는 곳이 기르기에 적합하다. 그래서 물 주기 편하고 약간의 그늘이 드는 곳이 좋다. 싹트는 온도는 20℃ 정도가 적합하지만 자라는 데는 15℃ 정도가 적당하다. 이런 조건을 감안해 적합한 곳을 선정한다. 아

파종 16일 만에 싹이 돋았다. 4월 초

자라고 있는 셀러리 모종, 4월 말

주심기 1~2주 전에 1m²당 4kg 정도의 퇴비와 깻묵 2컵(400g) 정도를 넣고 일구어 둔다. 두둑을 만들거나 고랑을 내지 않아도 된다.

아주심기

구입한 모종이나 직접 재배한 모종 모두 옮겨심기 전에 물을 흠뻑 준다. 물이 어느 정도 잦아들고 마르는 시간을 기다렸다 하나씩 뽑아낸다. 물기가 많을 때와 건조할 때는 뿌리에 붙은 흙이 으스러져버려 난감하다. 하나씩 조심스럽게 뽑아 본밭에 심는다. 심는 간격은 포기 사이가 30cm 정도 되도록 한다. 심을 때는 원래 모종 상태의 심어진 깊이만큼 하는 것이 좋으나, 봄바람이 심하게 부는 것을 감안해 조금 더 깊게 심는 것이 좋다. 심고난 후 물을 흠뻑 뿌려준다.

주의사항 봄바람이 심하게 불면 심은 모종의 목이 부러지는 경우가 생긴다. 바람에 휘둘리지 않게 심는 것이 좋다. 조금 깊게 심어 바람에 견디게 한다.

판매하는 모종 심은 지 4일째

직접 모종 길러 심은 지 16일째

잎줄기 채소

자라는 모습

셀러리는 서늘한 기온에 잘 자라므로 서리가 내리지 않을 시기에 되도록 일찍 심는 것이 좋다. 여름 장마가 지나기 전에 수확하는 것이 좋으므로 성장 기간의 확보를 위해 일찍 심는 것이 좋다. 초기에는 둔하게 자라는 것 같아도 봄비를 몇 번 맞고 나면 부쩍 큰다. 여름 장마철이 되면 잘 자라던 포기에 중간 줄기부터 물러지는 무름병이 가끔 보이기 시작한다. 7월 중순 이후가 되면 무름병이 많이 돌기 시작하는데 포기 전체가 약해지고 일부는 고갱이 부분이 무르면서 말라버린다.

한여름의 장마를 이겨낸 셀러리는 다시 활기차게 자란다. 이후에 잘 자란 것을 조금씩 수확하면 초겨울까지 셀러리를 즐길 수 있다.

수확

아주 심고 6주 정도 지나면 6월 말이 된다. 잘 자라는 포기의 줄기는 제법 크게 되는 시기다. 이때부터 큰 줄기를 하나씩 뜯어내면서 수확한다. 수확 후 줄기를 그냥 씹으면 질긴 겉껍질이 성가시므로 호박잎 줄기 벗기듯이 해서 맛보면 보드라운 줄기를 느낄 수 있다.

아주 심은 지 4주 지난 셀러리, 6월 초

아주 심은 지 7주 지난 셀러리, 6월 말

셀러리 자라는 모습, 7월 중순

한여름 무름병이 지난 후, 8월 중순

한여름을 이겨낸 셀러리, 9월 초

초겨울의 셀러리, 12월 초

짚으로 덮어두었다.

정리를 해도 풀은 잘 자란다.

수확은 본격적인 무더위에 줄기가 약해질 때까지 할 수 있으며, 이후 9월이 되어 서늘한 기운이 감돌면 다시 조금씩 이용할 수 있다. 그러나 서리가 내리고 나면 줄기가 퍼석퍼석해져 이용하기 곤란하다.

웃거름주기와 관리

셀러리는 어린 모종 시기부터 다 자라 40~50cm의 풀이 될 때까지 같은 장소에서 3~6개월 정도를 머물러야 한다. 밑거름으로 넣어준 퇴비만으로는 부족하므로 6월 중순에 포기 사이를 파내고 퇴비를 한두 주먹 넣은 다음 흙을 가볍게 덮어준다. 여유가 되면 수시로 깻묵액비를 뿌려주면 좋다.

수분유지를 위해 짚이나, 낙엽 등을 덮어두면 풀도 덜 나고 관리가 쉽다. 아주 심고 3주 정도 지나 짚이나 낙엽을 조금 두껍게 덮어준다. 그리고 수시로 돋아나는 풀을 정리해 풀이 셀러리를 덮지 않게 해주어야 한다.

재배 주의사항

셀러리는 모종을 직접 기르지 않고 구입해서 가꾸면 그다지 어렵지 않은 채소다. 수분유지를 위해 두껍게 짚이나 풀을 깔아주고 열심히 물을 주면 어느 정도 수확이 가능하다. 그러나 장마철이 되면 줄기에 발생하는 무름병과 잎이 오그라드는 병이 힘들게 한다. 이런 병징이 있어도 서늘한 곳에서 자라는 셀러리는 한꺼번에 큰 피해를 입지는 않으니 그나마 다행이다.

장마에 무름병을 보이는 모습, 7월 중순

잎이 오그라드는 모습, 7월 중순

재배일지

셀러리는 뷔페 식당의 야채 코너에서 처음 접해봤는데 참 이상한 채소가 다 있다는 생각을 했다. 씹을 때 한약에서 느껴지는 그런 느낌이 강하게 들었다. 나는 다행히 쓴맛에 익숙해서 몇 조각을 먹을 수 있었다. 이후로 심심찮게 마요네즈에 찍어 먹으면서 제법 친숙한 채소가 되었다. 이런 사연으로 텃밭을 하면서 셀러리 씨앗을 구입해 재배하려고 시도해봤지만 2년에 걸쳐 실패했다. 다른 채소는 웬만하면 형태라도 보여주는데 이 셀러리는 몇 봉지의 씨앗을 파종하고도 떡잎 한 장 구경할 수가 없었다. 그래서 시장에서 판매하는 모종을 구입해 가꾸어 보았다. 모종을 심어두었더니 바로 잘 자라 줄기를 맛볼 수 있었다.

그 다음 해에는 상토를 구입해 집 안에서 모종을 길렀다. 트레이포트에 상토를 채우고 셀러리를 파종했다. 양배추, 상추, 브로콜리 같은 다른 채소에 비해 조금 더디게 싹이 돋아나는 것을 발견하고 얼마나 신기하던지 지금도 그때가 생각난다. 씨앗이 워낙에 작아 몇 개를 넣었는지 모르지만 많이 돋아나는 싹을 솎아주었다. 트레이 한 공에 2개의 모종을 길러 봄날 밭에 옮겨 심고 여름에 수확했다. 줄기를 잘라 줄기에 붙어 있는 거친 껍질은 밭에서 조금 벗겨내고 집으로 가져와 먹어보았다. 질긴 섬유질 껍질을 떼어낸 것이라 맛이 좋았다.

아빠가 직접 기른 야채 중에 셀러리라고 하는데 먹어보라고 권해도 우리 집 애들은 쳐다보지도 않는다. 할 수 없이 집사람과 나만 열심히 먹어주는 채소다. 집사람이라도 먹어주니 고맙다. 이런 취급을 당하는 비슷한 것이 신선초인데, 한약 냄새가 조금 나는 채소다. 요새는 밭에서 일하다 심심하면 주로 셀러리를 한 줄기씩 꺾어다 맛보고 있다.

신선초

- **분류** : 미나리과
- **원산지** : 아열대 지방
- **재배지역** : 일본
- **특징** : 따뜻한 기후를 좋아함. 수분이 넉넉한 밭에 재배
  여러해살이풀
- **역사** : 최근 원예용으로 재배
  건강채소로 이용

재배시기

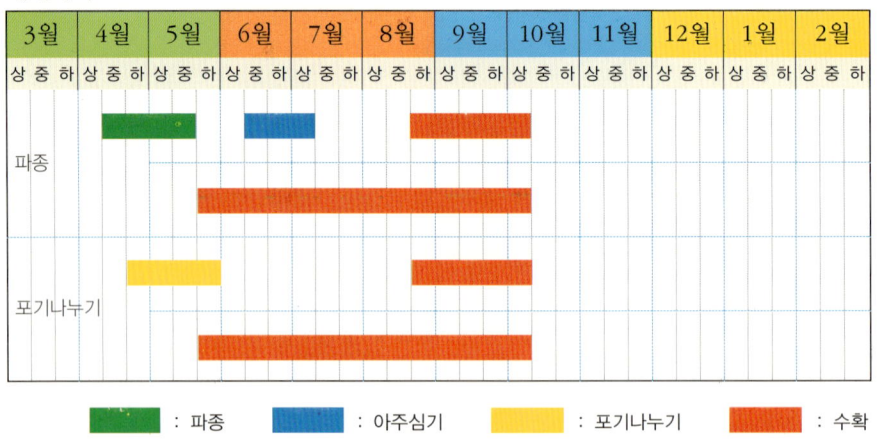

신선초는 아열대가 원산지이고, 조금 따뜻한 곳을 좋아하는 채소다. 그러므로 기온이 올라갈 때를 기다려 파종해야 한다. 쌀쌀한 초봄에 파종하면 싹트고 자라는 데 오랜 시일이 소요된다. 생명력이 강해 웬만하면 잘 자란다. 최근에 건강채소로 관심이 집중되면서 재배하는 곳이 많이 늘어난 작물이다. 월동 중 동해를 심하게 입은 포기는 없어지므로 해마다 포기 수가 줄어든다.

파종 준비

파종하기 1~2주 전에 1m²당 2kg의 완숙퇴비와 깻묵을 2컵(400g) 정도 넣고 밭을 일구어 두둑의 폭이 1m, 높이가 5cm 정도 되게 준비한다. 미나리과 식물이라 습기가 유지되면서 약간 그늘지는 곳이 좋다.

씨앗 및 모종 준비

신선초는 가까운 종묘상에 가면 언제나 구할 수 있는 종자다. 다른 씨앗처럼 조생종 중생종 등의 구분도 없고 품종의 구분도 없는 것이 특징이다. 작은 포장의 씨앗 1봉지를 파종하면 30~40개의 모종을 기를 수 있다. 좁은 장소에 심어야 하거나 밭에 여유가 없어 몇 포기만 가꾸려면 모종을 구입해서 심는 것이 좋다.

판매하는 포트 모종

파종 및 복토

25~30cm 정도의 간격으로 밭 흙을 살짝 긁어내고 5cm 간격에 하나의 씨앗을 넣는다. 흙덮기는 아주 조금 한다는 기분으로 3~5mm 정도만 덮어둔다. 흙덮기가 끝나면 물을 뿌려주고 마무리한다.

자라는 모습

파종 후 싹이 틀 때까지 상당한 기간이 걸린다. 파종 후 싹이 돋는 기간 동안 주위에 돋아나는 풀을 잘 제거해주어야 한다. 나는 초기에 싹이 더디게 올라오는 줄 모르고 혹시 신선초 씨앗이 썩은 것인가 파보기도 했다. 계속 풀을 뽑고, 물을 주고, 관리를 하다 보면 약 1개월쯤 지나 아래와 같이 싹이 보인다. 사진은 4월 3일

신선초 새싹

파종 9주된 신선초 모종

잎줄기 채소 **185**

에 파종해 5월 8일 싹이 돋아나는 모습이다. 파종 후 2개월이 지나면 모종으로 사용해도 될 만큼 자란다. 모종을 파낼 때는 물을 많이 주고 1~2시간이 지난 후에 모종삽으로 조심스럽게 파내어 본밭에 옮겨 심으면 된다. 옮겨 심는 간격은 50cm 정도가 좋다. 자라면서 잎이 커지고 줄기가 1m 정도까지 성장하므로 다 자란 모습을 상상하면서 심는 간격을 충분히 넓게 잡는다.

왕성하게 자라는 6월 초가 되면 짚을 두텁게 덮어둔다. 이것은 습기를 보존해서 작물이 건조해지는 것을 막아주며, 주변에 돋아나는 풀을 억제하는 효과가 크다. 그러므로 반드시 짚이나, 낙엽, 풀 등으로 덮어준다.

주의사항 신선초는 아열대 지역이 원산지이므로 우리나라의 추운 곳에서 키우기에는 부적합한 채소다. 특히, 월동 후 봄에 새싹이 자라다 늦추위에 얼어 죽는 포기가 많이 생긴다. 뿌리 상태에서는 월동이 잘되는 편이나 봄에 새싹이 돋아난 이후에는 포기 전체가 얼어 죽어버리거나 일부 먼저 자라는 잎이 동해를 입는 경우가 있다. 월동 대책으로는 낙엽이나 짚 등

포트묘를 구입해 심은 신선초

6월 초 짚을 깔아주었다.

파종 3개월된 신선초

10월 말까지 잘 자라는 신선초

11월 중순의 신선초

월동 후 새싹 나는 모습, 3월

동해 입은 포기

냉해 입은 신선초, 3월 중순

을 두텁게 덮어 두었다가 늦서리가 끝난 뒤 걷어낸다. 아니면 비닐을 덮어 보온에 신경을 쓴다.

풀 대책

판매하는 모종을 구입해 심을 때는 풀이 별문제가 되지 않지만 그래도 돋아나는 여러 가지 풀이 성가시긴 하다. 이때는 5월 말에 한 번 정도 꼼꼼하게 풀을 정리하고 6월에 짚이나, 풀 등을 깔아주면 이후에 돋아나는 것들은 큰 문제가 되지 않는다. 씨앗을 심어 모종을 기를 때는 돋아나는 풀이 모종보다 잘 자라므로 수시로 풀을 정리해주어야 한다. 가을에 씨앗을 맺는 풀은 늦여름에 제거해 밭에 풀 씨앗이 떨어지지 않도록 해주면 다음 해에 풀이 덜 난다.

신선초 모종을 기를 때도 풀을 주의해야 한다. 발아가 늦어지면서 주변의 풀만 자라는 과정이 1개월가량 유지되므로 이때 잘 관리한다. 신선초의 초기 성장은 더딘데 주변의 풀은 급격한 성장을 하므로 관리를 해주지 않으면 모종이 잘 자라지 못한다.

웃거름주기

신선초는 밭에 한번 심어두면

여러 해를 살아가는 채소다. 아주 심을 때 밑거름으로 넣어준 퇴비만으로 모자라므로 여름의 장마가 지날 무렵에 포기 밑동에서 15cm 정도 떨어진 곳을 호미로 파고 퇴비를 두 주먹 넣어주고 가볍게 흙을 덮어준다. 피복물이 있는 경우 피복물을 조금 걷어내고 호미로 파서 거름을 주고 다시 덮는다.

신선초 모종밭의 풀

수확

파종 후 5개월이 지나거나, 모종을 구입해서 심은 경우, 아주 심고 3개월이 지나면 수확이 가능하다. 새로 자라나는 보드라운 줄기와 잎을 이용한다. 신선초를 수확하기 위해 자르면 노란색의 진액이 많이 나온다. 이 노란색의 신선초 진액에는 칼콘과 쿠마린이 많이 함유되어 있어 항암 작용이 있다고 한다. (『막스 거슨 요법으로 암을 고친 한 대학병원 의사의 기록』 참고)

씨받기

월동한 신선초는 8월 말이 되면 꽃대를 키우고 9월 말 이후에 꽃을 피운다. 그러면 씨앗을 남겨야 정상인데 늦가을에 보면 껍질만 남아 있다. 아마도 아열대 식물이라 우리나라 기후는 씨앗을 남기기에 적당하지 않은 것 같다. 특별한 시설이

갓 돋아난 연한 싹을 수확한다.

수확 후 줄기에서 나오는 진액

신선초 꽃대, 10월 중순 마른 신선초 꽃대, 12월 초순

없는 밭에서 씨받기란 상당히 어렵다고 여겨진다.

참고사항 봄에 모종이나 씨앗을 뿌려 기른 신선초는 월동을 해야 꽃이 핀다. 심은 첫해에는 꽃이 피지 않는다.

재배 주의사항

신선초는 한여름의 아주 더울 때만 피하면 쉽게 재배할 수 있는 채소다.

덮어주기 신선초는 미나리과의 작물로 보습성이 있는 곳을 좋아한다. 여름의 무더위를 조금이라도 피할 수 있는 곳을 골라 가뭄에 대비하고, 습도 유지를 위해 짚, 풀, 낙엽 등으로 덮어주면 좋다. 그렇다고 물이 잘 빠지지 않으면 뿌리가 습해를 당한다.

벌레 신선초는 자체의 독특한 향기 때문에 벌레, 병충해 등이 거의 없으나 7월 이후에 잎을 갉아먹는 벌레가 보인다. 산호랑나비 애벌레가 몇 마리 붙어 신선초

짚을 덮어두었다. 신선초 잎을 먹는 산호랑나비 애벌레

잎줄기 채소

잎을 갈아 먹는 경우가 있다.

포기나누기 신선초를 3년 정도 기르다 보면 유난히 많은 줄기를 키우는 포기가 보인다. 이런 포기를 캐내서 뿌리가 덜 다치게 나누어 심으면 새로운 개체를 확보할 수 있다. 이때 뿌리에서 줄기를 떼어낼 때 조심하지 않으면 뿌리 없이 줄기만 분리되는 경우가 있다. 줄기와 뿌리가 골고루 분포되게 칼로 잘라서 심는 것이 요령이다.

재배일지

신선초는 따뜻한 아열대 지방이 고향이라 우리나라의 경우에는 기온이 따뜻한 남부나 서해안 지방이 재배에 유리하다. 기를 때는 습기가 조금 많고 약간의 그늘이 지는 장소가 적당하다. 일본에서는 오래전부터 남쪽 지방의 야산에 자라는 신선초를 채소로 길러왔다. 우리나라에서는 최근에 건강채소로 기르기 시작했다. 씨앗은 종묘상이나 웹사이트 등을 이용하면 쉽게 구할 수 있는데, 종묘상에 나가 보면 포트묘로 길러 본잎이 2~3장 되는 모종을 판매하기도 한다. 텃밭이나 주말농장에서 2~3포기 기르는 것은 씨앗을 뿌려 가꾸는 것보다 모종을 구입하는 편이 유리하다. 씨앗을 뿌리고 난 뒤 오랫동안 밭에서 길러야 키가 좀 커지는 식물은 풀을 잘 관리하지 않으면 나중에는 밭을 새로 일구어야 하는 문제에 봉착한다. 풀이 하나둘 나는 것처럼 보여도 신선초보다는 빨리 자라고 뿌리도 심하게 흙을 움켜쥐는 특성이 있어 풀뿌리를 뽑으면 주변에 있는 작물의 뿌리를 같이 들고 일어나버린다.

막상 신선초를 재배하면 어떻게 먹을 것인가 고민하게 된다. 나는 워낙 쓴맛을 좋아해서 밭에 오다가다 보이는 대로 연한 줄기 하나 낫으로 베어 먹지만, 집사람이나 애들은 채소조차 즐겨 먹지 않는데 약초 비슷한 것을 먹으려 하겠는가.

적당한 요리법이 생기기 전에는 그냥저냥 나 혼자 밭일하다 하나씩 뜯어먹는 것으로 만족하는 채소다. 녹즙을 즐겨 먹는 집에서는 신선초, 사과, 요구르트 등을 넣어 마시면 좋을 것 같다.

상추

- **분류** : 국화과
- **원산지** : 유럽 및 아시아 서부 지역
- **재배지역** : 한국(전국), 전 세계
- **특징** : 서늘한 기후를 좋아함
  15℃~25℃ 최적조건임
  저온(8℃)에서는 성장이 더딤
  30℃ 이상 싹트기 어려움
- **역사** : 삼국시대

재배시기

■ : 파종   ■ : 아주심기   ■ : 수확

* 지역별 기온차가 있으므로 파종 지역의 날씨에 따라 조절해야 한다.

상추는 재배시기만 지키면 비교적 잘 자라는 작물이다. 기온이 15℃ 이상으로 올라갈 때 파종하고, 30℃ 이상이 될 때는 서늘해지기를 기다려야 한다. 서늘한 기후를 좋아하는 특성이 있으므로 우리나라는 봄, 가을이 상추 재배의 적기다. 파종 후 옮겨심기를 하지 않고 솎아내면서 본밭에서 길러도 된다.

파종 준비

파종하기 1~2주 전에 1m²당 2kg의 완숙퇴비와 깻묵을 2컵(400g) 정도 넣고 밭을 일구어 이랑 폭이 1m, 높이가 10cm 정도 되게 준비한다. 이랑의 폭은 밭의 형편에 따라 적당하게 한다. 물 빠짐이 좋은 밭은 두둑을 낮게 하고

상추를 파종한 밭

잎줄기 채소 **191**

습기가 많은 밭은 두둑을 높여 습해를 받지 않게 해야 한다.

씨앗 및 모종 준비

가까운 종묘상이나, 웹사이트를 통해 가꾸고자 하는 상추 종자를 미리 준비한다. 대표적인 종류는 청치마상추, 적치마상추, 배추상추 등을 들 수 있다. 2~3종류의 종자를 파종하면 다양한 색상과 모양의 상추를 즐길 수 있다. 종류에 따른 맛의 차이는 별로 없지만 씹히는 정도, 잎의 크기, 색상이 많이 차이난다.

상추 씨앗

텃밭이 작아 씨앗을 준비하고 파종하는 것이 번거롭다면 모종을 구입해 재배한다. 파종시기를 놓친 경우도 마찬가지다. 이른 봄에 주변의 종묘상이나 전통 5일장에 들러 모종을 구입한다. 상추를 아주 좋아하는 4인 가족을 기준으로 15~20포기 정도면 충분하다.

모종 옮겨심기

모종을 구입해 기르는 경우 포트에 들어 있는 모종이 상하지 않게 주의해서 다룬다. 옮겨심기 전에 물을 흠뻑 뿌려주고 2~3시간 그늘에 두었다가 모종을 꺼내어 20~30cm 간격으로 심는다. 상추는 이식성이 뛰어나 아무렇게나 옮겨 심어도 잘 자라는 편이다. 그래도 옮겨심기를 하고난 뒤 물을 주는 것을 잊지 말아야 한다. 옮겨 심을 밭은 반드시 퇴비를 조금 넣고, 깻묵도 넣어 1~2주 전에 준비하는 것이 좋다.

참고사항 다른 작물이 있는 밭에(양파, 마늘, 열무 등의 사이) 상추를 옮겨 심은 경우 이들 작물을 수확한 후 상추 포기에서 10cm 정도 떨어진 곳을 호미로 조금 파내고 퇴비를 넣은 다음 흙을 덮는다.

파종 및 복토

준비된 밭에 25~30cm 정도 간격으로 밭 흙을 살짝 긁어낸다. 1cm 간격에 하나의 씨앗이 떨어지게 줄뿌림한다. 씨앗이 작고 뾰족해 골고루 파종하기 쉽지 않다. 파종 후 흙덮기는 아주 조금 한다는 기분으로 2~3mm 정도만 덮어둔다. 파종 후 물을 흠뻑 주고 마무리한다. 물을 줄 때 물구멍이 작은 물뿌리개를 이용하도록 한다. 물이 한꺼번에 많이 쏟아지면 얇게 덮인 상추 씨앗이 떠내려가거나 한쪽으로 쏠려 나중에 덩어리져 싹이 돋아나는 경우가 생긴다.

파종 2주된 청상추, 4월 중순

파종 2주된 적상추, 4월 중순

자라는 모습

파종 1주 정도 지나면 떡잎이 올라오고 2주가 되면 떡잎 사이로 본잎이 올라오는 모습이 보이기 시작한다. 조밀한 부분은 1cm 간격도 안 되는데, 듬성듬성한 부분은 2~3cm 간격에 하나의 떡잎이 자란다. 떡잎이 어릴 때 솎아내지 말고 그냥 두고 기르는 것이 중요하다. 보통의 다른 작물은 어릴 때부터 솎아주면서 기르는 데 반해 상추는 나중에 솎음수확이 가능하기 때문에 그냥 기르는 것이다. 봄 파종 상추의 경우, 파종 3주 이상 시나면 상추가 자라기에 적합한 날씨가 된다.

낮 기온이 20°C 이상 되고 밤 기온도 크게 내려가지 않는 5월 중순이 되면, 하루가 다르게 성장한다. 비라도 한 번 지나고 나서 밭에 들러 보면 새로운 모습으로 다가온다. 파종 4주가 지나면 키가 8cm

4월 3일 파종한 청상추의 4월 20일 모습

정도 되고 본잎이 4장 이상 되는 상추가 된다. 이때 복잡한 부분의 상추를 솎아서 수확하고, 일부는 모종삽으로 퍼서 옮겨심기를 한다. 포기 사이의 간격을 10cm 이상 유지하는 것이 좋다.

계속 수확을 하다보면 6월 말로 접어들고 기온이 올라가면서 꽃대가 자라는 상추가 보이기 시작한다. 7월 중순이 되면 꽃대가 완연히 자라고 어떤 것은 꽃이 피기 시작한다.

상추는 꽃대가 올라오고 꽃이 필 때까지 수확을 할 수 있지만 기온이 올라가는 7월이 되면 쓴맛이 증가하고 잎의 섬유질이 질겨진다.

4월 3일 파종한 상추밭, 4월 30일 모습

4월 3일 파종한 상추 포기, 4월 30일

참고사항 햇빛이 약한 아파트에서 모종을 기르는 경우 적상추와 청상추의 구분이 되지 않는다. 아주 심은 후 햇빛이 잘 비치면 적상추와 청상추의 구분이 확연해진다. 적상추의 색깔은 햇빛을 잘 받아야 발현된다.

집 안에서 기른 모종을 옮겨 심었다.

옮겨 심은 지 2주 지난 모습

수확

날씨가 좋은 5월과 9월에는 파종 후 4주가 지나면 수확이 가능하다. 솎아서 이용하다가 어느 정도 자라면 바깥의 잎을 한 장씩 떼어내면서 수확한다. 복잡한 곳의 상추를 솎아주거나 잎을 따내어 공기가 잘 통하게 해주어야 상하지 않는다.

밑동부터 깔끔하게 따준다.

주의사항 상추가 자라면 아랫잎을 따서 수확을 하게 된다. 이때는 아랫잎을 줄기에서 바짝 따주어 줄기에 붙어 있는 상추 잎이 남아 있지 않게 한다. 줄기에 덜 딴 잎이 남아 있으면 이 부분이 짓물러 감염의 원인이 되기도 하고, 공기가 안 통해 잎이 상한다.

풀 대책 및 웃거름주기

상추가 어릴 때 풀을 잡아주지 않으면 풀이 만드는 그늘 아래 상추가 놓이게 되어 연약해지기 쉽다. 초기에 풀을 정리하는 수고를 들여야 한다. 상추가 어릴 때, 두 번 정도 꼼꼼하게 풀을 정리해두면 이후에는 상추가 자라면서 풀을 이긴다.

상추와 함께 자라는 풀

상추는 수확 기간이 길어 웃거름이 필요하다. 웃거름은 파종 후 2개월 또는 아주 심은 지 1개월 정도 지난 후 포기에서 10cm 정도 떨어진 곳에 호미로 구덩이를 10cm 정도 파내고 퇴비를 한 주먹 넣고 흙을 덮어준다. 그 이후에는 여유가 되면 깻묵액비를 20배 정도 희석해 뿌려주면 잘 자란다. 거름 기운이 충분한 밭에서 자라는 상추가 척박한 밭의 상추보다 잎도 연하고, 통통하고, 아삭거리는 맛도 좋다.

씨받기

상추는 씨받기가 비교적 어려운 작물에 속한다. 보통의 재배기술을 가진 사람이 씨앗을 받고자 노력해도 힘들다는 이야기다. 6월 말이면 꽃대를 키우는데 꽃이 필 때쯤이면 장마철이 된다. 그러니 꽃 안의 씨앗이 영글어 가는 시기는 무덥고 비가 자주 오는 장마의 끝물이 된다.

상황이 이렇다 보니 잦은 비에 씨앗을 담은 꽃이 모두 삭아버리는 경우가 많아 씨받기가 어렵다. 이 어려움을 모두 견디고 씨앗을 지키고 있다 하더라도 어떤 때는 벌레가 털어가고 빈 꽃만 남아 있는 경우도 있다. 비 가림 시설이나, 전문 시설이 있는 곳에서는 아무 일도 아니겠지만 보통의 텃밭을 일구는 사람들에게는 자가채종이 무척 어려운 일이다.

상추 꽃대가 비바람에 쓰러지지 않도록 지주를 세워 묶어주거나, 몇 포기의 꽃대를 기대어 묶어준다. 꽃이 지고 나서 꽃대 전체가 누렇게 변색될 무렵 베어 말린다. 잘 마른 상추 꽃망울을 비비면 안에서 상추 씨앗이 나온다.

상추 꽃대가 자라는 모습, 6월 말

상추꽃, 7월 초

씨받이용 상추 꽃대, 7월 중순

상추 꽃대 베어 말리는 모습

재배 주의사항

상추는 무농약, 무비료로 재배해도 특별하게 주목할만한 병치레를 하지 않는다. 다만 기온이 높을 때는 파종에 주의해야 한다. 가끔은 진딧물이 많이 붙어 있는 경우가 있는데 이때는 유통기한이 지난 우유나 요구르트를 물에 2~3배 희석해 진딧물에 분무해주면 없어진다. 희석액을 분무한 지 2~3일 후에 맑은 물을 뿌려주어 우유나 요구르트의 성분이 붙어 끈적이는 것을 씻어주어야 한다.

모종을 심으면 가끔은 밑동이 잘려나가는 모습이 보이기도 한다. 이는 거세미나방의 애벌레가 상추의 밑동을 잘라버린 것이다. 잘린 밑동을 뿌리째 뽑아 흙을 뒤져보면 거세미 애벌레를 잡을 수 있다.

무더위가 오기 전에 솎아주고, 우거진 아래 잎을 따주어 통풍이 잘되게 만들어주어야 한다. 봄 재배는 비교적 파종시기를 가리지 않으나, 가을에는 파종시기를 잘 잡아야 한다. 빨리 수확할 욕심에 8월 초, 중순에 파종하면 늦더위에 발아가 잘 안 되어 띄엄띄엄 자란다. 이때는 싹을 틔워서 파종한다. 싹 틔우는 방법은 씨앗을 헝겊에 감싸서 물을 뿌린 다음 서늘한 장소에 3~4일 두면 된다. 너무 건조하지 않게 수시로 물을 분무해준다. 싹을 틔우게 되면 그늘에서 하루 정도 말려 파종한다. 상추는 기온이 30°C 이상 되면 발아율이 현저히 떨어진다.

4월 3일 파종, 4주째 상추

8월 22일 파종, 4주째 상추

재배일지

상추는 가꾸기도 쉽고 비교적 땅도 가리지 않는 효자 작물이다. 아주 척박한 땅을 제외하면 웬만한 장소에서는 가리지 않고 잘 자라서 쌈을 제공하고 꽃대를 세워 씨앗도 준다. 씨앗을 잘 받았다가 다시 심으면 언제든지 다시 잎을 주고 씨앗을 주니 순환할 수 있다. 여름에는 씨앗이 저절로 떨어져 상추가 뭉치로 난다. 이것을 여름 장마 끝난 후 옮겨 심으면, 계속해서 상추를 기를 수 있게 된다. 상추와 쑥갓은 이른 봄에 심어서 초여름까지 먹는 것이 제일 맛있고 가을 무와 배추를 심을 때 약간 심으면 초겨울까지 싱싱한 먹거리가 된다.

상추는 비타민과 무기질이 풍부해 빈혈 환자에게 좋으며, 줄기에서 나오는 우윳빛 즙액에는 락투세린과 락투신이 들어 있어 진통과 최면효과가 있다고 한다. 그래서 상추를 많이 먹으면 잠이 온다. 조밀하게 심어서 솎아 먹는 어린 상추의 맛은 먹어보지 않으면 모른다. 물론 이런 상추는 떡잎을 골라내고 먹을 수 있게 정리하는 것이 큰 일거리지만 맛은 확실히 최고다. 손바닥 가득 상추를 깔고 밥 한 숟갈 얹어 된장 조금 찍어 한입 가득 입안에 넣으면 씹을 것도 없이 녹아내리면서 목구멍을 타고 넘어간다.

나는 감자를 심고난 후 조금 있다가 상추를 심는 편이다. 밭은 특별하게 가리지 않지만 물 빠짐이 잘되는 곳이 좋다. 밭을 손볼 때 만들어둔 퇴비를 조금 섞고 이랑은 특별하게 만들지 않지만 물이 잘 빠지는 정도로 한다. 그 위에 상추 씨앗을 흩뿌려주고 주변의 흙을 약간 뒤집어 섞어 준다. 그리고 며칠을 기다리면 새싹이 돋아난다. 너무 촘촘하게 심으면 솎아낼 때 한꺼번에 여러 개의 뿌리가 딸려 나오므로 주의해야 한다.

내가 매년 심는 종자는 적치마, 청치마, 배추상추다. 특히 배추상추는 상추의 생긴 잎이 배추와 유사해 붙은 이름 같다. 배추처럼 약간 두꺼운 잎이 입안에서 아삭거리는 맛이 별미다. 밭에서 상추 뽑아 씻어두고, 묻어둔 항아리 김치 꺼내고, 숯불 피워 구워먹는 돼지목삼겹살은 5월 중순에 맛보는 최고의 선물이 된다. 이 맛을 느끼려고 봄 상추를 가꾼다. 그때 옆에 돌나물이 있으면 조금 넣고 쑥갓이라도 조금 곁들이면 더할 나위 없이 좋다. 일 년에 이와 같은 맛을 볼 수 있는 기간은 딱 2개월에 불과하다. 봄 4월 말에서 5월 말까지, 가을 10월 초에서 10월 말까지다. 이때는 보통 다른 잎채소들도 있으므로 동시에 여러 가지를 먹는 것이 좋다. 가을 파종은 8월 초·중순의 고온다습한 기온만 잘 피해주면 늦가을까지 좋은 잎을 제공한다. 너무 늦게 심으면 수확 기간이 짧아지고 찬 기운이 돌면서 제대로 자라지 않는다. 상추를 솎아내면서 포기 사이의 거리를 띄우고 아래 잎부터 잘 뜯어 먹으면 여름까지도 상추를 즐길 수 있다. 상추는 이식이 잘되므로 필요하면 모종으로 옮겨 심어도 된다. 상추는 특별한 병치레를 하지 않지만, 진딧물이 번성하게 되면 못 먹는다. 다행히 나는 상추를 기르면서 진딧물이 번성한 적은 한 번도 없었다.

   상추 잎을 뜯을 때면 집사람에게 잔소리를 많이 하게 된다. 소중하게 키워둔 상추 잎사귀를 애기 다루듯 해서 밑동에서부터 조심스럽게 비틀면서 줄기가 남지 않게 싹둑 뜯어야 되는데 아무렇게나 상처내면서 따는 것이 보기 싫기 때문이다. 그래서 요새는 내가 직접 따거나 장모님께서 딴다. 상추는 너무 많이 심지 않는 것이 좋다. 아무리 먹어도 못다 먹고 이웃집에 나누어 주어도 남는다. 20포기만 심으면 두 집 식구는 무난하게 먹을 수 있다.

양상추

- **분류** : 국화과
- **원산지** : 남부 유럽 및 서아시아
- **재배지역** : 한국(전국), 전 세계
- **특징** : 서늘한 기후를 좋아함.
  저온(8℃)에서는 성장이 더딤
  싹이 트는 데 빛이 필요함(광발아성)
  30℃ 이상이면 싹트기 어려움
- **역사** : 6.25 이후 국내 재배

재배시기

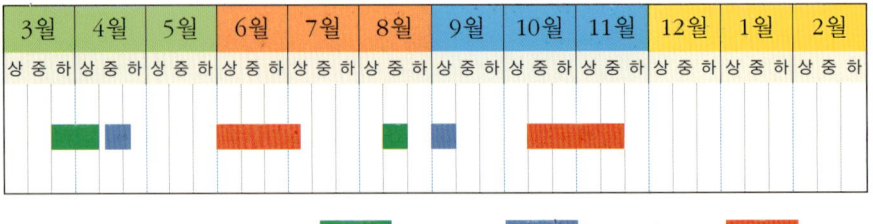

■ : 파종   ■ : 아주심기   ■ : 수확

양상추는 자라는 기간이 길어 보통의 텃밭에서 씨앗을 파종하고, 옮겨 심고, 포기가 찰 때 수확하기 어려운 작물이다. 우리나라의 기후가 양상추하고는 잘 어울리지 않는다고 봐야 한다. 봄·가을이 짧기 때문에 양상추가 좋아하는 15~25℃의 기간이 절대적으로 부족하다. 모종을 가꾸어 아주심기할 때는 크기를 가능한 한 키워서 심는 것이 요령이다.

봄 재배 가능하면 일찍 파종해 4월 중순에는 모종의 아주심기를 마쳐야 한다.

가을 재배 8월 파종 후 한랭사를 씌워 모종을 기르는 방법을 사용한다. 한랭사를 치더라도 약간 그늘이 지는 장소를 선택하면 좋다. 파종 전 씨앗을 헝겊에 감싸서 물을 뿌려 서늘한 장소에 3~4일 두

양상추 싹 틔우기

어 싹을 틔워 파종하는 편이 좋다. 싹을 틔운 후 그늘에서 하루 정도 말려 파종한다. 고온(25°C 이상)에서는 발아율이 현저하게 떨어진다. 더위에 감응해 꽃대를 세우므로 너무 일찍(7월 말, 8월 초) 파종하지 않는 것이 좋다.

재배 기간

모종을 기르는 기간이 25~30일 정도 소요되고, 아주심기를 마친 다음 70~90일이 되어야 포기가 꽉 차는 양상추를 수확할 수 있다. 30°C가 넘으면 상한 포기가 많이 생기고 무름병에 걸리는 경우도 많이 생기므로 6월 말에 수확을 마쳐야 한다. 11월 중순이 지나 기온이 5~8°C 정도가 되면 거의 자라지 못한다. 그러다가 11월 말에 서리를 맞고 12월이 되어 영하의 날씨가 지속되면 모두 얼어버린다.

얼어버린 양상추

남부 지방의 온화한 기온에서는 겨울을 나고 봄에 성장을 하는 월동 재배가 가능하다고 하는데 대전 근교에 있는 내 밭에서는 월동이 불가능하다. 위의 사진에서 보이는 것처럼 하단부의 성장이 덜한 포기는 월동이 가능하게 보여도 봄이 되면 모두 말라버린다.

파종 준비

파종하기 1~2주 전에 1m²낭 2kg의 완숙퇴비를 넣고 밭을 일구어 이랑 폭이 1m, 높이가 10cm 정도 되게 준비한다.

이랑의 폭은 밭의 형편에 따라 적당하게 한다. 물 빠짐이 좋은 밭은 높이를 낮게 하고 습기가 많은 밭은 높은 두둑으로 해 습해를 받

양상추 파종 밭

지 않게 해야 한다. 석회가 있으면 1m²당 100~150g 정도 넣는다.

씨앗 준비 및 모종 구하기

가까운 종묘상이나 웹사이트를 통해 가꾸고자 하는 종자를 미리 준비한다. 양상추는 세 가지로 구분된다. 잎양상추, 반결구종, 결구종의 씨앗이 판매되고 있다. 일반적으로 양상추라면 결구상추를 일컫는다. 아무런 시설이나 장치 없이 밭에 파종해 재배하려면 조생종이나 중생종 같은 비교적 성장기간이 짧은 종류의 씨앗을 구하는 것이 좋다.

재배시기별 씨앗 구입 주의사항

재배시기	주의사항
봄 재배	조생종, 내서성(더위에 견디는 힘)이 강한 종류
가을 재배	조생종, 내한성(추위에 견디는 힘)이 강한 종류

양상추는 많은 양이 필요한 채소는 아니다. 그래서 씨앗을 사고 모종을 기르는 불편함을 덜려면 4월 중순에 종묘상이나 전통 5일장에 들러 모종을 구입한다. 가을 재배를 위한 양상추 모종을 구입하기란 쉬운 일이 아니다. 봄에는 어디를 가나 모종을 늘어두고 판매하지만 가을에는 주력 작물인 배추 모종 외에는 구하기 어렵다. 그러나 최근에는 텃밭 인구의 증가에 힘입어 조금 큰 종묘상에서는 양상추 모종을 판매하기 시작했다. 좋은 모종은 짙은 녹색을 띠고, 잎이 두꺼우며, 잎에 윤기가 흐른다.

파종 및 복토

호미를 이용해 밭흙을 25~30cm 정도의 간격으로 살짝 긁어내고 1cm 간격으로 줄뿌림한다. 파종 후 흙덮기는 아주 조금 한다는 기분으로 2~3mm 정도만 덮어둔다. 양상추의 씨앗은 광발아성, 즉 씨앗이 파종되고 빛이 있어야 발아

양상추 모종

가 된다. 그래서 파종 후 흙덮기를 아주 조금만 해주어야 한다. 흙덮기가 끝나면 물을 뿌려주고 마무리한다.

참고사항 싹을 틔워서 파종하는 경우, 헝겊에서 싹이 튼 씨앗을 잘 털어내고 그늘에 두었다 물기를 약간 말린 다음 위의 파종 방법 대로 해준다.

자라는 모습

파종 후 1주 정도 지나면 어느새 떡잎이 올라오고 2주가 되면 떡잎 사이로 본잎이 올라오는 모습이 보이기 시작한다. 파종 초기 자라는 모습은 파종시기에 따라 많이 달라진다. 기온이 높을 때는 2주만 지나도 본잎이 2~3장 생기는 경우가 있고 봄에 일찍 파종하면 3주가 되어야 본잎이 2~3장으로 자란다. 파종 3~4주가 지나면 기온이 올라가고 햇빛이 비치는 시간도 길어져 자라는 게 하루가 다르다.

양상추는 물을 많이 먹는 식물이므로 봄 가뭄이 지속되면 수시로 물을 뿌려 성장을 돕는다. 파종 8주 이상이 되면 포기가 조금씩 차기 시작한다. 이때 겉잎이 많이 커서 이웃한 잎들과 달라붙어 복잡해지면, 그 부분은 중간에 한 포기씩 수확해 이용한다.

이 시기에는 가능한 포기 사이를 넓혀주어 공기가 잘 통하게끔 해주는 것이 좋다. 복잡한 채로 두면 공기가 통하지

파종 2주째 양상추

파종 6주째 양상추

파종 8주째 양상추

파종 10주째 양상추

않게 되고, 거기다 비라도 며칠씩 내리면 무더위 속에서 병에 걸릴 가능성이 훨씬 높아진다.

솎아내기

결구종의 양상추는 복잡하게 자라는 부분을 조금씩 솎아주어야 한다. 일반 상추 재배와의 차이점이라면 양상추의 경우에는 초기에 일단 솎아주면서 튼튼한 모종으로 기른다는 것이다.

전체적인 파종 면적이 어느 정도 되는 경우 옮겨심기를 하지 않고 본밭에서 계속 솎아주면서 재배하는 방법도 있다. 밭의 면적이 적을 때는 모종으로 10여 포기를 길러 본밭에 옮겨 심는 것이 밭의 이용 면에서 유리하다. 본밭에 기를 때는 최종적으로 포기 간격을 30cm 이상 유지한다.

모종 옮겨심기

파종 3~4주 정도가 되면 옮겨 심을 정도로 자란다. 본잎이 5~6매가 되는 모종 중에 크기가 비교적 큰 모종을 골라 옮겨 심는다. 양상추는 자라면서 비교적 많은 수분을 필요로 하므로 물 주기 편한 곳에 밭을 마련한다. 나중에 포기가 차기 시작하면 생각보다 많은 공간이 필요하게 되므로 옮겨 심는 간격은 최소한 포기당 30cm 이상 유지한다.

옮겨 심을 밭은 1~2주 전에 퇴비와 깻묵을 넣고 일구어 둔다. 아래의 예는 양상추를 조금 배게 심은 모습이다. 배게 심어 조금 자라면 수확해 이용하면서 계속 재배하는 방법도 있다.

아주 심은 지 2주된 양상추

아주 심은 지 7주된 양상추

수확

아주심기 후 70일째 양상추

양상추는 파종해 6주 정도 지나면 잎을 먹을 수 있을 정도로 자란다. 일반 상추는 이때부터 수확해 맛있게 즐길 수 있지만 양상추는 잎이 억세고 쓴맛이 강해 별로 환영받지 못한다. 포기가 찬 다음 그 안에 있는 연하고 고소한 양상추에 길들여진 입맛에는 억세고 향이 진한 양상추의 겉잎은 잘 맞지 않는다. 그러나 직접 기른 양상추는 겉잎이 제맛이다. 포기가 차기 시작하면 포기 위를 살짝 눌러보아 약간의 저항감이 느껴질 때 수확을 시작한다. 한꺼번에 많이 수확해 냉장고에 넣어두는 것보다는 필요할 때 조금씩 수확해 이용하는 것이 싱싱한 양상추를 즐길 수 있다.

풀 대책 및 웃거름주기

봄 재배 양상추밭에는 비교적 정리하기가 쉬운 풀이 돋아난다. 양상추가 조금 자라면 풀도 같이 자란다. 풀이 너무 많이 자라 양상추의 성장에 방해가 되는 곳의 풀만 조금 정리해주면 된다.

가을 재배는 양상추와 함께 풀이 심하게 자라 본밭에 그냥 두고 재배하는 경우 풀이 우거져 양상추가 자라기 힘들게 한다. 풀이 조금씩 자랄 때 정리를 해주어야 한다. 가을 재배의 경우 아래의 밭 모습에서 1개월만 지나면 풀이 우거져 어디에

봄 재배 양상추밭의 풀

가을 재배 양상추와 자라는 풀

상추가 숨었는지 찾기 어렵게 된다. 가을에 돋아나는 풀 중에는 별꽃 종류가 아주 힘들게 만든다. 그리고 많이 보이는 비름 나물도 그렇다. 가을에 파종했다면 어느 정도 풀과 함께 자라는 걸 봐서 양상추를 옮겨 심고 정리하는 것이 수월하다.

양상추는 파종 후 100~120일, 옮겨 심은 후 70~90일 정도 되는 비교적 긴 기간 동안 밭에서 자란다. 조금 조밀하다 싶은 포기를 밑동째 잘라 수확하고 그 빈 공간을 이용해 포기 사이에 작은 구덩이를 파고 퇴비를 묻어주면 잘 자란다. 그 이후에는 여유가 되면 깻묵액비를 20배 정도 희석해 뿌려주면 성장이 잘된다.

거름 기운이 충분한 밭에서 자라는 양상추가 잎도 연하고, 잘랐을 때 우윳빛 액체도 많이 나고, 통통하고, 아삭거리는 맛도 좋다.

씨받기 거의 불가능함

몇 년째 양상추를 재배하고 있지만 아직 꽃이 피고 씨앗을 맺는 포기를 본 적이 없다. 봄 재배의 경우 씨앗을 받을 수 있어야 하는데 장마철의 고온다습한 환경이 자라고 있는 양상추마저 모두 무름병이 들게 하고 만다.

장마가 지나고 다시 햇빛이 비치면 이미 양상추에게는 견디기 힘든 고온기다. 보통의 텃밭에서 양상추 씨앗을 받아 키운다는 것은 아주 어려운 일이다.

혹시 씨앗을 받지 못한다 하더라도 자신의 역량이 부족한 것이 아니라 우리의 기후가 양상추하고 어울리지 않음을 이해해야 한다.

재배 주의사항

양상추는 상추와 거의 비슷하게 재배할 수 있다. 무농약으로 재배를 해도 특별한 병충해는 보이지 않는다. 우리나라 기후가 양상추하고 잘 맞지 않으므로 노지에서 그냥 재배하는 경우 재배시기에 주의해야 한다. 자라면서 완전하게 포기가 차서 수확하기보다는 다소 억세고 진한 양상추를 수시로 수확해 이용하면 좋다. 모종을 심을 경우 가끔은 밑동이 잘려나가는 모습이 보이기도

거세미가 줄기를 없애버린 양상추

한다. 이는 거세미나방의 애벌레가 양상추의 밑동을 잘라버리는 것이다. 많은 피해를 주지 않으므로 굳이 벌레를 잡기 위해 고생할 필요는 없다.

가끔 진딧물이 붙게 되는 경우가 생기기도 한다. 이때는 유통기한이 지난 우유나 요구르트를 진딧물에 분무해주면 없어진다. 분무하고 2~3일 후 맑은 물을 뿌려주어 우유나, 요구르트의 끈적이는 성분을 씻어준다. 봄 재배는 무더위가 오기 전에 모두 수확하고, 가을 재배는 서리 내리기 전에 모두 수확한다. 서리를 계속 맞으면 아삭거리는 맛이 떨어지고 점점 더 퍼석해진다. 그리고 줄기의 겉껍질이 들뜨는 현상도 생긴다.

재배일지

시장에서 파는 양상추를 샐러드로 먹어보니 맛이 일품이라 한번 재배해보고 싶었다. 종묘상에서 파는 양상추 씨앗은 다른 것에 비해 가격이 비싼 편이다. 하지만 수량이 많아 그런 대로 갈무리를 잘하면 2~3년 정도는 파종할 수 있다.

2005년 4월 3일과 24일 두 번에 걸쳐서 파종을 해보았다. 결구상추는 조금 일찍 파종해 본잎이 2~3장 될 때(파종 후 25일 정도) 본밭에 정식을 한 포기가 잘 자랐다. 파종시기에 따라 자라는 정도가 다르다. 4월 초 또는 3월 말에 파종하면 기온이 낮고 일조량도 부족해 더디게 자라고, 4월 중순 이후에 파종을 하면 잘 자란다. 그래도 6월 말의 무더운 초여름 날씨에 모두 수확을 하려면 조금 일찍 파종하는 편이 유리하다. 자람에 따라 포기가 우거지고 아랫잎이 처져 바람이 잘 안 통하게 되면 상하는 포기도 종종 생긴다. 가능한 포기 사이의 간격을 넓히고 바람이 잘 통하는 조건을 만들어준다.

2007년 3월 집 안에서 모종을 길러 4월에 아주 심이 재법 큼지막한 포기를 수확했다. 4월 말에 밭에 직접 파종한 양상추는 포기가 꽉 차기 전에 장마를 맞아 물러버렸다. 가을에는 6월 말에 파종해 8월 초에 옮겨 심었다. 너무 일찍 파종했는지 서늘한 가을이 되자 거의 모든 양상추가 꽃대를 세운다. 꽃대에 달린 양상추의 겉잎을 수확해 썼다. 꽃이 필 무렵, 심한 추위가 닥쳐 모두 얼어 죽었다. 잘 결구된 양상추를 수확할 욕심에 일찍 파종해 여름에 길렀으나 결구를 진행하는 포기보다 꽃대를 세우는 포기가 많이 생긴다는 것을 알았다.

양념 채소

부추

- **분류** : 백합과
- **원산지** : 동아시아 (중국의 서부)
- **재배지역** : 한국(전국), 중국, 일본
- **특징** : 서늘한 기후를 좋아함. 물 빠짐 좋은 곳에서 재배
  겨울에는 휴면에 들어감
  씨앗, 포기나누기로 번식
- **역사** : 고려시대 이전부터 재배

재배시기

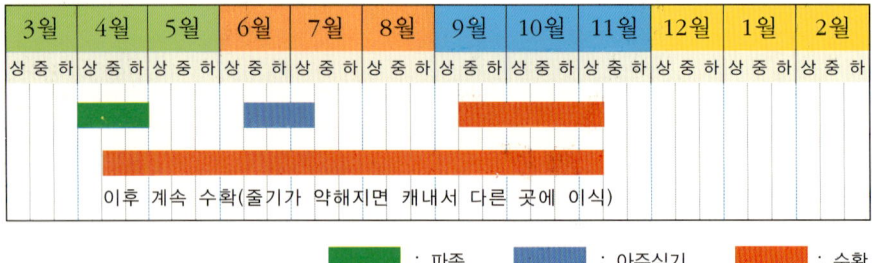

■ : 파종   ■ : 아주심기   ■ : 수확

*3~4월에 시장에서 파는 뿌리를 구해서 심어도 됨.

    부추는 기후 적응성이 좋아 봄부터 가을까지 수확되는 연중채소다. 특별하게 시기를 가리지는 않으나, 봄에 파종해 초여름에 아주심기를 하면 그해 가을부터 수확할 수 있다. 부추는 한번 심어두면 몇 년간 계속 수확하는 채소이므로 1년 단위 계약의 주말농장이라면 아쉬움이 남는 작물이다.

    부추는 특별하게 밭을 가리지 않으나, 물 빠짐이 좋은 밭을 골라야 한다. 봄에 햇빛이 잘 비치는 밭에 기르면 봄 수확이 빨라진다. 약간 그늘이 들어도 되므로 활엽수 주변에 심어도 좋다. 특히, 월동 후의 봄에 물이 잘 빠지지 않으면 얼었다 녹았다 하면서 줄기 부분이 상하는 일이 생긴다.

종자 구하기

    종류가 제법 많은 편에 속한다. 잎이 넓은 것과 좁은 것, 그리고 중간 넓이의 잎이 있다. 잎이 넓으면 수확량은 많으나 부추의 향기가 덜하고, 잎이 좁은 재래종은 향기는 좋으나 수확량이 떨어진다. 주변에서 많이 재배하는 종류나 자신이 평소 좋아하는 종류를 고른다. 인터넷을 검색해보면 상세한 설명을 찾을 수 있으니 미리 각 종묘회사의 부추 종자에 대한 사전지식을 가지고 선정한다. 아니면 지역의 전통 5일장에서 판매하는 부추 뿌리를 구해서 심어도 된다.

모종 기르기

모종용으로 사용할 밭에 1m²당 완숙퇴비 2kg과 석회 100g 정도를 뿌리고 갈아두었다 1~2주 후에 파종한다. 파종 전에 물이 빠지는 정도의 고랑을 내고 두둑의 중간이 약간 도톰해 물이 잘 빠지게 한다. 파종은 대파와 같이 10cm 정도 폭으로 땅을 조금 긁어내고 씨앗을 1~2cm에 하나씩 뿌리고 2~3mm 정도 가볍게 흙을 덮는다. 파종하는 골은 20cm 정도의 간격을 유지한다.

부추 종자가 싹이 트는 적정 온도는 20°C이므로 봄에 일찍 파종하면 싹이 틀 때까지 상당히 오래 걸린다. 부추 모종이 자라는 밭에는 다른 풀들도 많이 자라므로 자주 꼼꼼하게 정리해주어야 한다. 풀을 뽑을 때는 풀뿌리가 주변의 연약한 부추를 감싸고 있기 때문에 부추가 함께 뽑히므로 주의한다.

4월 9일 파종 싹트는 모습, 5월 1일

파종 6주된 부추 모종밭

부추를 빨리 발아시키려면 씨앗을 이틀 정도 물에 담갔다 그늘에 하루 정도 건조시켜 파종하면 좋다. 위의 부추 모종은 구입한 종자가 아니고 작년에 씨앗을 받아 파종한 것이다. 그래서 발아가 고르게 되지 않았다.

씨앗을 받을 때 비가 계속 와서 덜 여문 꼬투리를 말렸더니 부실한 씨앗이 많아서 그렇지 않나 생각한다.

아주심기

부추 종자를 파종하고 2~3개월이 지나면 부추 모종의 본잎이 4장, 키가 15cm 정도 된다. 그러면 모두 캐내어 본밭에 옮겨심기를 한다. 본밭은 밑거름을 미리 넣어 잘 일구어 놓는다. 부추는 한 번 아주심기하면 몇 년을 그 자리에서 자라야 하므로 밑거름을 조금 많이 넣어둔다. 퇴비를 1m^2당 4kg 정도, 깻묵을 1kg 정도 넣어 밭을 일구고 2주 정도 지나서 아주심기를 한다.

다른 책들을 보면 부추를 8개 정도 모아서 심고 간격을 20cm 정도 유지하라고 하는데, 나는 대파를 아주 심을 때처럼 2~3cm 간격에 하나씩 부추 모종을 심고, 줄 간격은 20~30cm 정도로 유지한다. 그러면 나중에 웃거름주기도 편하고 베어 내는 작업이 수월하다.

모종의 잔뿌리가 많이 잘려나가지 않게 조심스럽게 파낸다. 모종이 땅에 묻혀 있는 정도의 깊이로 묻을 수 있게 파종 골을 8~10cm 깊이가 되게 파낸다. 파낸 골에 모종을 하나씩 두는데 2~3cm 간격으로 한다. 흙을 덮고 물을 흠뻑 뿌려준다.

파종 8주된 부추 모종

파종 11주 옮겨 심을 때가 된 모종

모종을 캐냈다.

부추 모종 심는 모습

자라는 모습

아주심기가 끝나고 나면 축 처진 모습으로 2주 정도를 보낸다. 그러다가 서서히 줄기가 세워지고, 잎이 생기를 띠게 된다. 비가 오지 않을 때는 밭에 자주 들러 물을 주고 하다 보면 어느덧 줄기를 세우고 새로운 잎을 키워내는 걸 볼 수 있다.

아주 심고 2개월이 지나면 빠른 것은 벌써 뿌리가 둘로 나누어진다. 잘 자란 부추는 30cm도 넘는다. 아주 심고 2개월이 지나면 9월의 선선한 바람이 불기 시작한다. 위로 돋아난 줄기를 모두 베면 다음 번에 자라는 보드랍고 연한 부추를 즐길 수 있다. 이때까지는 수확을 하지 말고 그냥 두어 뿌리의 충실을 기한다.

아주 심은 지 1주된 부추

아주 심은 지 8주된 부추

수확

부추는 자라는 대로 수확이 가능하다. 키가 20cm 이상이 되면 필요한 만큼 베어 이용한다. 수확이 늦어지면 부추가 억세지는 수가 있다. 이때는 다시 베어주면 보드라운 부추가 자라게 된다. 부추를 수확하는 방법에 따라 다음 번의 수확량이 달라진다는 자료가 있다. 부추 줄기를 바짝 잘라낼수록 다음 번의 수확량이 줄어들기 때문에 1cm 정도 줄기를 남겨 두고 그 위를 잘라내는 것이 좋다고 한다. 그래도 나는 수확을 하고 웃거

수확한 부추

름도 줄 요량으로 바짝 잘라내고 있다. 그러면 왠지 모르게 시원해 보이고 다음에 깨끗하고 신선한 줄기가 자라는 기분이 든다.

참고사항 부추는 비늘줄기(알뿌리)에 영양을 축적하는 성질이 있어 알뿌리에 어느 정도 영양을 축적할 시간을 주면 다음에 자라는 부추는 성장이 더 좋아진다. 옆의 사진을 보면 전년도에 부추 꽃을

4월 중순, 자라는 부추

보려고 계속 기르던 곳(오른쪽 5줄)과 계속해서 수확을 한 곳(왼쪽 5줄)의 다음해 성장이 다르다는 걸 알 수 있다. 계속해서 잘라내면 알뿌리에 영양 축적이 덜 되어 이듬해 약해진다는 걸 알 수 있다.

튼튼하고 잎줄기가 좋은 부추를 수확하기 위해서는 꽃이 필 때도 기다려주는 여유가 필요하다. 한 번씩 번갈아가면서 꽃을 피우도록 하면 전체적으로 튼튼한 알뿌리가 된다.

부추밭에 돋아나는 풀

수확 후 웃거름을 깔아준 모습

풀 관리 및 웃거름주기

부추밭은 수시로 돋아나는 풀을 정리해주어야 한다. 많이 나는 풀이 쑥, 명아주, 비름, 바랭이, 별꽃, 망초 등이다. 이들 풀은 보이는 대로 정리해 풀에 부추가

묻혀버리는 일이 없게 해준다. 따로 풀을 정리할 여유가 없으면 수확할 때 풀을 정리해주자. 관리 시간을 줄일 수 있다. 아주 심고 수확을 하다보면 줄기가 약해지고 연약한 부추잎이 된다. 봄에 수확을 두 번 정도 하고 난 후 1m²당 2kg의 퇴비와 깻묵 400g을 수확한 부추 위에 흩뿌린다. 구할 수 있다면 나뭇재를 구해 뿌려두자. 부족한 칼륨을 보충해주는 효과가 탁월하다. 예전에 할머니께서 나뭇재를 부추밭에 뿌려주던 모습이 떠오른다. 칼륨이 무엇인지 몰라도 나뭇재를 주면 잘 자란다는 걸 경험으로 이미 알고 있었던 것이다.

자연증식 및 옮겨심기

부추는 뿌리가 나누어져 새로운 개체를 만들어 낸다. 대파, 부추, 차이브, 달래 등의 작물은 비늘줄기(알뿌리)가 늘어나 자연적으로 새로운 줄기가 생긴다. 부추 자라는 것을 보면 보통 한 포기가 아니라 여러 포기가 뭉쳐서 자라는데 이것은 자연적으로 늘어난 비늘줄기가 근방에서 자라기 때문이다. 오랫동안 계속 같은 곳에 자라는 부추는 자연적으로 늘어난 줄기가 복잡해져 점차

처음 한두 포기가 늘어난 모습

연약해진다. 그런 현상을 방지하려고 3~4년 주기로 비늘줄기를 파내어 새로 심거나, 모종을 길러 다시 재배하는 것이다.

5년을 같은 곳에 있는 부추, 3월 중순

작년에 모종을 심은 부추, 3월 중순

양념 채소

부추꽃과 씨받기

7월 말이 되면 부추의 꽃대가 올라오기 시작한다. 계속 수확을 하면 부추꽃을 구경하지 못한다. 꽃이 피지 않으면 당연히 열매가 없으니 씨받기는 불가능하다. 몇 포기 또는 몇 줄의 부추는 계속 길러 꽃대를 세우고 꽃을 피우게 하면 하얗고 조금은 수줍은 듯한 부추꽃을 구경할 수 있다. 이것이 또한 나만의 텃밭에서 즐길 수 있는 관상 포인트다. 부추꽃은 7월부터 피기 시작해서 9월이 되면 씨방이 자라 꼬투리가 생긴다.

8월 중순의 부추꽃

9월 초 씨앗이 커진다.

꼬투리를 따서 말리는 모습

꼬투리를 비벼 씨앗을 낸다.

부추는 씨앗을 받기가 제법 어려운 작물이다. 별다른 시설이 없는 장소에서는 씨앗을 머금은 꼬투리가 영글어 익을만할 때 가을 장마나 태풍이 지나가면서 꽃대가 모두 쓰러져 상하게 된다. 꽃은 쉽게 보여주지만 씨앗을 만들기에는 날씨가 받쳐주지 않는다.

이렇게 받은 씨앗을 바람에 잘 까불려 까만 씨앗만 모아 두었다 이듬해 봄에 파종을 하면 새로운 부추가 난다.

재배 주의사항

부추는 물 빠짐이 좋은 곳이면 아무 데서나 잘 자란다. 한번 심어두면 오랫동안 같은 장소에 있어야 하므로 돋아나는 풀을 잘 정리하는 것이 재배의 주안점이다. 그리고 수확 후 웃거름으로 퇴비, 재, 깻묵 등을 흩뿌려주면 좋은 결과를 볼 수 있다. 별다른 병이나 벌레가 번성해 못쓰게 하는 일도 없고 제대로 심어두면 4~5년은 수확의 즐거움이 있는 채소다. 그러다 약해지면 모두 캐내서 다른 장소로 옮겨 심는다. 그러면 또다시 4~5년은 좋은 부추를 준다.

재배일지

2004년 유난히 일찍부터 부추가 땅을 박차고 나왔다. 6월인데도 벌써 네 번 정도는 수확을 한 것 같다. 수확 후에는 만든 퇴비를 조금씩 깔아준다. 그리고 물을 자주 주면 잘 자란다. 올해는 반 정도의 부추가 꽃을 피우도록 했다. 전체 10줄 정도의 부추 중에 5줄이 꽃대를 올리고 있다. 은은한 꽃을 보는 것도 또 다른 즐거움이다. 올해는 씨앗을 받아 내년 봄에 파종을 해서 몇 줄 정도 부추를 보충해야겠다. 꽃을 피우고 씨앗이 영글 때면 반드시 장마가 온다. 그래서 씨앗을 달고 있는 꽃대가 상해 쓰러지고 모두 썩어버렸다.

씨받기에 실패한 것이 올해로 두 번째다. 의외로 자가채종이 어려운 작물이라 포기나누기로 주로 번식을 하는지도 모른다. 부추는 수확을 자주 하면 땅속의 비늘줄기가 영양을 보충할 기회가 줄어들어 나중에는 가늘고 잎 모양이 좋지 않은 부추 줄기를 내놓게 된다. 수확 횟수를 적당하게 조절하고 우거져 못 먹게 된 부추를 베어버리면 튼실한 부추를 수확할 수 있다. 그리고 밭 중간에 돋아나는 바랭이, 비름나물, 강아지풀 등을 꼼꼼하게 뽑아주어야 한다. 잠깐 시기를 놓쳐 비가 몇 번 오고 나면 나중에는 수습이 불가능할 정도로 풀들이 자라 있다. 이들 풀은 부추 뿌리와 엉겨서 풀을 뽑을라치면 부추까지 같이 뽑혀서 애를 먹는다. 되도록이면 풀이 어리고 뿌리가 많이 뻗지 않았을 때 뽑아주는 것이 좋다. 아무렇게나 가꾸어도 되지만 잘 가꾸려고 맘먹으면 의외로 잔손이 많이 가는 작물이다.

2005년 꽃을 보고 가만히 두었다가 비바람에 쓰러진 꽃대에 매달린 씨앗 뭉치를 꺾어 말려두었다. 씨앗이 여물어 내년에 파종용으로 사용할 수 있을 것 같다. 씨앗을 말려 정리를 해 내년 봄에 뿌리려 하니 은근히 봄이 기다려진다.

2006년 4월에 드디어 그렇게 오랫동안 기다리던 자가채종한 부추 씨앗을 파종했다. 채종시기에 문제가 있었는지 씨앗이 부실한지 발아율이 그리 좋지는 않았다. 그래도 모두 캐내어 작은 부추밭을 하나 더 만들었다.

3월 말의 부추 새싹

부추는 봄을 대표하는 채소라 해도 과언이 아니다. 이른 봄 일찍이 싹을 틔우고 다른 채소가 자라지 않을 때 부지런히 성장을 한다. 한여름이 되면 꽃대를 세워 흰색의 어여쁜 꽃을 보여주고 씨앗을 남긴다. 초겨울의 추위가 찾아오면 조용하게 겨울잠을 청했다 이른 봄에 깨어나 봄을 이끌고 간다.

한여름의 부추꽃

사실 나는 부추(우리 고향에서는 정구지, 처가에는 솔, 졸, 또 어디는 소풀 등 이름이 많다)에 남다른 집착을 보이고 있었다. 어릴 때부터 채전 밭의 추억이 쌓여서 그런가 보다. 할머니께서 우리 집 부추밭을 상여집 옆에 있는 밭 귀퉁이에 만들었다. 내가 기억하는 우리 부추밭은 처음에는 상여집 옆에 있었고 두 번째는 뒷골이라는 논 옆에 있었다. 두 곳 다 썩 좋은 장소는 아니었다. 상여집 옆에는 무서워서 가기가 싫었고, 뒷골이라는 곳은 집에서 약 700m 정도 떨어진 골짜기에 있어서 싫었다. 상여집 옆에 있는 부추 베어 오라고 하면 정말 가기가 싫어도 갔다 왔다. 나 어릴 때만 해도 시골의 열 살 남자아이면 어느 정도 무서움도 덜 타야 하고 때로는 용기를 보여주는 행동을 해야 하는 나이라서 쉽게 거부하기 힘들었다. 올 때는 얼른 걸음을 재

늦가을의 부추

한겨울의 부추밭

촉했다. 꼭 누군가 뒷덜미를 잡아당기는 기분이 들어서 부추에 신경을 덜 쓰고 베었다. 이건 뒷골이라는 곳에 있는 부추밭에서도 마찬가지였다. 뒷골에 가는 길에 음지가 있고 그곳에는 길 아래위로 무덤이 하나씩 있어 가끔 머리가 쭈뼛이 서는 기분을 느껴야 했다. 그리고 그곳에는 논두렁을 다 걸어가야 밭에 닿을 수 있고 비가 조금 오는 날에는 뱀들이 논두렁에 나와 있어서 발에 밟히곤 해 기분이 좋지 않았다. 그때는 고무신을 신었으니까 감촉이 그대로 발바닥으로 전해졌다. 물뱀이라고 부르던 것인데 나 어릴 때는 물뱀이 표준어인줄 알았다. 나중에 알고 보니 그게 무자치였다. 비 오는 날 부추 전(지짐)은 좋아했으나 비 오는 날 논두렁이 기분 나빴고, 부추 베기는 싫었다.

　이런저런 이유로 부추에 대한 나의 애착은 깊었다. 텃밭을 처음 만들 때부터 부추를 어떻게 심을까 고심하고 있었다. 그러다 어느 여름날 느닷없이 부추밭이 조금 생겨버렸다. 초여름에 장모께서 콩 모종 사이에 파를 심었더랬다. 파를 키우다가 옮겨 심었는데 옮길 때 간격도 넓게 잡고, 뿌리도 깊게 심고, 북을 줄려고 흙도 옆에 쌓이게 심었다. 옮겨 심은 지 2개월쯤 지났을 때, 이쯤 되면 보통 파들은 줄기에 공기가 차면서 줄기가 굵어지는데 그 현상이 생기지 않았다. 그래도 시기가 잘못되어서 그런가 보다 하고 기다렸다. 그런데 어느 날 장모께서 아무래도 이상하다고 했다. 다시 보니 파라고 심은 것이 바로 부추였던 것이다. 나에게는 참으로 기쁜 날이었다. 심고 싶었으면서도 하루하루 미룬 것인데, 드디어 부추밭을 갖게 되었다. 크지도 않은 조그마한 부추밭이었지만 심은 그 해에 두 번을 수확했다. 한 번 벨 때마다 한두 집 식구는 먹을 양이 나왔다. 여름에 베면 매운 풋고추 송송 썰어 넣어 만든 부추전을 넉넉하게 먹을 수 있을 것 같아 흐뭇했다. 장모님의 공로가 아닐 수 없다. 겨울이 지나고 봄이 되면 제일 먼저 기다려지는 것이 부추의 새싹이리라.

　부추의 새싹을 빨리 보고 싶어 겨울이면 퇴비를 조금 덮어준다. 겨울나기에 조금이라도 보탬이 되었으면 하는 바램으로. 싹이 돋고 뿌리가 번지면 조금씩 떼어 여기저기 자투리 땅이 있을 때마다 심어보리라. 뿌리가 번성하면 이웃에 시집도 보내고 몇 포기는 꽃대를 키워서 씨앗도 받아보고 꽃 구경도 하면서 부추를 키워보고자 한다. 풋고추와 함께 부침개를 만들어 막걸리 한 잔 대접하고 싶은 사람의 얼굴이 스쳐 지나간다.

대파

- **분류** : 백합과
- **원산지** : 중국의 서부
- **재배지역** : 한국(전국), 전 세계
- **특징** : 기후 적응성이 아주 좋음
  물 빠짐이 좋은 곳에 재배, 여러해살이풀
- **역사** : 고려시대 이전부터 재배

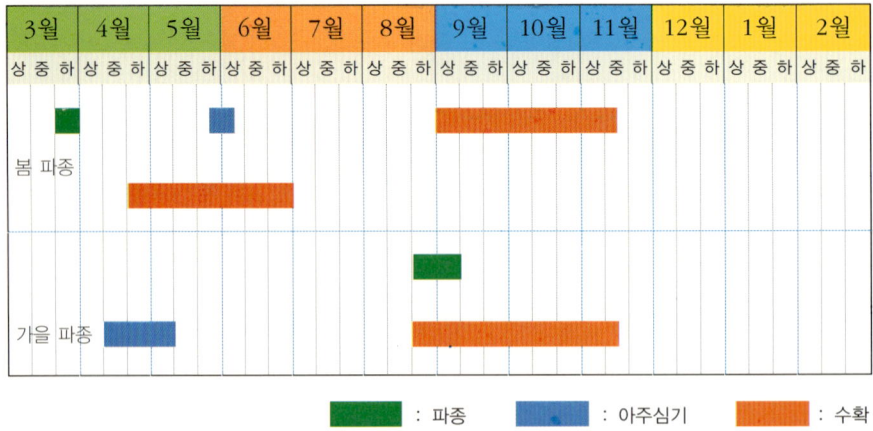

* 대파는 파종 후 2~3개월 후에는 수시로 수확 가능하다.

 대파는 모종을 심기만 하면 수확을 해 이용할 수 있다. 밭이 비옥하지 않아도 어느 정도 자라고, 작은 파일 때 수확하면 밭에 오래 두지 않아도 된다. 주말농장이나 텃밭에 여유가 없을 때는 지역의 전통 5일장에서 모종으로 판매하는 파를 구입해 심는 것이 좋다. 씨앗 상태에서부터 길러서 모종을 만들고 다시 옮겨 심고 하는 과정이 오래 걸리기 때문에 밭의 이용 측면에서 불리하다. 그리고 보통의 주말농장은 봄에 분양을 시작하므로 모종을 기를 여유가 없다.

재배하는 밭

 파는 아무 데서나 잘 자라는 것처럼 보이지만 물이 잘 빠지지 않으면 줄기 부분이 짓물러지는 증상을 보이기도 하고 일부는 상해 못쓰게 된다. 물이 잘 빠지는 밭을 골라야 하고 그렇지 않으면 고랑을 잘 만들어 물 빠짐이 잘되게 해야 한다. 특히 월동 후 봄에는 물이 잘 빠지지 않으면 얼었다 녹았다 하면서 줄기 부분이 상하게 되는 경우가 많이 발생한다.

모종 기르기

모종용 밭에 1m²당 2~3kg의 완숙퇴비와 깻묵 2컵(400g) 정도를 넣어 파종 2~3주 전에 일구어 놓는다. 파종 골은 10cm 정도 폭으로 땅을 조금 긁어내고 1~2cm에 하나의 씨앗이 떨어지게 골고루 뿌리고 2~3mm 정도 가볍게 흙을 덮는다.

파종하는 골은 20cm 정도의 간격을 유지한다. 씨앗을 뿌리고 복토를 한 후에는 짚이나 마른풀 등으로 위를 덮고 물을 뿌려준다. 덮어둔 짚이나 풀 등은 싹이 돋아나는 4~5일 뒤에 반드시 제거해주어야 한다.

대파 모종이 조금 자라면 두더지가 땅을 헤집고 다니는 경우가 있다. 보이는 대로 땅을 밟고 물을 주어 들뜬 뿌리가 땅에 닿게 조금 신경을 써준다. 1개월이 지나면 10cm 정도 되는 모종이 된다.

주의사항 퇴비를 넣고 밭을 정리

파종 후 짚으로 덮어둔다.

파종 1주, 싹트는 대파

대파 모종밭에 두더지 흔적

두더지가 지나간 자리

양념 채소

파종 4주 대파 모종 　　　　　　　　　　　파종 2개월된 대파 모종

하기 전에 석회 또는 고토석회를 1m²당 100g 정도 넣어두면 좋다. 중성토양에서 잘 자라므로 산성토양 개량을 위해서 석회를 사용한다.

솎아내기

자라는 곳을 봐가면서 복잡한 부분을 솎아준다. 파종 3주 정도 지나면 키가 8cm 이상 자란다. 이때 포기 사이를 2cm 이상 유지하면서 솎아내기를 해준다. 솎아내는 시기가 늦어지면 모종이 웃자라 약해진다.

모종을 기를 때는 특별하게 웃거름을 주기도 어렵기 때문에 솎아내기를 하고 깻묵액비를 뿌려주면 좋다. 튼튼한 모종을 가꾸려면 포기 사이를 3cm 이상 유지하는 솎아내기를 한다. 한꺼번에 간격을 넓히는 무리한 솎아내기보다는 조금씩 솎아내면서 자라는 것을 보고 간격을 조절하는 것이 좋다.

풀 관리

파종 후 3주가 지나면 풀이 같이 자라게 된다. 풀의 밀도가 높게 자라는 경우는 자주 풀을 제거해 모종이 풀에 짓눌리지 않게 해주어야 한다. 풀이 돋아나는 초기에 관리가 소홀해지면 풀이 우거져 파 모종이 자라지 못하거나 웃자라게 되어 모종을 버리게 된다.

파종 후 조금씩 돋아나는 풀이 파 모종과 어우러지기 전에 풀을 관리해두는 것이 좋다. 나중에 한꺼번에 풀을 뽑으려면 파 뿌리와 함께 뽑혀서 곤란해진다. 파 모종과 함께 자라는 풀의 종류는 계절에 따라 다르다.

가을에는 냉이, 별꽃, 비름, 망초 등이고 봄에는 바랭이, 강아지풀, 비름, 별꽃

모종과 함께 자라는 풀

대파 모종밭의 풀

등이다. 이들 풀은 어찌나 뿌리가 깊게 들어가는지 조금만 뽑아도 근처에 있는 파가 뿌리째 뽑혀 올라온다.

모종 옮겨심기

모종으로 기르던 파가 25cm 이상 자라고 굵기가 연필 정도 되면 아주심기에 적당하다. 아주심기 2~3주 전에 1m²당 3kg 정도의 퇴비와 깻묵을 4컵(800g) 정도 넣고 밭을 일구어 둔다. 석회나 고토석회가 있으면 1m²당 100~150g 정도 넣어주면 산성을 싫어하는 대파의 성장에 도움이 된다.

모종밭에 물을 흠뻑 뿌리고 2~3시간 지난 후 호미나, 삽을 이용해 잔뿌리가 많이 상하지 않도록 주의해 파낸다. 일구어 둔 밭에 12cm 정도의 깊이로 호미를 이용해 흙을 파낸다. 파낸 골에 대파를 하나씩 세워 넣고 흙을 덮어주면 된다.

모종의 크기가 비슷한 것을 모아 심는 것이 좋다. 섞어서 심으면 작은 모종은 큰 모종 파가 많이 자라는 틈에서 잘 자라지 못한다. 어린 파를 수확할 목적으로 심는 경우라면 줄 간격을 조금 좁게 하는 느낌으로 25cm 정도, 모종 간의 간격은 4~5cm로 한다.

대파를 수확할 목적으로 할 때는 35~40cm의 줄 간격에 모종 간격 8~12cm를 유지하는 것이 좋다. 옮겨심기가 끝나면 물을 흠뻑 뿌려주어 뿌리

대파 모종 아주심기 준비

가 빨리 자리 잡도록 도와준다.

되도록 모종을 세워서 심는다는 건 말은 쉬운데 실제 해보면 아주 어렵다. 대강 세우고 흙을 덮어두어도 잘 자란다. 세워서 모종을 심으면 나중에 줄기 부분이 곧게 자라 수확해서 이용하거나 다듬기도 수월하다.

수확을 하면 모종을 심을 때 상황이 나타난다.

수확을 해보면 모종을 심을 때의 상황이 그대로 나타난다. 정성 들여 조금 세운 것은 줄기 부분이 곧게 되는 데 비해 비스듬하게 누워서 자란 파는 줄기가 구부러진다. 상품성 있는 파를 수확하려면 줄기가 곧아야 하므로 주의를 해야 되지만 텃밭에 심어 이용하는 데는 상관이 없으므로 심기 편하게 한다.

자라는 모습

아주심기가 끝나고 나면 파는 축 처진 모습으로 2주 정도를 보내면서 서서히 줄기가 세워지고, 잎도 생기를 띠게 된다. 봄 가뭄이 심할 때는 밭에 자주 들러 물을 주고 하다 보면 장마가 온다. 이 장마가 걷히고 나면 몰라보게 성장한 파를 만나게 된다.

8월이 되면 복잡한 부분의 파를 하나씩 솎아가면서 수확을 해도 된다. 모두 수확하지 말고 일부를 남겨 겨울의 추위를 견디게 한다. 그러면 이른 봄에 겨우내

아주 심은 지 3일이 지난 대파

아주 심은 지 2주 지난 대파

아주 심은 지 10주 지난 대파

월동 후 3월 초의 대파

못다 자란 보충을 하듯이 잘 자란다. 겨울을 나고 봄에 수확한 파의 향기는 가을에 느끼는 그 향기와는 색다르다. 봄에 몇 포기를 남겨두면 꽃을 피우고 씨앗을 준다. 계속 남겨 두면 포기가 늘어나고 꼬투리의 씨앗이 떨어져 자라는 모습을 볼 수 있다.

자연증식

대파를 월동시켜 계속해서 재배하다 보면 파 하나에 여러 개의 뿌리가 엉겨 있는 것처럼 보인다. 아주 심어 오래된 파는 많이는 16개, 적게는 2개로 뿌리가 늘어난다. 이 늘어난 뿌리를 나누어 옮겨 심으면 새로운 파로 기를 수 있다. 그리고 파 씨앗이 자연스럽게 땅에 떨어져 대파의 밑동 근처에는 새로운 개체의 파가 자라는 것을 볼 수 있다. 이 새로운 파를 좋은 자리로 옮겨 심어주면 이듬해에 실한 대파가 된다.

여러 개로 나누어진 대파 모습 8월 말

대파 씨앗이 떨어져 자라는 파 8월 말

양념 채소

관리 꽃 따주기, 풀 대책, 웃거름주기

대파를 기르다보면 봄에 일찍 돋아나는 꽃봉오리를 따주어야 튼실한 봄파를 수확할 수 있다는 걸 알게 된다. 수시로 풀을 정리하고, 잘 자라는 시기에 잊지 않고 웃거름을 준다.

꽃 따주기 가을 파종 월동 모종을 봄에 아주심기한 경우 꽃망울이 맺히기 시작한다. 작은 상태의 꽃망울일 때 빨리 따주어 줄기와 잎이 잘 자라게 해주어야 한다. 그냥 두면 어린 포기도 꽃을 키운다고 제대로 성장하지 못한다.

대파의 꽃망울이 보이면 일찍 따준다.

풀 대책 대파는 아주 심고 나서 수확을 맞이하기 위해서는 반드시 장마철을 지나야 한다. 장마철이 되기 전에 이미 풀이 싹을 틔우고 조금씩 자라기 시작하다가 장맛비를 맞고 나면 급속하게 성장한다. 풀이 우거지면 파가 자라지 못하게 되고 자라도 연약해진다.

대파밭에 돋아나는 풀, 7월 중순

대파밭의 풀이 씨앗을 맺는다.

풀이 싹터서 자라는 초기에 두 차례 정도 정리를 해주면 그 뒤로는 파가 자라면서 그늘을 만들어 풀이 잘 자라지 못하게 된다. 초기에 잘 정리해주는 수고를 해주는 것이 중요하다. 그리고 풀을 그냥 두게 되면 어느새 풀씨를 만들어 온 밭에 뿌려 해마다 풀이 많이 자라는 환경을 만든다. 풀씨가 맺혀 떨어지기 전에 정리를 해주는 것이 중요하다. 옆의 왼쪽 사진과 같은 환경을 2~3주만 방치하면 거의 파를 포기해야 할 지경에 이른다. 나는 한때 아무 대책도 없이 자연스럽게 풀과 함께 자라는 환경을 상상하다가 나중에는 파밭을 모두 갈아엎은 적이 있다. 아직은 나의 내공이 풀과 함께 작물을 기르기 힘든 단계임을 절실히 느끼고 일단 후퇴했었다.

웃거름주기 대파는 자라는 기간이 길어서 밑거름만으로는 불충분하다. 그래서 잘 자라는 시기에 웃거름을 주어 영양분이 부족하지 않게 해주는 것이 좋다. 웃거름은 대파를 심은 골 사이를 호미로 10cm 깊이로 죽 긁어내고 사이에 퇴비를 넣고 흙을 살짝 덮어준다.(쪽파의 웃거름주기 233쪽 참조)

씨받기

지난해 심은 대파가 월동을 하고 5월 중순으로 접어들어 날씨가 따뜻해지면 꽃대가 올라와 꽃이 핀다. 꽃이 피는 대파 중에 일부는 씨앗을 위해 꽃을 성숙시킨다.

꽃 안에 씨앗이 영글어가는 모습이 보인다. 자세히 보면 씨앗의 검은 부분이 외부에서 보아도 선명하다. 꽃망울 전체가 갈색으로 변하기 시작하면 꽃을 따서 말린다. 잘 말린 다음 손으로 비비고 털어 씨앗을 받는다.

대파 꽃에 앉은 나비

대파 씨앗 말리기

씨앗을 구입해 파종을 하면 아까워서 많이 파종하지 못하고 씨앗을 아끼게 되는 데 비해, 자가채종을 해 많이 준비해두면 좀 넉넉하게 뿌릴 수 있는 여유가 생긴다.

재배 주의사항

대파를 아주 심은 후 비가 많이 오면 죽는 것이 눈에 띈다. 자세히 보면 물 빠짐이 좋지 않은 땅에 묻힌 줄기가 썩어버린 것을 볼 수 있다. 이와 같이 대파는 물 빠짐이 좋은 땅에 심어야 잘 살릴 수 있다. 대파를 아주 심는 시기는 비가 많이 오지 않는 5월이 제일 적당하다는 생각이 든다. 5월에 전통 5일장에 나가보면 모종으로 심을만한 실파를 구입할 수 있다. 이것을 구입해 심거나, 8~9월에 파종해 월동한 모종을 심으면 된다.

재배일지

시장에 나가 보면 길이가 한 1m는 되어 보이는 대파를 단으로 묶어 놓고 파는 걸 볼 수 있다. 그것이 부러워 텃밭을 할 때부터 파를 키우고 싶었다. 우리 동네 어귀에 있는 파밭에서 열매 꼬투리를 몇 개 따다가 씨앗을 받아 그해 여름에 씨앗을 뿌렸다. 겨울의 혹독한 추위에도 파는 자는 듯 땅에 서 있었고 봄이 되니 겨울잠을 자고난 후라서 그런지 잘 커주었다. 봄에는 파를 많이 먹었고 꽃대가 서는 줄기를 잘라 먹기도 했다. 파는 여름이 되면서 꽃을 피우고 열매를 맺게 되었다. 그 씨앗 받아 두었다 가을에 파종을 하고 이듬해 봄에 또 파종을 하면서 계속 파를 기르고 있다.

파는 병충해가 거의 없다. 대규모로 키우는 곳에서는 파밤나방이 활약을 하기도 한다는데, 텃밭의 경우는 문제가 안 되는 것 같다.

파를 한번 길러보면 전해 내려오는 이야기가 실감난다. 예전부터 딸은 풀이 우거진 콩밭에 보내고 며느리는 풀이 별로 없어 보이는 파밭을 매게 한다는데, 그만큼 풀잡기가 힘든 작물이 바로 대파다. 풀을 사랑하는 마음이 있어도 대파를 기르는 밭의 풀은 보이는 대로 조금씩 정리해주는 것이 파에 대한 예의라 생각한다. 내가 유난히 파에 대해 집착하는 건 TV 연속극 탓이 크지 않나 싶다. 누가 시장 갔다 오는 장면에는 빠짐없이 대파 단이 보이니까 말이다.

쪽파

- **분류** : 백합과
- **원산지** : 명확하지 않음
- **재배지역** : 한국(전국), 전 세계
- **특징** : 휴면성이 있음
  물 빠짐이 좋은 곳에 재배
  비늘줄기(알뿌리)로 번식. 서늘한 기후를 좋아함
- **역사** : 삼국시대부터 재배

재배시기

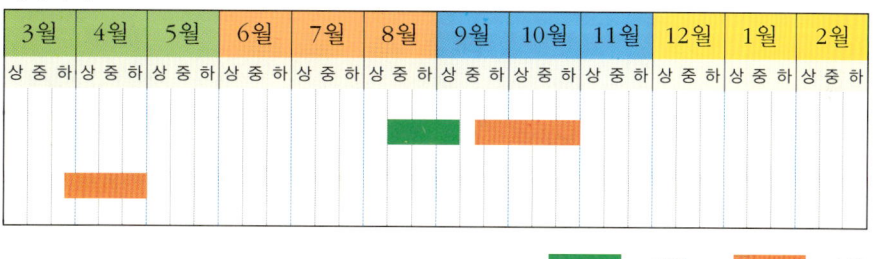

■ : 파종   ■ : 수확

　쪽파는 다른 채소에 비해 파종시기가 제한적이다. 이는 휴면성이라는 특성 때문인데, 휴면을 깨기 위해서는 30°C 이상 되는 온도에 일정 시간 동안 노출되어야 한다. 이런 특성 때문에 파종시기가 8월 중순쯤 되어야 한다. 쪽파는 서늘한 기후를 좋아하는 채소이므로 8월 중순에서 9월 초를 파종시기로 잡아 재배한다.

재배하는 밭

　감자, 열무, 상추, 아욱, 강낭콩, 맥류 등을 재배하고 정리가 된 밭을 이용하면 좋다. 파종 2~3주 전에 1m²당 3~4kg의 완숙퇴비를 뿌리고 깻묵을 4컵(800g) 정도 넣어 살짝 일구어 놓는다. 물 빠짐이 좋은 밭은 골을 얕게 만들어 큰비가

쪽파 재배 참고용 밭

양념 채소　**227**

오면 물이 빠지는 정도로 하고 물 빠짐이 좋지 않은 밭은 15cm 정도의 약간 높은 두둑을 만든다. 다른 작물과 마찬가지로 폭이 1m 정도 되는 밭을 만든다.

쪽파는 산성인 밭을 싫어하므로 퇴비를 넣고 일구기 전에 석회를 1m²당 100g 정도 넣어준다.

씨쪽파 준비

쪽파는 씨앗으로 자라는 채소가 아니고 마늘처럼 생긴 씨쪽파를 구해서 심어야 한다. 8월 중순 이후에 종묘상이나 지역의 전통 5일장에서 구할 수 있다. 종묘상에서 구입하는 것보다는 재래시장의 지역 아주머니 또는 할머니들이 들고 나오는 씨쪽파를 구입하는 편이 좋다. 종묘상에서 판매하는 종자는 전문적으로 종자를 생산하는

정리된 씨쪽파

타 지역의 종자라 지역 적응성이 떨어질 수 있기 때문이다. 또 휴일을 맞아 지역의 5일장을 찾으면 왠지 모를 활기도 느끼고, 한 바가지 구입하면 한 주먹을 덤으로 주는 인정도 느낄 수 있어 좋다.

계속 텃밭을 한다면 지난해 파종해 봄에 씨쪽파를 수확하면서 갈무리해둔 종자를 사용해도 된다. 구입한 씨쪽파나 수확해 갈무리해둔 쪽파를 꺼내어 아랫부분의 마른 뿌리와 윗부분의 마른 줄기를 가위로 정리해 심을 준비를 한다. 이때 어떤 쪽파는 이미 싹을 내밀고 있기도 하고, 아랫부분에는 새로운 뿌리가 성장하고 있는 것도 있다. 이러한 새로운 싹과 뿌리도 모두 가위로 정리하면 파종 후 일정하게 동시에 자라므로 관리가 수월하다.

파종

만들어둔 밭에 20cm 정도의 간격으로 깊이 5cm로 호미를 이용해 파낸다. 파낸 골에 싹이 나는 부분이 위로 가도록 해서 쪽파를 10cm 기준으로 둔다. 흙은 1cm 정도 덮어둔다. 종자가 조금 크고 튼실한 씨쪽파는 하나를 심고, 조금 작은

것은 2~3개를 붙여서 심는 것이 좋다. 일군 지 얼마 되지 않아 흙이 폭신폭신한 밭은 호미로 골을 만들지 않고 씨쪽파를 손으로 잡고 땅에 가볍게 꽂아 넣어도 된다. 이때는 일정하게 열을 맞추기 어렵다. 쪽파를 심는 간격은 상황에 따라 다르다. 싹이 돋은 후 어릴 때 솎아내면서 수확을 하는 목적이라면 조금 조밀하게 심고, 이듬해 봄에 수확하는 경우는 조금 더 넓게, 씨쪽파로 수확하는 경우는 간격을 더욱 넓게 잡는다.

쪽파 파종 옆에서 본 모습

쪽파는 밭에 두는 기간이 다른 채소에 비해 길다. 그래서 수확시기가 이듬해 봄이 되는 경우는 웃거름을 주기 수월하게 간격을 조금 더 넓게 조절해주어야 한다. 호미로 파종 골 사이를 긁어내고 거름을 넣고 흙을 덮을 수 있는 공간을 고려한다. 씨쪽파를 모두 심고 나면 물을 뿌려주어 싹이 빨리 올라오게 유도해주는 것이 좋다.

자라는 모습

파종 후 5일쯤 지나면 싹이 난다. 싹 위에 흙덩이가 조금 있는 것은 아무런 문제가 되지 않는다. 연약해 보이는 다른 작물과 달리 싹트는 모습이 감동적이기까지 하다. 힘차게 불끈 솟아오르는 가슴 뭉클한 기분을 느끼게 해줘서 좋다.

덮인 흙덩이를 밀고 올라오는 새싹

파종 2주된 쪽파

11월 초의 쪽파 | 한겨울의 쪽파
3월 26일의 쪽파 | 4월 5일의 쪽파
알뿌리를 남기고 쓰러진다. | 알뿌리를 캐서 종자를 준비할 시기

　한 알의 씨쪽파를 묻었는데 어떻게 한꺼번에 이렇게 많은 새싹이 돋아나는지 아직도 의문이다. 아마도 씨를 파종하는 채소에 비해 비늘줄기(알뿌리)를 심는 것에 대한 보답으로 보인다.

겨울을 지난 쪽파는 봄에 조금씩 자라면서 꽃대가 우뚝 솟아오른다. 쪽파도 꽃이 핀다는 사실에 조금은 놀라웠다. 항상 모든 포기가 꽃이 피는 부추, 대파 등의 백합과 채소와는 달리 전체 중에 아주 일부만 꽃을 피운다. 토란꽃, 고구마꽃 등과 같이 조금은 보기 드문 꽃에 속한다.

쪽파 꽃망울

쪽파꽃

수확

싹이 돋아나고 20~30일이 지나면 솎아서 양념장으로 이용할 만큼은 자란다. 이때부터 배게 심어진 부분을 솎아서 이용한다. 내 밭이 있는 대전 근교는 11월 중순까지는 수확이 가능하다. 때 이른 추위가 심하게 닥쳐오면 파 줄기가 힘이 없어지고 축 처지는 시기가 앞당겨진다. 이때는 수확을 해도 정리하기 힘들고 맛도 떨어진다.

파종 6주된 쪽파

한 알의 쪽파가 늘어났다.

양념 채소

파김치를 담으려면 시기를 맞추어 수확해야 한다. 보통의 김장철에 맞추어 하려고 하면 너무 늦어 수확 자체가 힘들어진다. 쪽파는 가을에 파종해 2개월 정도 지난 것이나, 이듬해 봄 4월 초의 것이 맛이 각별하다. 특히 월동 후 4월 초에는 진하고 자연스런 파 향기를 느낄 수 있고 봄의 맛도 느낄 수 있어 좋다.

쪽파의 알뿌리는 예전에 마늘이 귀할 때 마늘 대신에 물김치 양념으로 이용하기도 하고 열무김치 담을 때도 마늘 대신 이용했다. 부엌칼 칼등으로 쪽파를 으깨어 담은 열무 물김치의 시원한 맛이 생각난다. 요사이는 지천으로 늘린 것이 마늘이라 이렇게 잘 하지 않지만 쪽파의 알뿌리를 양념으로 이용해도 좋다.

웃거름주기 및 풀 대책

풀 대책 쪽파는 파종이 가을이라 돋아나는 풀이 대체로 키가 큰 풀보다는 바닥을 기는 것이 주종을 이룬다. 가을에 풀을 그냥 방치해두면 잠자는 듯이 겨울을 나고 이른 봄 금세 자라나 줄기를 뻗고 꽃을 피우고 씨앗을 남기게 된다. 풀이 조금 자랄 때 수시로 정리를 해두면 좋지만 어느 정도의 풀은 같이 두어도 큰 피해를 입히는 경우는 없다. 이른 봄에는 쪽파가 빨리 자라므로 쪽파 수확을 하고난 뒤 밭을 정리할 때 풀을 정리해도 된다.

풀이 무서운 것은 조그마할 때는 별것 아닌 것처럼 보이다 어느 정도 시간이 지나면 급속히 자라나 온 밭의 흙을 움켜쥐고 있어서 그렇다. 이렇게 되면 제거하기가 쉽지 않다. 그리고 풀은 어느 정도 조건이 맞으면 바로 수많은 씨앗을 퍼트려 시간이 지날수록 힘들어진다. 그러니 한두 번은 즐거운 마음으로 풀을 꼼꼼하게 제거하는 수고를 해야 한다.

이른 봄 쪽파밭의 풀

쪽파밭에 돋아난 가을풀

아래의 오른쪽 모습과 같이 되는 밭은 이듬해 봄이 되면 쪽파가 어디 있는지 모르게 풀이 덮어버린다. 쪽파 아래의 쇠별꽃은 봄이 되면 엄청난 속도로 줄기를 키워 온 밭을 뒤덮고 흰 별꽃을 피우고 눈에 보이지도 않는 작은 씨앗을 수없이 뿌린다.

웃거름주기 쪽파는 월동 후 3~4월에 많은 성장을 한다. 밑거름으로 넣어준 퇴비만으로는 월동 후 성장을 감당하지 못한다. 그래서 3월에 쪽파가 심겨진 포기 사이를 10cm 정도 호미로 죽 파내고 퇴비를 넣고 흙을 살짝 덮어주면 좋다. 웃거름을 주면 부족한 영양을 메우는 역할과 함께 퇴비의 검은 잔재가 바닥에 깔려 지온을 높이는 역할도 한다.

웃거름주기, 3월 중순   웃거름 주고난 뒤의 쪽파밭

씨받기

지난해 심은 쪽파가 월동을 하고 5월 중순으로 접어들면 일부는 꽃대가 올라와 꽃이 핀다. 꽃이 피는 쪽파 사이에는 줄기를 쓰러뜨리고 누워 있는 것들이 보인다. 이렇게 쓰러지는 것들이 80% 이상이면 땅속에 있는 알뿌리를 캐서 말린다. 그것이 가을에 파종용 씨쪽파가 된다. 6월 말 본격적인 장마가 시작되기 전에 밭에서 캐내는 것이 중요하다. 장마가 시작되면 물에 젖은 알뿌리를 캐서 말리기도 힘들고 잘못하면 썩어버린다. 캐낸 알뿌리는 흙을 털고 하나씩 쪼개고 마른 줄기 또는 수분이 있는 줄기를 대충 정리해 하루 정도 말린 다음 양파 망에 담아 바람이 잘 통하는 그늘에 매달아둔다.

몇 년 전에는 이렇게 매달아둔 쪽파가 모두 썩어버린 적이 있었다. 나뿐만 아니라 쪽파를 보관하던 대부분의 농가에서 썩어버린 씨쪽파가 많아 그해 시중에서는 씨쪽파를 구할 수가 없었다. 그해 여름은 유난히 무덥고 비가 자주 왔는데 달아둔

수확한 쪽파 알뿌리(종자)

쪽파 알뿌리를 보관하는 모습

두더지가 쓰러뜨린 쪽파

잎마름병에 걸린 쪽파

쪽파에 습기가 차서 모두 싹을 피우면서 썩어버렸던 것이다. 그해는 쪽파가 없는 허전한 가을을 맞아야 했다. 그 이후로 씨쪽파의 관리에 더욱 신경을 쓰고 있다.

재배 주의사항

쪽파는 아무 데서나 잘 자란다. 별로 주의할 내용이 없는 채소 중에 하나다. 그래도 많이 보이는 증상과 피해사례를 보면 두더지와 까치에 의한 물리적 피해가 있고, 병원균에 의한 잎마름병을 들 수 있다.

까치 쪽파를 심고 1주쯤 지나면 싹이 올라온다. 까치가 이것을 먹을 것인 양 착각해 뽑아내는 피해가 종종 생긴다. 몇 번 뽑히고 다시 심고를 반복하면 결국은 몸살이 생겨 부실한 포기가 되거나 중간에 말라죽고 만다. 나도 텃밭 초기에는 몇 번 피해를 받았는데 최근에는 별 문제가 없다.

두더지 먹을 것을 찾아 지하통로를 만들면서 뿌리가 부실한 쪽파를 쓰러지게 하고, 들떠서 말라죽게 만든다. 두더지가 지나다니면 거의 반 정도가 못쓰게 되고 만다. 다른 대책도 없는 것 같고 내가 하는 유일한 방법은 그냥 지켜보면서 들뜨는 포기를 발로 밟아주는 정도밖에는 없다.

잎마름병 쪽파가 조금씩 자라면서 처음에는 푸르고 힘차게 자라던 잎의 끝이 어느새 마르는 증상이 보일 때가 있다. 이 증상도 무농약을 고집하는 나에게는 아무런 대책이 없다. 단지 가을 장마가 시작되기 전에 물길을 잘 내고 물이 잘 빠지게 해주는 것이 대책의 전부다. 잎마름병에 걸리면 잎 끝부터 조금씩 말라가므로 마른 부위를 제거하고 이용한다. 상품성이 없고 다듬을 때 힘들어서 그렇지 이용하는 데는 지장이 없다.

휴면타파 쪽파 종자는 휴면기간이라는 것이 있어 일정기간 30°C를 넘겨야 이 휴면에서 깨어날 수 있다. 즉, 30°C 이상의 기간이 20일 이상 지속되면 휴면을 깨고 싹을 틔운다고 한다. 조금 일찍 파종을 하려면 더운 곳에 (비닐하우스 등의 장소) 놓아두었다 심는다.

재배일지

우리 집 큰애가 유난히 파 종류를 좋아한다. 대파, 실파, 쪽파 등을 가리지 않고 잘 먹는다. 계란말이에도 파, 계란찜에도 파, 라면에도 파, 우리 큰애가 요리해 먹는 모든 것에는 파가 들어간다. 심지어는 파절이가 없으면 삼겹살이 맛없다고 한다. 장모와 나는 텃밭을 하면서 거의 모든 작물에 우선해 파, 쪽파 등을 심으려고 목숨을 걸고 재배하고 있다. 비 오는 날 파 넣고, 부추(정구지) 넣고, 풋고추 넣고, 방아잎 몇 장 넣어 구워 먹는 부침개를 좋아하지 않는 사람이 없을 것이다. 우리 집 애들도 모두 좋아한다.

우리 집 쪽파는 시골에서 아버지께서 기르는 모종을 얻은 것이다. 그걸 심어서 번식시켜 계속 쓰고 있다. 쪽파가 싹이 돋아날 무렵에 가끔 까치가 쪽파를 파내어 맨 땅에 뒹굴게 하는 경우가 있다. 처음 텃밭을 시작할 때는 까치가 심하게 방해를 했지만 요사이는 피해를 주지 않고 있다. 5월 말이 되면서 쪽파 윗부분이 조금씩 말라 쓰러져 간다. 6월 초에는 쪽파의 알뿌리를 캐서 그늘에 3~4일 말려 정리한 다음 양파 망에 넣어 비를 맞지 않게 그늘에 보관하면 다시 초가을에 종사로 이용할 수 있다. 보관 중에 30°C가 넘는 날이 15일에서 20일이 지나면 휴면을 깨고 싹이 나온다. 그러니까 6월 초에 수확해 두 달 정도 보관하는 중에 30°C 넘는 날을 20일 정도 맞이하면서 자연스럽게 잠에서 깨어나 8월초·중순이면 싹을 틔우는 것이다. 쪽파도 꽃대를 세우고 꽃을 피운다는 사실을 알았다. 부추 꽃과 비슷하게 생긴 꽃을 피우고 부추 꽃처럼 씨를 맺는 것 같으나, 사실은 씨앗으로 영글지 못한다. 씨로는 번식을 하지 못하는 종이라 한다. 그래도 쪽파를 몇 년 잘 기르다 보면 꽃을 보는 행운도 있다.

돼지파, 락교

- **분류** : 백합과
- **원산지** : 중국 중동부
- **재배지역** : 한국(전국), 중국, 일본
- **특징** : 휴면성이 있음
  물 빠짐이 좋은 곳에 재배
  비늘줄기(알뿌리)로 번식
- **역사** : 불분명하나 오래전부터 제주도에서 재배

재배시기

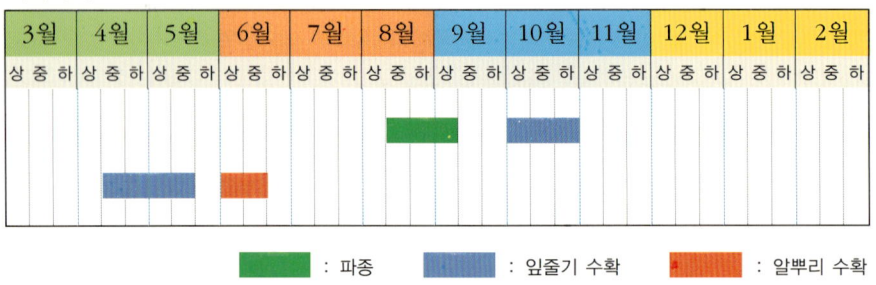

　: 파종　　　: 잎줄기 수확　　　: 알뿌리 수확

　　염교의 모든 특성은 쪽파와 매우 흡사하다. 휴면성이 있어 일정한 온도에 어느 정도 이상 노출이 되어야 싹을 틔운다. 이런 특성 때문에 파종기간이 8월 중순쯤 되어야 한다.(모든 특성이 쪽파와 흡사하므로 참조)

재배하는 밭
쪽파에 준해서 준비한다.

종자 준비
　　시중에서 씨염교를 구하기는 쉽지 않다. 사람들이 염교라는 이름을 모르는 경우가 많으며, 어느 지역에서는 '돼지파'로 부르기도 한다. 나는 지역의 전통 5일장에서 돼지파라면서 판매하는 것을 종자로 사용하려고 구입했다. 판매하시는 아주머니께서 이 '돼지파'를 물김치나 배추김치를 담을 때 몇 조각 으깨어 넣어두면 국물 맛이 시원하다고 자랑이 대단했다.

씨염교는 시골의 아는 분을 통하거나 전통 5일장을 다니면서 구입한다. 구입한 염교의 손질은 쪽파와 마찬가지로 아래의 뿌리를 가위로 잘라내고, 위의 말라 있는 줄기를 잘라낸다.

씨염교

파종

만들어둔 밭에 30cm 정도의 간격으로 깊이 5cm 정도의 골을 낸다.

10cm 기준에 하나씩 싹이 나는 부분이 위로 가도록 씨염교를 심는다. 흙을 덮는 깊이는 쪽파보다는 약간 깊게 2~3cm 정도 덮는 것이 좋다. 그래야 나중에 염교 알뿌리가 노출되는 것이 적다. 작은 것보다는 조금 큰 씨염교를 심는 것이 충실한 알뿌리를 얻을 수 있는 방법이다. 작은 알뿌리는 음식점에서 나오는 '락교'로 염교를 절임한 식품이다.

자라는 모습

염교의 모든 특성이 쪽파와 흡사하지만 싹이 나는 시기가 많이 다르다. 쪽파는 일주일이면 싹이 나오는 데 비해 염교는 2~3배의 기간이 더 걸린다. 그리고 발아에 걸리는 시간에도 많은 차이가 있다. 늦게 싹이 자라는 것은 일찍 자라는 것에 비해 2주 정도 늦기도 한다.

뿌리가 자리를 잡고 어느 정도 자라기 시작하면 겨울이 된다. 다른 종류의 백

파종 4주된 염교 새싹

파종 7주된 염교밭

양념 채소 237

12월 초의 염교

2월 말의 염교

3월 말의 염교

4월 중순의 염교

5월 중순의 염교

합과 채소와 마찬가지로 염교도 겨울을 견디기 위한 준비를 한다. 땅에 엎드려 바람을 피하고, 에너지 소비가 있는 줄기를 스스로 말려 퇴화시키면서 긴 겨울을 지난다. 3월의 따스한 햇볕을 받으면 땅에 엎드려 있던 잎에 조금씩 생기가 돌기 시작한다. 그리고 4월이 되면 하루가 다르게 성장한다.

    4월의 건조함이 계속되면 물을 흠뻑 뿌려주는 것도 도움이 된다. 5월이 되면 잎줄기를 수확해 이용하기 좋을 만큼 자란다. 조금 더 지나면 잎이 약간씩 마르면서 성장을 마무리한다.

잎이 마르고 줄기가 쓰러지는 염교

염교 알뿌리를 캐낸 모습

알뿌리 수확

5월 말이 되면 변색된 염교 잎줄기가 많이 보인다. 줄기가 마르면서 조금씩 쓰러지는 것이 보이면 모두 캐내서 양파 망에 넣어 바람이 잘 통하는 그늘에 매달아 둔다.

한 뿌리가 많이 분구되었다.

정리해 그늘에 말린다.

웃거름주기 및 풀 대책

염교를 심는 계절이 가을이라 바닥을 기는 풀들이 많이 난다. 가을에 파종하고 염교 새싹이 돋아나기 전에 풀이 먼저 자라고 있다. 염교가 자라는 초기(파종 2개월까지)에는 풀을 잘 정리해두는 것이 좋다. 가을풀을 그냥 방치하면 잠자는 듯이 겨울을 나고 이른 봄 금세 자라나 줄기를 뻗고 꽃을 피우고 씨앗을 남긴다.

풀이 조금 자랄 때 수시로 정리를 해두면 좋지만 어느 정도의 풀은 같이 두어도

가을풀

염교밭의 봄풀

웃거름 준 모습, 3월 말

큰 피해가 없다. 봄이 되면 여러 종류의 풀이 어우러져 자라기 시작한다. 방치하고 그냥 두면 별꽃이 염교를 감아버린다. 특히 가을에 돋아나 봄이면 엄청나게 뻗어나는 벼룩나물, 쇠별꽃은 정리하는 데 많은 어려움이 있다.

염교는 파종 후 10개월 정도를 밭에서 지내게 된다. 월동 후 성장이 왕성한 3~4월에 한차례 웃거름을 주면 잎도 잘 자라고 알뿌리도 충실하게 큰다. 잎줄기를 4~5월에 수확하려면 반드시 웃거름을 준다. 웃거름 주는 요령은 '쪽파의 웃거름주기'를 참조한다. 웃거름을 주면 거름의 검은색 때문에 지온이 높아져 성장에 도움이 되기도 한다.

참고사항 작고 고른 알뿌리를 락교로 이용하는 재배에서는 웃거름을 주지 않고 기르는 것이 좋다.

재배 주의사항

염교는 파종 후 풀을 정리하고 봄에 다시 풀을 정리해주면 되는 채소다. 쪽파보다 병충해도 없는 편이고, 수확량도 많다.

밭을 특별하게 가리지도 않고 거름을 많이 필요로 하는 채소도 아니면서 잘 자란다. 염교의 모든 재배방법은 쪽파 재배를 참고한다.

재배일지

일본에서는 염교 알뿌리를 식초에 절여 음식 재료로 쓴다. 이를 '락교'라 하는데 우리나라에서도 사랑받는 음식이다. 파를 좋아하는 우리나라에서는 파를 넣어야 할 요리라면 어느 것이나 이용이 가능하다.

특히 봄철에 수확하는 염교의 잎은 아주 향기 좋은 양념 재료가 된다. 알뿌리를 말려 두었다 김치 담을 때 몇 알 찧어 넣으면 시원한 국물을 즐길 수 있다.

대전의 전통 5일장인 유성장은 아직도 명맥을 유지하는 몇 안 되는 시장 중에 하나다. 이곳의 장은 4일과 9일에 열린다. 나는 유성장이 공휴일에 열리는 날이면 어김없이 장을 한 바퀴 돌아 밭으로 향한다. 어떤 때는 시장에서 파는 순대, 떡볶이 등을 사서 밭에 가서 안주로 먹기도 하고 새참으로 즐기면서 일도 한다.

장날이 특히 좋은 것은 주변의 농가에서 들고 나오는 특산품을 볼 수 있기 때문이다. 잘하면 특이한 종자를 구입할 수 있는 행운도 있다.

유성장에 이름도 생소한 '돼지파' 종자를 파는 아주머니가 있길래 어떻게 판매하냐고 물어보았다. 자신의 집에서 조금 길러 남는 것이 있어 판매한다고 하신다. 물김치를 담을 때 몇 조각 찧어서 넣어주면 국물이 시원하다고 한다.

일단은 심을 거라고 하면서 한 바가지에 5,000원을 주고 구입했다. 씨알이 작아야 많이 들어간다고 다소 작은 종자를 넣어 한 바가지를 주시면서 맛보라고 제법 큰 종자도 몇 개 덤으로 주신다.

집에 와서 자료를 아무리 뒤적여도 돼지파에 대한 정보를 찾을 수가 없었다. 그러면서 백합과의 채소 중에 '염교'라는 것이 눈에 띄어 많은 자료를 찾고 책자를 보았다. 파종 후 자라는 모습을 2개월 동안 계속 관찰한 결과 돼지파가 염교라는 잠정적인 결론에 이르렀다. 이듬해 수확기에 접어들어 자세히 살펴보니 염교가 확실하다. 이렇게 해서 또 하나의 종자를 알게 되었다.

장날 나온 염교(아래), 쪽파(위)

염교를 기르면서부터는 봄날의 유성장에 가도 꼭 눈에 띄는 종자가 되었다. 관심 없이 그냥 지나칠 때는 대수롭지 않던 것이 재배하면서 고민을 해보고 많이 보다보니까 느낌이 와서 그런지 쉽게 눈에 들어온다.

양파

- **분류** : 백합과
- **원산지** : 이란, 서파카스탄, 중앙아시아 지중해 연안이라는 설이 있음
- **재배지역** : 한국(남부), 전 세계
- **특징** : 서늘한 곳에서 재배
  물 빠짐이 잘되면서 수분 보존이 잘되는 밭 선정
  싹이 트는 데 빛이 적어야 함 (호암성 종자)
  산성을 아주 싫어함
- **역사** : 조선말 미국과 일본으로부터 도입

재배시기

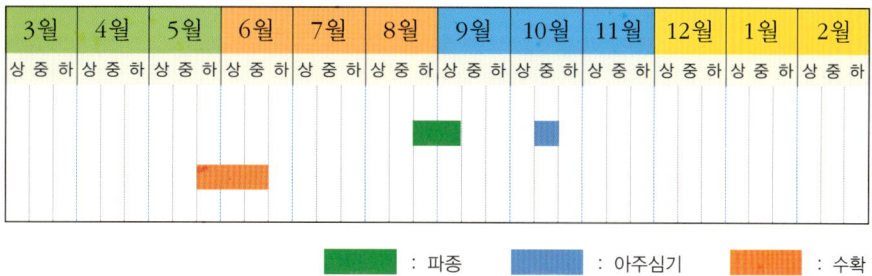

■ : 파종   ■ : 아주심기   ■ : 수확

＊양파 재배시기는 지역편차가 많이 발생함. 위는 대전 근교 북향밭 기준임.

양파 재배는 지역에 따라 많은 편차가 있다. 우리 밭에서는 이제 겨울을 나고 잘 자라기 시작하는 4월에 시장에 가보면 벌써 햇양파가 나온다. 이처럼 재배시기별로 많은 차이를 보이는 채소이므로 지역의 특성을 감안해 파종 및 아주심기를 해야 한다. 겨울의 기온이 영하 5°C 이하로 자주 내려가는 지역에서는 아주심기를 10월 상순에 해 추위가 오기 전에 뿌리가 성장할 시간을 주어야 한다. (언젠가 너무 늦게 심었더니 겨울에 밭이 얼면서 뿌리가 들떠 양파가 거의 말라 죽은 적이 있다.)

씨앗 및 모종 순비

양파 씨앗은 주변의 종묘상이나 지역의 단위농협매장(농기구, 농자재 등을 취급하는 농협)에 가면 구할 수 있다. 사전에 인터넷을 통해 어떤 종류의 양파를 심을 것인가 알아보는 것이 좋다. 그것에 따라 종자의 준비가 달라진다. 보통 많이 재배하는 노란색 계통, 붉은 계통, 흰색 계통 등 다양한 종류의 양파가 있다. 소규모의 텃밭이나 주말농장에서 조금 기르는 정도는 종자를 구입하는 것보다 종묘상이나 전통 5일장에 나오는 모종을 구입해 심는 편이 좋다. 양파 모종은 지역의 날씨에 따라 아주심기에 적당한 시기에 나오게 된다. 그러나 적색이나 흰색 양파는 시중에서 모종 구하기가 쉽지 않다. 보통은 대파 모종과 같이 묶어서 판매하는 것과 트레이포트에 모종을 길러 판매하는 두 종류가 있다. 내가 사는 대전 지역에서는 묶음모종은 판매하지 않고 128구 트레이 모종을 주로 판매하고 있다.

모종 기르기

나는 다른 종류의 백합과(부추, 파)에 비해 양파 모종이 제일 가꾸기 힘들었다. 아직까지 제대로 재배에 성공한 적이 한 번도 없어 이렇다 할 말이 없다.

3년 연속 모종 기르기에 실패를 하다 최근에는 아예 씨앗을 많이 파종하고 자주 물도 주고 하니 어느 정도 모종을 건질 수 있었다.

대부분의 모종이 성장 초기에 모잘록병(입고병) 때문에 말라 죽었다. 그냥 두면 거의 80% 이상이 이 병에 걸려 죽는다. 그래서 씨앗을 많이 뿌려야 모종을 건질 확률이 높아진다.

시판하는 양파 모종

파종 5일 만에 짚을 걷었다.

체로 흙을 쳐서 덮어주었다.

파종 1개월, 거의 말라죽었다.

파종골은 호미로 10cm 정도 폭을 만들고 1~2cm에 하나의 씨앗이 떨어지게 뿌리고 흙을 얇게 덮는다. 파종 후 짚으로 덮고 물을 흠뻑 뿌려주고 2~3일 뒤에 다시 물을 준다. 이후에 5일 정도 지나면 싹이 올라오는 것이 보일 때 덮어둔 짚을 제거하고 해거름에 물뿌리개로 물을 준다. 발아는 아주 잘되는 편이다. 자라면서 땅강아지가 지나다녀 뿌리가 들뜨고 말라죽는 것이 조금씩 보인다.

양파 모종밭의 풀, 10월 초순

주의사항 모종을 기르다 보면 모잘록병에 많이 없어지고 그나마 남아 있는 모종밭을 두더지가 돌아다니면서 또다시 힘들게 한다. 그리고 많이 돋아나는 풀을 정리하는 것이 힘들다. 그래서 조금 기

양파 모종밭의 두더지 흔적

르는 것은 모종을 구입하는 편이 훨씬 수월하다. 모잘록병을 예방하려면 연작을 피하고 한 번 재배한 곳은 병원균이 줄어드는 기간을 둔 다음 다시 재배한다.

아주심기 준비

양파는 비교적 긴 기간을 밭에서 보내게 되므로 밑거름을 다른 채소에 비해 많이 넣어야 한다. 특히 뿌리채소이므로 인산과 칼륨 성분이 있는 쌀겨와 재로 만든 퇴비를 넣어 주는 것이 좋다.

밭을 일구기 1주 전에 석회를 조금 뿌리고 살짝 뒤집어준다. 아주심기 1~2주 전에 1m^2당 4kg 정도의 퇴비와 깻묵 4컵(800g) 정도를 넣고 일군다.

참고사항 반드시 석회를 1m^2당 100g 정도 넣어준다. 양파는 10월에 아주 심어 이듬해 5월 말 이후에 수확이 된다는 사실을 알고 길러야 한다.

아주심기

퇴비를 넣고 일구어둔 밭에 폭 1m, 높이가 5~10cm 되는 두둑을 만든다. 두둑에 깊이 7cm 정도로 골을 파고 12~15cm 간격에 하나씩 양파 모종을 놓고 흙을 덮어 똑바로 세우면서 심는다. 줄 간격은 25cm 정도를 유지한다.

트레이 모종은 심기 전에 반드시 물을 흠뻑 뿌려주었다 3~4시간 지난 후 뿌리가 상하지 않게 조심해서 뽑아 심는다. 아주심기가 끝나면 물을 흠뻑 뿌려주어 뿌리 깊숙이까지 물이 쓰며들도록 한다.

자라는 모습

양파를 심고 시일이 조금 지나면 지역에 따라 서리가 내리기 시작한다. 양파는 추위에 견디는 힘이 강하지만 기온이 5°C 이하로 내려가면 성장이 거의 멈춘다. 그러다 12월이 되면서 영하로 내려가는 긴 겨울에 양파는 잠자듯이 땅에 엎드려 겨울을 난다. 늦가을에 조금 자란 양파 잎조차 혹독한 겨울의 추위에 꼭대기 부분

양파 모종 심는 모습

줄 간격 25cm 포기 사이 15cm

6주 지난 모습, 짚을 썰어 덮어준다.

12월, 서리를 맞은 양파밭

3월 말의 양파밭

4월 말의 양파밭

5월 초 양파밭

5월 말의 양파밭

이 얼어 말라버리고 긴 겨울잠을 잔다. 생명을 겨우 유지하는 듯 긴 겨울을 보낸다. 뿌리가 약한 양파는 겨우내 밭이 얼어 들뜨면 그나마 말라 죽는다.

봄기운이 느껴지는 3월이 되면 활발하게 생명활동을 시작하는 모습이 보인다. 이 모습을 보여주려 그 긴 겨울을 인내하며 지냈다는 생각이 들 정도로 왕성하게 자라는 모습을 보여준다.

봄기운이 완연한 5월이 되면, 햇빛이 비치는 시간이 점차 길어지고 기온도 양파가 자라기 적합하게 변한다. 이때는 양파 잎도 점차 짙은 녹색으로 변하고 뿌리가 발달해 알뿌리가 생기는 것이 보이기 시작한다.

건조한 봄기운이 계속될 때 양파밭에 물을 흠뻑 뿌려주면 양파는 보답이라도 하듯 잘 자란다. 양파는 건조한 것보다는 습기를 좋아하므로 자주 물을 주면 좋다. 5월 말이 되면 다 자라 더러 줄기가 쓰러지는 양파가 보이기도 한다.

줄기가 쓰러져 수확시기를 알리는 양파

양파 수확

바로 이용할 양파

묶어서 그늘에 두면 12월까지 이용할 수 있다.

수확 및 갈무리

5월 중순 이후로 양파를 수확하는데 줄기가 쓰러지는 포기를 뽑아 이용한다. 그러다 전체 줄기의 60~70%가 쓰러지면 한꺼번에 뽑아 수확한다.

양파는 수확 직후 한꺼번에 이용하는 것이 불가능하다. 수확 직후 바로 이용할 만큼만 줄기와 뿌리를 잘라 갈무리하고 나머지는 줄기째 묶어 그늘에 달아두면 12월 초까지는 이용할 수 있다. 집 안에 들여 놓으면 겨울에도 신선한 양파를 즐길 수 있다. 나는 12월까지 밭에 달아둔 양파를 모두 쓴다. 그리고 싹이 난 양파를 다시 밭에 심고, 이듬해 봄에 잎양파로 이용하거나 늦봄에 알뿌리로 수확해 이용하고 있다.

참고사항 4월 중순 이후에 양파를 뽑아 잎과 뿌리를 대파처럼 써도 된다. 줄기가 쓰러지는 시기까지 계속 이용할 수 있다.

웃거름주기 및 풀 관리

양파는 10개월에 육박하는 긴 기간을 밭에서 자라는 채소다. 아주 심은 초기에는 성장이 둔한 편이라 밑거름으로 넣어둔 양으로 충분히 잘 자란다. 그러나 이듬해 봄이 되면 상황이 많이 달라진다. 하루가 다르게 성장하고 알뿌리도 키우려면 많은 거름이 필요하다. 키가 너무 자라면 거름을 준다고 움직일 때 양파 줄기가 다치게 되므로 4월 초순 이전에 웃거름을 주도록 한다.

웃거름을 제대로 주려면 양파가 심겨진 줄 사이를 호미로 조금 파내고 완숙퇴비를 뿌리고 흙을 덮어주면 된다. 봄철 바쁜 와중에 이렇게 꼼꼼하게 웃거름을 주기 어려우면 깻묵과 재거름이 있는 경우 양파밭에 흩뿌린다.(쪽파의 웃거름주기 233쪽 참조) 양파밭에는 봄, 여름, 가을, 겨울에 자라는 풀이 함께한다.

봄에는 가을에 싹이 튼 겨울 풀 때문에 괴롭고 봄에 돋아나는 냉이, 뚝새풀 등이 괴롭힌다. 풀이 많이 자란 상태에서 풀을 뽑으면 양파도 함께 뽑히는 일이 있으므로 주의한다. 풀이 어느 정도 자라 우거지면 관리가 아주 힘들어지므로 어릴 때 약간씩 정리해준다. 그렇다고 알뜰하게 풀을 매라는 이야기는 아니고 양파가 자라는 데 방해가 될 정도로 방치하면 곤란하다는 뜻이다. 풀은 베거나 뽑아서 양파 사이에 다시 깔아준다.

겨울에 웃거름으로 뿌려준 깻묵

양파와 함께 자라는 풀

재배 주의사항

양파는 모종을 구해 심는 시기만 맞추어주면 작은 알이라도 수확이 가능한 채소다. 대표적으로 병충해에 강한 채소라 자부한다. 텃밭에서 조금 기르는 정도는 병충해를 별로 염려하지 않아도 된다. 수확기에 양파에 벌레(고자리)가 있는 것이 보이기도 하지만 그다지 걱정할 정도는 아니다. 양파는 길러서 이웃에 자랑하기에도 그만이다. 다만 임대농장이나 봄에 분양받는 주말농장에는 길러보기 힘든 채소라는 것이 안타깝다. 보통의 주말농장 계약이 봄부터 가을이라는 기간적 제약이 있기 때문이다.

양파는 파종을 일찍 해 굵은 모종으로 길러 아주 심으면 이듬해 봄에 꽃대가 올라오는 것이 많아진다. 꽃대가 올라온 양파는 알이 작아서 이용하기에는 불편하다. 전문 농가에서는 큰 모종을 버리고 조금 작은 모종을 심어 꽃대가 올라오는 양파를 줄이고 있다. 그러나 텃밭에서는 양파 꽃을 구경하는 즐거움이 있으니 마음껏 길러도 좋을 것이다.

꽃대가 생긴 양파와 보통 양파의 크기 비교

씨받기

꽃대가 올라오는 양파를 씨앗을 받기 위해 계속 두고 보았다. 보통의 대파와 비

양파꽃, 6월 중순

양파 꼬투리, 7월 중순

숫하게 씨앗이 잘 될 것이라 예상하고 막대도 세워 쓰러지지 않게 관리했다. 그런데 6월 중순에 꽃이 핀 이후로 장마가 오더니 주변의 노린재가 꽃봉오리에 붙어 엉망이 되었다. 씨앗이 되지 못하고 말라버린 꼬투리가 대부분이다. 아무런 시설 없이 양파 씨앗을 받는다는 것은 무척이나 어렵다. 내년에는 꽃이 피고 나면 망을 씌워 벌레의 접근을 막아 씨앗이 되는지 관찰하려고 한다.

재배일지

양파는 오래전부터 재배를 해보고 싶은 채소였다. 2003년에 처음으로 시험재배를 했는데, 9월 14일 파종해 초겨울에 고구마 캔 자리에 일부를 모종으로 옮겨 심고 일부는 본밭에 두었다. 모종을 한 곳에는 겨울에 얼었다 녹았다 하면서 뿌리가 들떠 봄에 거의 죽고 다섯 포기가 남았다. 본밭에 있던 양파가 더 잘 자라서 알도 더 크게 맺었다.

양파의 재배에서 중요한 것은 아주심기를 하고난 후 뿌리가 제대로 자리를 잡을 성장 기간이다. 이 기간이 있어야 겨울의 서릿발에 뿌리가 들떠 말라죽는 양파를 줄일 수 있다. 양파 모종을 조금 일찍 육묘해 10월 중순에는 아주심기를 마쳐야 제대로 뿌리를 잡고 겨울을 날 수 있다.

양파는 햇빛을 받는 시간이 길어질수록 알이 굵어지는 특성이 있다. 되도록 햇볕이 많이 들고 오랜 시간 해를 바라보는 밭에다 심는 것이 좋다. 양파 위에 왕겨와 짚을 썰어서 두툼하게 뿌려주면 월동할 때 보온의 효과도 있고 월동 후 봄에는 건조를 막고 풀이 덜 나게 하는 장점이 있다. 한 가지 단점이라면 왕겨나 짚으로 덮으면 봄이 되어 땅이 녹고 난 후 웃거름을 줄 때 방해가 된다.

양파는 웃거름을 별로 주지 않아도 텃밭용으로는 무난한 작물이므로 피복을 해 재배하는 편이 유리하다. 해마다 8월 말이면 양파 씨앗 파종하고 위에 짚을 덮어 햇빛과 고온을 막아 준다. 싹이 트고 5~6일 지난 후 피복물을 걷어주고 관리를 해준다. 양파 모종을 기른다는 것이 보통 까다로운 일이 아니다. 싹이 터서 자라는 중간에 흙을 체로 쳐서 복토도 해주고 관리에 심혈을 기울여도 80%가 넘는 모종이 모잘록병(입고병)으로 말라 죽는다. 파종 40일 정도 지나면 아주심기 할 수 있을 만큼 자라므로 아주 심는 시기에서 40일쯤 전에 파종한다.

2006년에는 아예 양파 씨앗을 많이 구입해(200ml) 아주 배게 파종을 했다. 그 결과 병으로 죽은 포기와 중간에 두더지, 땅강아지에 의해 들떠서 죽은 모종을 제외하고도 심을 만큼의 양이 되었다. 그런데 씨앗 값이나 모종 구입 가격이나 차이가 없는 것 같다. 단지 모종으로 기르면 내가 시기를 골라 언제든지 심을 수 있어 좋다는 장점이 있다.

전등을 켠 하우스에서 자란 슈퍼양파

참고사항 오른쪽 사진은 딸기 하우스에 전등을 켜고 기른 양파를 보여준다. 겨울에 딸기의 성장을 좋게 하려고 하우스에 등을 달고, 해가 지고 난 후 3~4시간 불을 켜준 곳에서 기른 양파다. 보통의 밭에서 기른 양파보다 3~4배는 크게 자랐다. 대신에 보관성은 엄청나게 떨어져 조기에 수확해 이용하지 않으면 여름에 모두 상해버린다. 양파의 빛에 대한 성장 정도를 볼 수 있는 자료라 생각된다.

마늘

- **분류** : 백합과
- **원산지** : 중앙아시아
- **재배지역** : 한국(전국), 전 세계
- **특징** : 휴면성이 있음
  물 빠짐이 좋은 곳에 재배
  비늘줄기(알뿌리)로 번식
- **역사** : 단군신화에 등장 (통일신라시대)

재배시기

■ : 파종   ■ : 풋마늘 수확   ■ : 알뿌리 수확

    마늘은 서늘한 기후를 좋아하는 뿌리채소다. 보통은 가을에 파종해 봄에 수확한다. 이는 겨울에 잠에서 깨어나(휴면타파) 봄에 성장하는 마늘의 특성 때문이다. 마늘은 줄기가 자랄 때는 잎과 줄기를 이용하고 알뿌리가 자라면 이를 이용한다. 보통의 주말농장에 심기에는 무리인 작물이다.

재배하는 밭

    고구마, 상추, 아욱, 오이, 들깨, 강낭콩, 벼 등을 재배하고 정리가 된 밭을 이용하면 좋다. 파종 1~2주 전에 1m²당 3~4kg의 완숙퇴비를 뿌리고 깻묵을 4컵(800g) 정도 넣어 살짝 일구어 놓는다.

    물 빠짐이 좋은 밭은 골을 얕게 만들어 큰비가 오면 물이 빠지는 정도로 하고 물 빠짐이 좋지 않은 밭은 약간 높은 15cm 정도의 이랑을 만든다. 다른 작물과 마찬가지로 두둑의 폭이 1m 정도 되는 밭을 만든다.

    주의사항 마늘은 쪽파와 비슷하게 재배할 수 있다. 쪽파는 가을부터 이듬해 봄까지 수확이 가능한 반면 마늘은 이듬해 봄이 되어야 싹이 돋아난다. 마늘은 한 번 심으면 10개월 정도 밭을 차지하므로 이듬해 봄채소를 심을 계획을 세우고 파종해야 한다.

씨마늘 준비

한 쪽씩 갈라둔 씨마늘

마늘을 처음 재배하는 경우라면 지역의 전통 5일장에서 구입하는 편이 수월하다. 아니면 지역의 농가에서 조금 구해서 심는 것이 좋다. 마늘은 지역적인 적응성이 있어 그 지역에서 재배된 마늘을 심는 것이 좋다.

계속 기르는 경우는 봄에 수확해 갈무리해 둔 마늘 중에 씨알이 굵고 튼실한 것을 골라 하나씩 뜯어내어 준비한다. 마르거나 썩은 씨마늘은 골라낸다.

파종

만들어둔 밭에 줄 간격 20cm 정도에 깊이 5cm 정도로 호미를 이용해 파낸다. 파낸 골에 씨마늘을 10cm 기준으로 하나씩 싹이 나는 부분이 위로 가도록 두고 흙을 3cm 정도 덮어둔다. 즉, 줄 간격 20cm에 포기 사이를 10cm두고 심는다.

흙덮기는 3cm 정도로 한다. 얕게 흙을 덮으면 겨울에 얼었다 녹았다 하면서 심

씨마늘 심기

마늘 파종 후 짚으로 덮어둔다.

어둔 씨마늘이 땅 위로 노출될 가능성이 커진다. 너무 깊으면 봄에 더디게 싹이 올라오고, 수확할 때 뽑기가 힘들어진다.

마늘 파종이 끝나면 위에 짚, 왕겨, 들깨 털고 난 찌꺼기 등으로 피복한다. 그러면 겨울을 수월하게 날 수 있다. 피복 재료의 으뜸은 들깨를 털고 난 뒤 생기는 들깨잎 등의 부스러기다. 색깔이 태양빛을 쉽게 받아들여 지온을 높이는 데 효과가 있다. 마늘이 겨울 동안 덜 얼게 되고, 봄에 일찍 싹이 돋는다.

자라는 모습

마늘은 겨울의 추위를 지나야 잠에서 깨어나 싹을 틔운다. 보통 2월 말에서 3월 초는 되어야 싹이 올라온다. 3월이 되어 기온이 올라가고, 햇볕이 좋아지면 잘 자란다. 5월 말이 되면서 마늘의 대궁이 서고 마늘쫑이 하나둘 생기기 시작한다. 마늘쫑을 뽑아 이용하는 것도 큰 즐거움이다.

마늘 싹, 2월 말

자라는 모습, 3월 말

5월 초

5월 말

수확

싹이 돋아나고 20~30일이 지나면 풋마늘을 이용할 수 있을 만큼 자란다. 이때부터 잘 자라는 풋마늘을 뽑아 이용한다. 풋마늘로 수확할 수 있는 기간은 4월 말까지다. 이후는 알이 영글고 줄기가 억세지기 때문에 곤란하다.

5월 말로 접어들면 마늘에서 마늘쫑이 생긴다. 규모가 작은 텃밭이라도 자라는 마늘쫑을 잘 뽑아 생으로 이용하거나 다른 반찬을 해먹어도 된다. 6월이 되면 마늘 줄기가 마르면서 더 이상 자라지 않는다.

3월 중순의 풋마늘

수확시기를 알리는 마늘 잎

주의사항 마늘의 수확시기를 늦추면 곧바로 장마를 맞게 된다. 마른 줄기가 물기를 머금은 상태로 오래 있으면 줄기가 썩어 약해진다. 약해진 줄기를 잡고 뽑으면 줄기가 끊어지고 마늘이 뽑히지 않는다. 그러면 호미나 삽으로 파내야 하는 어려움이 있다. 장마가 오기 전이 마늘의 적당한 수확시기다.

갈무리하기

수확한 마늘을 20~30개씩 묶어 그늘에 달아둔다. 그러면 줄기도 마르고 마늘도 잘 마른다. 필요하면 몇 통씩 빼내 이용하고 나머지는 그대로 둔다. 가을이 되면 달아둔 마늘 중에 좋은 마늘을 골라 한 쪽씩 쪼개 씨마늘로 쓴다.

수확 후 묶어둔 모습

웃거름주기 및 풀 대책

마늘밭의 풀은 초기에 적당히 정리한다. 마늘을 파종한 후면 가을이라 풀이 보이지 않는다. 싹이 돋아나고 마늘이 자라면서 풀도 같이 새싹을 틔워 자란다. 봄에 주로 보이는 풀은 냉이, 명아주, 쇠별꽃 등이다. 아래 사진을 보면 풀은 보름 만에 엄청나게 성장하는 것을 알 수 있다. 마늘밭의 냉이도 4월 중순이 지나면 나물로 쓰기 힘들기 때문에 이른 봄에 캐서 쓰면 좋다.

마늘밭의 풀, 4월 16일

마늘밭의 풀, 5월 1일

마늘은 이른 봄에 크게 자란다. 겨우내 숨겨두었던 생명을 봄에 모두 발산하는 채소다. 그래서 봄에 성장을 위한 웃거름이 필요하다. 웃거름으로 좋은 것은 주변의 찜질방 등에서 나오는 나뭇재와 깻묵 정도다. 퇴비가 있으면 마늘 싹 위로 조금 뿌려주면 아주 좋다. 나는 풀이 잘 자라는 곳만 조금 정리하고 마늘이 어느 정

마늘밭의 풀, 5월 15일

마늘밭에 웃거름을 준 모습

도 자란 곳의 풀은 그냥 둔다. 그러다 마늘을 수확하고 들깨 등을 심을 때 풀을 모두 정리해 밭 위에 깐다. 마늘밭에 왕겨나 낙엽 등으로 덮어두면 풀이 덜 난다.

참고사항 웃거름을 잘 주려면 쪽파의 웃거름주기를 참조한다.

재배 주의사항

마늘은 가을에 파종해 늦봄에 수확하는 작물로 병충해 등의 걱정이 없다. 적당한 장소를 골라 몇 쪽 심어두면 이른 봄에 푸른 잎줄기를 이용하고 초여름에 알뿌리를 캐서 양념으로 이용할 수 있는 대중적인 채소다. 다만 봄에 돋아나는 풀을 조금 손질하는 정도의 수고는 해야 한다. 지역에 따라 고자리의 피해를 많이 보는 곳도 있지만 내 밭에서는 아직까지 크게 당한 적이 없다.

재배일지

처음 텃밭농사를 할 때는 잎채소 재배에 신경을 쓰다가 몇 년 하면서는 양념채소에도 신경을 기울이기 시작했다. 그때 제일 먼저 떠오르는 것이 마늘이었다. 2003년 가을 어느 장날 종자를 두 접 구입했다. 11월 초순, 고구마와 들깨를 수확한 자리에 한 쪽씩 쪼개어둔 씨마늘을 심었다. 찾아보니 3cm 정도 복토를 해주라고 되어 있어서 그렇게 했다. 추운 지방에서는 복토를 약간 더 해주는 것이 좋다. 복토가 얕으면 겨울에 땅이 얼었다 녹았다 하면서 마늘이 땅 위로 노출되는 경우가 발생한다.

마늘은 겨울을 버티다 이듬해 봄이 되어야 새싹이 돋고 자라기 시작한다. 심는 간격은 사방 10cm 정도가 적당할 것 같고 심은 후 왕겨나, 낙엽 등으로 피복을 해주면 수월하게 겨울을 날 수 있다. 대규모로 기르는 분들은 비닐피복을 해 재배하지만 규모가 작은 텃밭에서는 권할 바가 아니다. 대신에 자연자재로 피복해 보온하길 권한다. 피복 재료에는 여러 가지가 있지만 그중에 추천할만한 것은 왕겨 또는 나뭇재다. 볏짚이나, 건초 등으로 피복을 하면 봄에 걷어주는 수고를 더해야 하기 때문이다. 들깨의 수확 후 부스러기가 있으면 이를 이용하면 좋다.

마늘은 한번 심으면 양파와 마찬가지로 해를 넘겨 이듬해 6월에 수확해야 하는 작물이다. 20~30m² 이하의 작은 텃밭이나 주말농장이라면 밭을 이용하는 데 불편한 점이 많아 부적당하다. 보통의 텃밭에서는 마늘을 수확한 자리에 들깨를 심든지 조금 기다렸다가 가을 작물(무, 배추, 양배추, 열무, 얼갈이배추, 당근 등)을 심을 수 있다.

나 어릴 때는 풋마늘을 뽑아 양념장을 만들어 콩나물밥을 많이 비벼먹었다. 할머니는 나에게 멀리 있는 마늘밭에 가서 풋마늘을 뽑아오라 하셨다. 뽑아온 풋마늘을 정리하고 속껍질을 벗겨 건네주면 잘게 썰어 간장에 넣는다. 그리고는 참기름 한 방울 떨어뜨려 양념장을 만든다. 뜸이 드는 솥을 바라보며 한없이 침을 삼키며 기다렸다. 그 양념장이 남으면 김을 구워 밥을 싸먹는데 그게 또 아주 맛있다. 지금도 그 맛이 그리워 풋마늘을 조금씩 길러본다.

마늘은 아주 귀한 양념이기도 했다. 작은 마늘을 까서 도마 위에 올려 다지고, 그걸 추어탕에 넣어 먹는 것이 어린 내가 아는 유일한 마늘 이용법이었다. 비 온 뒤에는 동생과 함께 나가 미꾸라지를 잡았다. 그걸 손질해 끓인 추어탕에 빠지면 안 되는 양념이 다진 마늘, 다진 고추 그리고 산초(초피나무의 열매)가루다. 그때는 마늘을 함부로 못 썼다. 작은 마늘을 까는 것도 일이고, 손질해 다져놓으면 조금만 넣으라고 눈치를 받는 귀한 양념이었다. 요새 추어탕 집에서 중국산인지 국산인지도 모르는 마늘 다져진 것이 종지에 가득 담겨져 나오는 걸 보면, 예전에 눈치 보면서 조금씩 넣어 먹던 마늘이 생각난다.

- **분류** : 백합과
- **원산지** : 지중해 연안
- **재배지역** : 유럽
- **특징** : 서늘한 곳이 좋음, 물 빠짐이 좋은 곳에 재배 두해살이풀, 추위에는 강하나 무더위에 약함
- **역사** : 최근(1990년) 재배시작

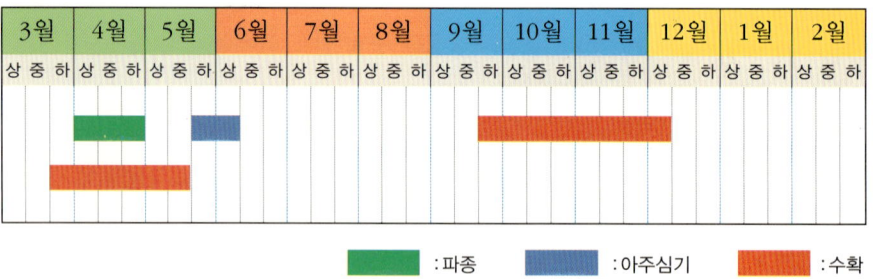

서늘한 기후를 좋아하는 리이크는 최근에야 우리나라에서 재배를 시작했다. 유럽 원산의 파와 흡사한 채소다. 잎은 마늘잎과 비슷하고 줄기와 뿌리는 대파와 흡사하다. 다만 줄기가 대파보다 많이 굵은 특징이 있다.

재배방법은 대파와 같으며, 여름철의 고온다습한 장마에 약하다.

재배하는 밭

리이크는 파와 비슷해 아무 데서나 잘 자라는 것처럼 보이지만 물이 잘 빠지지 않으면 장마철에 줄기 부분이 짓물러지는 증상을 보이기도 하고 일부는 상해 못 쓰게 된다.

물이 잘 빠지는 밭을 골라야 하고 그렇지 않으면 고랑을 잘 만들어 물 빠짐이 잘되게 해야 한다. 특히, 장마철에는 줄기가 물러지면서 죽어버리는 포기가 많이 생긴다.

씨앗 구하기

리이크 씨앗은 아직 우리나라에서 손쉽게 구할 수 있는 것은 아니다. 나는 인터넷을 통해 이곳저곳 기웃거리다 씨앗을 전문적으로 수입해 판매하는 곳에서 구했다. 내가 구한 종류는 콜롬비아와 링컨이라는 종자고 각 2,500개들이 한 봉지에 25,000원 정도다. 씨앗의 모양은 대파 씨앗과 흡사하게 생겼다. 옆의 것은 코팅된 리이크 씨앗이다.

리이크 씨앗

모종 기르기

모종을 기르기 위한 준비로는 모종용 밭에 1m²당 2~3kg의 완숙퇴비와 깻묵을 2컵(400g) 정도 넣어 파종 2~3주 전에 일구어 놓는다. 퇴비를 넣고 밭을 정리하

4월 7일 파종, 3주 뒤 발아 모습

파종 5주, 리이크 모종

파종 6주

파종 8주

양념 채소 **261**

기 전에 석회 또는 고토석회를 1m²당 100g 정도 넣어두면 좋다. 파종은 줄 간격 20~30cm 정도에 씨앗이 1~2cm에 하나씩 떨어지게 골고루 뿌리고 2~3mm 정도 가볍게 흙을 덮는다.

주의사항 리이크 씨앗은 5mm 이상 깊게 흙덮기를 하면 발아율이 상당히 저조해진다. 싹이 트는 적당한 온도는 11~23°C이므로 이를 감안해 파종시기를 결정한다. 초기 성장은 아주 더디다. 그러나 기온이 20°C가 넘어가는 5월 중순 이후가 되면 빨리 자란다. 그러다 파종 2개월이 되면 모종으로 옮겨심기를 할 만큼 성장한다.

솎아내기

자라는 곳을 봐가면서 복잡한 부분을 솎아준다. 씨앗이 한꺼번에 떨어져 복잡한 곳만 포기 사이를 3~4cm 간격으로 유지하고 웬만큼 복잡한 곳은 그냥 둔다. 솎아내기가 어려운 일이기도 하지만 나중에 모종을 아주 심을 때 모종의 상태를 봐가면서 비슷한 크기의 모종을 모아서 심으면 아무런 문제가 되지 않는다. 그래도 모종을 튼튼하게 키우려면 포기 사이의 거리가 3cm 이상 되도록 솎아내준다. 한꺼번에 간격을 넓히는 무리한 솎아내기보다는 조금씩 솎아내어 자라는 데 따라 간격을 조절해주는 것이 좋다.

풀 관리

풀의 밀도가 높게 자라는 경우 자주 풀을 제거해 모종이 풀에 짓눌리지 않게 해준다. 풀이 돋아나는 초기 관리가 소홀하면 풀이 우거져 모종이 자라지 못하게 되거나 웃자라게 되어 모종을 버리게 된다. 파종 후 조금씩 돋아나는 풀이 리이크 모종과 어우러지기 전에 풀을 관리해두는 것이 좋다. 나중에 한꺼번에 풀을 뽑으려면 모종의 뿌리까지 함께 뽑혀서 곤란해진다. 모종을 기를 때 한두 차례는 풀을 꼼꼼하게 정리해주는 수고를 해야 한다.

리이크 모종밭의 풀, 5월 말

밭 준비

아주 심을 밭은 물 빠짐이 좋고 비옥한 곳을 골라 아주심기 2~3주 전에 퇴비를 1m²당 3kg 정도 깻묵 4컵(800g) 정도 넣고 밭을 일구어 둔다. 리이크는 대파와 같이 산성을 싫어하므로 석회가 준비되면 1m²당 100g 정도 뿌려주고 정리하는 것이 좋다.

모종 옮겨심기

리이크 모종의 굵기가 연필 정도 되면 아주심기에 적당하다. 보통 파종 2개월에서 3개월 사이에 이만큼 자란다. 모종 옮겨심기는 대파의 경우를 참조한다.

주의사항 리이크 모종의 잎은 마늘과 같이 방향이 있다. 되도록 이 잎의 방향을 일정하게 배열해 모종을 심도록 한다. 그래야 나중에 관리가 수월하다.

아주 심은 지 3일 지난 리이크

아주 심은 지 5주 지난 리이크, 7월 말

자라는 모습

아주심기가 끝나면 축 처진 모습으로 2주 정도를 보낸다. 그러다 서서히 줄기가 세워지고, 잎도 생기를 띠게 된다. 6월 말에 찾아오는 장마에 리이크는 아주 어렵게 자란다. 일부는 무름병 때문에 없어지기도 하고 나머지도 힘들게 생존한다. 이 장마가 걷히고 날씨가 서늘해지면 몰라보게 성장한 리이크를 만나게 된다. 9월이 되면 복잡한 부분의 리이크를 하나씩 솎아가면서 수확한다.

모두 수확하지 말고 일부를 남겨 겨울의 추위를 견디게 하면 이른 봄, 겨우내 못다 자란 보충을 하듯이 잘 자란다. 겨울을 나고 봄에 수확한 리이크의 맛은 가

아주 심은 지 4개월, 11월 중순

리이크의 월동, 1월 말

을에 느끼는 그 향기와는 색다르다. 봄에 몇 포기를 남겨두면 꽃을 피우고 씨앗을 준다. 5월에 조금씩 꽃대를 기르다 6월이면 모두 꽃이 핀다. 꽃은 흰색과 보라색이 약간 섞여 있다. 그러다 7월의 여름이 되면 잎이 서서히 마르다 8월에는 강한 줄기를 제외하고는 모두 마르면서 2년생 풀로서 생을 마감한다.

파종 1년이 지난 리이크, 4월 말

4월 말의 리이크

5월 말, 꽃대를 키운다.

리이크꽃, 6월 말

7월 초, 잎이 말라간다.　　　　　　　　　　　　8월 초, 잎이 완전히 말랐다.

수확

리이크는 모종을 기르면서도 솎아서 이용할 수 있다. 필요하면 수시로 한두 뿌리씩 뽑아 쓴다. 그러나 한여름의 장마철과 한겨울에는 이용이 불가능하다. 장마철에는 리이크 줄기가 물러져 있는 경우가 많아 수확이 곤란하고 겨울에는 밭이 얼어 있어 수확이 불가능하다.

참고사항 리이크는 두해살이풀이므로 이듬해 5월 초순 이전에 수확을 마쳐야 한다. 월동 후 자라는 줄기는 봄에 꽃대를 키우면서부터 이용하기 힘들어진다. 그리고 여름이 되면서 잎이 모두 말라버리고 나중에는 줄기도 마르면서 땅속에 알뿌리 형태의 새끼를 1~3개씩 두고 생을 마감한다.

관리 꽃 따주기, 풀 정리, 웃거름주기

꽃 따주기 가을 파종 월동 리이크는 5월이 되면서 꽃대가 올라온다. 꽃을 피우면서 자라는 줄기는 씨앗을 키우려 줄기가 연약해지므로 수확해 이용하는 경우에는 불리하다. 이 경우는 꽃망울 상태에 따주어 줄기가 충실하게 자라게 한다. 그냥 두면 어린 포기도 꽃을 키운다고 제대로 성장하지 못한다.

풀 정리 리이크는 파종 후 모종을 기를 때부터 풀과의 경쟁이 심하다. 그리고 모종을 옮겨 심는 시기도 늦봄이라 심자마자 풀이 먼저 돋아난다. 5월 중순 모습은 3월에 웃거름을 주면서 풀을 정리한 밭이다. 그런데도 5월에 다시 풀이 자라고 있는 모습을 볼 수 있다.

웃거름주기 리이크는 자라는 기간이 길어서 밑거름만으로는 불충분하다. 그래서 잘 자라는 시기에 웃거름을 주어 영양분이 부족하지 않게 해주는 것이 좋다.

리이크밭의 봄풀, 5월 중순

리이크밭의 여름풀, 7월 중순

웃거름은 장마가 끝나는 시기에 골 사이를 호미로 10cm 깊이로 죽 긁어내고 사이에 퇴비를 넣고 흙을 살짝 덮어준다. 웃거름 주는 모습은 쪽파의 웃거름주기를 참조한다. 이때 옆에 자라는 풀을 같이 정리해주면 좋다. 2회째는 월동 후 3월 말에 풀을 정리하면서 한 번 더 퇴비와 깻묵을 준다.

북주기 리이크가 자라는 모양은 품종에 따라 다르다. 키가 큰 것과 키가 작고 줄기가 굵게 자라는 종류가 있다. 키가 많이 자라는 리이크는 웃거름을 줄 때 북주기를 해야 쓰러지지 않는다. 북주기를 하면 줄기의 흰 부분이 늘어나 이용하기에 좋다. 아래는 줄기의 모양에 따른 리이크 종류다.

(좌) 줄기가 가늘고 긴 모양의 리이크 (우) 줄기가 짧고 굵은 모양의 리이크

종류별 리이크

재배 주의사항

봄에 모종을 길러 초여름에 아주심으면 비를 많이 맞고 무더위를 타면서 많이 없어진다. 줄기가 물러 녹아버리는 것이다. 물 빠짐이 좋은 밭, 조금 시원한 곳에 있는 리이크가 피해를 덜 입는다. 다른 병충해 등이 한꺼번에 만연해 전체가 피해를 입는 경우는 없다. 모종을 심고 여름을 무사히 지난 리이크는 전체의 30% 정도다.

여름에 물러지는 리이크, 7월 말

녹아 없어진 모습, 9월 중순

씨받기

월동 후 이듬해 봄이 되면 급하게 자란다. 5월 말이면 꽃대를 세우고 6월부터 꽃을 피워 꽃봉오리에 씨앗을 담는다. 그러나 6월 말에 시작되는 긴 여름 장마에 꽃봉오리는 부실해지고 땅 밑의 알뿌리도 물러지면서 씨앗으로 영글지 못한다. 다행히 장마를 견딘다 해도 꽃봉오리에 붙은 수많은 노린재가 즙을 빨아 씨앗이 되지 못한다. 대파는 일찍 꽃을 피우기 때문에 노린재가 번성하기 전에 씨앗이 된다. 이에 비해 리이크는 씨받기가 어렵다.

참고사항 리이크가 대파에 비해서 씨받기가 어려운 것은 배추와 양배추의 경우를 생각해보면 쉽다. 즉, 배추는 4월이면 꽃이 피고 5월에는 씨앗이 맺히는 데 비해 양배추는 5월에 꽃이 피고 6월 말 이후에 씨앗이 영근다. 그래서 양배추는 노린재, 진딧물의 좋은 먹이가 된다. 씨앗을 받으려면 양파망이나 방충망을 씌워야 한다. 이때도 꽃이 피고 어느 정도 가루받이가 된 상태에서 벌레를 막아야 한다.

씨앗 꼬투리의 노린재

벌레와 장마에 약해진 씨앗 꼬투리

리이크의 자손 남기기

앞에서 보았듯이 리이크는 우리나라에서 기르려면 특별한 시설이 없이는 씨앗 맺기가 어렵다. 그래도 물 빠짐이 좋고, 조금 서늘한 곳에 있는 리이크는 백합과 채소답게 줄기가 말라가는 와중에도 땅속에 새로운 알뿌리를 1~2개 남기고 생을 마감한다. 이 알뿌리를 모아서 심거나 이미 알뿌리에서 싹이 나는 리이크를 캐서 옮겨 심으면 다시 새롭게 기를 수 있다. 그리고 어떤 꽃봉오리는 달래처럼 주아 형태로 변형된 씨앗을 남긴다. 이 주아를 땅에 묻어 조금 더 기른 다음 옮겨 심으면 새로운 리이크를 얻을 수 있다.

알뿌리에서 돋은 새싹

새롭게 생긴 알뿌리

리이크 주아

재배일지

리이크는 생소한 이름이다. 이 채소의 이름을 접하고 꼭 한번 길러보리라 마음먹은 지 2년 만에 씨앗을 구할 수 있었다. 그것도 전화를 통해 미리 주문한다는 의사를 표명하고 입금도 먼저 하고, 그러고도 몇 개월 뒤 다시 확인 절차를 거친 뒤 집으로 택배가 왔다. 씨앗을 취급하시는 분은 통화 중에 시험용으로 작은 봉지의 씨앗을 구한다고 하니 아주 망설이시며 주문을 승낙했다. 그래도 희귀한 씨앗을 구할 수 있다는 자체가 큰 기쁨이었다. 그때가 11월이었으니 당연히 봄이 기다려졌다. 냉장고에 넣어둔 씨앗을 수시로 꺼내어 확인하고 다시 넣어두고 하면서 겨울을 보냈다. 이듬해 봄이 되자 다른 작물은 모두 제쳐 두고 제일 먼저 리이크 씨앗을 뿌렸다. 처음 돋아나는 싹은 파, 양파와 아주 흡사한 형태다. 그러나 자라면서 잎의 모양이 마늘과 닮아가더니 점점 줄기가 굵어진다.

파종 후 2개월이 넘어가면서 아주 심을 밭을 만들어 대파를 옮기듯이 심었다. 줄 간격 30cm에 포기 사이는 10cm 정도를 유지하면서 잎의 모양이 되도록이면 일정한 방향을 유지하게 심었다. 심고난 후 얼마 지나지 않아 장마가 시작되었는데 무더위에 많은 포기가 물러 없어졌다. 게다가 돋아나는 풀을 정리하는 것도 상당히 어려운 작업이었다. 그래도 옆에서 가만히 지켜보면서 무한한 응원을 보냈다. 그 덕분인지 가을이 되면서 전체의 30% 정도는 활기를 띠었다.

가을에 한차례 웃거름을 주면서 돋아나는 풀을 정리해주었다. 겨울이 되기까지 잘 자라준 몇 포기를 뽑다 먹어보았다. 대파를 양념으로 사용하는 요리에는 모두 이용 가능하다는 걸 확인했다.

이듬해 봄, 왕성하게 성장하더니 줄기가 팔뚝만 해졌다. 5월이 되면서 중간에 꽃대를 세우는 포기가 한두 개씩 늘어난다. 우리 밭의 중간에 있는 이 이상하게 생긴 채소를 보면 모두가 물어본다. "이상하게 생긴 저것이 무어냐?"

그러면 나는 저건 서양마늘인데 잎마늘이라 하는 채소로 아래는 파와 같고 위는 마늘과 비슷하다고 수도 없이 설명했다. 그리고 씨앗이 엄청나게 구하기 힘들었고 한 봉지 2,000개 남짓이 25,000원이나 하는 비싼 씨앗이라고 꼭 덧붙여준다. 지금 시험 삼아 재배를 하고 있는데 씨앗을 받으면 필요한 분들과 나누고 싶다고 말하기도 한다.

우리나라 기후에서 리이크를 기른다는 것이 조금은 어렵게 느껴진다. 그러나 가을과 이듬해 봄에 모두 수확하는 재배시기를 선택한다면 좋은 결과를 볼 수 있을 것이다. 평지보다는 산간지역이나 고랭지에서 재배하기 좋은 채소다.

리이크는 5월 말이 되면 꽃대를 키운다. 그러다 6월 중순에 꽃이 피고, 꽃봉오리에는 수많은 벌들이 어지러이 날아다닌다. 보통은 어느 정도 시일이 지나 씨앗이 되는 줄기가 보이는데 리이크는 아니다. 6월 중순에 핀 꽃은 얼마 후 닥치는 장마에 많이 녹아버리고, 장마를 이겨낸 꽃봉오리의 씨앗 뭉치는 노린재가 붙어 즙을 빨아 거의 씨앗이 되지 못한다. 긴 장마와 무더위에 땅 밑의 비늘줄기(알뿌리)까지 대부분 물러버린다. 많은 봉오리를 키웠으나 아무런 시설이 없는 곳에서는 씨앗이 될 가능성이 거의 없다. 내년에는 꽃봉오리가 피고 어느 정도 가루받이가 되면 방충망을 씌워 제대로 된 씨앗을 얻어보려 한다. 리이크는 자신의 밭에서 제일 물 빠짐이 좋은 곳을 골라 기르는 것이 최선이다.

달래

- **분류** : 백합과
- **원산지** : 한국, 중국, 일본
- **재배지역** : 한국(전국)
- **특징** : 서늘한 기후를 좋아함
  물 빠짐이 좋은 곳에 재배, 여름에는 휴면에 들어감
  최근에 하우스에서 재배시작
- **역사** : 야생의 달래를 오래전부터 이용

재배시기

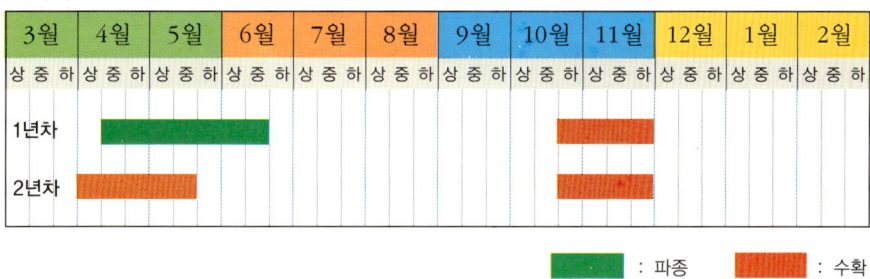

■ : 파종   ■ : 수확

＊야생달래를 캐서 심거나 3~4월에 시장에서 파는 종구 또는 주아를 구해서 파종함.

달래는 재배 작물이 아니라 들판이나, 야산의 야생달래를 캐서 이용하던 오래된 채소다. 최근에는 이른 봄에 시장에 판매할 목적으로 하우스에서 재배를 하고 있다. 한 번 파종하고 관리를 잘하면 두고두고 봄에 이용하는 채소이므로 1년 단위로 계약해서 밭을 이용하는 주말농장에는 부적합하다.

재배하는 밭

달래는 원산지가 우리나라를 비롯한 일본, 중국이므로 장소에 구애받지 않고 아무 곳에나 길러볼 수 있다. 보통의 들판이나 밭둑에 많이 자라는 것으로 봐서 물 빠짐이 좋은 곳을 선택해야 한다. 이른 봄에는 햇빛이 잘 들고 여름에는 그늘이 지는 곳이 적당하다.

양념 채소 271

종자 구하기

달래는 들에 나는 것을 캐서 심는다. 아니면 지역의 5일장에서 구하는 방법이 있다. 종자로 판매하는 종류는 두 가지다. 하나는 1년 이상된 종구이고, 다른 하나는 당해에 생긴 주아다. 종구는 알이 커서 같은 가격에 씨앗의 숫자가 적고, 주아는 수는 많지만 1년 정도 길러야 꽃대를 키운다.

나는 밭 주변에 자라고 있던 달래를 키워서 계속 번식시키고 있다. 그러다가 한꺼번에 많은 개체를 확보하려고 전통 5일장에서 종구와 주아를 구입해 달래 밭을 조금 확장했다.

참고사항 실제 종자용 달래를 구하기 쉽지 않다. 종묘상에서는 판매를 하지 않지만 전통 5일장을 돌아다니다 보면 가끔 파는 곳을 볼 수 있다.

아주심기

밭의 귀퉁이에 다른 작물에 방해가 되지 않는 곳을 골라 심어두면 봄에 조금씩 캐서 이용할 수 있다. 야생의 달래를 채취해 심을 때는 알뿌리가 큰 것은 10cm 정도의 간격을 유지하고, 작은 것은 이보다 조금 좁게 심는다.

심는 깊이는 야생에 묻혀 있던 상태를 봐서 그 깊이로 한다. 알뿌리가 큰 것은 꽃대를 세운다. 꽃이 주아를 만들고 주변에 20~30개 정도를 흘려 새로운 달래를 키운다.

종자를 구입했을 때는 줄 간격 10cm에 주아 간격을 1cm 정도로 심는다. 5mm 정도로 흙을 덮어주면 적당하다. 밭을 일구고 주아를 흩뿌린 다음 쇠갈퀴로 얕게 긁어줘도 된다. 자연 상태의 주아는 그냥 바닥에 떨어져 뿌리를 내리고 자란다.

자라는 모습

달래는 봄에 주아를 심고 가을이 되어야 싹이 돋아난다. 보통의 종자는 심고 나면 바로 싹을 틔우는데 달래는 휴면성이 있어 8월 말이 되어야 싹을 하나씩 틔우기 시작한다. 이때 자라는 줄기가 겨울을 나고 봄에 계속 자란다.

달래 줄기는 기온이 높아지는 여름이 되면 말라버린다. 알뿌리(비늘줄기)는 휴면에 들어갔다 8월 말의 서늘한 기후가 되면 줄기를 키운다. 이때 그늘이 드는 서늘한 곳의 달래가 먼저 싹을 틔우고 잇달아 전체적으로 싹이 자란다. 줄기와 땅속에 있는 알뿌리를 캐서 이용한다.

8월 말, 알뿌리에서 자라난 달래

9월 중순, 알뿌리에서 자라난 달래

10월 말, 주아를 심은 곳의 달래

달래의 봄맞이, 3월 말

4월 말, 달래 줄기가 자란다.

꽃대를 세우는 달래, 5월 초

수확

달래는 봄과 가을에 캐서 이용한다. 시중에서는 겨우내 달래를 구경할 수 있지만 실제 밭에서 자라는 모습을 지켜보면 3월 말은 지나야 알뿌리와 함께 캐서 이용할 수 있다.

참고사항 달래의 주아가 밭의 표면에 떨어져 자라 1~2년 뒤에 수확하려 파보면 땅 밑으로 엄청나게 들어가 있는 것을 볼 수 있다. 어떻게 깊이 들어가는지 신기하다.

웃거름주기 및 풀 대책

다른 모든 작물이 그렇지만 달래의 경우에는 풀과 경쟁하는 것이 더욱 힘들다. 야생의 달래는 풀이 나기 전에 자라고 풀이 번성하는 시기에 줄기가 말라버려서 풀과의 경쟁을 애초에 피한다. 그리고 가을에 다시 풀 속에서 줄기를 길러내고 봄이면 풀이 나기 전에 재빨리 자란다. 이처럼 자연은 달래와 풀이 아주 조화롭게 잘사는 환경이다. 그리고 달래가 자라기 어려운 환경이었다면 아예 달래가 번성하지도 않았을 것이다.

이런 달래를 텃밭에서 한번 길러 보겠다는 것이 반자연적인 발상인지도 모른다. 그래서 풀과의 경쟁이 힘들고, 제대로 기르는 게 보통 일이 아니다. 가을에 나기 시작하는 별꽃과 냉이가 봄이 되면 온 땅을 뒤덮어 달래가 어디에 있는지 찾기도 힘들다. 이른 봄에는 벼룩나물이 괴롭히고, 늦봄부터는 아예 풀밭이 되어버린다. 보다 못해 달래밭의 풀을 모두 걷어내면 풀과 함께 뽑히는 달래 뿌리가 땅 위에 노출 된다. 그리고 얼마 지나지 않으면 또 새로운 풀인 별꽃, 참비름, 쇠비름 등의 풀이 우거진다.

달래밭의 봄풀, 4월 초

달래밭의 가을풀, 11월 중순

달래와 함께 어울리는 봄나물이 냉이다. 이 냉이는 억지로 기르지 않아도 어디선가 씨앗이 날아들어 달래와 짝이 된다. 달래밭의 냉이는 일찍 꽃을 피워 씨앗을 사방으로 흩뿌려 가을이면 온통 냉이밭을 만든다. 가을에 캐서 이용하는 냉이는 봄의 향기에 비해 색다른 맛을 선사한다.

달래를 심어둔 밭은 몇 년이고 밭을 바꾸지 않는다. 그러다보니 땅심이 약해지고 자라는 달래 줄기가 연약하게 된다. 이른 봄에 달래의 성장이 왕성할 때 주변의 풀을 정리한 다음 웃거름을 밭 흙이 보이지 않을 정도로 깔아주면 좋다. 이때 깻묵이 있으면 같이 뿌려주면 된다. 달래는 많은 거름을 필요로 하지 않으므로 매년 봄에 한 차례 정도 웃거름을 주는 것이 무난하다.

달래밭에 핀 냉이꽃

달래밭에 웃거름을 뿌렸다.

번식 방법

달래는 알뿌리에서 새로운 알뿌리를 2~3개 키워서 번식을 하기도 하고, 꽃대에 달린 주아가 떨어져 새로운 개체로 자라나기도 한다. 알뿌리를 계속 밭에 두면 점점 굵어져 지름이 1.5cm 정도로 자란다.

꽃대에 달린 주아를 따 모아 원하는 장소에 파종하면 새로운 달래밭을 만들 수 있다. 한 개의 꽃대에 보통 20~30개 정도의 주아가 달리는 편이다. 가만히 두면 모두 쏟아지므로 종자용으로 모을 때는 조금 일찍 따야 한다. 이렇게 모인 주아는 바로 밭을 마련해 파종해야 한다.

달래 종구와 주아

꽃대에 달린 달래꽃, 5월 말

달래꽃과 주아, 6월 중순

종자용 달래의 주아

재배 주의사항

달래는 무엇보다도 풀이 어우러져 힘들다. 봄에는 주변에 많이 나는 냉이, 별꽃, 쇠비름, 참비름 등이 번져서 달래가 어디 있는지 찾기조차 어렵게 만든다. 조금 자라면서 날씨가 더워지는 6월이면 달래는 줄기를 버리고 알뿌리에 영양을 담고 여름잠에 빠져버린다. 그러면 달래는 보이지 않고 그 자리에 풀이 잔뜩 어우러져버린다. 풀을 조금 정리하려면 이번에는 땅 밑에 있는 달래 알뿌리가 풀과 함께 뽑혀져 나온다. 병충해 등의 염려는 없지만 풀을 관리해주는 것이 여간 어려운 작업이 아니다.

재배일지

달래는 오래전부터 주변의 산이나 들에서 캐다 먹던 채소다. 요새는 밭이나 둑에 제초제를 많이 쳐서 야생의 달래를 구경하기가 쉽지 않다. 예전에 밭둑이나 보리밭 사이에 많이 자라고 있어 이른 봄에 알뿌리와 줄기를 캐서 된장에 넣어 먹던 기억이 새롭다. 호미 하나 들고 바구니 옆구리에 끼고 들판으로 나가는 할머니, 누나를 따라 다니면 쉽게 만나는 나물인 달래가 요새는 하우스에서 재배해서 계절을 잊고 시장에 나오는 것이 서럽게 느껴진다.

밭이 생기면서 주변을 유심히 둘러보니 달래가 제법 많이 보인다. 하나씩 캐서 밭 귀퉁이에 심어 두니 쉽게 포기 수가 늘어난다. 그래도 아직까지 우리 밭에서 나는 달래를 한 번도 수확한 적은 없다. 가을이면 돋아나는 줄기를 구경하고, 봄이면 올라오는 꽃대를 보고, 그러다 보면 여름이 된다. 이른 봄에는 풀이 문제가 없어 편하게 키울 수 있으나, 5월이 되어 다른 풀들이 잘 자라면 제거하기가 무척 어렵다. 기르지 않은 풀들은 그렇게 뿌리를 많이 뻗고 흙을 움켜쥐고 있어 주변의 달래 종묘나, 땅에서 막 싹을 틔우는 주아를 들고 일어나게 된다. 달래를 제대로 기르는 것은 달래밭에 나는 풀을 조기에 어떻게 잡느냐 하는 것이 관건이다. 다른 작물은(상추, 양배추 등) 웬만큼 자라면 자신의 그늘로 다른 풀의 성장을 방해하는 데 달래는 그렇지 못해 돋아나는 풀을 잡아주어야 한다.

　유난히 달래가 많이 나는 밭은 해마다 달래를 캘 수 있다. 주변에 감나무가 있는 아래에는 달래가 많이 난 기억이 있었는데 현재의 밭에도 감나무 주위에는 역시 달래가 많이 보인다. 지역은 달라도 자생하는 장소의 특성은 그대로 간직하고 있다. 감나무 잎이 우거지는 여름에는 풀이 별로 나지 않고, 감나무 잎이 없는 봄에는 햇빛이 잘 들어 달래가 자라기에 적당하다.

아스파라거스

- **분류** : 백합과
- **원산지** : 열대 및 아열대 아시아 지역
- **재배지역** : 남부 유럽 및 영국
- **특징** : 서늘하고 물 빠짐이 좋은 곳에 재배
  뿌리는 추위에 강하나 돋아나는 줄기는 추위에 약함, 암수 구별되는 숙근성 식물
- **역사** : 해방 전 도입

재배시기

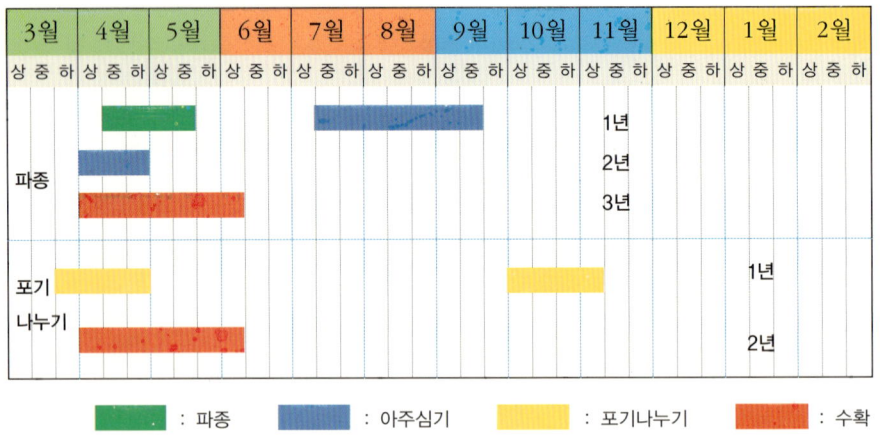

■ : 파종   ■ : 아주심기   ■ : 포기나누기   ■ : 수확

＊재배시기는 지역에 따라 20일 정도 차이날 수 있음.

　아스파라거스는 온대성 채소로 서늘하고 겨울이 있는 지역에 어울리는 채소다. 모종용 씨앗은 봄에 파종하는 것이 좋으며, 포기나누기는 봄·가을에 하는 것이 좋다. 포기나누기는 줄기가 활성화 되지 않는 시기의 이른 봄이나, 잎이 말라가는 가을에 하는 것이 적당하다. 파종에서 수확까지 3년 이상 걸리는 백합과 채소이며, 수확기간은 15년에 달한다. 다른 채소를 기르는 데 방해가 되지 않는 장소에 제대로 심어두면 과일나무처럼 이용할 수 있는 좋은 작물이다.

파종용 밭 준비

　아스파라거스 모종을 가꾸는 장소는 지온이 쉽게 올라가는 햇빛이 잘 드는 곳을 고른다. 그리고 물 빠짐이 좋은 밭을 선정하는 것이 중요하다. 모종용 밭은 3월 중순에 석회를 조금 뿌리고 갈아 두었다가 1주 후 완숙퇴비를 1m²당 2kg 정도를 넣고 고르면서 돌, 전년도 채소 부스러기 등을 잘 치워둔다. 두둑의 높이는 물이 잘 빠지는 정도인 10cm로 하고 폭은 1m 정도로 한다.

종자 및 모종 준비

아스파라거스 종자는 주변에서 구하기 어려운 종류에 속한다. 나는 아스파라거스 종자를 구하는 데 거의 2년이 걸렸다. 인터넷에서 여러 종묘상을 찾아봤지만, 포장 단위가 너무 크고 가격도 너무 비싸서 엄두를 내지 못했었다.

그러다 종묘상에 연락을 해서 소포장으로 바꾸어 구입했다. 텃밭에서 화초삼아 별미삼아 몇 포기 기르기에는 씨앗의 포장 단위와 가격이 만만치 않다. 그렇다고 종묘상에 모종이 나오는 것도 아니다.

최근에는 100개 정도를 담은 아주 소포장의 씨앗을 판매하는 것을 확인했다. 이 종자의 수요가 늘어나고 재배하는 가정이 늘어나면 아마도 모종으로 판매하는 날도 오리라 예상해본다. 주변에 아스파라거스를 재배하는 분이 있으면 포기나누기를 할 때 몇 포기 구하는 것도 방법이다.

주의사항 아스파라거스는 분양받은 주말농장에는 부적합한 작물이고, 반드시 5년 이상 밭을 꾸준히 관리할 수 있어야 엄두를 내보는 종류의 채소다.

모종 심기

준비된 두둑에 호미로 파종 골을 1cm 깊이로 죽 그려두고 10~15cm 간격에 하나의 씨앗을 넣고 흙을 덮는다. 1cm 미만으로 덮는 것이 좋다. 줄 간격은 나중에 옮겨 심을 때 작업성을 고려해 20cm 이상을 유지한다. 파종 후 2~3일 간격으로 물을 주어 모종상이 건조해지지 않도록 관리한다. 아스파라거스 씨앗은 크기가 3~4mm되는 둥근 형태라 하나씩 잡고 파종하기에 수월한 편이다.

아스파라거스 씨앗

모종 자라는 모습

봄철에 파종한 아스파라거스는 상당한 기간이 지나야 싹이 튼다. 기온이 낮은 초봄에는 오랜 기간이 필요하다. 아마도 늦봄에 파종을 하면 상당히 기간이 단축될 것으로 보인다. 싹이 트는 데 적당한 온도는 25~30°C 이므로 이를 감안해 파종한다. 모종밭을 보면 6주가 지나도 아직까지 싹을 틔우고 있는 아스파라거스가 보인다. 이때는 봄풀이 많이 돋아나므로 꼼꼼하게 정리해주어야 한다. 풀을 얕보다가 나중에는 우거져서 정리도 힘들고 잘못 뽑으면 작물의 뿌리가 다치는 경우도 많다. 파종 10주가 지나면 새로운 줄기가 많이 자라나 한 포기에서 자라는 줄기가 3~4개로 늘어난다.

여름의 장마철에 내리는 비에 잎이 젖어 무게가 늘어나면, 아스파라거스 줄기가 버티기 어렵게 된다. 쓰러진 줄기가 오래 지나면 상하게 되기도 한다. 이때 포기수가 많이 늘어난 포기부터 하나씩 옮겨심기를 해주면 튼튼한 모종으로 자란다. 아니면 본밭을 준비하고 아주심기를 해도 좋다.

4월 3일 파종, 5주째 모종

4월 3일 파종, 6주째 모종

4월 3일 파종, 8주째 모종

파종 10주, 새로운 줄기가 자란다.

비바람에 쓰러지는 줄기

파종 3개월 만에 캐낸 모습

아주심기

아스파라거스는 한 번 아주심기를 하면 오랜 기간 한 곳에 있어야 하므로 밭을 잘 선정한다. 조금 구석진 장소에 다른 작물의 관리에 지장이 없는 곳에 심는다. 그리고 키가 1.5m 이상 자라는 것을 감안해야 한다. 뿌리가 아주 넓고 깊게 퍼지므로 밭 흙이 깊은 곳을 골라 깊이와 폭이 30~40cm 되게 파내고 깻묵과 퇴비를 15cm 두께로 깔아준다. 퇴비를 깔아준 위에 흙을 덮고 파낸 모종을 30~40cm 간격에 하나씩 심는다. 즉, 두둑의 폭을 80cm로 하고 높이는 15cm 정도로 해 40cm 간격으로 두줄심기를 한다.

옮겨 심고 시간이 지나면 새로운 줄기가 많이 발생해 우거지기 시작한다. 새롭게 자라는 줄기는 키도 빨리 자라고 비바람에 쓰러지기 쉽다. 쓰러진 줄기와 연약한 줄기는 바로 제거한다. 11월 중순이 되면 아스파라거스도 긴 겨울을 준비하면서 줄기가 말라간다. 조금 더 마르는 11월 말에 줄기를 베어 그 자리에 깔아준다.

아주 심은 지 6주 지난 모습

새로운 줄기가 많이 자랐다.

자라는 모습

긴 겨울이 끝나는 길목에서 아스파라거스는 성급한 몸짓을 한다. 너무 일찍 싹을 내민 것은 늦추위에 얼어버리는 경우도 생긴다. 2년째 봄의 것은 그다지 큰 줄기는 생기지 않으나 작은 줄기를 많이 길러낸다. 이 작은 줄기가 자라서 뿌리에 영양을 축적한다. 그래서 3년째에는 굵고 튼실한 줄기를 많이 기른다. 5월이 되면 많이 자란 줄기에서는 종 모양의 작은 꽃이 피고 열매를 맺는다.

3월 초, 아스파라거스 새싹

4월 중순

4월 말, 아스파라거스밭

5월 말

암수 구별

아스파라거스는 암수 구별이 있는 식물이다. 첫해에 모종으로 기를 때는 구분이 안 되지만, 이듬해 꽃이 피고 열매를 맺는 것은 암그루고, 그렇지 않은 포기는 수그루다. 암그루보다 수그루가 큰 줄기를 많이 길러내므로 전문 농가에서는 수그루만을 선별해 재배한다. 자연 상태에서는 암수가 비슷한 비율로 나타난다.

지지대는 줄기가 쓰러지는 것을 막아준다.

11월 중순, 줄기가 말라간다.

수확

3월 말에 돋아나기 시작하는 줄기의 윗부분이 피기 전에 줄기의 아랫부분을 잘라내 수확한다. 나는 2년째에 시험 삼아 줄기 몇 개를 잘랐다. 그걸 데쳐서 양념간장에 찍어 먹었는데 브로콜리보다 신선함이 느껴지는 새로운 채소라는 인상을 강하게 받았다. 꺾어낸 줄기를 생으로 먹으면 달고 아삭거려 좋다.

줄기가 너무 많이 자란 것은 수확을 하지 않는 것이 좋다. 아랫부분이 질겨 먹기가 불편하기 때문에 되도록 줄기의 키가 25cm를 넘기 전에 수확하는 것이 좋다.

아래 사진은 예산의 농업기술원에서 2006년 4월에 개최한 벤처농업박람회를 보러갔을 때 찍어둔 것이다. 아스파라거스의 우리식 이름이 '방울비짜루'이고 한방적 효능은 자양, 강장, 이뇨, 거담이라 적혀 있다. 이곳의 포기는 실한 것이 재배기간이 3년 이상 되어 보였다. 새로 돋아나는 줄기가 아주 굵고, 탐스럽게 자라

예산 농기원의 아스파라거스

열매가 달린 암그루

고 있다. 실제 3년 이상이 되면 4월 중순부터 5월 말까지 수확이 가능하다. 봄에 일찍 나오는 줄기를 모두 수확하고 5월 말 이후에 나오는 줄기를 길러 뿌리를 성장시키고 영양을 축적하게 한다. 여름에서 초가을까지 조금씩 줄기를 길러내므로 이중에 크고 탐스러운 줄기는 수확해 이용해도 된다. 밭에서 일하다 아스파라거스 줄기 하나 씹으면 단맛도 느껴지고 아삭한 맛이 있어 자주 먹곤 한다.

3년된 아스파라거스밭

수확한 아스파라거스, 4월 말

웃거름주기 및 줄기 관리

아스파라거스 줄기는 2m 정도 자라기 때문에 반드시 지지대를 세워 줄기가 넘어지지 않게 한다. 한 포기에서 너무 많은 줄기를 기르는 것도 좋지 않으므로 약한 줄기나 옆으로 누운 줄기를 제거해 한 포기에 15개 정도의 줄기만 기른다.

1년에 세 번 정도 웃거름을 주는 것이 좋다. 처음은 줄기의 수확이 어느 정도 이루어진 5월 중순, 두 번째는 장마가 지난 후, 세 번째는 가을에 줄기가 말라가는 시점에 준다. 물론 자주 부지런히 조금씩 웃거름을 주는 것이 좋지만 여간 어려운 일이 아니므로 세 번 정도만 준다. 방법은 포기 사이를 호미로 조금 파내고 퇴비 2~3주먹과 깻묵 한 줌을 넣고 흙을 덮거나 짚 등의 피복물로 덮어준다.

풀 대책

봄에 돋아나는 것들을 정리하면 풀 걱정이 별로 없다. 그래도 키가 큰 종류인 명아주, 피, 도깨비풀, 망초 등이 자라는 것이 보인다. 이때는 보이는 대로 뽑아준다. 한두 차례 풀을 정리하면 다른 채소에 비해 수월하게 풀 문제가 해결된다.

재배 주의사항

큰 어려움은 없고, 자라는 줄기를 잘 묶어주고 아래에서 돋아나는 연약한 줄기나, 쓰러진 줄기를 제거해 바람이 잘 통하게 해주는 것이 요령이다. 특히 여름이나 가을에 닥치는 태풍에 줄기를 잘 고정시켜주면 그다지 어려움이 없는 채소다. 가끔 줄기가 말라버리는 현상이 생기기도 하지만 그다지 문제가 되지 않는다.

씨받기 거의 불가능

마르는 줄기, 6월

꽃이 피고 작고 둥근 열매가 많이 달린다. 익으면서 점점 붉은 색으로 바뀌어가고 시간이 지난 다음 따서 씨앗을 꺼내보면 제대로 여물어 있는 것이 하나도 없다. 무엇 때문인지 몰라도 씨앗으로 되지 못하고 모두 말라 떨어져버린다. 아마도 장마 영향도 있고, 기후가 맞지 않아 그렇다고 추정해본다. 비가림 등의 전문 시설을 하고 관리를 잘하면 씨앗을 받을 수 있을 거라 예상해 본다.

애초에는 희귀식물인 아스파라거스를 기르면서 씨앗을 받아 주변에 필요로 하는 분들께 나누어 줄 요량이었는데 아쉬움이 남는다.

재배일지

밭농사를 짓는 내내 아스파라거스를 꼭 심어보고자 종자를 찾고, 모종을 알아보았으나, 쉽지 않았다. 낯설지 않은 종류의 채소 중에 제일 늦게 입수한 것이 아마도 아스파라거스일 것이다.

가족과 이웃에게 맛을 보이려면 최소 15~20포기를 심어야 한다. 보통의 텃밭에 이 정도를 재배하려면 상당한 면적을 차지한다. 그러므로 포기 수를 줄여서 재배해보다가 자신과 잘 어울리면 포기 수를 늘려가는 것도 방법이다. 약간 그늘이 져도 잘 자라는 작물이므로 적당한 장소를 물색해서 기르면 이색적인 수확물을 얻을 수 있다. 여름부터 가을까지는 신선한 녹색이 관상용으로 아주 그만이다.

씨앗의 모양은 작은 돌콩과 비슷한 모양이다. 줄 간격은 15cm에 씨앗의 간격은 5~10cm 정도로 파종했다. 파종 후 한 달째가 되니 싹이 실처럼 올라오는 것이 보였다. 제대로 발아한 것인지 상해서 못쓰게 된 것인지 구분이 되지 않는다. 하지만 발아율이 상당히 좋아서 기다리면 거의 다 발아하는 모습을 볼 수 있다. 발아를 앞당기고 발아율을 높이려면 미지근한 물에 하루나 이틀 정도 담갔다 심으면 좋다.

아스파라거스도 신선초와 마찬가지로 파종 후 발아까지 오랜 시일이 걸린다. 그래서 파종 후 모종밭에 돋아나는 풀을 잘 관리해야 한다. 그것이 초기 성패를 좌우한다. 성장이 더디기 때문에 풀이 성장하고 나면 관리도 힘들어진다. 풀뿌리를 잘못 뽑으면 작물의 뿌리를 들고 일어나는 경우가 생긴다. 반드시 모종밭의 풀은 어릴 때 잘 정리해야 한다.

잠깐 시기를 놓치면 새로 시작해야 하는 불상사가 생긴다. 장마철을 거치면서 일부 잎들이 땅에 붙어 말라버리는 것이 많이 생긴다. 이때는 간격을 조금 넓게 잡아 가식을 하고 자라는 줄기를 막대로 유인하는 작업이 필요하다.

비를 맞은 아스파라거스 잎은 무게를 이기지 못하고 줄기째로 땅에 붙어버린다. 반드시 줄기를 고추 지지대와 같이 막대를 세우고 줄을 이용해서 쓰러지지 않게 관리해주어야 한다.

파종 후 줄기가 작고 줄기 수가 얼마 되지 않을 때는 땅속에서 나오는 줄기가 가늘고 연약하다. 그러나 시간이 지나면서 조금씩 굵어지는 줄기를 만들고 뿌리가 좋아져 3년이 지나야 굵고 실한 수확용 줄기를 준다. 여름 장마에 새로운 줄기가 계속 생기면서 자라고 있고 키가 큰 줄기는 비바람에 쓰러진다. 쓰러진 줄기는 조기에 세워서 지지대에 묶어주거나 제거해주어야 한다.

2월 말에 새싹이 올라오는 줄기도 있다. 일찍 줄기를 키운 것은 모두 늦추위에 얼어버렸다. 시험 삼아 4월에 몇 번 수확을 해서 이용해보았다. 아삭한 맛이 일품이다. 이 맛을 보려고 몇 년을 기다렸는가 싶다.

빨리 자란 줄기는 5월에 꽃이 피고 열매를 맺는다. 이 열매에서 나오는 씨앗을 받아 모종을 길러보고자 했지만 씨앗이 영글어 가던 열매가 장마를 맞으면서 거의 상해가는 모습을 보인다. 파종 2년째는 꽃이 피고 열매가 빨갛게 익어가는 시기에 비가 와서 모두 물러 버려 씨앗으로 되지 못했다.

    파종 후 3년이 되니 많은 줄기를 실하게 길러낸다. 수확을 해 제법 먹을 만큼의 줄기를 준다. 아스파라거스는 3년은 되어야 제대로 된 줄기를 즐길 수 있다.

뿌리채소

당근

- **분류** : 미나리과
- **원산지** : 아프가니스탄
- **재배지역** : 한국(제주, 남부, 고랭지), 전 세계
- **특징** : 서늘한 기후를 좋아함
  고온(28℃ 이상)에서 재배 불가능
- **역사** : 1700년경으로 추정

재배시기

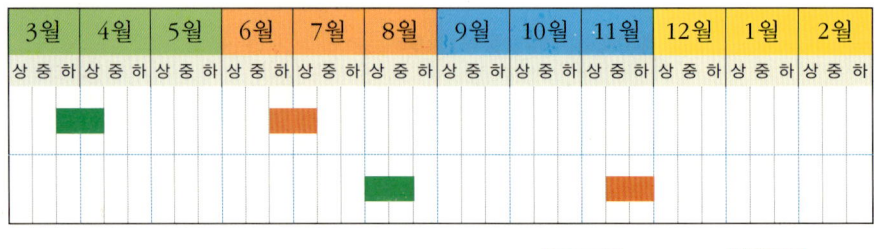

■ : 파종   ■ : 수확

당근은 서늘한 기후를 좋아하는 뿌리채소다. 기온이 10℃를 넘어가는 시기에 파종을 해야 한다. 그리고 한여름인 7월 초순 이전에 반드시 수확을 마쳐야 한다. (고랭지재배 제외) 수확적기에 미치지 못한 작은 당근도 수확 가능하다는 것이 장점이다. 재배시기 표를 기준으로 형편에 따라 조절해 씨앗을 뿌린다.

당근의 연한 잎과 줄기는 셀러리와 미나리를 조합한 맛이 나므로 수시로 이용한다.

파종 준비

파종하기 1~2주 전에 1m²당 퇴비 3kg과 깻묵을 2컵(400g) 정도 넣고 밭을 일구어 두둑 폭이 1m 높이가 15cm 정도 되게 준비한다. 이랑의 폭과 높이는 밭의 물 빠짐에 따라 조절한다. 물이 잘 빠지는 밭은 조금 낮게, 물이 잘 빠지지 않는 밭은 조금 높게 해준다.

씨앗 준비

당근 씨앗은 주변의 가까운 종묘상에 가면 언제나 구할 수 있다. 자신이 기르고 자하는 종류와 특성을 알고 있으면 종자 선정에 많은 도움이 되므로 사전에 인터넷 등을 통해 충분히 조사한다.

당근은 소형종, 중형종, 대형종의 세종류가 있다. 뿌리 길이 15cm를 기준으로 이보다 작으면 소형종이고, 크면 대형종으로 구분한다. 많이 재배하는 종류는 5촌 또는 5치(15cm)계통이다.

보통의 텃밭이나 주말농장이라면 소규모 포장의 종자를 구입하는 편이 좋다. 주로 5~20ml 소포장으로 판매한다. 당근은 발아율이 조금 낮은 편이므로 다른 씨앗(상추, 무, 배추 등)에 비해 많이 준비한다. 당근 종자는 유효기간이 짧으므로 포장지에 있는 유효기간을 반드시 확인한다. 유효기간이 지난 당근은 발아력이 현저하게 떨어진다.

재배시기별 종자 선정

재배시기	종자의 특징	주의사항
봄 재배	조생종, 내서성	7월 중순 무더위 전에 수확 가능 품종 선택
가을 재배	중생종, 내서성	초기 성장시 무더위에 견디는 품종 선택

파종 및 흙덮기

준비된 밭에 30~40cm 정도의 간격으로 뿌림골을 만들어 파종한다. 호미로 밭 흙을 살짝 긁어내고 1~2cm 간격에 씨앗이 하나씩 놓이게 줄뿌림한다.

파종 후 흙덮기는 5mm 정도로 하고, 파종이 끝나면 물을 흠뻑 뿌려주고 마무리한다. 당근은 싹틀 때 수분이 많이 필요하므로 파종 후 밭이 마르지 않게 관리한다. 아래의 표를 참조하면 기르는 데 많은 도움이 된다.

기온과 싹트는 기간 및 발아율 비교 (출처: 농업진흥청)

구분	8°C	11°C	18°C	25°C	30°C
싹트기 시작	25일	16일	8일	6일	5일
싹트기 종료	41일	23일	17일	11일	8일
발아율	58%	56%	60%	52%	54%

자라는 모습

씨앗을 뿌리는 시기의 기온에 따라 싹 트는 기간이 달라진다. 기온이 높으면 8~10일이 소요되고, 이보다 기온이 낮으면 더 오래 걸린다.

봄 재배 봄 파종한 당근은 자람에 따라 솎아주기를 잘해야 한다. 6월 말부터 시작하는 무더운 장마 속에 조밀하게 자라는 부분의 아래 줄기가 상하는 것이 생기기도 한다. 7월에 접어들어 수확을 해보면 무더위에 상한 당근이 종종 보인다. 가을 재배 당근에 비해 관리하는 것이 어렵고, 재배할 때 노력이 많이 들어간다. 그래서 당근이 조금 덜 자라도 장마철이 시작되기 전에 수확하는 것이 유리하다.

가을 재배 당근이 충실한 뿌리로 자란다. 그리고 재배하기도 수월하다. 수확 후 땅을 파고 무와 함께 저장해두면 이듬해 봄까지 싱싱한 당근을 이용할 수 있다. 씨앗을 뿌리고 2주가 지나면 본잎이 자라는 어린 당근 줄기가 된다. 성장 초기에는 아주 더디게 자란다. 4주가 지나면 본잎이 3~4매로 늘어나고 키가 7cm 정도로 큰다. 시기를 막론하고 파종 4~5주째가 당근이 빠르게 성장하는 적정 기온이 된다.

솎아주기

당근은 다른 채소에 비해 솎아내기가

싹트는 당근

파종 4주째 당근

파종 4주된 당근밭

파종 5주된 당근밭

파종 8주째

파종 11주째(75일)

아주 중요하다. 물론 다른 채소(무, 배추, 상추 등)도 잘 솎아내야 크기도 알맞고 시중에서 보는 것 같은 모양이 된다. 그러나 솎아내기를 못하고 방치하면 볼품없는 당근이 된다. 날씨가 무더울 때는 줄기가 상해버리기도 한다.

　5촌(5치) 당근보다 작은 당근은 포기 사이가 좁아야 하고, 큰 당근은 포기 사이의 간격이 넓어야 한다.

- 1회 : 본잎 2~3매 때 포기 사이 4~5cm 이상
- 2회 : 본잎 4~5매 때 포기 사이 7~10cm 이상
- 3회 : 본잎 6~7매 때 포기 사이 12cm 이상

아래는 솎아내기를 과감하게 하지 못하고 망설인 밭의 모습이다. 실제는 사이에 있는 당근을 1~2개 더 솎아내야 한다.

포기 사이를 더 넓혀야 한다.

간격이 8cm 이상 되어야 한다.

참고사항 언제나 '과감하게 솎아주어야지' 자신에게 주문하지만 실천이 어렵다. 파종할 때부터 조금 많은 양의 씨앗을 뿌리는 데다 중간에 '혹시 기후가 변하거나 벌레가 나타나 먹기라도 하면 어떻게 하지?'라는 생각이 들면 솎아내기에 실패한다. 솎아내는 작업을 해본 사람이면 얼마나 힘든 일인지 누구나 안다. 뙤약볕에 쪼그리고 앉아 이 잡듯이 하나씩 간격을 봐가면서 뽑아낸다는 것이 여간 중노동이 아니다. 그래서 좀 작은 채소면 어떻고 조금 부실해도 어떤가 내가 먹을 건데 하는 생각에 솎는 것을 등한시하게 된다.

수확

파종 11주(75일)가 지나면 당근 잎이 아래로 처지기 시작한다. 그러면 윗줄기가 잘 자란 포기를 뽑아 수확의 기쁨을 맛본다. 좀 작아도 아삭거리는 맛이 각별하므로 이후부터 수시로 수확해 이용한다. 파종 후 13~15주(90~110일)가 지나면 모두 수확한다.

파종 12주째(82일) 당근

당근의 어깨가 넓어지는 때가 수확적기다.

당근의 수확적기를 판단하기 어려우면 뿌리와 줄기가 나누어지는 부분(당근의 뿌리가 시작되는 부분, 당근의 어깨로 표현)을 본다. 그 부분이 떡 벌어지면 수확적기다. 아직 둥근 부분이 많으면 좀더 기다린다.

수확하고 남은 당근 줄기는 작두로 썰어 밭에 그대로 덮어 두면 좋은 거름이 된다. 다른 곳에 가져가지 말고 당근을 수확한 밭에 다시 깔아준다. 한꺼번에 수확한 당근을 모두 이용하기 어려우면 가을 무를 저장할 때 함께 묻어두었다 무를 꺼낼 때 같이 몇 개씩 꺼내면 이듬해 3월까지 이용할 수 있다. 그렇게 늦게 꺼내는 당근 중에 싹이 돋아나는 것을 골라 두었다 1~2개 심으면 씨앗을 받을 수 있다.

참고사항 당근이라면 보통 뿌리를 이용하는 채소로 알고 있다. 그런데 당근의 연한 줄기와 잎은 생식으로 먹어도 좋고 튀김을 해도 좋다. 줄기에서 나는 향기는 셀러리보다 연하고 미나리보다는 진하다. 줄기를 된장에 찍어 먹거나 상추 등의 쌈과 곁들여 먹는다.

당근 수확

수확 후 저장한 당근을 꺼냈다.

웃거름주기 및 풀 대책

당근은 파종에서 수확까지 3~4개월이 걸리는 채소다. 파종 후 6~7주쯤에는 성장이 빨라진다. 이 시기에 밭의 풀을 정리하면서 뿌림골의 중간을 호미로 조금 긁어내고 퇴비와 깻묵을 넣고 흙을 덮는다.

뿌림골 사이에 웃거름을 주었다.

가을 파종 당근밭의 풀

당근 새싹, 5월 중순

당근꽃, 6월 중순

당근꽃, 6월 말

이른 봄에 파종하는 당근 밭에는 당근의 새싹이 자라 우거지면서 풀이 덜 난다. 그러나 고랑과 뿌림골 사이에는 명아주, 바랭이 등의 풀이 많이 자란다. 가을 파종 때는 주변에서 돋아나는 각종 풀이 아주 힘들게 한다. 파종 후 3~4주에 꼼꼼하게 풀을 정리해야 한다.

재배 주의사항

당근은 봄·가을에 한 번씩 재배가 가능한 채소다. 파종 초기에 돋아나는 풀을 잘 정리해주면 된다. 봄 재배는 무더위를 대비해 반드시 포기 사이의 간격을 넓혀주어 바람이 잘 통하게 길러야 한다. 벌레, 병 등에 아주 강한 채소라 기르기가 수월하다. 내 경우에는 당근을 파종한 밭에 수시로 두더지가 돋아다녀 당근이 말라 죽기도 했다. 당근 스스로 생존을 위해 잔뿌리를 많이 발달시켜 손질에 어려움이 많다.

씨받기

당근을 보관하다 이듬해 봄에 캐낸 당근 중에 싹이 돋아나는 것을 심어두면 씨앗을 받을 수 있다. 비교적 다른 종류에 비해 씨앗이 잘되는 편이다. 다만 씨앗 꼬투리가 익어갈 무렵에 보이는 여러 종류의 노린재가 즙을 빨아 부실하게 영그는 씨앗이 생긴다.

7월로 접어들면 씨앗이 영글어 갈색으로 변해가는 꼬투리가 보인다. 그러면 차례로 꼬투리를 따서 말려 비비면 당근 씨앗이 얻어진다. 상추는 여름 장마와 노린재로 씨앗이 없는 꼬투리가 많이 보이는 데 비해 당근은 씨앗이 잘되는 편이다.

주의사항 당근 꽃대가 자라면 지지대를 세워 묶어야 쓰러지지 않는다. 씨앗을 받기 위해서 1~2개의 당근만 심어도 충분하게 씨앗을 얻을 수 있다.

7월 말, 씨앗이 영근다.

재배일지

당근은 대표적인 녹황색 채소로 카로틴 함유량이 많아 피부를 아름답게 유지시키거나 노화방지, 그리고 암의 발생이나 암세포의 증식을 억제하는 데 효과적이라는 것이 알려져 있다. 카로틴은 인체 내에서 생성되지 않으므로 외부의 녹황색 또는, 적황색(호박) 채소를 통해 섭취해야 한다.

붉은 색이 감도는 아삭한 당근은 오래전부터 심어보고자 하던 작물이었다. 가을 무, 배추를 파종하고 난 옆에 자리가 조금 남아 5촌 당근을 심어보았다. 당근의 발아율은 상황에 따라 많이 달라진다. 비가 많이 오는 가을 파종은 발아율이 상대적으로 줄어들고, 봄 파종 당근은 발아율이 상당히 높다. 씨앗은 골을 따라 하는 골 파종을 하고, 복토는 아주 얕게 해준다(씨앗이 덮일듯 말듯 할 정도). 골의 간격은 나중에 당근이 자라는 것을 감안해 30~40cm 정도는 되어야 한다. 그래야 나중에 웃거름주기, 풀 정리하기 등의 작업이 편리하다.

파종 직후에는 볏짚 등으로 덮어주고 물뿌리개를 이용해 물을 주는 것이 좋다. 대체로 일주일에서 10일 정도 지나면 싹이 튼다. 싹이 트는 시점에서 덮어둔 짚 등의 피복물을 벗겨내고 키기 3cm 정도 지라면 포기 사이의 간격을 3cm 정도로 유지한다. 당근 재배에서 가장 중요한 것은 초기에 성장이 더딜 때 조급하게 서두르지 않는 것과 과감한 솎아내기에 있다. 철저하게 간격을 유지해야 튼튼한 당근을 얻을 수 있다. 조금 더 자라 키가 5~8cm 정도 되면 간격을 10cm 정도로 유지한다. 이때쯤 되면 웃거름을 상당히 필요로 하는 시기가 된다. 파종 골 사이를 호미로 조금 파내고 퇴비를 넣고 흙을 덮어주고 물을 준다. 그리고 이후는 주변의 풀을 약간씩 제거하거나, 상한 당근이 있으면 솎아주는 정도의 작업만 하면 맛있는 당근을 수확할 수 있다.

당근은 옮겨심기가 가능하지만 옮겨 심은 당근을 수확하면 잔뿌리가 유난히 많은 것을 볼 수 있다. 당근을 솎아내는 것이 아까워서 몇 포기를 옮겨 심어 관찰한 결과 잔뿌리가 많아 상품성도 없고 먹기도 까다로워 그런다는 것을 알았다. 당근 밭 아래로 두더지가 많이 다닌 경우는 당근의 잔뿌리가 당근 위부터 아래까지 덮고 있는 것을 보았다. 이는 두더지가 지나다닌 곳은 땅과 접촉을 못하므로 뿌리를 많이 발생시키려는 당근의 생존 전략인 것이다.

당근 잎이 15cm 정도 자라면 솎아낸 당근 잎을 먹는 것도 좋다. 당근 잎을 씻어 상추와 함께 쌈으로 먹어도 좋고, 그냥 된장에 찍어 먹으면 향기가 아주 좋다. 나는 아무 생각 없이 솎아낸 당근의 잎이 하도 탐스러워 먹어 보았는데 향기가 좋고 맛도 상추보다 좋아 자주 먹곤 한다.

감자

- **분류** : 가지과
- **원산지** : 남미의 안데스 지역
- **재배지역** : 한국(전국), 전 세계
- **특징** : 서늘한 기후를 좋아함
  물 빠짐이 좋고 햇볕이 잘 드는 곳에서 재배
  휴면성이 있음, 연작장해 없음
- **역사** : 조선 순조시대 1824년 만주 지방에서 도입

재배시기

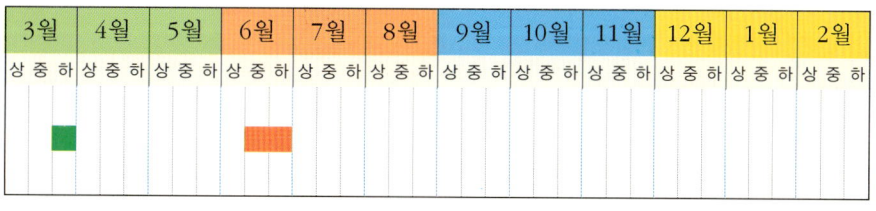

＊지역에 따라 재배시기가 10일 정도 차이날 수 있음.　　■ : 파종　　■ : 수확

　　감자는 일반적으로 봄에 일찍 파종해 여름 장마가 시작되기 전에 수확한다. 텃밭에서의 가을 재배는 밭의 이용 측면이나, 씨감자 구입에 있어서 불리하다. 가을에 집단적으로 감자를 재배하는 강원도, 제주도 지역을 제외하고는 씨감자 구하기도 쉽지 않다. 감자는 서늘하고 약간 건조한 지역을 좋아하므로 우리나라 전역에 맞는 것은 봄이 적당하다. 씨감자를 심는 시기는 파종 후 20~30일 지난 뒤 서리가 오지 않는 시기를 선택해야 한다. 주변의 농사짓는 분들이 심는 시기에 맞추는 것이 제일 안전하다.

휴면성

　　감자는 수확한 직후에 다시 심으면 싹이 나지 않는다. 이는 감자에 휴면이라는 특이한 현상이 있기 때문이다. 수확 후 일정 기간이 지나야 싹을 만드는 능력이 생기는 것이다. 종류에 따라 다르고 보관 온도에 따라 다르지만 90일에서 120일 정도의 기간이 지나야 싹을 틔운다. 휴면이라는 현상 때문에 감자 보관이 비교적 수월하다. 수확해 이용하다 보면 보통은 겨울이나 봄이 되어야 싹이 돋아난다.

밭 준비

감자를 심기 1~2주 전에 밭을 일구고 두둑을 만든다. 여유가 되면 밭을 일구기 1~2주 전에 1㎡당 100g 정도의 석회를 뿌리면 좋다. 감자는 물 빠짐

감자 심을 두둑을 만든다.

이 좋고, 햇볕을 잘 받으며, 모래성분이 많은 밭을 골라 심는 것이 요령이다. 1㎡당 3kg 정도의 퇴비와 깻묵 2컵(400g)을 넣고 밭을 일구고 두둑 간의 간격이 80~120cm, 두둑의 높이 30cm 정도, 두둑의 바닥 너비 40~70cm 정도로 만든다. 밭을 일굴 때 나뭇재를 구해둔 것이 있으면 조금 넣어주면 좋다.

두둑의 폭이 좁은 곳은 한 줄로 심고 좀 넓게 만든 곳은 두 줄로 심으면 된다. 장마에 대비해 물 빠짐이 잘되는 구조로 고랑을 만들어야 하며 두둑의 높이가 조금 높은 것이 좋다. 사진에서 오른쪽의 좀 넓게 보이는 곳은 두 줄 심기, 왼쪽의 좁게 보이는 곳은 한 줄 심기를 위해 만든 두둑이다.

종자 준비

3월이 되면 종묘상이나 주변의 농협에 들러 씨감자를 준비한다. 작년에 수확해 먹다 남은 싹이 돋아나는 감자를 심어도 되지만 바이러스 감염이라든지 수확량 문제가 있기 때문에 되도록 씨감자를 구입해 심는다. 종류에는 대지, 남작, 조풍, 수미 등이 있지만 초보자가 큰 감자를 수확하고 싶다면 수미를 권한다.

참고사항 도시에서 조그만 텃밭에 심기에는 씨감자 가격이 상당히 부담스럽다. 2002년에 18,000원 하던 수미 씨감자 한 박스가 2006년에는 30,000원 했다. 강원도의 씨감자 생산농가에 직접

절단한 씨감자

주문하면 상당히 저렴한 가격에 씨감자를 구입할 수 있지만 택배비를 부담해야 한다. 그래서 동호회가 있다면 여럿이 한 박스를 구입해 나누는 방법을 생각해보는 것도 좋을 것 같다.

종묘상에 가서 물어보면 자기 집의 종자가 다 좋다고 한다. 마치 음식점에 가서 "이 집은 뭐가 맛있나요?" 하고 물어보면 모든 메뉴가 다 좋다고 하는 것과 똑같다. 씨감자 박스를 열어보았을 때 곰팡이라든지 변색된 감자가 없고 씨알의 크기가 일정하게 굵직하고, 눈에는 싹이 2~3mm 정도 돋아나 있는 것이 좋은 씨감자다. 싹이 너무 길게 자라버린 씨감자는 피한다.

씨감자 절단하기

씨감자가 준비되면 파종하기 3~4일 전에 소독한 칼로(냄비나 솥에 넣고 끓여서 소독함) 씨감자를 절단한다. 크기가 큰 것은 4쪽으로 작은 것은 2쪽으로, 보다 작은 것은 통으로 사용한다. 절단된 조각이 최소한 30g 이상 되도록 하며, 눈이 고루 분포하는 구성으로 자른다.

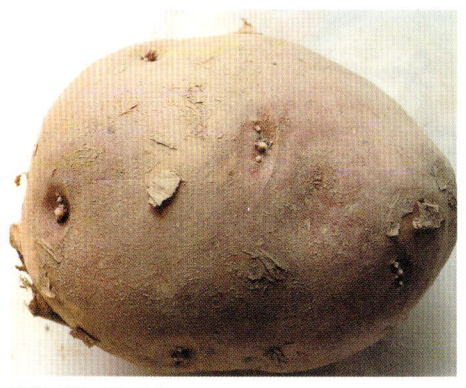
좋은 씨감자의 모습

씨감자 절단하기

절단된 면이 흰색인 것은 수미라는 종자이고, 노란색을 띠는 것은 홍감자(안데스레드)다. 이 홍감자는 의외로 쪄서 먹기에도 좋고 반찬으로 이용하기에도 좋은데 주변의 종묘상에서 구하기가 쉽지 않다. 나의 경우는 전통 5일장에서 구입해 해마다 조금씩 심고 있다. 이웃에 조금씩 나누어 주면 색깔과 맛 때문에 많이들 좋아하는 감자다.

절단한 감자는 서늘한 그늘에 3~4일 상처를 아물게 한 다음 심도록 한다. 예전에는 나뭇재를 절단면에 묻혀 상처가 아물면 심었으나, 텃밭 규모라면 주로 아파트에서 작업을 해야 하므로 구하기도 쉽지 않고, 작업도 어렵다. 규모가 작은 밭의 경우는 말리고 관리하는 것도 쉽지 않으므로 절단해 바로 심는다.

종류에 따라 색이 다르다.

감자 심기

만들어 둔 두둑의 중간에 25~30cm 간격에 하나씩 심는다.

깊이는 9~12cm 정도 절단면이 아래로 가게 묻어야 한다. 새로운 감자는 씨감자 위에서 생겨 자라게 되므로 너무 얕게 심으면 감자가 땅 위에 노출되어 파란 색깔이 된다. 반대로 너무 깊게 심으면 심는 데 시간이 많이 걸리고 싹이 돋아나는 데도 오래 걸리며, 감자를 수확할 때 깊이 파야하는 어려움이 있다. 두줄심기는 줄 간격 40~50cm에 씨감자 간격을 25~30cm로 심는다.

씨감자 절단 후 말리기

감자 심기

자라는 모습

3월 말에 파종한 감자가 20일 정도 지나면 싹이 땅 위로 올라온다. 일찍 싹을 내미는 것은 20일 정도 있어야 하고 늦게 나오는 싹은 30일 정도 지나야 한다. 일찍 파종한 감자 싹이 늦서리를 맞아 얼어버리는 경우가 가끔 있다. 그래도 다른 눈에서 싹이 나므로 그다지 걱정하지 않아도 된다.

파종 후 1개월이 되면 거의 모든 감자가 싹을 땅 위로 내민다. 이맘때쯤이면 감자의 고향과 비슷한 날씨가 되어 하루가 다르게 성장한다. 파종 2개월이 되면 자라난 감자 중에 빨리 성장하는 것은 꽃을 피우기 시작한다.

5월 말이 되면 감자꽃이 핀다. 어릴 때 감자 열매를 가지고 놀던 추억이 있는 분이라면 누구나 이 감자꽃을 좋아할 것이다. 수수한 매력이 있는 꽃이다. 홍감자는 약간 보라색을 띠는 꽃을 피우고, 보통의 감자(수미)는 흰색 꽃을 피운다. 감자꽃이 피고나면 여름으로 접어든다.

파종 3주된 홍감자 싹

파종 4주된 수미감자 싹

파종 1개월

파종 2개월

관리

싹 제거하기 씨감자의 눈이 많을 때는 감자 싹이 많이 돋아난다. 감자는 씨감자의 눈이 자라나 땅 밖에서 싹이 자라게 된다. 이때 씨감자와 땅 바깥의 줄기 사이에서 새로운 줄기가 생기면서 이 줄기가 덩이줄기로 자라나 감자가 된다. 그러므로 줄기가 많으면 감자가 많이 달려서 작은 감자로 자라게된다. 감자를 크게 키워

뿌리 채소 301

파종 2개월 만에 핀 수미감자꽃

홍감자꽃

야 할 필요가 있을 때는 실한 감자 싹을 한두 개만 남기고 나머지는 제거해주는 것이 좋다. 그러나 조림용 작은 감자를 수확하고자 할 때는 3~4개 정도의 싹을 키우도록 한다. 감자 싹을 제거할 때는 줄기를 잡고 뽑으면 아직 뿌리를 잡지 못한 씨감자가 뽑히는 수가 있으므로 손으로 전체 포기를 눌러 주면서 제거하고자 하는 줄기만 조심스레 뽑아준다. 이 작업은 대부분의 감자가 싹을 내고 어느 정도 자라는 시기인 파종 후 35일쯤에 하는 것이 좋다.

북주기 및 웃거름주기 굳이 해주지 않아도 좋다. 감자는 자라면서 얕게 묻힌 감자가 땅 위로 드러나 햇빛을 보게 되어 파랗게 변하는 경우가 있다. 이 현상을 막으려면 고랑으로 쓸려 내려간 흙을 두둑 위로 올려 주는 북주기가 필요하게 된다. 북주기는 비바람에 감자 줄기가 쓰러지지 않도록 지지해주는 역할도 한다. 그러나 북주기가 워낙에 힘든 작업이라 만만치 않다. 작은 규모의 텃밭에서는 재미삼아 할 수 있는 일이지만 어느 정도의 규모만 되어도 힘들다. 감자는 심고난 뒤 3개월이면 모든 수확이 끝나는 단기 작물이라 웃거름을 줄 여유가 없다. 물론 북주기 할 때 퇴비를 조금씩 넣어주면 좋겠지만 일감이 많고 시간이 오래 걸린다.

풀 관리 6월 중순이 되면 감자는 줄기를 키우고 옆의 풀들과 경쟁을 한다. 감자 밭고랑에 잘 나는 왕고들빼기는 봄부터 초여름까지 좋은 쌈거리를 제공한다. 상추만 먹을 때보다 더욱 풍성한 향기와 가꾸지 않아도 저절로 생겨나는 풀의 맛을 그대로 전해준다.

감자밭에 많이 보이는 풀은 까마중, 왕고들빼기, 명아주, 망초 등이다. 이 풀들은 감자보다 키가 빨리 자라 감자를 뒤덮으므로 보이는 대로 뽑는다. 요새 대부분의 농가에서 풀을 잡으려고 아예 파종 후 농사용 비닐 피복을 씌우는 작업을 하고 있다. 검은색 비닐 피복을 하면 풀씨가 싹이 트는 것을 막아 풀이 발생하지 못한다. 소규모의 텃밭이나 주말농장에는 권할 바가 못된다.

꽃 따주기 감자꽃을 따주어야 감자에 영양이 집중되어 알이 굵어진다. 여유가 되면 꽃망울이 맺혀 있는 줄기를 따준다. 그래도 관찰을 위해 몇 포기의 감자는 꽃을 남겨두면 보는 재미가 크다. 그리고 꽃이 피어야 감자 열매를 구경할 수 있다.

감자밭의 풀

감자밭인지 풀밭인지

수확

하지가 가까워지면서 땅속의 감자가 자라 밭 흙을 밀어내 땅이 쩍쩍 갈라지는 모습이 보인다. 이맘때쯤이면 땅이 많이 갈라진 곳이나 약간씩 말라가는 줄기 밑의 감자 중에 굵은 것은 더듬어 캐서 맛볼 수 있다. 더듬어 캐서 조금씩 수확을 하다가 하지(6월 22일경)가 되면 모두 수확한다.

6월 말이 되면 일기예보에서는 어김없이 곧 장마가 시작된다는 말이 나온다. 장미기 본격적으로 시작되기 전에 감자 수확을 마쳐야 한다. 비가 오면 썩어버리는 것도 많이 생기고 말리기도 쉽지 않다. 되도록이면 날씨가 좋은 날 수확해 그늘에 3일 정도 말려서 보관하는 것이 좋다.

재배 주의사항

싹이 잘리는 현상 감자가 싹이 돋아나 잘 자라고 있다가 갑자기 넘어져 말라가는 모습이 보이기 시작한다. 겨우내 땅속에서 월동을 하다가 막 활동을 시작하는 거세미나방 애벌레가 줄기를 갉아먹은 것이다. 그래도 염려할 정도의 피해는 입

6월 중순, 감자밭이 갈라진다.

6월, 말 감자 수확

막 캐낸 붉은감자

수확한 수미감자

히지 않는다. 그저 몇 포기 쓰러지는 정도에 그친다. 방제를 한다고 토양소독제를 뿌리고 밭을 일구면 피해는 줄일 수 있겠지만 땅속에 있던 모든 좋은 곤충과 미생물이 피해를 입게 된다.

왕무당벌레붙이 감자잎이 어느 정도 자라기 시작하는 5월로 접어들면 왕무당벌레붙이(28점박이무당벌레)가 조금씩 나타난다. 이 벌레를 처음 볼 때는 무당벌레인가 싶어서 그냥 두었다. 나중에 알아보니 감자, 가지, 토마토 등의 가지과 식물의 잎을 갉아먹는 해충이란 사실을 알았다. 이 벌레들은 잎에 많이 붙어서 잎을 그물 모양으로 만들어버린다. 개체수가 너무 많이 증가하지 않으면 그다지 피해를 주지는 않는다. 그러나 다음 해 개체수가 증가하는 것을 막으려면 보이는 대로 잡는 것이 유리하다.

상한 감자 수확 시기를 놓쳐서 장마철에 감자를 수확하다보면 흰 점이 많이 보이는 감자를 캐게 된다. 이 감자는 캘 때부터 조금 상한 것도 있고 단지 흰 점이 조금 많이 보이는 것도 있다. 이런 감자는 수확하자마자 빨리 이용하는 것이 좋다. 보관성이 떨어지고 멀쩡한 감자까지 상하게 만든다. 장마철이 지나서 수확한다고 다 그런 것은 아니고 일부 감자에 이런 현상이 생긴다. 흰 점이 조금이라도 보이는 감자는 재빨리 이용하는 것이 좋다. 보관을 하게 되면 거의 모두 상한다.

왕무당벌레붙이

감자의 연작 감자는 연작에 대한 장해가 없는 식물이라고 한다. 그래도 밭이 여유가 있을 때는 돌려가면서 심는 편이 좋다. 감자가 좋아하는 성분의 거름만 자꾸 소비하는 것은 지력의 보존 차원에서 별로 좋지 않기 때문이다. 되도록이면 여러 작물을 돌려 심는다.

장마철 지난 후 수확한 감자

감자에 좋은 퇴비 예로부터 감자를 심으려 하는 곳에는 꼭 나뭇재를 넣었던 것이 생각난다. 이는 오래전부터 나뭇재가 감자에 좋다는 것을 알았기 때문이다. 나뭇재에는 칼리(칼륨)성분이 많이 들어 있어 땅속에서 열매를 키우는 감자, 고구마 등에는 좋은 유기질 비료가 된다. 또 재에는 소독 효과가 있어 씨감자를 쪼개어 나뭇재에 비무려두었다 심기도 한다.

수확 후 심을 수 있는 작물

1. 수확 직후 바로 파종 가능한 종류 : 들깨 모종, 콩 모종, 양배추 모종
2. 1~2개월의 기간 후 이용 가능한 종류 : 가을 채소(무, 배추, 갓, 총각무 등)와 양파, 마늘, 염교, 쪽파
3. 기타 : (8월 초·중순) 상추, 쑥갓, 양상추(한랭사를 이용하거나 싹을 틔워 파종)

재배일지

감자 하면 생각나는 이야기가 있다. 감자는 남아메리카에서 유럽으로 건너가 유럽의 주식으로 자리를 잡았다. 유럽의 강대국이 함대를 이끌고 세계 여러 나라를 식민지화하고 거점화하려고 돌아다닐 때 남아메리카 원주민은 배고프고, 목마르고, 병든 유럽인을 위해 물, 음식(감자), 약초 등을 주었다. 그들은 받은 감자를 가지고 본국으로 가 유럽의 식량문제를 해결했다. 일부 유럽 국가는 주식으로 삼았을 정도다. 아일랜드에서는 한때 감자 농사가 흉년이 들어 100만 명의 목숨을 앗아간 대기근이 있었고, 이후 250만 명이 미국으로 건너갔다고 한다.

어린 시절 먹을 것이 부실할 때 할머니와 나는 논에 논감자를 심었던 기억이 난다. 감나무 그늘에 앉아 놋숟가락, 양철 숟가락으로 그 보라색 감자 껍질을 벗기는 누나와 할머니를 보면서 자랐다. 먹을 것이 없을 때 감자를 삶아 밥 대신에 먹고 나면 고추장, 김치, 밥 생각이 더욱 났다. 감자를 캐는 시기가 되면 알다시피 보리는 베는 시기고, 모는 심는 시기다. 이때는 쌀이 귀할 때고 해 매일 감자를 주식인지 반찬인지 구분이 안 되게 먹어야 하던 시절이었다. 나는 그때 생각이 나서 감자를 별로 좋아하지 않는다. 그러나 집사람은 감자에 유난히 고집을 피웠다. 그래서 봄이 되면 제일 먼저 씨감자부터 챙긴다.

내 고향 울주군 두서면에서는 감자산곳(삼곳, 산꽃이라고도 하는데 정확한 이름은 잘 모름)이라는 독특하게 감자 먹는 방법이 있다. 아마도 비슷한 방법이 다른 지방에도 있고, 이름이 조금 다르지 않을까 싶다. 주로 소 먹이러 갈 때 각자 집에서 감자를 몇 개씩 들고 와서 소 묶은 줄을 쇠뿔에 감아 산으로 소를 올려 보내놓고 물놀이를 한다. 물놀이가 좀 진행되면 배가 출출해지고 이때 손재주 좋은 내가 숨겨둔 양철 조각이나 기와를 꺼내고 주변의 흙을 으깨고 물에 타 반죽을 한다. 불 지필 자리를 돌로 잘 만들고 그 위에 기와 등의 불에 타지 않는 재질의 판을 걸쳐둔다. 걸쳐둔 평판 위의 가장자리에 반죽해둔 흙을 둘러 진흙으로 된 네모 모양의 빈 공간을 만든다. 아랫부분에는 보드라운 흙을 깔고 망개잎이나 솔잎을 준비하러 간다. 네모난 흙으로 만든 공간에 망개잎과 솔잎을 깔고 감자를 넣은 다음, 사방에 망개잎과 솔잎을 넣고 감자와 감자 사이의 공간에는 보드라운 흙을 채워 넣는다. 위에도 망개잎과 솔잎으로 덮고 흙을 두껍게 덮어둔다. 그 작업이 끝나면 돌아가면서 불을 때어 준다. 불을 30분 정도 때고 난 다음 나무꼬챙이로 감자를 찔러 보아 푹 들어가면 다 익은 것이다. 그래도 약한 불기운에 뜸을 5분 정도 들인 다음 발로 차서 흙으로 만든 구조물을 부수고 옆에 널려 있는 감자를 먹으면 된다. 이런 방법으로 감자를 먹으면 맛이 조금 없는 논감자도 맛있게 먹을 수가 있었다. 우리 고향 어른들도 어릴 때는 이렇게 감자를 많이 드신 것 같아 보였다. 감자산곳 하러 간다면 아무 말 없이 감자는 많이 가지고 가냐는 걱정을 다 해주신다. 이렇게 감자를 먹는 시기가 여름이다보니 산불 낼 염려가 없어서 그러는지도 모른다.

감자를 구워먹거나, 삶아먹다 지치면 이런 방법으로 먹어보면 색다른 맛을 느낄 수 있다고 자신한다. 몇 년 전에는 이 방법으로 감자를 먹어보려고 집사람과 애들을 데리고 냇가에 가서 해보았다. 진흙 만들 흙을 제대로 구하기도 쉽지 않고 해서 어설프게 먹었는데도 집사람은 맛이 있다고 극찬을 했다. 올 여름에는 꼭 아는 사람들 초대해서 세상에서 가장 맛있는 감자를 한번 먹어보아야겠다. 감자산곳! 참고로 고구마도 이 방법으로 먹으면 색다른 별미다. (이문열의 『그대 다시는 고향에 가지 못하리』에도 이런 이야기가 언급되어 있는데, 여기서는 '감자삼곳'이라고 불렀다.)

고구마

- **분류** : 메꽃과
- **원산지** : 중·남아메리카
- **재배지역** : 한국(전국), 중국, 일본
  인도네시아, 브라질
- **특징** : 따뜻한 기후를 좋아함
  통기성이 좋고 햇볕이 잘 드는 곳에서 재배
  줄기가 2~4m 자람
- **역사** : 조선 영조시대(1768) 일본에서 도입

재배시기

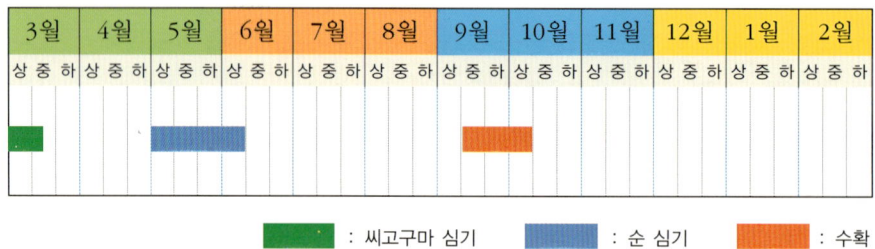

■ : 씨고구마 심기   ■ : 순 심기   ■ : 수확

＊지역에 따라 재배시기가 10~20일 정도 차이가 날 수 있음.

    고구마는 따뜻한 기후를 좋아하는 식물이다. 우리나라의 봄 날씨와는 어울리지 않는다. 그래서 특별한 방법을 이용해 씨고구마를 심어 싹을 기른다. 온도를 높이는 가온장치를 하거나, 방 안에서 싹을 조금 내어 온상에 심는다. 텃밭이나 주말농장을 하는 경우 5월 초에 시중에서 판매하는 고구마 싹을 구입해 심는 것이 좋다. 수확은 서리가 내리기 전에 한다.

모종 길러보기

    3월 상순에 싹이 돋은 씨고구마를 심고 위에 비닐을 씌우고 온도를 높여서 싹을 길러 심는 것이 전통적인 방법이다. 싹이 돋아나면 낮에는 위의 비닐을 벗겨내어 환기를 시키고 밤에는 다시 덮어준다. 기온이 올라가면 덮었던 비닐을 제거해 모종을 기른다. 이렇게 직접 고구마 순을 기르는 경우 어느 때든지 밭만 준비되어 있으면 심으면 된다는 장점이 있다. 그리고 중간에 활착이 안 되어 죽는 경우, 보충하기도 쉽다.

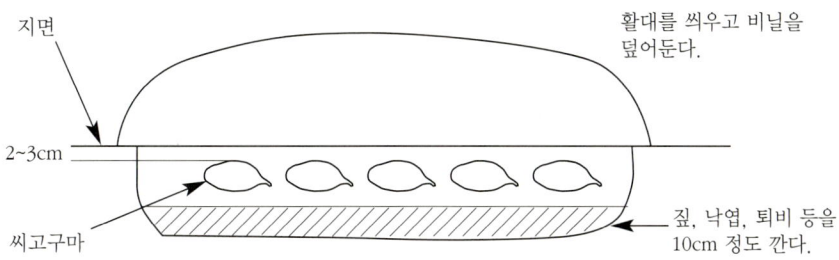

씨고구마 심어 싹을 기르는 방법

밭 준비

물 빠짐이 특히 좋아야 하며 통기성이 우수한 밭을 골라 고구마를 심는다. 고구마 심을 밭은 퇴비를 조금 적게 넣고 갈아둔다. 퇴비를 많이 넣으면 질소질이 많아져 잎과 줄기만 무성해지고 알이 들지 않는 현상이 생긴다. 그래서 퇴비는 1m²당 2kg 정도와 깻묵을 큰 컵으로 1컵(200g) 정도 넣는다. 여유가 되면 퇴비를 넣고 밭을 일구기 전에 석회를 1m²당 100g 넣어주면 좋다.

두둑의 높이는 밭의 형편에 따라 달라진다. 습기가 많은 밭은 조금 더 높게 만들고, 물 빠짐이 좋은 밭은 조금 낮게 한다. 두둑을 만들지 않고 그냥 지표면에 모종을 심어도 고구마가 생긴다. 다만 이랑이 높은 밭보다는 고구마도 작고 양도 많지 않다.

모종 구입하기

5월 상·중순에 지역의 전통 5일장이나 종묘상에 들러보면 고구마 순을 구입할 수 있다. 소규모로 텃밭을 하는 경우, 싹을 기르는 번거로움이 없어 좋다. 요새

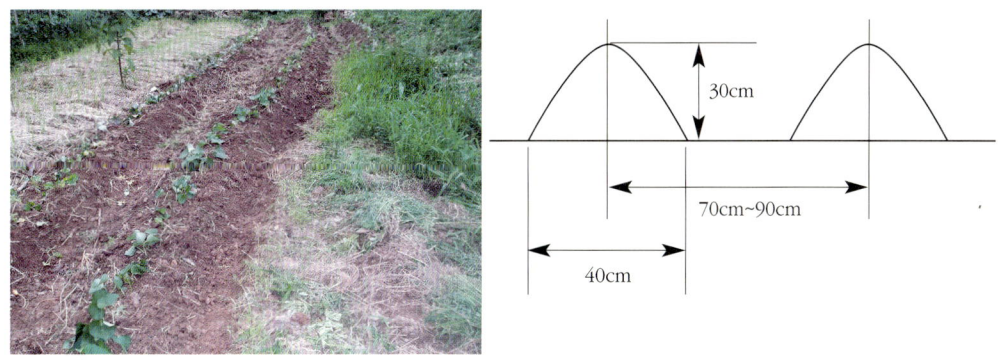

두둑에 고구마 심은 모습   고구마 심을 두둑 모양

는 시골의 자급용 고구마를 기르는 분들도 순을 직접 기르지 않고 모종을 구입해 심는 경우가 대부분이다. 종류는 호박고구마, 밤고구마, 물고구마로 나누어진다. 좋아하는 종류의 고구마 순을 준비해서 심으면 된다.

시장에 나오는 모종용 고구마 순은 보통 100개씩 묶음으로 판매하는데 5월 초에는 한 묶음에 5,000원에서 6,000원 정도 한다.

전통 5일장에 나온 고구마 순

그러나 5월 중순이나 말로 접어들면 가격이 다소 하락해 4,000원 정도면 구입이 가능하다. 그보다 더 늦게 6월 초·중순에는 2,500원 정도에 구입이 가능하다. 이것은 경우에 따라 달라지는 것이므로 참고로 하시기 바란다. 또한 종자에 따라 다소 다른 가격을 보이기도 한다. 요새 인기가 있는 호박고구마의 경우는 구하기도 쉽지 않고 가격도 다소 비싸다.

좋은 고구마 모종

고구마 순을 고를 때는 길이가 30cm 정도이고 줄기가 굵고 마디수가 일곱 개 이상인 것이 좋다. 마디 사이는 간격이 짧은 것이 좋으며, 잎은 윤기가 나며 지나치게 시들지 않아야 한다. 어떤 모종은 구입 당시에 아랫부분에 뿌리가 달린 것이 있다. 이것은 씨고구마에서 줄기를 뜯어낸 것으로 가꾸는 데는 아무런 지장이 없다. 오히려 이쪽이 뿌리내림이 좋고 옮김 몸살을 적게 한다.

고구마 심기

일찍 심은 고구마 줄기를 끊어 심는 방법이 있다. 시장에 나오는 고구마 모종을 일찍 4월 말이나 5월 초에 심으면, 6월에는 줄기가 자라 뻗기 시작한다. 비 온 뒤에 이들 줄기를 잘라 보충용으로 쓰거나 새로운 밭에 심어도 잘 자란다. 나는 밭이 조금 남는다 싶으면 이런 방법으로 많이 심는다.

모종은 4월이 지나고 늦서리가 내리지 않을 때 심어야 한다. 보통은 5월 초 또는 중순이 지나야 한다. 고구마는 고온성 작물이므로 조금 늦게 심는 것이 유리하다. 너무 늦게 심으면 수확시기에 기온이 낮아져 수확 후 보관이 곤란하다.

고구마는 서리가 내리거나, 지면의 온도가 10°C 이하로 내려간 후 수확하면 보관성이 떨어진다. 수확시기는 아주 심은 후 120일(4개월)에서 150일(5개월) 사이가 적당하다.

고구마를 심는 요령은 여러 가지 있으나, 모종의 상황에 따라 달라진다. 모종이 짧으면 대각선 방향으로 밭에 꽂아 넣는 방식을 사용하고 조금 더 긴 모종은 휘어서 땅에 묻어준다. 그보다 더 긴 모종은 땅에 묻히는 부분이 반달 모양이 되게 심는다. 그런데 이런 방법은 실제 책에서나 존재하는 설명용 자료에 불과하다. 밭에서 쪼그려 앉아 직접 심는 경우에는 아무 생각 없이 그냥 심을 자리에 물을 흠뻑 뿌리고 나무 막대 등으로 비스듬하게 찔러 미리 구멍을 낸다. 그리고 그 사이에 고구마 순을 7cm 정도 찔러 넣고 흙을 눌러준다. 이때 고구마 순에 붙어 있는 잎이 흙에 묻히지 않게 바깥으로 잘 내주는 것이 요령이다.

물을 뿌리지 않으려면 비가 오기 전이나 후에 심는다. 심는 간격은 임의대로 조절한다. 큰 고구마를 수확하려면 간격을 40cm 정도로 좀 넓게 유지하고, 군고구마용의 조금 작은 고구마를 원하면 20~30cm 간격으로 심는다.

자라는 모습

모종을 심은 지 2주가 지나면 뿌리가 제대로 자리를 잡고 왕성하게 자란다. 고구마가 잘 자라는 시기가 되면 우리나라의 기후는 대체로 비가 많이 오는 때가 된다. 비가 오고 나면 이곳저곳에서 올라오는 풀들이 은근히 밭농사의 어려움을 알려준다.

7월 말, 고구마는 고향에서의 포근함을 느끼면서 하루가 다르게 자란다. 줄기 수도 많이 늘어나고 하루가 다르게 큰다. 고랑 사이나 두둑에 돋아나는 풀도 무섭게 자란다. 이때쯤 한번 정도 풀을 뽑아 그 자리에 깔아두는 수고를 해야 한다.

8월에는 무더운 날씨가 계속된다. 이 날씨를 즐기는 것은 고구마와 풀과 벼다. 고구마는 줄기를 키우고, 풀은 하루가 다르게 성장해 통제가 불가능할 정도로 자란다. 자라는 피는 계속 뽑아주어야 한다. 씨앗이 떨어져 다음해에 더욱 힘들어지기 때문이다.

심은 지 12일된 고구마

제대로 자리를 잡은 고구마 줄기

7월 말

8월 중순

관리

비 오는 날이나, 비 오기 직전에 심는 경우 뿌리가 잘 내리고 빨리 활기를 되찾는다. 메마른 날씨에 모종을 심을 경우 물을 잘 뿌리고 흙과 밀착이 잘되게 심어야 한다. 그래도 계속해서 비가 오지 않으면 심은 모종에 물을 뿌려주는 것이 좋다.

심은 모종 생사여부 확인 모종을 심고 3, 4일 후 고구마 모종이 생기를 찾고 생장점 부근이 하늘을 향하고 있으면 잘 심어진 모종이다. 고개를 들지 못하고 축 처져 있으면 며칠 내로 말라 죽을 모종이다. 그래서 모종을 심을 때 한쪽 귀퉁이에 남은 모종을 모두 심고 물을 주어 가식해두면 이를 뽑아다 죽은 모종 자리에 다시 심을 수 있다.

풀 관리 고구마의 성장이 풀이 자라는 속도를 이기지 못하면 풀 속에 묻히게 되어 고구마가 성장을 못한다. 풀이 우거지기 시작하면 풀을 정리해 고구마 잎사귀가 햇빛을 볼 수 있도록 배려해준다. 그래도 비 한 번 내리면 언제 나왔는지 풀이 자라고 잠시 한눈을 팔고 있으면 고구마 잎을 덮어버린다. 보이는 대로 밭에 들어가 키 큰 풀을 뽑아주어야 한다. 8월의 무더위에는 풀이 더욱 기승을 부린다. 가끔은 고구마 밭고랑을 지나면서 풀을 뽑아 그 자리에 놓아둔다. 수확 철이 다가오면 풀도 씨앗을 많이 달고 퍼트릴 준비를 한다. 이맘때의 풀은 씨앗이 떨어지지 않게 조심스럽게 뽑아 밭에서 멀리 떨어진 냇가나 무성한 나무 밑에 놓아둔다. 고구마는 풀을 관리하는 것이 아주 힘든 작물이다. 그래서 짚이나, 낙엽 등으로 두둑과 고랑을 덮어두면 풀이 덜 나는 효과를 볼 수 있다. 주변에서는 이 풀 문제로 아예 시판하는 비닐이나 부직포 등으로 밭을 덮는 경우도 있다.

7월 중순, 고구마밭의 풀

8월 초, 고구마밭의 풀

줄기 관리 고구마 줄기가 많이 자라게 되는 8월에는 풀을 뽑아줄 때 고구마 줄기도 한 번 정도 젖혀주는 것이 좋다고 알려져 있다. 그러면 잔뿌리가 발달해 영양이 분산되는 것을 막아 고구마의 충실을 기하기 때문에 뻗어나는 줄기를 젖혀

8월 중순, 고구마밭의 풀

10월 초, 고구마밭의 풀

주는 것이다. 그러나 줄기를 젖혀주게 되면 자연스러운 줄기의 배열이 흐트러지고, 잘려나가는 줄기가 생기며, 새로운 줄기가 과다하게 생겨나는 문제가 있다. 이와 같은 문제 때문에 젖혀주는 작업을 하지 않는 것이 좋다. 그리고 최근에는 줄기가 뻗으면서 내리는 뿌리에 덩이줄기(고구마)가 달리지 않는 종자가 보급되므로 줄기 젖혀주는 작업이 더욱 필요 없다.

북주기 및 웃거름주기 자라면서 줄기를 뻗어 우거지므로 밭에 들어가는 것이 아주 힘들어진다. 특별하게 풀을 정리하러 들어가는 외에는 작업이 불필요하다.

수확

추석이 가까워지면 땅속의 고구마가 굵어져 주변의 밭 흙을 밀어내 두둑에 금이 가는 모습이 보인다. 이맘때쯤이면 땅이 많이 갈라진 곳의 고구마는 더듬어 캐서 맛볼 수 있다. 더듬어 캐서 조금씩 수확하다가 10월 초에 모두 수확을 한다. 늦어도 서리가 내리기 전에 수확을 마쳐야 한다. 캐낸 고구마는 그늘에 잘 말려 캐낼 때 긁힌 자국이 아물면 자루에 담아 보관하는 것이 좋다.

더듬어 캔 고구마 9월이 되면 고구마 밭두둑이 쩍쩍 갈라지는 곳이 보인다. 유난히 금이 많이 간 두둑의 고구마 줄기 부근을 호미로 살짝 긁어보면 고구마가 보인다. 그중에 큰 것을 몇 개 캐다 햇고구마를 맛보면 초가을의 정취를 느낄 수 있다. 밭에서 일하다 고구마 몇 개 더듬어 캐서 점심을 먹는 것도 즐겁다. 집을 나설 때 집사람이 챙겨준 물김치를 들고 가서 삶은 고구마와 같이 먹는 낭만도 있다. 이 맛을 못 잊어 나는 고구마를 심고자 봄이면 노력한다.

수확 준비 고구마는 땅 위로 뻗은 줄기를 모두 걷어내고 두둑이 노출되게 해 수확을 해야 한다. 이때 고구마 줄기를 수확해 겉껍질을 벗기고 나물로 먹거나 살짝 데쳐 말려두었다 겨울에 고구마 줄거리 나물을 먹을 수 있다.

고구마 캐기 호미로 하나씩 상처가 나지 않게 캐낸다. 고구마를 캐는 시간은 무한한 즐거움이다. 농사, 밭, 흙을 싫어하는 사람도 고구마 캐기의 추억은 조금씩 가지고 있어 그런지 좋아한다. 우리 집사람도 예외는 아니다. 호미로 마구 찍어 상처 난 고구마를 캔다고 나하고 장모한테 그렇게 잔소리를 들어도 마냥 즐겁게 밭에서 소리 지른다. 우리 집 애들과 그의 친구들도 고구마 캘 때는 밭에서 놀아준다. 서로 큰 것 캐겠다고 경쟁적으로 온 밭을 뒤진다.

고구마 줄기 처리하기 고구마 줄기를 밭에 그냥 두면 퇴비로 변하는 데 시간이

두둑을 파내어 캐는 고구마

고구마와 물김치의 조합

오래 걸린다. 고구마 수확 후 1~2주 있다가 작두로 잘게 썰어 밭에 깔아주면 이듬해 봄에 밭을 뒤집을 때는 거의 퇴비처럼 변한다. 고구마 줄기 썰어 넣을 때 여건이 되면 짚을 구해 같이 넣어도 좋고, 주변의 낙엽을 긁어와 넣어 주어도 좋다. 썰어 넣고 나서 여유가 되면 괭이로 한 번 정도 밭 흙과 뒤섞어주면 퇴비가 되는 시간이 단축된다.

수확 후 심을 수 있는 작물

고구마는 가을에 수확하는 작물로 9월 말에서 10월 초에 수확이 이루어진다. 고구마 수확 후 심을 수 있는 작물은 양파, 마늘, 보리, 밀 등의 월동 가능한 작물이다. 10월 초순에서 중순 사이에 종묘상에 가면 양파 모종을 구입할 수 있어 손쉽게 심을 수 있다.

고구마 줄기를 걷어내는 모습

상처가 덜 나게 잘 파내야 한다.

뿌리 채소

참고사항 1년 임대형 주말농장에서는 월동작물을 기르기가 쉽지 않으므로 미리 알아보고 심는다.

고구마 줄기와 짚을 썰어 깔아두기

재배일지

예전에 시골에서 제일 먼저 파종을 알리는 것이 고구마다. 아버지께서는 마당가에 땅을 파고 거름을 넣고 짚을 넣어 그 위에 흙을 채우고 며칠을 기다린다. 그러면 아래에서 올라오는 열기가 느껴지고 이 열을 이용해 따뜻한 곳이 고향인 고구마 싹을 키운다. 위에는 비닐을 씌워 돋아난 싹이 얼지 않도록 보온을 해준다. 4월에는 위에 씌운 비닐을 낮에는 걷어두고 밤에는 덮어주고 한다. 그러다 5월에는 주전자로 물을 떠다 두둑에 뿌리고 구멍을 내고 잘라낸 고구마 싹을 하나씩 꽂는다. 추석 전에 고구마 큰 것을 몇 개 캐 고구마 부침개를 준비하는 마냥 즐거운 시절이 있었다. 그 시절의 추억이 있어 해마다 봄이 되면 시장에서 파는 고구마 줄기를 무작정 구입한다. 고구마를 캐지 못하는 가을은 왠지 쓸쓸하고 겨울이 걱정되기도 한다. 헛간으로 쓰는 작은 방 귀퉁이에 고구마 몇 가마는 있어야 든든한 겨울을 맞던 그 시절이 그리워진다.

그래서 우리 밭에서 제일 요란한 대접을 받는 것이 고구마다. 남들은 심어 놓고 있다가 여름에 줄기나 따먹으면서 가을에 그냥 캐면 된다고 하는데 나는 전혀 그렇지가 않다. 아마도 비닐을 씌우지 않아 뿌리내림이 힘들고 관리도 어려워 그런가 보다. 심고 물주고 열심히 돌봐도 3일 정도 지나면 20~30%가 말라버린다. 어느 날은 내가 고구마를 심고 있으니 동네분이 지나다가 한마디 하신다. 이 동네는 고구마가 잘 안되고 맛도 없어 아무도 심지 않는다는 것이다. 그래도 나는 해마다 고구마를 심고 가을에 몇 개 캐서 밭에서 일하다 간식으로 또는 점심으로 먹고 있다.

호박고구마는 경험상 일반 고구마보다는 가꾸기가 어려운 것 같고, 수확도 적게 되는 것 같다. 풀 문제는 짚으로 덮어주는 것이 물론 좋기는 한데 그 많은 짚을 구하기도 힘들고 깔아주는 것이 또한 여간 노력이 들지 않는다. 차라리 풀을 뽑는 것이 중간에 고구마도 돌보고 이야기도 나누고 하는 장점이 있다고 스스로 결론을 내려 본다.

　고구마는 메꽃과 식물이라 메꽃과 비슷한 꽃을 피운다고 하는데 아직까지 직접 보지는 못했다. 인터넷에 동호회 회원들이 올리는 고구마꽃은 여러 번 보았다. 계속 조금씩 심다보면 언젠가는 토란과 같이 꽃을 보여주리라 믿는다.

토란

- **분류** : 천남성과
- **원산지** : 열대 및 아열대 아시아 지역
- **재배지역** : 한국(전국), 인도네시아, 일본
- **특징** : 고온다습지를 좋아함, 추위에 약함
  줄기와 알뿌리를 식용
- **역사** : 고려시대 『향약구급방』(1236)에 기록

재배시기

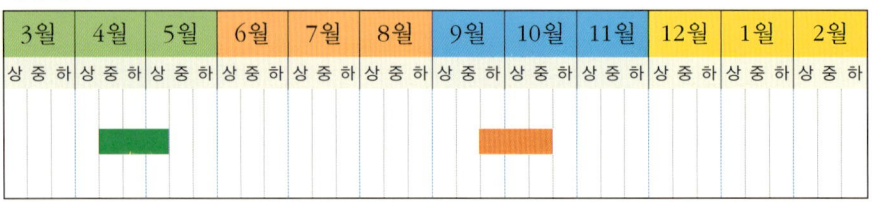

*재배시기는 지역에 따라 10일 정도 차이날 수 있음. ■ : 파종   ■ : 수확

    토란은 열대성 식물이라 충분히 날씨가 따뜻해져야 재배 가능하다. 4월 중순 이후에 파종하는 것이 좋다. 남부 지방은 4월 중순, 중부 지방은 4월 말이 파종 적기다. 수확은 서리가 오기 전에 줄기를 먼저 수확하고 알뿌리는 흙을 덮어 두었다 시간이 나면 수확해도 된다. 이는 줄기 수확 후 손질하는 시간이 많이 걸려 알뿌리까지 수확할 시간이 안 될 경우 알뿌리는 수확 후 나온 잎 등으로 덮어놓고 한가할 때 수확하는 방법이다.

파종용 밭 준비

    자신의 밭에서 제일 습한 곳을 골라 석회를 조금 뿌리고 갈아두었다가 1m²당 2kg 정도의 완숙퇴비와 깻묵을 큰 컵으로 2컵(400g)을 뿌리고 잘 일군다. 특별하게 고랑을 만들어줄 필요는 없으나, 물이 빠지는 정도의 고랑을 내고 파종 준비를 마친다. 석회와 퇴비 준비가 안 되었으면 밭을 일굴 때 주변의 낙엽, 짚, 풀 등을 넣어도 좋다. 토란은 짚 등으로 피복을 해 수분유지를 해주면 의외로 건조한 밭에서도 재배할 수 있다. 햇빛이 잘 드는 곳이라면 어디라도 재배할 수 있다.

종자 준비

지난해 수확해 얼지 않도록 저장한 씨토란을 준비하거나, 처음 재배하는 경우라면 전통 5일장에 들러 구입한다. 씨앗은 크고 주변에 곰팡이가 없는 것을 골라야 한다. 겨울에 보관이 잘못 되어 상한 것은 골라낸다.

봄날의 씨토란

시장에서 파는 씨토란

토란 심기

토란의 파종은 아래 그림과 같이 한다. 보통 텃밭이나 주말농장에서는 많이 심지 않으므로 그림과 같은 파종법으로는 재배하기 곤란할 수 있다. 이때는 밭의 귀퉁이나 경계부의 두둑에 몇 포기 심어둔다.

주의사항 토란을 파종할 때는 생장 상황을 염두에 두어야 한다. 키가 1m 이상 자라고 줄기가 여러 개 퍼지면 주변에 그늘이 많이 생긴다. 이를 고려하지 않고 주변에 다른 채소를 심으면 햇볕 부족으로 다른 작물이 잘 자라지 못한다.

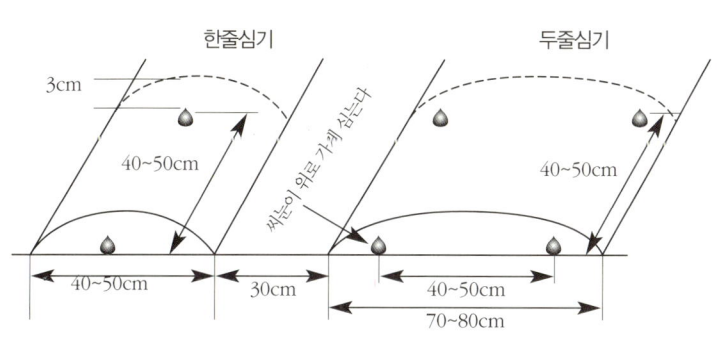

씨눈을 위로 해서 토란 심기

자라는 모습

토란은 파종 후 상당한 기간이 지나야 싹이 나온다. 보통은 1개월이 지나야 싹을 틔우고 늦게는 6주 정도 지나야 한다. 일찍 싹을 틔우려면 집 안의 해가 드는 따뜻한 곳에 씨토란을 두어 싹을 틔워 심으면 조금 일찍 새싹이 돋아난다.

싹트는 모습 토란은 열대가 고향인 식물로 고온을 좋아한다. 우리나라에서는 고온기가 되는 5월이 지나야 싹이 튼다. 그런데 싹이 나도 이 시기에는 잘 자라지 않는다. 잎사귀를 벌리고 줄기를 조금 키우는 정도로 만족해야 한다. 아래 사진을 보면 같은 위치인데도 많이 자란 풀의 모습을 볼 수 있다. 싹이 조금 돋은 비름나물이 10일 사이에 엄청나게 자랐다.

토란 싹 트는 모습, 파종 20일

파종 30일의 토란

파종 2개월 모습 파종 2개월이면 6월 중순이 되므로 비도 자주 오고 기온도 높아져 토란이 좋아하는 날씨가 된다. 토란의 중간에는 상추가 같이 자란다. 토란이 늦게 싹이 트므로 상추와 쑥갓을 이식해 기르면 서로 보완적으로 잘 자란다. 상추와 쑥갓이 자라 수확을 하면 토란이 잎을 키우게 되므로 좋은 사이심기가 되는 작물이다.

8월의 토란 8월 말이 되면 줄기의 아래에는 아들 토란이 생기고 손자 토란까지 생긴다. 큰 토란을 수확하려면 이때 아들 포기의 밑동을 잘라 주고 북을 주면 가늘고 긴 토란이 생기는 현상이 준다. 8월의 장대비와 가끔 불어오는 바람에도 잘 견딘다.

9월 말의 토란 9월 말이 되면 수확시기가 가까워짐을 알 수 있다. 아랫잎이 약간 누렇게 되는 것이 보이기도 한다. 이때 큰 포기의 아래는 더듬어서 수확한 토

파종 5주, 5월 말

파종 2개월, 6월 말

8월 말

9월 말

란을 맛볼 수 있다. 이 시기만 되어도 수확이 가능하다. 초가을에 찾아오는 태풍에도 다른 작물에 비해 잘 견디고, 쓰러지는 토란은 거의 없다.

토란꽃

9월이 되면 토란은 급격한 성장을 하게 되고 줄기가 팔뚝만 해진다. 잘 자란 토란은 9월 중순이 되면 꽃대를 세우고 수줍은 꽃을 피우게 된다. 꽃이 피는 줄기는 그렇게 많지 않다. 4년째 심어서 처음으로 꽃을 보았다. 2005년에는 아주 큰 토란을 먹지 않고 심어서 그런지 그렇게 보기 힘들다는 토란꽃을 보았다.

토란 꽃망울

토란꽃

가뭄 및 풀 대책

7월 초가 되면 토란도 잘 자라지만 주변에 자라나는 풀과의 경쟁이 심해진다. 이럴 때는 7월 중순에 한 번 정도 풀을 뽑거나 베어서 토란 줄기 아래에 놓아둔다. 그러면 토란이 성장해 잎이 무성해지고 아래에 놓아둔 풀이 덮개 역할을 해 토란을 이기는 풀이 없어지

7월 중순, 토란밭의 풀

게 된다. 이후의 8월이나 9월이 되어도 토란 밭의 풀은 더 이상 걱정하지 않아도 된다. 6월이 되면 토란이 20~30cm 정도 자란다. 이때 둑이나 고랑에 짚, 풀, 낙엽 등을 두껍게 깔아주면 좋다. 그러면 풀도 덜 나고 밭의 수분 증발을 막아 가뭄에 견디는 능력이 좋아진다.

웃거름주기

7월 중순에서 말로 접어들면 기나긴 장마가 어느 정도 지나가는 시기다. 이때는 토란 줄기가 부쩍 자라고, 잎도 제법 커져서 비 오는 날 우산으로 써도 될만하다. 장마가 그치면 토란 포기에서 15cm 정도 떨어진 곳을 호미로 20cm 정도 파내고 거름을 한두 주먹씩 넣어주고 다시 흙을 살짝 덮어준다. 그러면 토란은 보답이라도 하듯이 잘 자란다.

수확

토란을 전문적으로 재배하는 농가에서는 8월 이후 굵은 줄기를 수시로 수확해 껍질을 벗겨 말려둔다. 그러나 작은 규모의 텃밭은 포기 수가 많지 않아 10월에 한꺼번에 줄기를 베어 수확하는 것이 좋다. 그래야 껍질을 벗겨 말리는 일이 한 번에 끝난다. 알토란은 줄기를 베어낸 후 서리가 내리고 영하로 내려가기 전에 수확을 마쳐야 한다. 수확한 줄기는 껍질을 벗겨 작게 잘라 말려 두었다 해장국에 넣거나, 삶아 나물로 먹으면 좋다. 알토란은 껍질을 벗겨 토란국을 끓이면 아주 좋은 가을 별식이 된다.

씨토란 보관하기

캐낸 알토란의 일부는 먹고 내년에 사용할 씨토란은 땅을 파고 얼지 않도록 묻어 둔다. 묻는 깊이는 지역의 기온에 따라 다르므로 되도록 깊게 파서 바닥과 양 옆에는 마른 짚을 깔고 토란을 넣고 위에 짚을 다시 덮는다. 그 위에 흙으로 20cm 정도 덮고 위에는 빗물이나 눈이 녹아 들어가지 않게 짚단을 이용해 상투를 틀어주듯이 해 덮어 둔다. 텃밭이나 주말농장의 경우 수확한 토란이 그리 많지 않을 때는 내년에 심을 만큼의 씨토란만 작은 박스에 담아 얼지 않게 집 안에 두면 된다.

수확한 토란 줄기   토란 줄기 다듬는 장모님

정리한 토란 줄기

토란 캐기

수확한 알토란

날씨가 좋은 겨울날 보관한 알토란을 캐서 이용한다. 파낼 때 위의 흙을 모두 파내지 말고 옆의 흙을 조금만 파내고 잘 끄집어낸다. 그리고 다시 잘 막고 위를 덮어 얼지 않도록 한다.

재배 주의사항

토란 재배에 별다른 주의사항은 없다. 다만 수확한 알토란의 껍질을 벗겨낼 때

땅을 파고 토란을 묻어둔 모습   묻어둔 위에 짚을 덮었다.

피부에 토란의 진액이 묻으면 간지럽고 아리는 느낌이 30분 정도 지속된다. 이때는 비눗물로 잘 씻어주면 많이 완화된다. 될 수 있으면 고무장갑을 끼고 알토란의 껍질을 벗기도록 한다. 토란 줄기를 생으로 먹으면 입 안이 곤란해지니 절대로 생으로 토란 줄기를 씹거나 맛보지 않는 것이 좋다. 토란을 수확할 때 줄기에서 나오는 액체가 옷에 묻으면 얼룩이 지워지지 않으니 주의한다.

재배일지

몇 년 전에 평소 알던 분이 심어보라며 씨토란 20개 정도를 가져오셨다. 생각지도 못한 토란이 생겨서 없는 밭뙈기 잘라 원래는 콩 심으려고 봐둔 자리에 억지로 심었다. 실은 나도 그전부터 토란이 자꾸 생각나 언젠가는 반드시 심어보리라 작정을 하고 있었는데 참 잘된 일이다. 비 오면 토란의 넓적한 이파리를 뒤집어쓰고 다닌 어린 시절의 기억 때문이기도 하겠지만 다른 집에는 집 안에 심어 가꾸던 토란을 우리는 한 번도 심은 적이 없어서 그런지도 모르겠다. 나중에 안 일이지만 우리 시골집은 80평 남짓한 좁은 곳에 집과 헛간과 돼지우리까지 있었으니 어찌 남들이 다 심는 토란 심을 공간이 있었겠는가? 남들은 장독대 옆에 심어두고 줄기 베어다 추어탕 끓일 때 넣어 먹던 기억이 나서 상당한 기대를 걸고 심었다.

우리 밭에서 제일 물기가 많은 땅을 골라 한 두둑 만들어 40cm 간격으로 심었다. 한 달이 다 되어서야 빠끔하게 내민 싹을 보고 저것이 언제 크나 싶었다. 그런데 날씨가 점차 더워지니 하루가 다르게 자랐고, 장마철에는 무럭무럭 잎이 정말 크게 자랐다. 비 올 때 한 잎 꺾어다 쓰고 싶었는데, 아무도 보아주는 이 없어 다음으로 미루었다.

    토란 줄기가 자라는 데 따라 중간에 풀이 많이 올라 왔다. 풀은 베어서 그 자리에 깔아주는 것으로 만족해야 했다. 풀이 자라는 것보다 토란이 잘 자라고 잎사귀가 넓어 풀에 대한 걱정이 없어 참 좋은 작물이다. 토란 줄기가 자라면서 한 개에서 두 개, 세 개로 늘어나는 줄기와 잎 자체가 관상용으로도 좋은 것 같다. 8·9월의 장마와 태풍에 고생을 하고 난 후의 토란은 잎사귀가 여기저기 찢겨나가고 일부 작은 줄기는 마르면서 쓰러지고 있었다. 우리 밭에서는 긴 장마와 태풍에 고생을 제일 많이 하는 것이 언제나 토란일 것이다. 토란은 지지대도 없는 상태에서 잎이 넓어 바람도 많이 받는데 그래도 버텨주는 것이 고마울 따름이다.

    밭이 조금 있어 무얼 심을까 고민하시는 분이 있다면 토란을 심어보심이 좋겠다. 심어서 가꾸다 보면 그 이유를 알 수 있으리라. 잔손질이 없어도 되며, 땅을 비교적 가리지 않는 잡식성이며, 가뭄에도 별 걱정 안 해도 되는 것이 초보농사에는 안성맞춤이다.

    토란꽃도 그렇다. 노란색의 수수한 꽃이 보기가 좋다. 토란을 심은 지 실로 4년 만에야 꽃을 봤다. 포기 수를 많이 심으면 이보다 더 일찍 꽃을 볼 수도 있었겠지만 해마다 30~40포기 심는 데서 토란꽃을 직접 보니 좋다.

    먹을 수 있는 줄기와 알토란을 주고 거기다 기분이 나면 꽃까지 보여주는 토란을 가꾸면서 어린 시절 잎 꺾어 쓰고 다니던 추억을 느껴보는 것도 좋다.

우엉

- **분류** : 국화과
- **원산지** : 유럽에서 서아시아
- **재배지역** : 한국(전국), 중국, 일본
- **특징** : 뿌리가 깊게 자람, 두해살이풀
  유럽, 시베리아, 중국에 자생
  연작을 싫어함
- **역사** : 최근에 식용으로 재배 시작

재배시기

■ : 파종   ■ : 수확

 우엉은 비교적 최근에 식용으로 재배를 시작한 채소다. 일본에서는 오래전부터 식용으로 재배해왔다. 아무런 보온 없이 월동이 되므로 이듬해 봄에도 수확이 가능하다. 씨앗이 싹트려면 20℃ 이상이 되어야 한다.

종자 준비

 우엉 씨앗은 주변의 종묘상이나, 웹사이트에서 손쉽게 구할 수 있다. 뿌리의 모양에 따라 장근종, 중근종, 단근종이 있다고 하지만 종묘상에서 구할 수 있는 것은 거의 장근종이다. 다른 종류의 채소에 비해 씨앗이 조금 큼지막해서 다루기가 수월하다. 그러나 묵은 종자는 발아율이 현저하게 떨어지므로 반드시 채종일자를 확인하고 구입한다.

우엉 씨앗

밭 준비 및 심기

우엉은 흙이 부드럽고 깊은 곳에 재배해야 캐낼 때 수월하다. 자신의 밭 중에 제일 파내기 쉬우면서 물 빠짐이 좋은 곳에 심는 것이 핵심이다. 그리고 잎줄기가 다 자라면 60~70cm 정도가 되므로 이를 감안해 주변에 다른 채소를 가꾸도록 한다. 이와 같은 조건이 맞는 곳에 1m²당 4kg 정도의 퇴비와 깻묵 4컵(800g) 정도를 넣고 되도록 깊게 일구어 둔다. 두둑은 따로 만들지 않아도 되지만 물 빠지는 고랑은 만들어둔다.

씨앗은 사방 30cm에 5~6개를 넣는다. 씨앗을 넣고 흙덮기는 아주 얇게 해주는 것이 좋다. 빛을 받아야 싹이 잘 트는 특성이 있으므로 씨앗을 얕게 묻는다. 씨앗을 파종하기 전에 하루 정도 미지근한 물에 담갔다 파종하면 싹이 트는 데 걸리는 시간이 단축된다.

주의사항 우엉은 연작을 싫어하므로 한 번 심은 곳은 3~4년 뒤에 다시 심는 정도의 주의가 필요하다. 싹트는 온도는 기온이 20°C 이상이 되어야 하므로 지역에 따라 4월 말이나, 5월 초·중순에 파종한다. 일찍 심어두면 싹이 트는 데 시일이 오래 걸린다.

자라는 모습

우엉은 저온에 잘 견디지만 싹이 트려면 20°C 정도가 되어야 한다. 봄에 일찍 파종하면 싹이 돋아나는 데 오랜 시일이 소요된다.

자라는 온도는 25°C 정도가 적당하다고 하는데 다른 채소에 비해서 여름에도 잘 자라는 편이다.

싹트는 우엉, 5월 초

5월 말의 우엉

7월 말

9월 초

솎아주기

한곳에 여러 개의 씨앗을 넣는 것은 우엉의 발아율이 낮기 때문이다. 묵은 종자를 심으면 발아가 잘 안되므로 씨앗을 넉넉하게 넣어 준다. 그러면 떡잎이 발생할 때부터 상황을 보면서 솎아주어야 한다. 최종적으로 한곳에 한 포기의 우엉이 자라는 환경으로 만든다.

주의사항 보통의 채소는 큰 것을 남겨두고 작은 것을 솎아낸다. 그러나 우엉은 싹트는 시기가 비슷하고 자라는 정도가 비슷한 것을 남겨두고 성장이 빠르거나, 더딘 포기를 솎아주어야 한다.

수확

7월 이후에 캐서 수확한다. 그런데 생각보다는 수확이 어렵다. 한 포기를 캐내는 것이 어렵기 때문에 한 줄 단위로 캐야 한다. 나의 경우는 가을에 몇 포기 캐다가 포기하고 말았다. 우엉 뿌리가 깊이 들어가므로 조금 파내는 정도로는 뿌리까지 캐내지 못한다. 그래서 조금 파내다가 잘라버리고 말았다.

작은 포기는 땅을 30cm 정도 파내고 위를 잡아당기면 된다. 보통은 아래 뿌리가 끊어져버리고 만다. 조금 큰 뿌리는 주변을 조금 더 많이 파내고 당기거나, 삽날을 깊숙이 넣어 잘라내야 한다.

우엉 캐내기

밭에서 직접 캐낸 우엉의 겉껍질을 칼로 살짝 벗겨내고 생으로 먹으면 또 다른 맛을 느낄 수 있다.

주의사항 옆의 우엉에서 곧게 뻗은 3개는 자라면서 돌이나 딱딱한 부위를 만나지 않은 것이고, 아래의 여러 줄기로 갈라진 우엉은 자라다 돌을 만난 모습이다.

수확한 우엉

병충해

우엉에는 주의해야 할 병충해가 있지만 텃밭에서 소규모로 기르는 경우는 큰 문제가 되지 않는다. 초기에는 진딧물이 많이 괴롭힌다. 잎에 엄청나게 붙어 있는 진딧물을 보면 '모두 뽑아 땅에 묻어야 하나?' 하는 고민을 하게 된다. 그러나 가만히 두면 어느새 진디는 흔적도 없이 사라져 깨끗한 잎을 보여준다. 그리고 장마철 고온다습할 때 잎이 조금 짓물러지는 흔적이 보이지만 날씨가 서늘해지면 이내 괜찮아진다.

우엉 잎의 진딧물, 6월 말   사라진 진딧물, 7월 말

우엉 잎이 진딧물에 약한 것을 이용해 밭 주변에 진딧물 유인용으로 우엉을 재배한다는 얘기를 들은 적이 있다. 6월 중순에는 정말 많은 진딧물이 우엉 잎에 붙어 있다. 진딧물이 좋아하는 식물인 양배추, 지칭개, 우엉 등의 식물을 밭에 잘 배치해 놓으면 채소에 영향을 덜 끼친다고 한다.

웃거름주기 및 관리

우엉은 웃거름주기가 어려운 작물이다. 잎이 우거져서 자라기 때문에 포기 밑동을 파내고 웃거름을 주는 것은 불가능하다. 여름 장마가 끝나면 퇴비와 깻묵을 뿌려주는 정도로 만족해야 한다.

잎이 우거지는 시기가 지나면 풀에 대한 걱정이 없는 채소가 우엉이다. 우엉 포기 밑에는 심한 그늘이 들어 풀이 나지 못한다. 큰 종류의 풀인 피, 까마중 등이 조금 나는 정도다. 이들 풀은 키가 우엉보다 커지는 시기에 눈에 잘 띄어서 정리하기가 수월하다.

장마철에 병든 잎, 8월 초

우엉밭의 풀, 7월 초

씨받기

우엉의 씨앗은 월동한 우엉에서 얻을 수 있다. 월동 후 봄이 되면 우엉의 줄기가 많이 성장하고(약 2m) 그 끝에서 엉겅퀴 꽃망울과 비슷한 모양의 꽃망울이 생기면서 6월에 꽃이 핀다. 꽃이 지면서 씨앗 꼬투리를 키우고 7월 말 이후에 씨앗이 여물면서 꼬투리가 말라간다. 이 꼬투리를 따서 잘 말려 비비면 씨앗이 얻어진다.

주의사항 우엉의 씨앗 꼬투리는 거칠어 어디에 붙으면 떨어지지 않는다. 바늘같이 생긴 뾰족한 침이 많아 맨손으로 만지면 손을 찌른다. 반드시 코팅장갑을 끼고 만지도록 한다.

재배일지

우엉을 심어보면 참으로 특이한 식물도 있다는 생각이 든다. 위로 자라는 잎과 줄기에 비해서 뿌리가 엄청나게 아래로 뻗어 있다. 기온이 맞지 않는 5월에는 성장이 상당히 둔하게 이루어지다 6월이 되면 하루가 다르게 성장한다. 겨울에 아

우엉꽃, 6월 말 　　　　　　　　　　　　　　　　　　　익어가는 씨앗 꼬투리, 7월 말

무런 보온을 하지 않아도 이듬해 봄에 다시 자라는 매력이 있다. 잘 기르면 씨앗을 받아 계속 기를 수 있다. 엉겅퀴와 비슷한 꽃을 이듬해 여름에 볼 수 있다.

밭의 중요 채소 주위에 우엉을 심어 두면 진딧물을 유인하는 요긴한 식물이 된다. 다른 채소에 비해 풀에 대한 걱정이 덜하며, 병충해에 별 신경을 쓰지 않아도 된다. 그러나 수확하려면 상당히 고생스런 작물이다. 삽이나 곡괭이로 많이 파내려가는 것이 그다지 쉬운 일은 아니다. 밭을 많이 파내려가므로 아래에 있는 흙과 위의 흙이 잘 섞이는 장점이 있는 반면에 오랜 세월 만들어준 토양의 생태계가 일시에 흐트러지는 단점도 생긴다. 임대형 주말농장에서는 봄에 씨앗을 파종해 가을에 모두 수확하는 재배시기를 정해서 길러야 한다.

우엉은 열량은 적으며, 섬유질이 많아 건강식품으로 좋은 평가를 받고 있다. 게다가 우엉에 있는 암에 대한 효능으로 '야채스프'의 재료로 이용되고 있다. 야채스프는 무, 무청, 우엉, 당근, 표고버섯을 이용해 만든다. 여기에 우엉이 들어가는 것만 봐도 상당히 몸에 좋다는 것을 알 수 있다. 그런데 이 재료에 들어가려면 반드시 유기농으로 재배해야 한다.

야콘

- **분류** : 국화과
- **원산지** : 남아메리카의 볼리비아, 페루
- **재배지역** : 한국(전국), 일본, 미국, 네덜란드, 뉴질랜드 등
- **특징** : 따뜻한 기후를 좋아함. 물 빠짐이 좋은 곳에 재배 약한 그늘을 좋아함. 줄기가 1.5~3m 자람
- **역사** : 1986년 일본으로부터 도입

재배시기

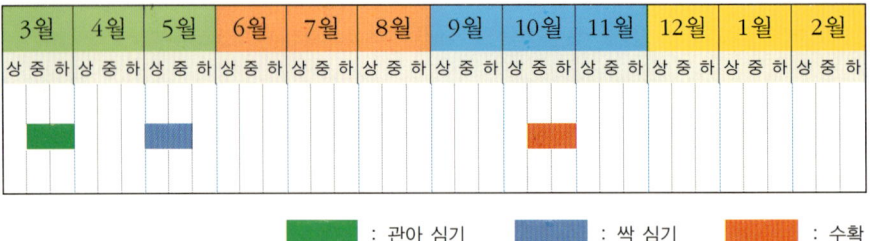

■ : 관아 심기   ■ : 싹 심기   ■ : 수확

＊지역에 따라 재배시기가 10일 정도 차이가 날 수 있음.

야콘은 따뜻한 기후를 좋아하는 식물이다. 우리나라의 봄 날씨에 자라기 적절하지 않다. 그래서 이른 봄에 온상 등의 시설을 이용해 관아를 심어 싹을 길러야 한다. 싹이 어느 정도 자라면 늦서리가 내리지 않는 시기에 싹을 뽑아 옮겨심기를 한다. 안전하게 심으려면 5월 10일 이후에 심는 것이 좋다. 수확은 서리가 내리기 전에 마쳐야 한다.

야콘의 덩이뿌리는 고구마와 비슷하게 생겼다. 자라는 모양은 뚱딴지(돼지감자)와 아주 흡사하다. 즉, 땅 위는 해바라기처럼 자라면서 땅속의 덩이뿌리를 키워 고구마와 같은 열매를 맺는다. 비교적 최근에 재배하기 시작한 야콘은 올리고당의 함량이 높다고

야콘 줄기와 땅속의 덩이뿌리

알려져 있다. 고구마와 다른 점은 덩이뿌리에서 새로운 개체로 성장하는 줄기를 키우는 것이 아니라 덩이뿌리 위의 관아라는 것에서 새로운 줄기를 키운다.

요새 건강식품에 관심이 높아지면서 많이 재배를 시도하는 작물이다. 여태껏 전통 5일장에서 야콘을 보지 못했는데 최근에 판매하는 모습이 보인다. 내가 기르는 작물이 시장에서 최초로 발견되는 즐거움이 있어 좋다. 사진은 시장에서 판매하는 야콘인데 올리고당, 섬유질이 들어있고 비만, 혈당, 노화에 좋다는 글이 보인다. 1kg에 7,000원이라는 가격은 야콘에 가려져 있다.

전통 5일장에 나온 야콘

모종 구하기

야콘 모종은 시중에서 쉽게 구할 수 없다. 아직은 재배가 일반화되어 있지 않아 모종 구하기가 쉽지 않다. 인터넷상에서 '야콘'이라는 단어를 검색하면 모종을 판매하는 곳이 몇 군데 나온다. 이런 데서 구입해 심지 않으면 초기에 송자를 구하는 섯이 불가능하나. 보통은 모종을 길러 판매를 한다. 더러는 관아(야콘의 싹을 기를 수 있는 종자)를 판매하기도 하지만 이것을 구입하면 비닐하우스에 파종해 싹을 길러야 하는 번거로움이 있다. 최근에는 전통 5일장에 야콘 모종이 등장하고, 몇몇 웹사이트에서도 모종을 판매하고 있다. 지역 5일장에 나온 모종은 2007년 봄 1,000원에 판매되고, 웹사이트에서는 포기당 3,000~4,000원에 거래되고 있다. 야콘 재배가 활성화되면 종묘상에서 값싸게 구입할 수 있을 것이다.

전통 5일장에 나온 야콘 모종

재배 방법

야콘은 관아를 떼어내어 직접 파종하는 직파법과 관아를 심어 싹을 길러 뿌리가 붙어 있는 싹을 가식해 완전하게 뿌리와 줄기를 성장시켜 옮겨 심는 방법이 있다.

싹을 길러 심는 방법 주로 이용되는 재배 방식이다. 이른 봄에 관아를 파종해 싹을 기른 후 가식해 튼튼한 모종으로 길러 본밭에 심는다. 단점으로는 시설이 있어야 하고, 모종을 기르는 번거로움이 있다. 그러나 수확량이 많다.

직파 관아를 떼어내어 직접 밭에 심으면 모종을 기르는 번거로움이 없어 좋기는 하지만 자라는 기간이 절대적으로 부족해 수확량이 적다.

모종 길러보기

3월 중순에 해가 드는 베란다에 상토를 채운 화분을 놓고 관아를 심는다. 그리고 물을 준 다음 보온에 신경을 쓴다. 마르지 않게 수시로 물을 준다. 그러면 15일 정도 지나면 싹이 돋아나고 싹이 10cm쯤 자라면 떼어내어 다시 상토를 채운 화분에 옮겨 심는다. 이때 옮겨 심는 것을 가식이라 한다. 가식은 빽빽하게 해도 무방하다. 가식 모종을 4월 말이나 5월 초에 옮겨 심으면 된다. 이때 지역에 따라 내리는 늦서리를 주의해야 한다. 옆의 사진과 같은 화분 2개면 50포기 정도의 모종을 기를 수 있다.

야콘 관아 심기, 3월 중순

야콘 싹 자라는 모습, 4월 중순

장점 직접 야콘 모종을 기르는 경우, 언제든지 밭이 준비되면 시간을 내어 심으면 되는 장점이 있다. 그리고 중간에 활착이 안 되어 죽더라도 보충이 쉽다. 단지 집 안에서 기르는 약간의 번거로움은 감수해야 한다.

밭 준비

밭이 선정되면 1m²당 3kg 정도의 퇴비와 깻묵을 큰 컵으로 2컵(400g) 정도 넣는다. 여유가 되면 퇴비를 넣고 밭을 일구기 전에 석회를 1m²당 100g 정도 넣어주면 좋다. 퇴비는 재거름이 들어 있는 것을 쓰면 좋다.

야콘 밭 선정 고려사항

밭의 특징	미치는 영향
물 빠짐이 좋을 것	장마철에 습해를 방지함(뿌리가 상해 전체가 죽는 현상)
통기성이 우수할 것	뿌리의 성장이 왕성해 잘 자람
찰흙 성분이 적을 것	갈라지는 야콘이 적으며, 캐기도 수월하고 수확량이 많음
약간 그늘이 드리운 곳	원산지가 남미의 페루, 볼리비아의 산간 지역임

두둑 만들기

야콘은 땅 위의 줄기가 1.5~2m 정도 자라는 것을 감안해 두둑 간의 간격은 80cm 정도로 한다. 두둑의 높이는 고구마 두둑보다 조금 높게 40cm로 한다. 두둑의 폭이 좁으면 나중에 야콘이 흙 바깥으로 노출되기도 한다. 밭이 작아 두둑 간의 간격을 띄울 형편이 안 되면 두둑의 폭을 70~80cm 정도로 해 두줄심기를 하면 효율적으로 밭을 이용할 수 있다.

주의사항 퇴비를 넣고 만들어둔 밭에 두둑을 친 다음 2주 정도 지난 후 모종을 심도록 한다.

심는 요령

야콘 모종은 고추를 심듯이 한다. 모종상에서 자란 깊이만큼 심는다. 간격은 50cm 이상 띄우도록 한다. 너무 촘촘하게 심으면 나중에 야콘의 덩이뿌리가 서로 닿아 있어 수확할 때 괭이에 의한 상처가 난다. 모종을 심은 후 물을 흠뻑 뿌려주어 옮김 몸살이 완화될 수 있도록 해준다.

자라는 모습

야콘은 옮겨심기를 마치고 나면 아주 더디게 성장한다. 초기에는 조금 더디게 자라다가 6월 이후에 빠르게 성장한다.

5월 초

자리를 잡고 자라는 모습, 5월 말

잘 자라는 모습, 6월 말

7월 말

6월 말이 되면 잘 자라는 야콘은 줄기가 여러 개로 늘어난다. 잎도 넓게 자라면서 아래에 있는 풀이 자라지 못하게 그늘을 만들기 시작한다. 10월이 되면서 서늘한 날씨에 서서히 성장이 멎게 된다. 그러면 날씨를 봐가면서 수확을 한다.

줄기 자라는 모습, 9월 중순

수확 시기가 된 야콘, 10월 중순

풀 관리

야콘을 심고 조금 지나면 풀들이 온통 돋아나기 시작한다. 이때 야콘은 심은 초기라 아주 천천히 자라므로 6월의 장마철이 되면 야콘보다 풀이 먼저 자라 밭을 덮어버리게 된다. 그러면 야콘이 약해지므로 6월 중순이나 말에 한 번 정도 풀을 모두 정리해 야콘 포기 밑에 두면 이후에는 풀이 그다지 번성하지 않는다.

풀이 나는 모습, 5월 말

풀이 많이 자란 모습, 6월 중순

많이 재배하는 곳에서는 비닐을 덮어 풀을 관리하는 곳도 있다. 소규모의 텃밭이나 주말농장에 권할 바가 못된다. 비닐을 덮어두어도 8월의 무더위를 맞이하면 걷어 주어야 하는 번거로움이 있다. 대신에 짚이나 풀 등으로 두텁게 덮어두면 풀도 덜 나게 되고 습기를 보존해 가뭄을 덜 타게 한다.

수확

야콘은 추석이 가까워지면 땅속의 덩이뿌리가 굵어진다. 주변의 밭 흙을 밀어내어 누룩에 금이 가는 모습이 보인다. 야콘의 덩이뿌리는 9월 이후에 급속하게 자라므로 고구마처럼 일찍 수확하는 것은 피해야 한다. 10월 중순 이후에 지역에 따라 서리가 내리기 시작할 무렵 수확을 하도록 한다. 야콘은 추위에 약하므로 얼지 않는 시기에 수확을 마쳐야 한다.

준비 야콘 수확에 앞서서 줄기에 붙어 있는 연하고 보드라운 잎을 모두 따서 데쳐서 말려 두고 묵나물이나 야콘잎 차를 만들어 이용하면 좋다.

캐기 야콘은 땅속으로 많이 들어가지 않으므로 두둑을 괭이로 조금 파고 줄기를 당기면 뽑혀 나온다. 밭 흙에 진흙이 많고 굳어 있는 곳은 야콘이 끊어지기도 한다. 이런 것은 호미나 괭이로 다시 파내면 된다.

관아와 뿌리 분리하기 야콘의 덩이뿌리와 관아 부분을 분리해 보관해야 한다. 관아는 약간 붉은 빛이 도는 뭉치다. 이를 잘 분리해 얼지 않게 보관했다가 종자로 이용한다.

야콘 잎 삶아서 헹궈내는 모습

캐낸 야콘, 붉은 부분이 관아

주의사항 야콘은 수분이 많아 고구마보다 잘 부러진다. 그래서 뽑을 때나 캐낼 때 부러지지 않도록 주의해야 한다.

줄기처리 야콘 줄기를 밭에 그냥 두면 말라서 단단하게 굳는다. 완전히 마르기 전에 작두로 썰어 밭에 깔아두면 이듬해 봄에 밭을 뒤집을 때 거의 퇴비처럼 변한다. 야콘 줄기 썰어 넣을 때 여건이 되면 짚을 구해 같이 넣어도 좋고, 주변의 낙엽을 긁어와 넣어 주어도 좋다. 썰어 넣고 나서 여유가 되면 괭이로 한 번 정도 밭흙과 뒤섞어주면 퇴비화되는 시간이 단축된다.

보관 및 숙성

야콘은 캐낸 직후 먹어보면 밋밋한 맛에 단맛이 거의 없고 씹히는 아삭거림밖에 없다. 캐낸 양이 많으면 먹을 만큼만 박스에 담아 집 안에 두고 숙성시키고 나머지는 땅을 파고 묻어두면 된다. 땅을 파는 깊이는 60cm 정도로 하고 바닥에 짚을 깔고 야콘을 넣고 흙을 덮는다. 그 위를 짚이나 비닐로 덮어 빗물이 들어가지 않게 해준다. 이때 상했거나 상처가 많은 야콘은 가려내야 한다.

숙성시킬 것은 박스에 담아 수분이 마르지 않게 신문지나 비닐을 덮어준다. 작은 양이면 비닐봉지에 담아 따뜻한 곳에 15일 정도 두면 단맛이 든다. 숙성시킬 때 수분이 부족하면 야콘이 시들어 쭈글쭈글해진다. 야콘은 늦가을 서리가 내리기 직전에 수확하는 작물로 수확 후 심을 수 있는 작물이 거의 없다. 월동이 가능한 마늘, 보리, 밀 등이라면 가능하다. (1년 임대형 주말농장에서는 월동작물을 기르기 쉽지 않으므로 미리 알아보고 심는다.)

재배일지

오래전부터 이름은 들어 알고 있었으나, 야콘 모종 구하는 일이 쉽지 않았다. 전문적으로 농장을 하는 곳에서 미리 주문받아 모종을 기르기 때문에 시기를 놓치면 1년을 기다려야 한다. 그렇게 3년 정도 기다리다 보니 대전 근방에서 야콘 농장을 하는 분을 알게 되었다. 서둘러 12월에 모종을 주문하고 5월에 밭에 심었다. 처음 접하는 야콘이라는 작물에 대한 기대가 상당히 컸다. 자라는 모습을 보면서 꼭 돼지감자와 흡사하다는 생각을 많이 했다. 돼지감자 잎은 억세고 까칠해 먹을 수 없지만 야콘의 잎은 생으로 먹어도 되고 삶아서 나물로 먹어도 좋다. 특히, 크고 보드라운 잎은 살짝 데쳐서 찬물에 헹궈내면 아주 맛있다. 펴서 손바닥에 놓고 쌈을 먹으면 꼭 머위 나물을 먹는 기분이 든다.

여름이 지나고 가을로 접어들면 밭이 쩍쩍 갈라지는 곳이 보이기 시작한다. 땅속의 야콘 덩이뿌리가 굵어진다는 뜻이다. 야콘의 알뿌리를 캐서 그냥 먹어보면 단맛이 거의 없다. 밋밋한 맛에 많은 실망을 한다. 그러나 아삭한 맛이 일품이고, 수분이 많아 씹는 기분이 좋다. 이때가 올리고당의 함량이 가장 많아 건강식으로 이용하기에는 안성맞춤이다. 수확 후 수분이 적당한 곳에 두고 시간이 지나면 당분이 점차 늘어나 단맛이 든다. 15일 정도 지나면 단맛이 제법 들어 아삭한 맛에 단맛이 가미되어 먹을 만해진다.

생강

- **분류** : 생강과
- **원산지** : 인도, 중국으로 추정
- **재배지역** : 한국(전국), 열대지방, 인도, 피지, 나이지리아 등
- **특징** : 고온 다습지에 재배, 연작장해가 심함
  저온장해가 있음, 여러해살이풀
- **역사** : 『고려사』(1018)에 기록

재배시기

■ : 파종   ■ : 수확

양념 재료로 많이 이용하는 뿌리채소다. 특히, 김치를 담을 때 조금 넣어 젓갈의 비린내를 없애는 데 큰 역할을 한다. 다른 채소에 비해 고온에서 잘 자라는 편이고, 수분유지가 안 되는 건조한 밭에서는 재배가 어렵다. 봄에 씨생강을 심고 1개월 정도 지나야 생강싹을 볼 수 있을 정도로 싹트는 데 오래 걸린다. 열대지방이나 아열대지방에서는 여러해살이풀이지만 겨울을 나지 못하기 때문에 우리나라에서는 해마다 새로 심어야 한다.

종자 및 모종 준비

다른 것들은 종묘상에서 구입해 심으면 되는데 생강 종자는 지역의 전통 5일장에서 구해서 심어야 한다. 4~5월에 지역 장에 나가보면 싹이 돋아나는 생강을 많이 구경할 수 있다. 이들 종자 중에 실하고 싹이 잘 돋아난 종자를 구해서 심는다. 실제로는 소생강(소형종), 중생강(중형종), 대생강(대형종)으로 나뉜다고 하는데 지역의 5일장에서는 알 길이 없다. 다만 많이 판매하고 많이 나오는 종자가 대중적이라 생각하고 구입해 심으면 된다. 김장의 양념으로 이용하려면 4~5쪽 정도만 심어두면 된다. 큰 덩어리는 몇 개의 조각으로 나눠 심는다. 너무 작게 자르지는 말고 반드시 눈이 3~4개 붙는 정도로 나눈다.

아주심기 준비

기온이 잘 올라가는 양지바른 곳이면서 수분유지가 잘되는 곳이 적합하다. 그래서 물 주기 편한 곳을 선정하는 것이 좋으며 밭 흙은 기름진 곳이 좋다. 아주심기 2~3주 전에 1m²당 4kg 정도의 퇴비와 깻묵 4컵(800g) 정도를 넣고 일구어 둔다. 두둑은 5cm 정도로 낮게 만들고 물 빠짐을 위해 고랑을 내주는 것이 좋다.

5일장에서 파는 씨생강, 4월

주의사항 몇 개 안되는 생강을 위해 따로 밭을 일구고 하는 것은 번거로우므로 다른 채소를 심을 때 조금 공간을 할애해 심는 것이 좋다. 생강은 연작을 싫어하므로 한 번 심은 곳은 4~5년 뒤에 다시 심는 정도의 주의가 필요하다.

아주심기

지온이 15°C 이상이 되어야 싹이 트기 때문에 지역에 따라 4월 말이나, 5월 초·중순이 되어야 한다. 일찍 씨생강을 심어두면 기온이 올라가고 싹이 트는 데 시일이 오래 걸린다. 심는 간격은 30cm 정도가 적당하며, 복토는 3cm 정도 하도록 한다. 저온에 약하므로 이를 고려해 파종시기를 정해야 한다.

자라는 모습

생강은 고온을 좋아하는 작물이라 초기에 싹이 트는 데 걸리는 기간이 상당하다. 나의 경우 생강을 심어두고 여러 번 땅을 파서 싹이 돋고 있나 확인한 적이 있다. 최소 1개월 정도는 기다려야 생강의 싹을 볼 수 있다. 초기의 성장은 둔하지만 7월 중순 이후에 왕성한 성장을 해 9월 말에는 잎의 색깔이 조금씩 변해간다.

심은 지 6주된 생강, 6월 중순

심은 지 3개월 지난 생강, 7월 초

9월 초

10월 중순

주의사항 잎이 돋아나는 초기에 바람에 흔들리면 이후의 성장에 아주 많은 악영향을 끼친다. 6월에 세찬 바람에 노출되지 않도록 해주는 것이 좋다. 나의 경우는 아직까지 한 번도 바람에 주의를 기울인 적이 없다. 그래서인지 어떤 때는 잘 자라고 또 어느 해는 잘 안될 때가 있었다. 아마도 바람의 영향이 아닌가 싶다.

수확

9월 말이나 10월에 잎이 변색되는 시기가 수확적기다. 그러나 이때는 아직 김장철이 아니라 수확을 해도 이용이 불가능하다. 필요

수확한 생강, 11월 중순

하면 조금씩이라도 캐서 쓰면 된다. 김장시기를 기다리다보면 10월 중순 이후에는 잎이 많이 마른다. 그리고 지역에 따라서는 10월 중순이면 서리가 내리기 시작한다. 이 시기에는 줄기 위에 짚이나 마른풀 등을 덮어주어 냉해를 입지 않도록 해주어야 한다.

주의사항 생강은 13°C 이하의 저온에 오랜 기간 노출되거나 서리를 맞으면 동해를 입으므로 보온에 신경을 써야 한다. 김장할 때까지 밭에 그냥 두려면 생강 포기에 짚이나 흙 등을 두텁게 덮어둔다.

웃거름주기 및 관리

생강은 5월부터 11월 김장 때까지 밭에서 머물러야 한다. 성장의 중기인 7월 장마가 지난 후 웃거름을 한차례 주는 것이 좋다. 웃거름은 포기 사이를 호미로 조금 파내고 퇴비를 한두 주먹 넣고 흙을 가볍게 덮어준다. 짚이나 풀 등으로 두텁게 피복을 한 경우, 피복물을 옆으로 벌려 퇴비를 넣고 다시 덮는다. 이때 자라는 생강 뿌리가 다치지 않게 주의해서 포기 주변의 흙을 파내야 한다.

수분유지를 위해 짚이나, 낙엽 등을 덮어두면 풀도 덜 나고 관리가 쉬워진다. 짚으로 피복을 하려면 싹이 돋는 시기에 하는 것이 좋다. 그리고 수시로 돋아나는 풀을 정리해 생강이 풀에 덮이지 않게 해주어야 한다. 피복을 짚으로 조금 두텁게 해주면 풀도 덜 나고 수분유지에 도움이 된다.

생강과 같이 자라는 풀, 6월 중순

생강 포기 아래 자라는 풀, 9월 초

재배일지

생강을 몇 포기 심어보면 생강 잎이 어떻게 자라는지 알 수 있다. 꼭 대나무 잎처럼 자란다. 텃밭에서 직접 기른 가을 채소로 김장을 하려면 꼭 몇 포기 심어 양념으로 이용하기를 권한다. 생강은 초기 성장이 아주 더디기 때문에 이때 돋아나는 풀을 잘 정리해주는 것이 조금 어렵다. 그러나 병충해에 심한 피해를 입지 않고 잘 자라는 채소다. 싹이 돋아나는 시기에 짚을 두텁게 덮어두면 이후에 관리가 수월해진다.

씨생강을 심어두면 씨생강 부분에 새로운 생강이 덧붙어 뭉쳐 자란다. 몇 포기 심어두고 김장철에 캐서 양념으로 이용하면 좋다. 김장에 이용할 목적이라면 3~4포기 정도 기르는 것이 적당하다.

땅콩

- **분류** : 콩과
- **원산지** : 브라질
- **재배지역** : 한국(중부 이남), 열대, 아열대 및 전 세계
- **특징** : 물 빠짐이 좋으며, 약간 건조한 지역에 재배
  고온성 작물임
- **역사** : 1800년대 도입 추정

재배시기

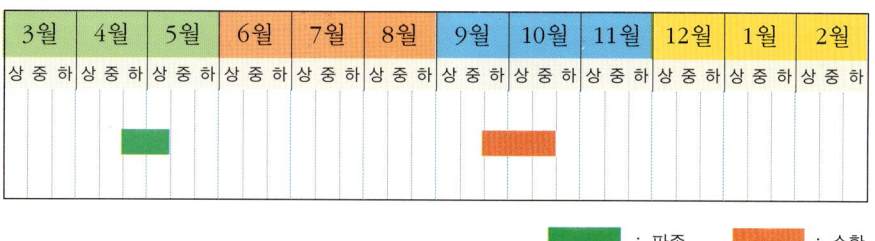

열대 및 아열대의 고온건조한 지역이 재배에 적합하다. 우리나라에서는 중부 이남 지역이 재배에 적당하다. 물 빠짐이 좋은 모래흙이 있는 강가에서 많이 재배한다. 주로 안동, 부여, 서산 등지에서 많이 재배한다.

심을 준비

땅콩은 물 빠짐이 좋고 해가 잘 드는 양지바른 곳이 적합하다. 땅콩을 심기 2~3주 전에 1m²당 4kg 정도의 퇴비와 깻묵 4컵(800g) 정도를 넣고 일구어 둔다. 두둑은 고추를 심을 때와 비슷하게 높이 30cm, 폭 45cm 정도로 만들고 물이 잘 빠지는 구조로 한다. 물 빠짐이 좋지 않으면 습해를 입을 수 있다.

주의사항 땅콩은 연작을 싫어하므로 한 번 심은 곳은 2~3년 뒤에 다시 심는 주의가 필요하다. 콩과 작물을 심은 곳을 피해서 재배한다.

땅콩은 다른 작물에 비해 칼리질(칼륨) 성분이 많이 필요하므로 나뭇재를 넣어 주는 것이 좋다.

씨앗 및 모종 준비

땅콩 종자는 지역의 전통 5일장에서 손쉽게 구할 수 있다. 요새는 웹사이트에서도 많이 판매한다. 봄철에 종묘상이나 전통 5일장에 나가보면 포트에 모종을 길러 판매하는 곳이 더러 있다. 교육용이나 관찰용으로 재배하려면 모종을 몇 포기 구해서 심어도 좋다. 몇 포기 길러보면 땅콩을 왜 낙화생이라 하는지 이유를 알 수 있다.

전통 5일장에 나온 땅콩 종자

전통 5일장의 땅콩 모종

땅콩 심기

땅콩은 기온이 20°C 이상 되어야 싹이 튼다. 지역에 따라 약간 차이가 있지만 대개 4월 말이나 5월 초·중순이 파종하기에 적절한 시기다. 땅콩을 너무 일찍 심어두면 기온이 올라가 싹이 트는 데 오래 걸린다. 심을 때는 한곳에 3개 정도의 씨땅콩을 넣는다. 간격은 30cm 정도가 적당하고, 복토는 2cm 정도가 좋다. 모종을 구해서 심는 경우 5월 중순 이후에 모종을 기를 때 흙에 묻혀 있는 깊이로 심는다. 이때 간격을 30cm로 한다.

자라는 모습

20°C는 넘어야 땅콩 싹이 트기 때문에 4월 말, 5월 초에 파종하면 5월 말 또는 6월 초가 되어야 싹이 돋아난다. 초기 성장은 그다지 왕성하지 않지만 7월이 되면 잘 자라면서 8월 초에 꽃이 피기 시작한다. 꽃이 피면 땅으로 실 같은 것이 내려와 열매가 된다.

땅콩 싹, 5월 말 7월 초

8월 초, 꽃이 피기 시작한다 수확한 땅콩, 10월 초

수확

9월 말이나 10월에 잎이 변색되는 시기가 수확의 적기다. 날씨가 좋을 때 모두 뽑아 그늘에 말려두어야 한다. 1주 정도 말린 후 줄기에서 모두 떼어내어 보관한

줄기째로 말린다. 떼어내서 말리기

다. 껍질을 까서 땅콩 열매만 갈무리하려면 힘들기 때문에 껍질째 삶아 이용하면 쉽다.

웃거름주기 및 관리

땅콩은 웃거름주기가 어렵다. 웃거름이 필요한 시기에 꽃이 피고 열매가 땅속에서 영글어 간다. 두둑을 긁어내고 웃거름을 주면 좋겠지만 땅콩은 두둑에 거름을 흩뿌려주는 정도로 만족해야 한다. 여름 장마가 끝날 때 퇴비를 두둑에 뿌려준다.

땅콩은 정말 풀과의 전쟁이 실감나는 작물이다. 발아 초기에는 성장이 더뎌 풀에 눌리게 된다. 그리고 8월 초까지도 무성하게 우거질 만큼 자라지 않는다. 계속 두둑과 고랑에 있는 풀을 베거나 뽑아 두둑을 덮어 주어도 풀을 당해내기가 쉽지 않다. 땅콩이 어릴 때 풀에 묻히지 않게 주변의 풀을 정리해주는 수고는 아끼지 말아야 한다.

주의사항 풀을 정리하는 데 어려움을 겪은 농가에서는 검은 비닐을 이용해 두둑을 씌우고 재배하고 있다. 텃밭이나 주말농장에서는 싹이 어느 정도 돋아나는 시기에 짚이나 풀을 이용해 두텁게 덮어주면 약간은 수월하게 날 수 있다.

풀을 베어준 모습, 7월 초

풀밭에서 자라는 땅콩, 8월 초

재배일지

땅콩을 몇 포기 심어두면 여태껏 배워온 낙화생에 대한 이해를 할 수 있어 참 좋다. 꼭 길러서 먹겠다는 생각을 버리고 교육용, 관찰용으로 기르면 참 재미있는 농작물이다. 여유가 많은 밭이라면 몇 두둑 심어두고 수확해 가을에 삶아 먹으면 좋을 것 같은 작물이다. 그러나 감히 말하고 싶은 것은 내가 길러본 작물 중에 땅콩이 가장 풀 잡기가 힘든 종목이라는 점이다. 땅콩이 어릴 때 풀에 휩싸이지 않게 정리해주고 돌아서면, 초여름 장마에 거짓말처럼 풀이 자라버린다. 보통의 채소는 금세 우거져서 주변의 풀을 어느 정도 이기지만 땅콩은 초기 성장이 느려 자라는 풀을 이기지 못하니 몹시도 힘들다. 한여름 뙤약볕에서 수도하는 마음으로 기르는 작물 중에 최고가 땅콩이다.

돼지감자
뚱딴지

- **분류** : 국화과
- **원산지** : 북아메리카
- **자생지역** : 한국(전국), 전 세계
- **특징** : 전국에 자생. 여러해살이풀
  아무 곳에서나 잘 자람. 귀화식물
- **역사** : 17세기 이후 추정

재배시기

■ : 파종   ■ : 수확

　돼지감자(뚱딴지)는 귀화식물이다. 정확하게 알 수는 없지만 유럽에서 중국을 거쳐 17세기 이후 우리나라에 전래된 것으로 추정된다. 들판이나 야산에 자생한다. 마른 줄기 아래를 파보면 돼지감자의 덩이줄기를 발견할 수 있다. 가을에 피는 꽃이 아주 매력적이다. 요사이 당뇨에 좋다고 알려지면서 자연산을 채취하거나 재배해 판매하는 농가가 늘어나고 있다.

종자 준비

　아직은 종묘상에서 취급을 하지 않고 있다. 주변의 산이나 들판에서 자생하는 것을 채취해 심거나, 지역의 5일장에서 구해 심어야 한다. 4월에 지역 전통 5일장에 나가보면 할머니께서 조금씩 가지고 와서 판매하는 것이 어김없이 보인다.

　야생 돼지감자를 채취하려면 마른 줄기를 우선 찾아야 한다. 사진에서 보이는 풀과 비슷한 마른 줄기가 보이면 줄기를 뽑아보거나 아래를 파본다. 사진에서 보이는 둥그런 모양의 줄기가 나오면 그것이 돼지감자다. 색깔은 조금씩 다른 경우도 있다.

5일장에 나온 돼지감자

돼지감자의 마른 줄기

준비 및 심기

쉽게 따뜻해지는 양지바른 곳이면 장소를 가리지 않고 잘 자라므로 다른 작물에 방해가 되지 않는 곳에 심는다. 키가 3m까지 자라므로 이를 감안해 장소를 선정한다. 돼지감자는 아무 때나 심어도 된다. 땅이 얼지 않는 시기에는 언제든지 심을 수 있다. 심는 간격은 30cm 정도로 하고 흙덮기는 3~4cm로 한다.

자라는 모습

날씨가 따뜻해지는 4월 말이 되면 돼지감자 싹이 돋아나기 시작한다. 처음에는 해바라기와 비슷한 모양으로 자란다. 초기 성장은 아주 더디다. 그러나 5월 말이 되면서부터 왕성하게 성장한다. 잎과 줄기에는 털이 많이 붙어 있으며 여름을 지나면서 키가 많이 자란다. 가을이 되면 꽃이 핀다. 서리가 내리는 시기에 잎이 모두 말라 떨어진다. 그리고 줄기가 마른 상태로 이듬해까지 남아 있

성장 초기, 5월 중순

다. 재배하는 경우는 봄에 새싹이 나기 전에 줄기를 모두 잘라주는 것이 좋다.

주의사항 키가 많이 자라는 8월 이후에는 비바람에 의해 줄기가 쓰러지는 경우가 발생한다. 쓰러진 줄기가 서로 엉키지 않게 하고, 부러진 줄기는 제거한다.

수확

돼지감자는 17℃ 이하가 되어야 덩이줄기가 비대해진다. 그래서 서리가 내리고 잎이 마르고 줄기가 앙상해질 때가 수확시기다. 이때부터 이듬해 봄, 새로운 싹이 돋아나기 전까지 수확할 수 있다. 한겨울에는 땅이 얼어 캘 수가 없다. 캐낼 때는 지상부의 마른 줄기를 밀어 옆으로 쓰러뜨리면 그 아래 돼지감자가 보인다. 그러면 줄기에 붙은 돼지감자를 떼어내고 주변의 것도 호미로 캐내면 된다. 한 번에 많이 캐내지 말고 먹을 만큼만 캐서 이용한다.

주의사항 큰 덩이줄기만 수확하고 작은 것은 그대로 두면 봄에 싹이 돋으면서 계속 자란다. 그래서 한번 심어두면 같은 자리에서 해마다 돼지감자를 캘 수 있다. 보통 자생지에서는 무리를 이루며 자라는 것을 볼 수 있다.

6월 말

돼지감자 꽃, 9월 중순

줄기가 많이 자란 돼지감자, 9월 말

웃거름주기 및 관리

돼지감자는 거름을 주면 엄청나게 성장한다. 척박한 땅에서는 1m 정도 자라는 것이 거름을 한차례 주니 3m 가까이 자라는 것을 확인했다. 그늘이 조금 지는 곳에서는 성장이 둔하다. 웃거름은 6월에 줄기가 조금 자랄 때 한차례 주는 것이 좋다. 포기 사이를 호미로 조금 파내고 퇴비와 깻묵을 넣고 덮어주면 된다.

돼지감자의 장점이라면 주변에 자라는 풀에 대한 걱정이 없다는 것이다. 자라면서 그늘을 만들고 성장 속도가 엄청나게 빨라 풀이 모두 돼지감자의 그늘에 눌려버린다. 병충해도 없고 들판의 풀처럼 자라므로 관리가 수월하다. 가을이면 꽃

마른 줄기를 쓰러뜨리면 덩이줄기가 보인다.   캐낸 돼지감자

도 보여주고, 겨울에서 봄까지 밭에서 일하다 하나씩 캐서 먹으면 좋은 간식거리가 된다.

재배일지

내가 자란 동네에서는 돼지감자를 볼 수 없었다. 그래서 돼지감자가 어떻게 생겼는지 모르고 있었다. 몇 년 전에 인터넷 동호회 회원 한 분이 돼지감자를 심어보지 않겠냐고 종자를 조금 주셨다. 그해에는 심을 땅도 못 구하고 시기도 놓쳐버려서 깎아 먹고 말았다. 그러고 시간이 흘러 안산의 한양대학교 뒤편에 건물을 짓지 않고 터만 닦아놓은 황량한 벌판에서 말라버린 줄기 몇 개를 보았다. 그 줄기를 뽑아보니 몇 년 전에 심으려다 못 심은 돼지감자였다. 그것이 늘 밭으로 가는 길목의 하천변에 자라는 이상한 풀의 줄기와 같음을 확인하고 그 풀도 돼지감자임을 알 수 있었다. 들판에서 돼지감자 줄기를 찾을 수 있게 된 덕분에 2006년 봄 주변의 밭둑에서 몇 개 캐다가 심어보았다.

가을에 김장채소 물 주다 지치면 큼지막한 돼지감자 몇 개 캐다가 깎아 먹으면 아삭한 입맛을 즐길 수 있다.(한꺼번에 많이 먹는 것은 좋지 않다고 하므로 몇 개만 먹도록 한다.) 저칼로리라 다이어트 효과가 있고 이눌린이 많이 함유되어 있어 당뇨에 좋다고 한다. 새로운 웰빙식품으로 인기가 높아지면서 돼지감자를 판매하는 곳이 많이 생겼는데, 생으로 먹어도 되고 삶아 먹어도 좋다. 집 주변이나 텃밭 주위의 공터에 심어 두고 조금씩 이용하면 편하다. 돼지감자는 번식력이 좋고 관리도 수월할뿐 아니라 다른 잡초보다 생명력이 강하므로 길러볼만하다.

열매 채소

가지

- **분류** : 가지과
- **원산지** : 인도
- **재배지역** : 한국(전국), 중국, 일본, 인도, 등의 아시아 국가
- **특징** : 고온성이고 빛을 좋아함
  약간 습기가 있는 밭에서 재배
  연작장해 있음(2~3년), 여러해살이풀
- **역사** : 신라시대

재배시기

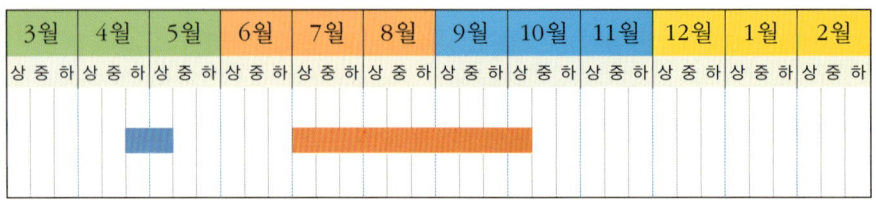

■ : 아주심기   ■ : 수확

가지는 고온성 작물로 우리나라의 여름에 어울리는 열매채소다. 텃밭 수준에서 씨앗을 구해서 가꾸기 보다는 시중에서 판매하는 모종을 구입해 심는 것이 좋다. 모종을 구입해 심더라도 지역의 특성에 맞추어 늦서리가 내리는 시기를 피해서 아주심기해야 한다.

대전 근교의 경우는 5월 초 어린이날을 전후로 심는 것이 안전하다. 원산지에서는 여러해살이풀이지만 우리나라의 겨울에 적응이 불가능하므로 1년생 풀처럼 가꾸는 채소다.

모종 준비

주변의 종묘상이나 지역의 전통 5일장에서 다양한 종류의 가지 모종을 판매하고 있다. 모종은 잎에 윤기가 흐르고, 잎 사이의 간격이 좁고, 줄기가 통통한 것을 고르도록 한다. 가지를 아주 좋아하는 4인 가족 기준으로 네 포기 정도면 충분하다. 이웃에 나누어줄 정도로 넉넉하게 심으려면 7~8포기 준비한다.

밭 준비

가지는 가지과 작물인 고추, 토마토 등을 심지 않은 밭을 골라 심는 것이 좋다. 이들 작물은 모두 연작을 싫어하는 종류이므로 2~3년 주기로 밭을 돌려가면서 심는 것이 요령이다. 밭은 너무 건조하지 않고 보습성이 좋은 곳을 골라 가지를 심는다.

시중에서 판매하는 다양한 종류의 가지 모종

지역의 전통 5일장에서 판매하는 가지 모종

가지의 밑거름으로 1m²당 4kg 정도의 퇴비와 깻묵 4컵(800g)을 넣고 밭을 일군 다음 1~2주 후에 심는다. 퇴비가 자가제조이고 충분히 숙성되었으면 퇴비만 넣고 당일 밭을 일구고 가지를 심어도 좋다. 이때 깻묵이나 바닥에 깔린 지난해 재배하던 식물의 찌꺼기가 많이 들어가지 않아야 한다.

밭에 월동용 양배추나 봄 파종 열무 등이 있을 경우 밭을 일구지 말고 가지를 심어 둔다. 밭에 있던 월동용 채소나 봄채소는 가지가 어느 정도 자라기 시작하면 모두 수확이 되기에 큰 지장이 없다. 이들 채소의 수확 후 웃거름을 충분히 주어 밑거름을 보충하는 방법도 있다.

물이 잘 빠지는 밭은 20cm 정도의 두둑을 만들고, 물이 잘 빠지지 않는 밭은 30cm 높이로 만든다. 두둑의 폭은 40~50cm 정도로 하는 것이 좋다. 포기 간격은 50cm 정도를 유지해야 나중에 관리가 쉽다.

가지 심기

구입한 모종에 물을 흠뻑 주어 포트 안에 있는 모종을 감싸는 흙이 젖도록 만들고 2~3시간 후 뽑아서 심는다. 두둑을 호미로 조금 파내고, 물을 뿌리고, 포트 안에 있을 때 흙에 잠긴 부분만큼 흙에 묻히도록 심는다. 처음 모종을 심는 경우에는 조금 깊게 심기 쉬운데 약간 얕게 심는다는 기분으로 심어준다.

심고 나면 두둑에 물이 흥건하게 될 때까지 물을 뿌려준다. 즉, 고랑에 물이 줄줄 흐르도록 뿌려주고 마무리한다.

자라는 모습

가지는 고온성이고 빛을 좋아하는(호광성) 작물이므로 4월 말이나 5월 초에 심으면 5월 말의 따뜻한 날씨에 하루가 다르게 성장한다. 초기에는 옮김 몸살이 심해 뿌리가 자리를 잡는 데 시일이 조금 걸리는 편이다. 뿌리가 완전히 자리를 잡는 2주 정도가 지나면 잎겨드랑이에서 곁가지가 생겨나기 시작한다. 5주가 지나면 새로운 줄기 2~3개가 원 줄기와 비슷하게 자라게 되고 빠른 것은 꽃을 피우기

아주 심은 지 3주 지난 모습

아주 심은 지 5주된 가지 모습

7월 초   8월 말

시작한다.

가지는 날씨가 더워지고 햇볕이 좋은 7, 8월이 되면 아주 잘 자라고 열매도 많이 맺는다. 10월 서리가 내릴 때까지 가지를 수확할 수 있다. 가을이 되어 선선한 바람이 부는 시기의 가지는 단단해 여름 가지의 부드러운 맛에 비해 각별하다.

주의사항 가지가 자라면서 여러 개의 곁가지가 발생한다. 복잡한 곳의 곁가지는 정리를 해주는 것이 좋다. 그래야 원줄기가 튼튼하고 가지에 햇빛이 들어 색깔이 좋게 자란다.

수확과 관리

가지는 조금 조그마할 때 수확해 이용하는 것이 요령이다. 주말농장이라 주말에만 밭에 가보는 입장이라면 조금 어린 가지를 수확해 쓰는 편이 유리하다. 열매가 어리다고 조금 기다리다 보면 어느새 너무 자라 단단한 열매가 되어버린다. 예전에는 밥을 하면서 밥물이 잦아들 때쯤 가지를 넣고 쪘다. 그걸 꺼내어 손으로 죽죽 찢어 밥알이 묻은 상태로 양념을 해서 반찬으로 먹었다. 밥물이 배어들어 끈끈하게 달라붙는 맛을 이제는 구경하기 힘들다. (가지·호박 등의 나물과 관련된 맛있는 글은 『변산바다 쭈꾸미 통신』의 60~61페이지에 잘 묘사

짚 깔아주고 잎을 잘라준 모습

되어 있다.)

짚 깔기 가지는 보습성이 좋은 밭에서 기르는 것이 좋으므로 짚이나, 풀, 낙엽 등을 두텁게 덮어주면 좋다. 여름에 장기간 비가 오지 않을 때는 물을 자주 주어 밭이 메마르지 않게 해준다.

잎 잘라주기, 줄기 정리 가지 열매는 햇볕이 잘 들어야 색깔이 좋다. 그러기 위해서는 수시로 복잡한 곳의 연약해진 잎과 줄기를 잘라주어 아래쪽에 열려 있는 가지 열매에 햇볕이 잘 들도록 해준다. 수시로 복잡한 곳의 잎을 잘라준다.

지주 세우고 줄 매기 모종을 심고 6주 정도 지나면 가지가 열리기 시작하고 키도 30~40cm 정도 자라게 된다. 이때 가지 포기 하나에 하나의 지주를 세운다. 지주를 세우고 원줄기의 20cm 정도 위에 한 번 묶어주어 세찬 비바람에 심하게 흔들

6월 말, 지주를 세운 모습

7월 말, 지주에 줄을 매어준 모습

리는 것을 막는다. 이처럼 아주 심고 어느 정도 기간 동안 바람에 흔들리게 두었다 지주를 세우고 묶어주면 뿌리의 성장이 좋아진다. 모종이 어릴 때 바람에 흔들리지 않으려 뿌리를 튼튼하게 키우기 때문이다. 7월 말이 되면 가지가 많이 달리고 줄기도 60~70cm로 성장한다. 이때는 지주의 윗부분에 가지의 줄기 수만큼 끈을 묶고 줄기의 중간 부분에 묶어주면 열매 무게나, 자체 무게로 인해 더 이상 아래로 처지는 일이 없다. 나의 경우, 이렇게 지주를 써서 몇 년간 가지를 길러오면서 비바람, 태풍에 큰 피해를 보지 않고 있다. 가지는 줄기가 단단하고 뿌리도 깊게 뻗으므로 지주를 이용해 약간 도와주면 스스로 웬만한 비바람은 견딘다.

참고사항 어떤 책자들에서는 가지 포기 하나에 3개의 줄기를 키우고 각 줄기에 하나의 지주를 할당해 삼발이 형태로 단단하게 매어주는 방법을 소개하고 있다.

그렇게 단단하게 매어주면 비바람, 태풍에 견디는 정도는 좋겠지만 지주 세우기가 여간 힘들지 않다.

웃거름주기

가지는 5월부터 10월 서리가 내릴 때까지 밭에 있어야 한다. 오랜 기간 열매를 맺고 자라기 위해서는 밑거름만으로는 부족하다. 특히, 가지는 거름 성분이 떨어지면 열매가 부실해지고 줄기가 잘 자라지 못한다. 첫 번째 웃거름은 아주 심고 2개월 후 포기에서 15cm 정도 떨어진 곳에 호미로 구덩이를 10~15cm 정도 깊이로 파고 퇴

웃거름 주려고 파낸 모습

비를 한두 주먹 넣고 흙을 살짝 덮어준다. 이때 짚이나 풀로 덮어둔 곳은 거름 주는 장소만 조금 걷어내고 웃거름을 준다. 이후 1개월 간격으로 전에 웃거름을 준 장소의 반대편 또는 90도 틀어서 웃거름을 준다. 가지를 수확하고 줄기를 정리하거나, 잎을 따주고 나서 깻묵액비를 20배 정도 희석해 뿌리면 가지가 잘 열린다.

풀 대책

가지를 아주 심을 때 같이 돋아나던 풀이 6월이 되면서 왕성하게 자란다. 풀이 많이 돋아나 가지의 성장에 지장을 주는 6월 말에 낫으로 베어 그 자리에 깔아준다. 풀만으로 피복이 불충분할 때는 짚이나 낙엽을 보충해 두텁게 덮어준다. 그러면 가지밭의 수분도 유지되고 풀이 덜 나게 하는 효과가 있다. 가을이 되면서 여름에 한두 포

6월 말의 풀

기씩 자라난 풀이 열매를 맺기 시작한다. 이 풀들은 뽑아 밭에서 멀리 떨어진 곳이나 주변의 나무 밑에 둔다.

벌레와 병

9월 말의 풀

노린재 가지도 고추와 마찬가지로 노린재가 보인다. 고추에서처럼 심하게 달라붙지는 않으나, 1포기에 10~20마리는 늘 붙어 있다. 밭에 따라 이 상황은 달라질 수 있다. 고추를 계속 재배해 노린재가 많이 번성하면 가지에도 조금 보이지만 피해를 줄 정도로 발생하지는 않는다. 이 벌레는 아직까지 뚜렷한 천적이나 처리 방안이 없어 시간이 나는 대로 손으로 잡고 있는 실정이다. ('고추'의 노린재 379쪽 참조)

왕무당벌레붙이 가지과 채소에 많이 발생하는 왕무당벌레붙이(이십팔점박이무당벌레)가 자주 보인다. 이 벌레는 감자, 가지, 토마토 등의 가지과 식물에 특히 많이 발생해 잎을 갉아 먹고 피해를 준다. 이 벌레가 잎을 갉아먹으면 초기에는 잎 모양이 그물이 되었다 갈색으로 변하는데 나중에는 구멍이 뚫린다. 크기는 6~8mm 정도로 칠성무당벌레보다 조금 큰 편이다.

나방의 애벌레 가지 줄기에 직접 파고들어가 피해를 입히는 애벌레들이 있다. 이 벌레가 줄기에 들어가면 겉보기는 멀쩡하지만 며칠 지나면 잎이 마르고 줄기가 시들어 축 처져버린다. 들어가는 구멍 주위에 톱밥과 흡사한 물질이 조금 묻어 있는 흔적을 남긴다. 벌레가 파고 들어가 시들어가는 가지 줄기를 잘라보면 그 안에 애벌레를 발견할 수 있다.('고추'의 자주 보이는 벌레 379쪽 참조)

차먼지응애 이 벌레는 워낙 작아 보이지 않는다. 그러나 가지의 껍질 부분이 갈색으로 변하면서 그 부위가 점점 커지는 것을 볼 수 있다. 매년 조금씩 발생하지만 가지를 못 먹을 만큼 큰 피해를 입히지 않는다. 자신이 길러 먹으려는 텃밭에서는 보기 심하게 피해를 입은 가지는 버린다. 웬만큼 피해를 입은 가지는 도려내면 이용하는 데 문제가 없다.

역병 가지는 장마철이 지나가면서 무더위가 계속되거나 습한 날씨가 계속되면

가지 잎의 왕무당벌레붙이

가지의 역병

차먼지응애 피해를 입은 가지

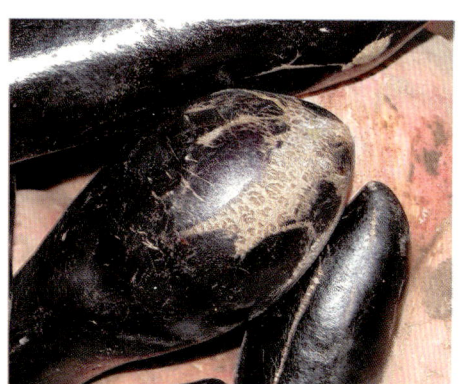
차먼지응애 피해

가지에 밀가루를 뒤집어쓴 모양을 한 열매가 몇 개씩 보인다. 이 현상이 가지역병이다. 해마다 몇 개의 가지에 발생하기는 하지만 그다지 큰 피해를 주지 않는다.

재배일지

어린 시절 우리 집은 가지를 심지 않았다. 어느 날 이웃의 7촌 아저씨네 생일잔치에 초대를 받아 밥 먹으러 가니 가지를 밥솥에 올려 쪄서는 죽죽 찢어 양념을 해 반찬으로 주었다. 그 시절에는 그것이 가지인지도 모르고 그냥 먹었다. 덜 여문 씨앗이 촘촘히 박혀 있는 물컹한 맛의 이상한 반찬이 가지라는 사실을 오랜 시일이 지나서야 알았다. 가지를 별로 좋아하지도 않고 해서 심을 생각을 하지 않다가 나중에 집사람이 가지를 왜 심지 않느냐고 하기에 그때부터 줄곧 가지를 심어 오고 있다. 내가 가지를 기르면서부터 우리 집 큰애가 가지 볶은 것을 무척이나 좋아하게 되었다. 그래서 요사이는 밭에서 가지가 나지 않으면 시장에서 구해서 반찬을 만들어 준다. 덕분에 가끔 지역의 전통 5일장을 돌아다니다가도 가지가 보이면 집어오는 버릇이 생겼다.

가지는 심어두면 누구나 몇 개를 수확하는 손쉬운 작물이다. 그러나 제대로 가꾸려면 많은 노력이 필요하다. 심고, 줄기 고르고, 지주 세워 넘어지지 않게 관리를 해주는 것이 쉽지 않다. 수확하는 도중에 가위를 들고 무성한 곳의 잎을 잘라주는 노력도 필요하다. 가지는 무조건 간격을 넓혀 포기 사이를 50cm 이상으로 잡는다. 가지가 자람에 따라 지주를 세우고 넘어지지 않도록 관리를 하고, 잎을 자주 따주어 아래까지 햇볕이 들도록 해주면 가을까지 넉넉하게 열매를 준다.

가지를 돌보는 특별한 방법은 없다. 장마철에 넘어지지 않도록 지지대 세워서 묶어주고 때맞추어 열매 거두어들이면 된다. 특히, 비바람 칠 때 열매수확이 늦어지면 가지 줄기가 힘들어지는데, 심하면 찢어지는 줄기가 생긴다. 수확의 기쁨 뒤에는 주변의 낙엽이나, 짚 등으로 가뭄이 덜 타게 두툼하게 덮어둔다. 그 밑으로 퇴비를 듬뿍 뿌려주면 가지는 기르는 사람에게 더없이 즐거움을 주는 튼실한 작물이다.

가지에 피해를 주는 벌레는 박쥐나방 애벌레로 보이는데 가지의 연한 줄기를 뚫고 들어가 줄기 중심부의 보드라운 부분을 먹어치우고 벌레는 밖으로 탈출해 다른 줄기를 파먹는다. 벌레에 먹힌 줄기는 한동안 표시가 없다가 줄기가 시들해지면서 말라버린다. 파먹힌 구멍이 큰 경우에는 줄기가 부러지는 일도 생긴다. 시들은 줄기를 살펴보면 구멍이 있고 때로는 줄기를 갈라보면 안에 벌레가 발견될 때도 있다. 가지의 잎은 왕무당벌레붙이(28점박이무당벌레)라는 곤충이 갉아먹는 경우가 많다. 무당벌레와 비슷하게 생겼으며, 점은 선명하지 못한 것이 많이 박혀 있다. 왕무당벌레붙이를 처음 보는 사람은 무당벌레라고 착각을 많이 한다. 이러한 벌레도 보이고 때로는 이상한 병에 걸려 속상하게 하지만 가지는 많은 열매를 준다. 수확한 가지를 싱싱하게 반찬거리로 즐기면서 가끔 어린 가지를 생으로 먹는 사람에게 줄 수도 있다. 혼자 먹으면 맛이 없으니 꼭 다섯 그루 이상 심기를 권한다. 이웃에 자랑하기 만만한 채소가 될 것이다.

토마토

- **분류** : 가지과
- **원산지** : 아메리카 대륙의 서부 고원지대
- **재배지역** : 한국(전국), 전 세계
- **특징** : 서늘한 기후를 좋아함. 7℃ 이하 성장 정지
  물 빠짐이 좋고 햇볕이 잘 드는 곳에서 재배
  여러해살이풀
- **역사** : 임진왜란 이후 1600년대 초반

재배시기

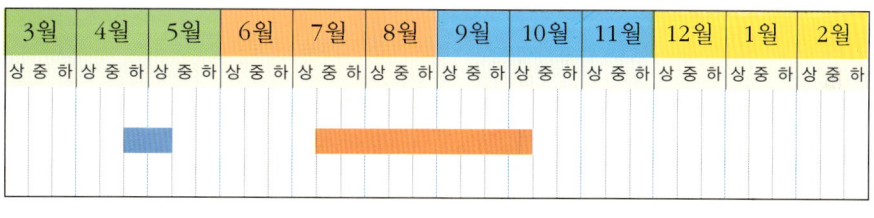

▬ : 아주심기   ▬ : 수확

텃밭에서 몇 포기 재배해 제철과일을 맛보는 정도라면 시중에 나오는 플러그 모종을 구입해 심는 것이 좋다. 토마토 씨앗을 파종해 기르는 것은 너무나 비효율적이다. 씨앗 가격이 엄청나고, 모종으로 기르는 기간이 2개월 정도 소요된다. 모종을 구입해 심더라도 지역의 특성에 맞추어 늦서리가 내리는 시기를 피해서 심어야 한다. 대전 근교의 경우는 5월 초 어린이날을 전후로 심는 것이 적당하다. 원산지에서는 여러해살이풀이지만 우리나라의 겨울을 나지 못하므로 1년생 식물로 기른다.

밭 준비

토마토는 물 빠짐이 좋고, 햇볕을 잘 받으며, 뿌리가 깊게 뻗을 수 있는 장소를 선택해서 길러야 한다. 토마토는 퇴비를 많이 넣고 기르는 것이 좋으므로 다른 작물에 비해 조금 많은 양의 퇴비인 1m²당 5kg 정도와 깻묵 5컵(1kg)을 넣고 밭을 일군다. 두둑 간의 간격이 80~120cm, 두둑의 높이 30cm 정도, 두둑의 바닥 너비 50cm 정도로 만든다. 우리나라의 장마는 길게 연속적으로 10일가량 비가 내리는 날이 있으므로 이에 맞추어 두둑을 높게 하는 것이 유리하다. 두둑이 너무 높으면 나중에 8월의 가뭄에는 물 주기가 상대적으로 어렵다.

모종 준비

토마토 모종은 지역의 전통 5일장이나, 주변의 종묘상에서 많이 판매한다. 모종은 과일이 큰 토마토 종류와 작은 방울토마토로 구분해서 판매한다. 좋은 모종은 줄기가 굵고, 잎색이 짙은 녹색이며, 줄기에서 잎까지의 간격이 좁다. 키가 큰 것보다는 키가 좀 작고 잎의 간격이 좁은 모종을 선택해서 키우도록 한다. 방울토마토 모종은 잎의 색깔이 짙은 녹색이며, 큰 과일 토마토는 연한 녹색에 가깝다.

시중에서 판매하는 모종

왼쪽이 큰 과일, 오른쪽이 방울토마토

지주 세우기

토마토는 심을 장소에 미리 지주를 고정시켜 두고 심는 것이 좋다. 지주는 두둑을 30cm 이상 파내고 길이 2m 정도 되는 나무막대를 묻어 단단히 밟아주어 고정시켜 둔다. 지주를 먼저 세우고 토마토를 아주심기하면 나중에 지주를 세우기 위해 밭을 파헤친다거나 작업을 하다가 모종을 다치게 하는 일이 적어 좋다. 아무것도 심지 않은 밭에 지주 작업을 미리 해두고 모종을 심으면 나중에 관리하기가 쉬워진다. 지주의 간격이 나중에 모종 심는 간격이 되므로 50cm 이상을 유지하는 것이 좋다.

지주는 한 포기에 하나를 세워주어야 하며, 일자식으로 세우는 방법과 합장식으로 세우는 방법이 있다. 합장식이 지지 효과가 크고 태풍에 강하므로 여름을 나

개별지주를 세워 기르는 모습   합장식 지주를 세워 기르는 모습

기에는 유리하다. 일자식으로 지주를 세울 때는 모종을 먼저 심고 나중에 말뚝을 박고 그 말뚝에 긴 대나무나 막대를 묶어주면 된다.

모종심기

구입한 포트모종에 물을 흠뻑 주어 모종을 감싸는 흙이 젖도록 만든다. 포트에서 모종을 뽑아내고, 두둑을 호미로 조금 파낸 다음 포트 안에 있을 때 흙에 잠긴 부분만큼 묻히도록 심는다. 모종은 해거름에 심고 물을 주는 것이 좋다.

자라는 모습

토마토는 햇볕이 좋고 기온이 20°C 이상 되면 잘 자라는 작물이다. 그리고 약간 건조한 밭을 좋아한다. 모종을 아주심기한 직후에는 약간의 몸살을 하지만 그리 심하지 않다. 물을 몇 번 주고 나면 뿌리가 자리를 잡고 바로 성장을 시작한다.

아주 심은 지 4일된 토마토   아주 심은 지 1개월된 토마토

5월 말의 햇볕에 하루가 다르게 성장을 한다. 꽃이 피면서 줄기가 계속 자라나간다. 6월이 되면 일주일에 한 번 정도 줄기를 손질해주어야 한다. 곁가지도 따주고 지주에 묶어주는 작업을 해야 한다. 아주 심은 지 2개월이 지나면 제일 아랫부분의 토마토는 익어가기 시작한다. 밭에서 자연스럽게 완숙된 토마토를 하나 따서 맛을 본 사람은 그 맛을 잊지 못한다. 덜 익은 열매를 따다 숙성시켜서 파는 시중의 것과는 완전히 다른 맛을 준다.

아주 심은 지 2개월된 토마토

아주 심은 지 3개월된 토마토

밭에서 완숙된 토마토

익어가는 토마토

토마토꽃

방울토마토 꽃송이

관리

곁가지 제거하기 토마토가 자리를 잡고 본격적으로 자라기 시작하는 6월이 되면 잎을 달고 있는 줄기와 원래 자라는 원줄기 사이에 곁가지가 발생한다. 이 곁가지는 모두 제거해주어야 원줄기가 잘 자란다. 곁가지를 제거하지 않고 있으면 토마토 줄기가 무성하게 되어 열매도 부실하고 바람이 통하기 어려워 여러 가지 병에 노출된다. 곁가지는 아깝다 생각하지 말고 제거해주어야 한다. 성장이 빨라지면서 계속 발생하는 곁가지를 주기적으로 손보지 않으면 어느 것이 원줄기이고 곁가지인지 구분이 안 된다.

줄 매기 토마토는 지주를 세우고 지주에 묶어주어야 한다. 묶어주는 간격은 20~30cm마다 해주어야 과일의 무게를 지탱할 수 있다. 줄 매는 요령은 지주에 줄을 단단히 묶고 그 줄에 토마토 줄기를 약간 느슨하게 묶어주면 된다. 지주에 묶은 줄이 느슨하게 되어 움직이면 열매 무게에 따라 줄기 전체가 아래로 축 처지게 된다.

약한 잎 제거하기 토마토 줄기가 자라고 열매가 익어감에 따라 줄기의 아랫부분부터 잎이 약간씩 말라가는 모습이 보인다. 어느 정도 잎이 누렇게 되면 전지가위나 일반 가위로 약해진 잎을 달고 있는 잎줄기를 잘라준다. 연약해진 잎을 제거해주므로 싱싱한 잎이 더 많은 햇빛을 볼 수 있고 공기의 흐름이 좋아 병에 강해진다.

웃거름주기 토마토는 한 번 심어두면 서리가 내릴 때까지 열매를 맺는 식물이므로 추가적인 웃거름이 필요하다. 첫 번째 웃거름은 아주 심고 2개월쯤 지나 처음 열린 열매가 익어갈 무렵에 토마토 줄기에서 20cm 정도 떨어진 곳에 작은 구덩이를 10cm 정도 깊이로 파고 만들어둔 거름을 두주먹 넣고 흙을 덮어둔다. 이후

원줄기와 잎줄기 사이의 곁가지

마르는 잎줄기는 제거한다.

약 1개월 간격으로 두둑의 다른 쪽을 파서 웃거름을 계속 준다. 웃거름을 주는 중간에 여유가 되면 깻묵액비를 20배 정도 희석해 뿌려주면 잘 자란다.

풀

토마토가 어릴 때 풀에 묻히지 않을 정도의 관리를 해주어야 한다. 낫으로 베거나, 뽑아서 토마토 줄기 아래에 깔아준다. 7월 말 풀이 무성해지면 한 번 더 풀을 정리해준다.

토마토를 키우다 보면 작년에 떨어진 열매에서 생긴 씨앗이 이듬해 봄, 밭 여기저기에 새싹을 틔우는 걸 볼 수 있다. 이렇게 자라는 토마토도 지주를 세우고 관리하거나 좋은 장소를 잡아 옮겨 심으면 먹을 만큼의 열매를 준다.

수확

토마토가 익어가면서 색이 붉어진다. 어느 정도 익은 상태에서 수확을 해야 하는지 난감하다. 집과 밭이 붙어 있다면 잘 익은 상태에서 수확하는 것이 좋다. 하지만 그야말로 주말에만 갈 수 있고 어떤 때는 1주 걸러 들르는 경우 수확시기가 조금 달라져야 한다. 햇빛을 충분히 받아 저절로 익은 토마토를 먹는 맛이 제일이지만 어쩔 수 없는 경우에는 붉은 기운이 감도는 조금 덜 익은 토마토를 수확해 이용할 수밖에 없다.

씨앗이 떨어져 자라는 토마토

재배 주의사항

토마토는 한꺼번에 심한 병을 한다거나 수확이 불가능할 정도로 만연하는 병충해는 없다. 심고 관

7월 말 토마토밭의 풀

리만 잘하면 먹을 만큼의 열매를 준다. 그러나 장소에 따라 새들의 피해를 당할 수도 있고, 가뭄이 오래되다 내리는 소나기에 과일이 터지는 현상(열과현상)도 경험하게 된다.

새에 의한 피해 해마다 토마토를 기르면서 겪는 일이지만 먹음직스러운 열매는 모두 까치가 한번 쪼아 먹는다. 붉은 기운이 돌면서 다음 주에는 수확이 되겠구나 하는 것은 영락없이 구멍이 나 있고 날벌레가 모여 있다. 토마토 줄기의 안쪽에 있는 것은 피해가 덜하지만 바깥쪽의 잘 익은 토마토는 까치가 쪼아놓는다. 내 밭은 큰 과일 토마토가 주로 까치의 피해를 입고, 방울토마토는 한 번도 피해가 없었다.

새가 먹은 토마토

방울토마토 열과현상

열과현상 방울토마토가 익으면서 갈라지는 현상이다. 주로 수분이 과다유입되면 열매가 갈라진다. 텃밭에서 기르는 토마토는 비가 오면 수분 조절이 안 되어 생긴다. 장마가 긴 우리나라에서는 피할 수 없는 현상이다. 열과현상이 심하지 않으면 먹는 데 지장은 없다.

재배일지

토마토 관리는 매년 해도 어렵다고 느낀다. 물 빠짐이 좋은 곳을 골라 밭을 마련한다. 그리고 퇴비를 섞어 두둑을 30cm 이상 높게 해 심을 자리를 봐두고 모종을 기다린다. 종묘상이나 전통 5일장에 들러 좋은 모종을 골라 심을 만큼 구입해 온다. 아이 다루듯이 안고 와서 만들어진 밭에다 한 그루씩 정성스럽게 심고 물을 듬뿍 뿌려준다. 이때가 5월 초순으로 한창 바쁠 때이기도 하다. 심고 난 후 뿌리가 자리를 잡는 일주일 후까지는 성장도 정지하는 것 같고 몸살도 몹시 심하게 하는 것처럼 느껴진다. 그 후에 새싹이 약간씩 돋아나면서 가녀린 성장을 시작한다. 이때는 아직까지 토마토의 고향에서와 같은 기온이 아니고 낮에는 기온이 20°C를 웃돌다가 밤이면 10°C 이하로 내려가는 경우도 있고 해 제대로 성장하지 못한다. 그래도 약간씩 자라고 있다고 느끼면서 지지대를 세워주어야 한다. 첫해에는 토마토를 무시하고 작은 지지대를 세워서 토마토가 자라는 데 따라 지지대를 두 번 세우는 실수를 범했다. 이후에는 아예 한 2m 정도 되는 튼튼한 대나무를 깊이 심고 그 옆에다 토마토를 심었다.

지지대의 크기에 비하면 처음의 토마토 줄기는 보잘것없다. 언제 커서 지지대에 묶어주나 싶은 생각이 절로 난다. 그러나 모든 생명이 마찬가지로 그 처음은 미약하게 시작하는 것이 아닌가? 처음 1개월 정도는 정말 잘 자라지 않는다. 그러나 6월로 접어들면 상황이 사뭇 다르다. 하루하루 자라는 속도가 느껴지기 시작하고 묶어준 끈을 조금씩 위로 다시 묶어주는 횟수가 늘어난다. 그러다가 제일 아래에는 꽃망울도 보이고, 곁가지를 만들어 성장을 시작한다. 이맘때가 지나면 토마토는 더 이상 나약한 풀의 모습이 아니다. 7월로 접어들면 제일 먼저 핀 꽃의 토마토는 약간 붉게 물들고 다른 토마토도 올망졸망 달린다.

웃거름을 포기당 한 삽씩 묻어준다. 그리고 곁가지를 자르고 지지대를 보강하고 토마토 수확을 해서 먹어본다. 밭에서 일하다 말고 목마를 때 한 개 따 먹는 토마토의 맛은 어느 과일이나 열매에 비할 바가 못 된다. 이 맛을 보고자 나는 해마다 토마토를 심는다. 그러나 늘 기쁨만이 있는 농사가 세상에 어디 있겠는가? 토마토도 잘못되면 심은 지 1개월 정도 지나 시들시들하다가 죽는 것이 생긴다. 그리고 장마가 지나가면서 잎에서 생기가 없어지고, 시드는 것처럼 보이고, 과일은 갈라지고, 벌레 먹은 열매도 나온다. 그래도 수확하는 기쁨이 큰 까닭에 계속해서 심는다. 처음에 달리는 것들은 상당히 크게 열린다. 그러나 9월에 달리는 열매는 아무리 거름을 주어도 처음 같이 큼지막하지는 않게 된다. 특히 방울토마토의 경우 처음에는 보통의 방울에 비해 두 배 이상 큰 열매가 달리다가 3, 4화방으로 올라가면 과일이 보통 시장에서 사다먹는 수준으로 떨어진다.

토마토에 대한 이야기로 꼭 하고 싶은 것은 처음 열매에 들어 있는 씨앗이 땅에 떨어져 싹이 트고 자라서 8월 중순에 열매가 달리게 된다. 이것을 잘 키우면 10월까지는 토마토를 먹을 수 있다. 토마토 줄기를 유인해 기르다보면 장마철에 태풍이 제일 힘들게 느껴진다. 한창 가뭄이 오다가 바로 장마에 들어가면 열매는 거의 익은 상태에서 터져버리는 열과현상이 발생한다. 그리고 태풍에 지지대가 쓰러지고 줄기가 꺾이는 일이 자주 발생된다. 그래서 처음 지지대를 세울 때 단단하게 세우지 않으면 토마토에게 미안한 일이 생기게 된다. 누구나 심으면 몇 개의 열매를 수확하지만 제대로 토마토의 수명에 맞게 가꾸기는 상당히 어렵다. 기온이 내려가는 9월이 되면 과실이 부실하게 열리고 잘 익지도 않는다. 그리고 10월이 되면 과일은 거의 보이지 않게 되며, 있던 과일조차 작은 상태로 익어버린다. 이것은 자연적인 현상이므로 가만히 두는 것이 최선이다.

잘 익은 과일은 여지없이 까치와 물까치의 공격 대상이 되어 까치밥이 된다. 까치에게 뜯기고 나면, 상처 주위가 썩어 들어가면서 못 먹게 된다. 매년 초기에 달리는 탐스러운 토마토는 거의 까치에게 상납해야 한다. 내가 이런 말을 하면 "아! 우리 밭은 아닌데" 하는 사람도 있다. 그런데 그 사람도 내년에는 똑같이 까치 이야기를 하게 된다. 까치는 첫 해에는 봐주는 듯이 토마토를 건드리지 않다가 다음 해에는 영락없이 본전을 뽑아간다.

어린 시절 교회 마당에서 탐스럽게 익어가는 토마토를 보면서 '우리 집은 왜 안 심지' 생각했었는데 이러한 추억이 바탕이 되어 매년 토마토를 심는 건가 싶다. 교회 마당에서 익어가는 토마토를 따먹으려고 친구들과 교회에서 노는 척 하다가 아무도 없을 때 하나씩 따서 몰래 교회를 빠져나와 토마토를 먹던 기억이 새롭다. 이 생각만 하면 지금도 입 안에 침이 고인다. 교회 앞마당에 몇 포기 기르던 토마토가 생각나고 고향 친구들이 떠오른다.

고추

- **분류** : 가지과
- **원산지** : 아메리카 대륙의 열대지역
- **재배지역** : 한국(전국), 전 세계
- **특징** : 따뜻한 기후를 좋아함
  10℃ 이하 성장 정지, 여러해살이풀
- **역사** : 임진왜란 이후 1600년대 초반 일본으로부터 전래

재배시기

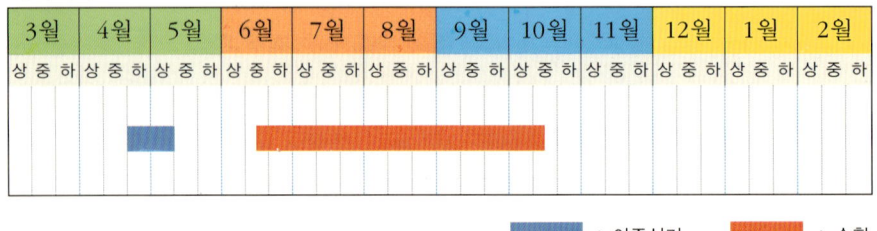

■ : 아주심기   ■ : 수확

고추는 열대성 식물로 늦봄부터 여름에 걸쳐 재배하는 대표적인 양념 재료다. 지역의 특성에 맞추어 늦서리가 내리는 시기를 완전히 피할 수 있을 때 심는다. 대전 근교의 경우는 5월 초의 어린이날 전후로 심는 것이 적당하다.

원산지에서는 여러해살이풀이지만 우리나라에서는 겨울을 나지 못하므로 한해살이풀처럼 기른다.

모종 준비

고추 모종은 지역의 전통 5일장이나 주변의 종묘상에서 많이 판매한다. 매운 고추를 좋아하면 매운 모종으로, 덜 매운 고추를 좋아하면 조금 덜 매운 모종을 준비한다. 좋은 모종은 줄기가 굵고, 잎이 짙은 녹색이며, 줄기에서 잎의

전통 5일장에 나온 고추 모종

간격이 좁은 것이다. 큰 것보다는 키가 좀 작고 잎의 간격이 좁은 모종을 선택해서 키우도록 한다.

밭 준비

고추는 퇴비를 많이 넣고 기르는 것이 좋다. 그래서 다른 작물에 비해 조금 많은 1m²당 5kg 정도의 퇴비와 깻묵 5컵(1kg)을 넣고 밭을 일군다. 두둑 간의 간격은 80~120cm, 높이 30cm, 바닥 너비 40~50cm 정도로 만든다. 물이 잘 빠지는 밭은 조금 낮게 만들고, 물이 잘 빠지지 않는 밭은 더 높게 만들어야 한다. 우리나라의 장마는 길게 연속적으로 10일가량 비가 내리는 날이 있으므로

고추 두둑의 간격, 높이를 참고

이에 맞추어 두둑을 높게 하는 것이 유리하다. 두둑이 너무 높으면 8월의 가뭄에 물 주기가 상대적으로 어렵다.

고추를 한꺼번에 30~40포기 이상을 심을 때는 위와 같은 두둑을 만들어야 하지만 주말농장에서는 이와 같은 두둑을 만들고 나면 밭이 남아나지 않는다. 이때는 상추, 아욱 등을 심은 가장자리에 고추를 심어둔다. 그리고 고추가 자라면서 밭에 있는 상추, 아욱 등의 수확이 마무리 되면 그 자리에 열무를 심어 가꾼다. 고추의 약한 그늘에 여름의 열무를 기를 수 있게 된다.

고추 심기

밭을 준비하고 2주 후에 모종을 심는 것이 좋다. 구입한 모종에 물을 흠뻑 주어 포트 안에 있는 고추 모종을 감싸는 흙이 젖도록 만들어 둔 다음 2~3시간 후 뽑아 심어야 한다. 고추 모종이 몇 포기 안될 때는 해거름에 심고 물을 주는 것이 좋다. 모종의 수가 많으면 해거름에 모든 작업이 끝나지 않으므로 낮에 작업을 해야 한다. 포트에서 모종을 뽑아내고, 두둑을 호미로 조금 파내고 포트 안에 있을 때 흙에 잠긴 만큼 흙에 묻히도록 심는다.

심는 간격은 형편에 따라 다르지만 40cm 이상을 유지한다. 모종이 작다고 나

중을 생각하지 않고 20~30cm 간격으로 심으면 고추가 자라면서 너무 우거져 관리도 어렵고 연약해진다.

심고 나면 두둑에 물에 흥건해질 때까지 물을 뿌려준다. 고랑에 물이 줄줄 흐르도록 물을 주고 마무리한다.

자라는 모습

고추를 4월 말이나 5월 초에 심으면 5월 말이 되어 날씨가 따뜻해져 하루가 다르게 자란다. 초기에는 옮김 몸살이 심해 뿌리가 자리를 잡는 데 시일이 조금 걸리는 편이다. 뿌리가 완전히 자리를 잡는 2주 정도가 지나야 낮의 햇볕에 있어도 잎이 축 처지지 않게 된다.

아주 심은 지 20일 정도가 지나면 뿌리는 자리를 잡고 왕성하게 성장하기 시작한다. 제일 위에는 새로운 가지가 생기고 가지 사이에서 꽃이 피고 고추가 달리기

아주 심은 지 10일된 고추

아주 심은 지 25일

7월 말의 고추밭

고추가 익어간다.

시작한다. 줄기의 아랫부분에는 새로운 곁가지가 생겨서 자라기도 한다.

첫 고추 따주기 맨 처음으로 열리는 고추를 일찍 따주면 열매를 키우는 대신 줄기의 성장에 도움이 된다. 그래서 조기에 첫 고추를 따주면 나무가 충실하게 자란다. 풋고추를 이용하는 수준의 텃밭에서는 그냥 두었다가 조금 일찍 수확을 한다.

곁가지 제거하기 2~3갈래로 갈라지는 첫 번째 줄기 아래에서 생기는 새로운 줄기는 빨리 따주는 것이 좋다. 다른 이유가 있어서가 아니고 아랫부분이 우거지면 나중

아랫부분의 가지를 제거한다.

에 공기의 소통도 잘 안 되고, 줄을 쳐준 바깥에서 새로운 줄기가 자라 고추를 달고 있으므로 시간이 지나서 무게가 증가하면 가지가 찢어진다. 일일이 따는 것이 불편하다면 장갑을 착용한 손으로 죽 훑어주면 한꺼번에 제거할 수 있다. 고추를 기르면서 2~3번 정도 아랫부분의 곁가지를 제거해주어야 한다.

고추 줄 매기 고추가 자라 열매를 맺고 줄기를 키우면 무게가 점차 증가하기 시작한다. 이때 비가 조금 오고 바람이 불면 고추가 쓰러진다. 이를 방지하기 위해서 고추 옆에 말뚝을 박아 묶어주거나 고추 2~3포기 사이에 말뚝을 박아 줄로 고정시켜야 한다. 아주 심고 1개월 정도 비바람에 시달리게 두면서 뿌리의 발달을 촉진시킨 후 줄 매기를 해주는 것이 좋다.

두 번째 줄 매기는 첫 번째 줄 매기를 하고 난 후 3주 정도 지나서 해주어야 한다. 두 번째 줄 매기의 시기는 상당히 빨리 온다. 고추가 빨리 자라고, 많이 달리므로 줄기가 받는 하중이 급격하게 늘어난다. 그러므로 이 시기에 큰비가 오고 바람이 불면 줄기가 부러지거나, 통째로 넘어지는 사례도 발생한다.

세 번째 줄 매기는 7월 말 고추의 키가 1m 정도 자라는 시기에 해준다 고추의 성장에 따라 해주는 줄 매기는 고추의 키가 자람에 따라 약 한 뼘 간격으로 해주게 된다. 고추를 지지하는 줄을 고정시키는 말뚝은 되도록 튼튼하게 두둑에 박아주어야 한다. 여름의 강한 태풍에 말뚝이 흔들리면 두둑에 심은 고추 한 줄이 전체적으로 넘어져버리는 경우가 있다.

고추의 처음 줄 매기

고추의 두 번째 줄 매기

웃거름주기 및 풀 정리

첫 번째 웃거름은 아주 심고 2개월 정도 지나 풋고추가 많이 달릴 때 주는 것이 좋다. 이때 아랫부분의 고추는 이미 빨갛게 색깔이 바뀌기 시작한다. 웃거름은 고추포기에서 15cm 정도 떨어진 곳의 두둑을 호미로 10cm 정도 파내고 그 안에 거름을 한두 주먹 넣고 흙을 살짝 덮어둔다. 이때 위에 덮은 짚이나 다른 피복물이 있으면 거름을 주는 부분만 걷어내고 거름을 준 다음 다시 피복물을 덮어둔다.

약 1개월 후 두둑의 다른 쪽을 파서 웃거름을 준다. 웃거름을 주는 중간에 여유가 되면 깻묵액비를 20배 정도 희석해 뿌려주면 잘 자란다.

심은 지 6주가 지나면 고추밭에 본격적으로 풀이 자라기 시작한다. 처음에는 별것 아니게 보이던 풀들이 자라 우거지고 엉기기 시작하면서 고추를 덮어버린다. 바닥에 짚을 두텁게 덮어주면 풀을 상당히 억제할 수 있다. 풀이 많이 돋아나

짚을 덮지 않은 고추밭

짚으로 덮은 고추밭

고추의 성장이 방해를 받을만하면 낫으로 풀을 베어 그 자리에 깔아준다. 고추를 기르면서 2~3번 풀을 정리해주는 수고를 해야 한다. 6월 중순에 한 번 정도 정리를 해주면 이후는 고추가 자라면서 풀이 조금 덜 나게 된다.

가을로 접어들면 어디에 숨어 있었는지 풀이 고개를 내밀고 씨앗을 퍼트릴 준비를 한다. 이때는 풀이 씨앗을 흘리기 전에 꼬투리째 잘 뽑아서 밭에서 멀리 있는 나무 밑이나 냇가에 버린다. 그래야 내년에 조금이라도 풀이 덜 나게 할 수 있다.

돋아난 풀을 낫으로 베어 깔아준다.

고추가 자라면 풀이 덜 난다.

수확 및 말리기

아주 심고 4~5주가 지나면 풋고추를 수확할 수 있다. 풋고추를 목적으로 하는 몇 포기의 고추는 수시로 필요할 때마다 이용하면 편리하다. 붉은 고추를 수확해 말리려면 고추 줄기에서 약간 꾸덕꾸덕해 있을 시기에 수확을 해야 말리는 작업이 수월하다.

고추를 말리는 건 여간 힘들지 않다. 나는 수확해 밭에서 이틀 정도 말리다 정리해 장모께 가져다 드린다. 그러면 밤에는 실내에서 선풍기 틀어 말리고, 낮에는 옥상에 가져다 말려 김장용으로 사용한다. 텃밭에서 수확한 적은 양의 고추는 베란다에서 손쉽게 말릴 수 있다. 자주 뒤집을 필요도 없고 해가 드는 베란다에 내다 놓으면 되는데 이 경우도 장마철에는 여간 힘들지 않다. 조금만 잘못해도 곪은 부위에서 곰팡이가 피기 시작한다. 곰팡이가 피려는 기미가 보이면 가위로 고추를 절단해 말리면 조금은 수월해진다.

붉은 고추

밭 귀퉁이에서 고추를 말린다.

자주 보이는 벌레

진딧물 고추에도 가끔은 진딧물이 붙어 있다. 아주심기가 끝난 후 유난히 뿌리의 활착이 늦고 비실비실한 포기를 자세히 들여다보면 고추의 윗부분에 진딧물이 까맣게 붙어 있는 경우가 있다. 이런 고추 포기는 빨리 뽑아 땅에 묻거나 멀리 버리는 것이 상책이다. 진디가 새끼를 쳐서 퍼지는 것을 막아야 한다.

거세미나방 애벌레 아주심기하고 난 뒤에 보면 몇 포기의 고추는 목이 잘려나가 있다. 이것은 거세미나방 애벌레가 땅에서 나와 고추 줄기를 잘라내고 숨어버린 경우다. 벌레를 의식해서 토양소독제 등을 뿌리고 밭을 갈 필요는 없다. 피해를 받는 고추 포기는 얼마 되지 않는다.

노린재 고추가 자라는 초기부터 보이는 벌레가 있다. 노린재라고 하는 벌레인데 밭을 처음 개간하고 심은 고추밭에는 보이지 않다가 2~3년 뒤부터는 많이 보인다. 이 벌레는 아직까지 뚜렷한 천적이나 처리 방안이 없어 시간이 나는 대로 손으로 잡거나, 통을 고추 아래에 대고 줄기를 흔들어 벌레를 통에 모아 땅에 묻어주는 방법이 고작이다. 날씨가 더워지면 고춧잎 뒷면에 수많은 알이 붙어 있는 모습이 보인다. 그러다 얼마 뒤 고추 줄기마다 온통 다닥다닥 붙어 있는 노린재 무리를 만날 수 있다. 워낙 많아 손으로 잡는 것이 불가능하고, 개체 수를 줄이기가 무척이나 힘든 곤충이다. 잡으려고 손을 대면 바로 바닥으로 떨어져버려 잡기도 힘든데다, 손을 대면 냄새가 나서 곤란하다.

노린재가 엄청나게 붙어 고추 줄기의 즙액을 빨아먹으니 고추나무가 부실해지고 병에도 많이 노출된다. 한여름에 고추나무에 붙어 있는 수많은 노린재를 보면

고추 잎 뒷면의 노린재 알

7월 말 고추에 붙은 노린재

벌레에 잘 듣는 살충제라도 한번 뿌려주고 싶은 유혹을 느끼곤 한다.

나방의 애벌레 고추에 직접 파고들어가 피해를 입히는 애벌레들이 있다. 이들 벌레는 고추에 구멍을 2개 낸다. 들어가는 구멍과 나오는 구멍을 내는데, 들어가

고추에 구멍을 내어 짓무른 모습

고추에 들어가는 담배거세미나방 애벌레

줄기를 파먹는 벌레

벌레가 들어간 흔적

벌레가 파고들어가 시든 고추줄기

열매 채소 **379**

는 구멍은 좀 작고 나올 때는 성장을 해서 좀 더 큰 구멍을 뚫고 나온다. 고추에 구멍이 뚫리는 초기에는 겉에 아무 표시가 나지 않지만 시간이 지나고 비라도 와서 물이 들어가면 금세 짓물러진다.

이 벌레 외에도 고추의 줄기를 파먹어 줄기가 꺾어지게 만드는 애벌레도 있다. 이 애벌레는 박쥐나방 애벌레로 추정이 되며 줄기를 파고 들어가 줄기가 말라 죽게 만든다. 파고 들어간 곳에는 흰 가루 같은 것이 보인다. 파고 들어간 지 얼마 되지 않은 줄기를 갈라 보면 벌레가 보인다.

자주 발생하는 병

고추에 발생하는 대표적인 병으로는 역병과 탄저병을 들 수 있다. 텃밭이나 마당에 몇 포기 기를 때는 잘 생기지 않지만 몇십 포기만 되어도 발생을 하고 한 번 발생하면 매년 발생할 가능성이 높아지는 아주 치명적인 병이다. 이와 같은 이유로 고추를 연작 하면 매년 이들 병이 발생하는 경험을 하게 된다. 고추 심는 밭은 해마다 장소를 바꾸고 3~4년이 지난 후에 다시 그 장소에 심는 것이 안전하다.

탄저병 고추 열매에 발생하는 병으로 한 번 발병하면 걷잡을 수 없을 정도로 급속하게 퍼진다. 고추가 거의 못쓰게 된다. 발생 초기에 그나마 달려 있는 풋고추라도 수확하는 것이 최선이다.

탄저병이 진행 중이다.

전체적으로 번지는 탄저병

역병 고추역병은 가지가 갈라지는 부분에 발병한다. 발병하면 줄기의 갈라지는 부분이 말라가면서 위로 가는 물관이 마르고 고추 줄기까지 서서히 마르는 증상을 보인다. 고추 농사를 전문으로 짓는 대규모 고추밭은 역병이 돌면 고추밭의 일부분이 빨갛게 타들어가는 것처럼 보인다. 우리 밭은 한여름의 무더위와 습기가 높을 때 발병하는 것처럼 보이다가 날씨가 서늘해지면서 곧 회복되었다.

역병 증상

재배일지

고추 몇 포기를 밭에서 키워 열매를 따보면 그 재미가 각별하다. 풋고추가 너무 많다 싶으면 몇 개는 빨간 고추로 만들어 수확한다. 작은 모종을 구입해서 큰 나무처럼 키우기야 어렵겠지만 누구나 심어만 두면 보람이 있는 작물이 바로 고추다.

고추 농사가 잘되어 붉은 고추가 탐스럽게 익어갈 때면 제일 좋은 고추의 아랫부분에 뭐가 파먹은 자국이 나 있다. 누가 그랬는지 흔적도 없다. 이것이 무엇일까 궁금했는데, 농사에 일가견 있으신 우리 아버지께서 다니러 왔다가 보시고는 꿩의 소행이라고 진단하셨다. 꿩이란 놈이 고추의 달짝한 맛을 즐긴다고 한다. 참 기가 막힐 일이다. 조금 먹는 것은 괜찮으나, 먹지도 않으면서 끝부분만 쪼아놓으면 다 썩어 문드러지는데 참으로 아깝다. 그 이후에 가끔 고추밭 고랑에서 꿩이 날아가는 것이 목격되었다. 그리고 군데군데 꿩이 고추 먹고 씨와 껍질을 토해놓은 덩어리를 볼 수 있었다. 올빼미가 토해 놓은 것과 꼭 비슷한 모양이다. 산자락 가까운 밭에서 고추를 재배하려면 이러한 일들에 주의를 기울여야 한다. 그러나 보통의 주말농장은 도심에서 멀지 않은 지역이고 산과는 조금씩 떨어져 있어 꿩의 피해를 걱정하지 않아도 된다.

고추를 길러보면 위에서 이야기한 벌레, 병 등이 아무런 문제가 되지 않는다. 그저 몇 포기의 고추에 약간의 흠집을 내고 몇 개의 고추에 구멍을 낼 뿐이다. 노린재의 경우도 고추 포기가 적으면 밭에 들릴 때마다 조금씩 잡아 개체수를 줄여주면 큰 피해는 입히지 않는다. 몇 포기의 고추에 피해를 입힌다고 바로 고독성의 농약을 구입해 사용설명서도 읽지 않은 상태에서 마치 익숙한듯 무참하게 분무기를 이용하는 것은 어딘가 주말농장 또는 텃밭의 평화로운 분위기와는 어울리지 않는다.

오이

- **분류** : 박과
- **원산지** : 인도 서북부 히말라야 산록지대
- **재배지역** : 한국(전국), 전 세계
- **특징** : 따뜻한 곳에서 재배. 저온에 약함
  뿌리가 넓게 퍼진다.
- **역사** : 중국을 통해 삼국시대 도입 추정

재배시기

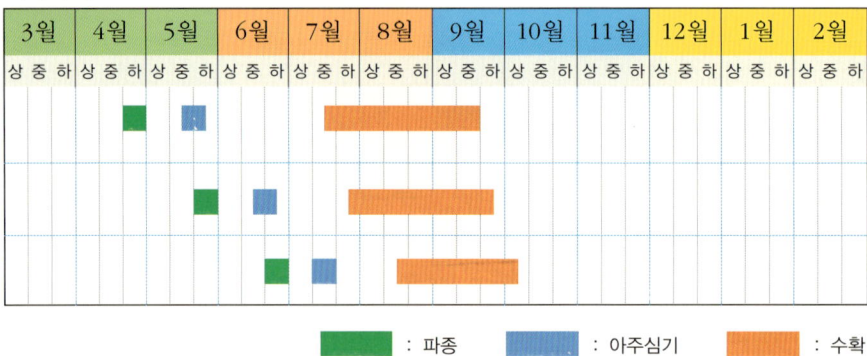

*지역의 날씨에 따라 2주 정도 차이날 수 있음.

오이는 추운 계절을 싫어한다. 그래서 추위의 기준이 되는 서리를 피해서 재배하면 좋은 결과가 있다. 재배시기표를 참고로 심을 곳의 실제 날씨를 감안해 적당한 시기를 잡아야 한다.

나는 언젠가 일찍 오이를 수확할 욕심에 4월 중순에 파종했다가 4월 말에 내리는 늦서리에 모두 얼어 죽게 만든 적이 있다.

종자 및 모종 준비

오이 모종은 지역의 종묘상이나 전통 5일장에 가면 빠짐없이 등장한다. 다른 종류(가지, 고추, 토마토 등)의 모종은 판매하는 것을 구입해 재배하는 데 찬성하지만 오이만큼은 권하지 않는다. 3년에 걸쳐 모종을 구입해 가꾸어 보았으나, 거의 실패했다 해도 과언이 아니었다. 처음 몇 개의 오이가 자라서 수확하면 잎이 병들고 조금 있으면 오이가 구부러지고 조금 더 있으면 아예 잎이 말라 죽어가는 걸 보게 된다. 병에 강한 종류의 오이가 무엇인지도 모르는데 책을 뒤져보면 대부분의 것들이 병충해에 강한 종류를 선택하라고 한다. 참으로 난감하다. 씨앗을 파는 데 가서 물어봐도 종자가 나쁘다고는 절대 이야기하지 않는다.

지역에서 재배하는 전통 재래종의 오이가 있으면 구해서 심어보도록 권한다. 이런 종류의 오이는 병충해에 강하고 계속해서 자가채종해 보존하면서 심고 가꾸는 재미를 느끼게 해준다.

참고사항 시중에 파는 모종 또는 종자를 가꾸어서 씨를 받는 것은 아주 어렵다. 종자로 사용할 씨앗이 아예 영글지 않는 경우가 대부분이다.

모종 기르기

오이는 본밭에 직접 파종해 솎아내면서 가꾸어도 된다. 모종을 길러 옮겨 심기하면 효율적으로 밭을 이용할 수 있으니 모종을 가꾸어보도록 한다. 파종하기 1~2주 전에 1m²당 2kg 정도의 완숙퇴비를 넣고 밭을 일구어 둔다. 파종은 호미로 땅을 조금 긁어내고 10~20cm에 하나씩 씨앗을 넣고 흙을 5mm 정도 덮어주고 물을 흠뻑 뿌려주고, 비가 오지 않으면 2~3일 간격으로 물을 준다.

4월 파종의 모종은 3~4주 키워야 아주 심을 정도로 자란다. 4월의 날씨는 오이가 자라기에 부적합해 아주 더디게 자란다. 그러나

4월 24일 파종, 2주 지난 싹

4월 24일 파종, 3주 지난 모습

4월 24일 파종, 4주 지난 모습

열매 채소 383

5월 말이나 6월에 파종하면 2~3주면 모종이 다 자란다. 날씨에 따라 성장이 달라지므로 감안해 파종해야 한다.

참고사항 처음 오이를 재배할 때는 모종을 길러 옮겨 심었으나, 요새는 직파해 가꾸고 있다. 옮겨 심는 것이 귀찮고 일거리를 하나 더 만들기 때문에 나는 직파 방법을 쓰고 있다.

밭의 선정

오이는 장소 선정에 상당한 주의를 요한다. 주말농장에서는 장소가 좁으므로 오이가 그늘을 만들어 주변의 채소에 영향을 많이 준다. 텃밭의 경우 밭의 남쪽 끝에 오이를 배치하도록 한다. 오이의 주변에는 그늘에서도 잘 자라는 부추, 참나물, 취나물 등을 심어두는 것이 좋다. 오이 줄기는 보통

무성한 오이

2~3m 정도의 높이가 되므로 이를 감안해 주변에 채소를 심어야 한다.

오이는 물이 잘 빠지면서 보습성이 좋은 장소를 선정해야 한다. 물이 잘 빠지지 않으면 뿌리가 습해를 받는 일이 생기고, 물 빠짐이 너무 좋으면 여름에 건조해져 줄기가 마를 수 있다. 여름에 물 주기가 용이한 장소를 선정하는 것도 요령이다.

아주심기 준비

오이는 줄기를 키우면서 덩굴손이 나와 주변의 물체를 감으면서 위로 자라는 식물이다. 그래서 오이는 유인할 수 있는 대를 세워주어야 한다. 오이를 심고 대를 세우려면 심었던 오이가 다치게 된다. 대를 미리 세워두고 사이에 오이를 심는 편이 수월하다. 오이 유인대는 삽으로 30~40cm 되는 구덩이를 파고 거기에 유인대로 사용할 나무를 심고 발로 밟아 단단히 고정시킨다. 지주용 나무가 만나는 곳에 고추밭에 사용하는 비닐 끈이나 선물용 포장을 묶은 끈을 모아 두었다 이를 이용해 단단히 묶어준다. 아니면 전년도에 토마토를 심은 곳의 지지대를 이용해 다음해 약간 손을 보면 오이를 올릴 수 있다.

오이를 유인하는 나무를 마주보게 해 서로 묶어 지지시키는 합장식과 합장을 시키지 않고 일자로 배열하는 방법이 있다. 합장식은 태풍을 견딜 만큼 튼튼해 한여름의 비바람이 염려되는 곳에 적당하며, 일자식은 남은 자투리 밭을 이용하는 데 유리하다. 일반적인 주말농장에는 구획된 밭이 되므로 합장식으로 해 양 옆으로 오이를 재배하는 편이 유리하다. 그러나 집 안에 남는 땅이 좀 있다거나 정원수 사이로 오이 몇 포기를 키우려면 일자로 재배하는 편이 수월하다.

유인용으로 사용할 나무의 준비가 덜 되었으면 우선 큰 중간 지주대를 세우고 오이가 자람에 따라 주변의 작은 나뭇가지를 구해 조금씩 가로로 세워주면 된다.

합장식 오이 유인대

일자식 오이 유인대

아주심기

만들어 둔 오이 유인대 옆으로 물이 빠질 만큼 고랑을 만들고 이식할 장소의 주변에 완숙퇴비를 한 삽씩 넣고 주변의 흙과 잘 섞어둔다. 1m 정도의 간격으로 오이 심을 구덩이를 조금 파고 물을 흠뻑 뿌려둔다. 모종을 기르던 모종밭의 오이에도 물이 뿌리 깊숙이까지 스며들도록 뿌려준다. 모종삽을 들고 한 포기씩 정성들여 뿌리가 다치지 않도록 파내

아주 심은 지 일주일된 오이

어 아주 심을 구덩이에 한 포기 또는 두 포기씩 심는다. 심는 깊이는 모종으로 자랄 때 흙이 덮여 있던 만큼 한다.

아주심기를 마친 오이 포기 주변에 동그란 호미 자국을 만들고 물을 준다. 아주

심고 나서 2일 정도 지나 물을 한 번 주는 것이 좋다. 물기가 없는 밭에서는 옮김 몸살이 심하게 나타난다. 일주일 후 밭에 들러 보면 뿌리가 자리를 잡고 새잎이 돋아나는 모습이 보인다. 오이는 이식성이 좋아 옮겨 심고 물을 잘 주면 옮김 몸살이 심하지 않게 자리를 잡는다.

자라는 모습

오이 모종을 아주 심고 나면 대게 늦봄이나 초여름의 날씨가 된다. 이때는 오이가 잘 자라는 시기이므로 하루가 다르게 성장한다.

4월 파종 오이는 파종 후 약 10~11주 정도 지나야 수확이 가능하나, 5·6월에 파종을 하면 성장이 빨라 8~9주면 수확이 가능하게 된다. 아주 심은 지 6주가 지나면 넝쿨이 우거지고 꽃이 많이 피기 시작하고 8주가 지나면 작은 오이가 탐스럽게 열린다.

아주 심은 지 6주된 오이

아주 심은 지 8주부터 수확

아주 심은 지 9주, 7월 말

아주 심은 지 11주, 8월 초

줄기 손보기

오이가 자라 줄기가 많이 뻗어나는 시기인 7월 말이 되면 순이 한꺼번에 엉기면서 자라는 줄기는 과감하게 제거한다. 그리고 세워둔 지지대 위로 여러 개의 줄기가 엉겨 붙어 자라는 곳을 정리한다. 줄기가 너무 엉기면 햇빛에 가려져 오이 열매가 잘 자라지 못하고 전체적으로 줄기도 부실해진다.

세워둔 지지대 위로 자라는 줄기

주의사항 오이를 수확하면서 오이줄기 주변에 약간씩 탈색되고 노란색으로 변해가는 잎이나 말라가는 잎이 있으면 따주어 바람과 햇빛이 잘 들도록 한다.

수확

7월로 접어들면서 줄기에 오이가 대롱대롱 달린 모습이 보이기 시작한다. 꽃이 피는가 싶으면 이내 길이가 15cm 넘는 성숙한 오이가 된다. 주말농장의 경우 일주일 만에 들러보면 넝쿨이 어우러지고 사이사이에 오이가 엄청나게 숨어 있는 것을 볼 수 있다. 가위를 가지고 하나씩 정성들여 꼭지를 잘라 수확을 한다. 밭에서 한입 베어 물면 봄부터 오이를 가꾸는 보람이 느껴진다.

마당에서 기르는 오이는 필요할 때마다 이용하면 되지만 주말농장의 경우는 수확시기를 조금 앞당기는 것이 좋다. 좀 작다 싶었는데 다음 주에 가보면 이미 조

오이 암꽃이 피기 전

수확한 오이와 호박(7월 중순)

금은 늙은 오이가 되어 있기 일쑤다. 아니면 아예 수확시기를 늦추어 노각용으로 쓰는 방법도 있다.

오이 수꽃

적당한 시기에 수확한 오이

웃거름주기 및 포기 관리

오이는 뿌리가 넓게 퍼지는 식물이므로 이에 맞게 웃거름도 포기를 중심으로 넓게 뿌려준다. 거름을 뿌리고 주변의 흙을 떠다 조금 덮어둔다. 이는 거름이 햇빛에 노출되어 거름에 있는 미생물이 죽는 것을 막기 위함이다. 오이는 아주 심고 난 후 열매가 열리는 시기가 비교적 길므로 웃거름을 7월 중순과 8월 중순에 걸쳐 두 차례 주도록 한다.

포기당 한 번에 한 삽(400g 정도) 정도를 주고 깻묵을 한 컵 준다. 웃거름을 주고 난 후 오이 포기 주변을 낙엽이나 짚 등으로 덮어주면 수분의 보존 효과와 풀이 돋아나는 것을 막아줄 수 있다.

오이 변화

수확시기에 따라 오이의 꼭지 모양이 달라진다. 처음에 달리는 첫물 오이는 오이와 줄기를 잇는 꼭지가 비교적 길어 가위로 잘라내는 데 불편하지 않다. 그러나 시간이 지나 8월로 접어들면 이 꼭지 부분의 길이가 조금씩 짧아진다. 9월에는 꼭지가 줄기에 거의 붙어 있는 형상의 오이가 된다. 점점 오이와 줄기를 이어주는 부분이 짧아지면 수확할 수 있는 시기가 끝나는 시점으로 봐야 한다.

첫물 오이의 꼭지　　　　수확 중기의 꼭지　　　　끝물 오이의 꼭지

종자용 오이 관리 및 씨받기

8월 중순이 되면 수확하기 힘든 곳이었거나 모르고 수확이 늦어진 오이가 보이면 다음 해의 종자용으로 한두 개 늙혀둔다.

오이는 열매를 맺고 40~50일 정도 지나야 성숙된 씨앗을 얻을 수 있다. 수확시기를 놓친 오이를 그냥 밭에 오래 두었다가 9월 말이 되면 이 오이를 따다가 칼로 중간을 갈라내고 씨앗을 모두 훑어낸다. 오이 씨앗을 감싸고 있는 껍질에 해당하는 하얀 점액질의 막을 물에 넣어 씻으면서 손으로 치대어 모두 제거한 다음 물기를 빼고 그늘에 말려 두었다 종자로 사용한다. 물에 이틀 정도 담가두면 점액실 막이 저절로 벗겨진다.

종자용 오이

재배 주의사항

별다른 병 없이 잘 자라다가 9월 중순으로 접어들면서 이름 모를 나방의 애벌레가 한꺼번에 번져 잎을 모두 갉아먹는 현상이 해마다 관찰된다. 이 벌레가 출현하면서 오이는 성장을 마무리한다. 이외의 현상은 텃밭에서 알아야 하기에는 너무나 전문적이어서 잘 모르겠다(오이총채벌레, 덩굴 쪼개짐, 모자이크병, 노균병,

갈라놓은 종자용 오이

씨앗을 감싸는 껍질을 제거해 말린다.

철·마그네슘·망간 등의 미량원소 부족 등). 이 가운데 특히 덩굴 쪼개짐은 시중에서 모종을 구입해 오이를 가꿀 때 가장 많이 나타나는 현상인데 대책도 없는 병이다. 병의 초기 증상을 보면 햇빛이 강한 낮에는 잎이 시들시들 하다가 해가 지는 저녁이 되면 잎이 생기를 찾아 발견하기 힘들다. 덩굴 쪼개짐이 진행되면 점점 잎이 마르면서 줄기 전체가 말라버린다. 지금 가꾸는 재래종 오이는 덩굴 쪼개짐이 약간 나타나지만 병적으로 진행되지 않는다.

오이의 덩굴 쪼개짐

재배일지

2002년의 오이는 참으로 맛있었다. 사다 먹는 오이를 먹던 사람이 누리지 못하는 상당한 맛을 느끼는 한 해였다. 수확기간이 그리 길지도 않았지만 수확하기까지 오래 걸렸다. 성공적인 농사였다고 자부한다. 봄철에 종묘상에서 10포기의 오이를 구입해 심었다. 이 10포기를 가지고 줄 매고, 순 솎아내고, 오이 수확하고, 웃거름 주면서 한 해를 보낸 것 같다. 물론 고추보다는 애를 덜 먹였지만 상당히 나를 괴롭히기도 하고 또 보람도 준 작물이었다. 이 오이가 하도 맛이 좋아 수확 초기, 그러니까 7월 초에 오이 씨앗을 사다 한 곳에 5개씩 넣어 2개만 남기고 정리해 9월까지 수확했다. 오이는 비교적 수확기간이 짧았다. 5월에 심으면 6월 중순부터 수확해 8월초에는 끝이 난다. 다른 책들을 찾아보면 수확기간이 상당히 길게 나오는데, 실제 가꾸다보면 그다지 수확기간이 길지 않다.

모종 값으로 10포기에 5,000원 씨앗 1봉지에 3,000원을 주었는데 실제로 8,000원 어치의 수확은 했는지 의문이긴 하다. 그러나 오이를 따는 보람이라든가 그 맛을 생각하면 충분하고도 남는다. 밭에서 일하다가 오이 한 개 따서 그 자리에서 먹는 것은 상당한 즐거움이고 목마름을 달래주는 청량제다.

오이는 다른 작물에 비해 병이 상당히 많고, 가꾸기가 난해한 작물이었다. 특히 덩굴 쪼개짐으로 몇 그루의 오이는 장마철에 말라 죽고 말았다. 잎마름병이라든가 미량원소 부족으로 인해 기형과가 많이 나와 어려움도 겪었다.

모종으로 키운 오이를 채종하려고 한 개를 늙혔다. 그것을 60일 정도 지나서 속을 갈라 보았다. 그런데 기대하던 씨앗을 흰 살 속에 품고 있지 못했다. 뭣 때문인지 몰라도 늙은 오이 속에 들어있어야 할 씨앗이 영글지 못한 채 그냥 어린 씨앗으로 남아 있었다. 그래서 2002년의 오이 씨받기는 실패로 끝이나 버렸다.

2003년 이른 봄에 아버지께서 오이 씨앗을 좀 주셨다. 이것을 4월 말에 세 군데 파종했다. 처음에는 그렇게 더디게 자라나 싶었는데 5월이 되어 날씨가 좋아지면서 금방 줄기가 뻗고 꽃이 피고 열매를 맺는다. 그렇게 기쁠 수가 없다. 오이는 대를 잘 세워주고 중간에 너무 뻗어나는 줄기를 잘라 주면 대체로 잘 자란다. 작년에 모종 사다 키우던 것에 비하면 엄청난 수확과 오랫동안 오이를 따먹을 수 있게 해준다. 오이가 한참 수확되는 7월 중순에 퇴비를 한 삽씩 떠다 줄기 주변을 약간 파고 묻어준다. 그리고 1개월쯤 지나서 다시 한 삽을 더 준다. 그러면 오이는 거기에 보답이라도 하듯이 많은 기쁨을 맛보게 한다.

오이는 직파와 모종으로 길러 이식하는 두 가지 방법으로 기를 수 있다. 직접 파종해 기르는 경우는 파종할 장소를 먼저 선정한 다음 파종 장소를 40cm 정도 깊이로 파서 그 자리에 먼저 대를 세우고 파종을 해야 나중에 덩굴 유인이 쉬워진다. 대를 세울 때는 합장식으로 세우는 것이 바람의 저항에도 강하고, 관리도 편리하다. 이랑 폭을 120cm 정도로 잡고 80cm 간격으로 굵은 대를 세워 맞은편의 대와 묶어 준다. 대를 묶을 때 제일 꼭대기에 긴 막대를 가로로 대어 묶고 대와 대 사이의 빈 공간은 좀 가는 나무 또는 봄에 전지한 나뭇가지를 묶어 오이가 잘 유인되게 해준다. 이 유인대의 아랫부분에 5개의 오이씨를 10cm 간격으로 넣고 5mm 정도 흙으로 덮고 물을 주면 일주일 뒤에 싹이 튼다. 그러면 20일 정도 있다 튼튼한 포기를 한두 개 남기고 솎아 내거나 다른 장소에 옮겨 심는다.

모종을 길러 이식하는 것도 대를 세우는 방법은 동일하며, 다른 장소에서 모를 길러 본잎이 2~3장일 때 한두 포기씩 유인대 아래에 심으면 된다. 직파의 경우는 완숙된 퇴비를 한 삽 가득 넣어 흙과 잘 섞이게 해 파종을 한다.

주말농장에서는 모종을 기르는 편이 좋을 것이다. 봄철에는 상추, 열무, 쑥갓 등의 작물로 빈 밭이 귀할 때이기 때문에 좁은 장소에서 미리 모종을 기르다가 상추, 열무 등을 정리하고 그 자리에 옮겨 심으면 밭을 효율적으로 활용할 수 있어 좋다.

밭에서 일하다 목마르고 지치면 물을 한참 틀어 손이 시리도록 찬물이 나오면 그것을 큰 물통 한가득 받아 그 안에 오이, 토마토, 참외 몇 개를 넣어 두었다 꺼내 먹으면 갈증도 해소되고 해거름의 배고픔도 달래준다. 여름철에 땀으로 목욕을 하고 나서 오이를 한입 베어 물면 싱그러운 이 맛에 텃밭을 하나보다 하는 생각이 든다.

오이를 좋아하는 집에서는 6월 중순경에 다른 장소를 마련해 또다시 4포기 정도를 키우면 서리가 내리는 날까지 날마다 2~3개의 오이를 선물받을 수 있다. 오이를 잘 길러 늦게까지 고른 수확을 하려면 4월, 5월, 6월의 한 달 간격으로 파종한다. 그러면 4월에 파종한 오이가 끝물이 되어 가는 때에 5월에 파종한 오이를 수확하고 그것이 끝물이 되면 6월 파종한 것이 수확을 가능하게 해준다.

처음에는 그렇게 키우기 어렵던 오이가 아버지께서 주신 종자를 키우면서는 정말 키우기 편하고 잔손이 덜 갔다. 이렇게 수확이 좋은 작물이라는 걸 깨달았다. 이제는 봄이 되면 밭의 이곳저곳에서 작년에 떨어진 오이 씨앗이 절로 싹이 터서 거름더미, 풀 사이를 올라 열매를 맺는다. 오이를 좋아하는 보통의 4인 가족이라면 2~3포기만 키워도 충분하다. 이웃과 나누고 김치도 담고 하려면 5~6포기면 된다.

열매를 맺는 것 중에 종자용 오이를 1~2개 키워서 씨앗을 받으면 연속적인 재배가 가능하다. 채종의 어려움이라고 하면 채종용 오이는 대체로 40~50일 정도 있어야 하는데 그 와중에 비 맞고 해 약간은 갈라지는 수도 있고 오랫동안 줄기에 매달려 있으면서 내부에 벌레가 생기는 경우가 있다. 채종용 오이를 칼로 갈랐을 때 가끔은 내부에 애벌레가 꿈틀대는 광경이 펼쳐진다. 징그러우면 이쑤시개로 오이씨를 하나하나 끄집어내어 그늘에 잘 말린 다음에 보관한다.

모종을 구입해 기르는 오이와는 맛도 틀리고, 비용도 덜 든다. 또다시 채종도 가능하고 수확도 좋고 병충해에도 강하고 여러모로 장점이 있다.

내 고향에서는 오이를 물외라 했다. 내 어릴 적에 집에서 가까운 밭둑에는 가지가 가늘고 큰 줄기가 없는 뽕나무가 자라고 있었는데 아버지는 거기에 해마다 물외를 몇 줄기 올리셨다. 여름에 입맛이 없을 때나 반찬이 시원찮을 때 나보고 물외를 몇 개 따오라 심부름을 시킨다. 얼른 가서 좀 맛있게 익었다 싶은 걸 따다 놓으면 이번에는 샘에 가서 시원한 물 한 주전자 떠오라신다. 집에서 300m 정도 떨어진 샘에 가서 물을 떠오면 미리 불려둔 미역을 넣고 물외를 잘게 썰어 냉국을 해주셨다. 얼음 같은 건 넣을 수도 없었지만 얼음이 동동 떠있지 않아도 샘물은 시원했다. 그 당시에는 샘물보다 시원한 것이 우리 동네에는 없었다. 그보다도 그때는 오이도 참으로 귀한 먹을거리였다. 잔손질이 많이 가서 곡식을 기르면서 여벌로 재배하기에는 시간이 너무 많이 드는 작물이다. 오이를 직접 길러보고 나서야 왜 그 당시에 오이조차도 밭 귀퉁이에 많이 심지 못했는지 이유를 알 것 같다.

호박

- **분류** : 박과
- **원산지** : 멕시코 남부에서 중미
- **재배지역** : 한국(전국), 전 세계
- **특징** : 따뜻한 곳에서 재배, 물 빠짐이 좋은 곳에 재배, 뿌리가 넓게 퍼진다.
- **역사** : 임진왜란 이후 일본에서 전래했다는 설과 통일신라시대부터 재배했다는 설이 있음

재배시기

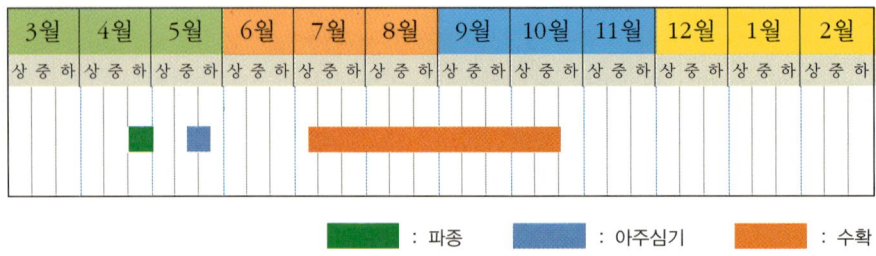

■ : 파종   ■ : 아주심기   ■ : 수확

호박은 따뜻한 기후를 좋아하며, 물 빠짐이 좋아야 잘 자란다. 애호박과 호박잎을 이용하는 종류를 많이 재배하고 있다.

씨앗 준비

호박 씨앗은 종묘상에서 의외로 비싼 값에 판매된다. 많이 구입하지 않아서 그런지 다른 종류의 씨앗에 비해 상당히 고가이다. 한두 포기 기르고자 하면 4월 말에서 5월 중순 사이에 모종을 구입하는 편이 수월하다. 아니면 시골의 아는 분들께 구해도 되고, 주변의 건강원에 부탁하면 좋은 종자를 손쉽게 구할 수 있다. 단호박, 약호박, 맷돌호박, 꽃호박 등이 주변에서 많이 재배하는 종류다. 애호박과 잎을 목적으로 재배하려면 보통의 맷돌호박이나 모종 사진의 오른쪽에 자리한 종류를 심는 것이 좋다.

파종 준비

호박은 밭의 가장자리나 밭둑 또는 밭의 경계를 이루는 장소에 심는다. 이렇게

종묘상에서 판매하는 호박 모종

하면 밭을 효율적으로 이용할 수 있어서 좋다. 주변에 겨우내 눈에 쓰러진 나무나 가지치기한 나무줄기 등을 구해서 호박 올릴 지지대를 준비한다. 이른 봄에 이들 나무를 모아서 호박을 기르고자 하는 주변에 늘어둔다. 호박은 땅을 기게 하면서 재배하면 천지사방으로 뻗어 주변에 다른 작물을 가꾸기 쉽지 않고, 주변에 자라는 풀과 엉켜 잘 자라지 못한다.

호박 줄기를 유인하기 위한 나무

나무줄기를 타고 자라는 호박

파종

유인하기 위한 나무를 모아둔 곳에 호박 구덩이를 판다. 구덩이는 폭 60cm 정도 깊이는 30cm 정도로 파내고 주변의 낙엽, 퇴비와 깻묵 등을 넣고 흙을 덮어둔다. 파종 전에 일찍 준비를 해두면 좋으나, 지역에 따라 땅이 얼어 있어 구덩이 파는 시기를 무작정 이른 시기에 할 수도 없다. 씨앗을 넣기 2~3주 전에 준비해 두는 것이 좋다. 호박 씨앗은 구덩이 중심에 하나를 넣고 주변에 돌아가면서 4~6개를 일정한 간격으로 넣는다. 그리고 씨앗 위에 1cm 정도 흙을 덮고 물을 준다.

열매 채소

씨앗의 간격은 10~20cm를 유지하는 것이 나중에 옮겨심기할 때 유리하다. 파종 시기는 지역에 따라 달라져야 되지만 내가 사는 대전 지역은 4월 말에 파종하는 것이 좋다. 오이, 박, 감자 등 추위에 약한 종류는 늦서리의 피해가 없는 시기에 파종해야 한다.

구덩이를 파고 준비한 퇴비를 넣는다.

호박 씨앗 파종하기

참고사항 오랫동안 채소를 심었거나 비옥한 흙이면 구덩이를 파지 않아도 된다. 구덩이를 파는 경우는 호박을 심는 장소가 밭의 어귀나 둑 등 작물이 자라기 부적합하기 때문에 퇴비를 넣어 기르는 것이다. 구덩이를 파고 위에 덮는 흙은 물이 잘 빠지는 것이어야 한다. 언젠가 황토 흙이라 좋을 줄 알고 구덩이를 판 다음 그 위에 황토 흙을 덮고 파종한 후 물을 뿌려 주었다. 그런데 다른 곳은 발아가 되는데 그곳만 영 안 되어 파 보니 씨앗이 모두 썩어 있었다. 호박씨앗은 빛을 싫어하므로(호암성) 파종 후 흙을 약간 두텁게 덮거나 위를 신문지 등으로 덮어 두면 싹이 잘 튼다.

자라는 모습

파종 후 10일 정도 지나면 떡잎이 올라오고 조금 더 자라면 본잎이 자라기 시작한다. 주변의 풀들도 잘 자라고 호박도 잘 자란다. 초기의 성장은 조금 더딘 편이지만 줄기가 뻗고 꽃이 피는 7월이 되면 줄기의 길이가 눈으로 확인될 만큼 잘 뻗는다. 파종한 지 3~4주가 지나면 튼튼한 포기 한두 개를 남기고 솎아준다. 이때 다른 장소에 옮겨 심을 준비가 되었거나 이웃에 나누어 주려면 물을 흠뻑 뿌려 두었다가 모종삽으로 뿌리가 덜 다치게 파내면 된다. 파낸 장소에는 주변의 흙으로 덮어 평평하게 해주는 것을 잊지 말아야 한다.

6월 말이 되면서 줄기의 아랫부분에는 수꽃이 피기 시작한다. 그러면서 줄기는 더욱 자라 7월 초가 되면 암꽃이 보이기 시작한다. 암꽃이 피고 제대로 가루받이(수정)가 되면 호박꽃 아래에 있는 작은 호박이 떨어지지 않고 자라기 시작한다. 애호박으로 수확을 하다가 시기를 놓친 호박은 길러서 늙은 호박으로 수확한다. 서리가 내리면, 한여름 동안 부지런하게 하늘을 이고 있던 호박 잎사귀는 땅을 보게 되며 생명력을 열매 속에 담아두고 자연으로 돌아간다.

호박 줄기가 잘 자라는 끝 부분의 연한 호박잎을 따내어 잎사귀를 이용하는 것도 좋다. 호박이 달려 있는 부분의 잎은 그냥 두고 호박이 없는 줄기의 잎을 수확한다. 호박을 하나 키우려면 건강한 잎사귀 4장 이상이 필요하다고 한다.

서리 맞아 축 처진 잎사귀 사이에 숨어 있던 호박을 모두 수확해 정리하면 호박 농사는 끝난다.

파종 2주 호박

파종 3주 호박

파종 4주 호박, 5월 29일

파종 6주 호박, 6월 11일

수확

호박은 버릴 것이 없는 좋은 열매 채소이면서 잎채소이기도 하다. 애호박을 먹다 가을이 되면 늙은 호박을 이용한다. 애호박은 주먹만 해질 때 조기에 수확하는 것이 좋다.

조금 더 자라면 씨앗이 생기기 시작해서 좋지 않다. 그래도 어느 정도 자란 호박은 나름대로 조금 더 익혀먹으면 이용하는 데는 지장이 없다. 무엇보다도 호박은 잎을 찌거나 삶아서 쌈으로 이용하는 것이 제 맛이다. 예전에는 밥물이 잦아들 무렵 사발에 된장을 풀고 멸치 몇 마리 넣어 밥솥에 끓여낸 된장에 호박잎을 쌈으로 먹던 시절이 있었다. 밥물이 들어가 맛있게 끓여진 된장만 먹어도 좋은데 호박잎이 있으면 금상첨화의 밥상이었다.

주의사항 주말농장에서 애호박을 이용하려면 조금 작아도 일찍 수확하는 것이 좋다. 그 다음 주에 들르면 애호박으로 쓰기 거북할 정도로 자라 있다.

탐스러운 애호박

늙은 호박 밑에 깔아둔 마른풀

서리를 맞고 축 처진 호박잎, 10월 말

줄기에 달린 호박의 마지막 수확

웃거름주기 및 포기 관리

호박이 많이 수확되는 8월 초에 호박 구덩이 주변을 호미로 조금 파내고 퇴비를 넣고 흙을 덮어둔다. 포기당 퇴비를 두 삽(1kg) 정도 주고 깻묵을 한 컵 준다. 웃거름을 주면서 주변에 있는 낙엽이나, 짚 등을 덮어주면 수분을 보존하는 효과도 얻고, 풀이 돋아나는 것도 막아줄 수 있다.

호박 넝쿨이 처음에는 한두 줄기 자라다 가지를 치기 시작한다. 줄기가 주변의 다른 작물을 덮지 않도록 유인을 잘 해주어야 한다. 뻗은 줄기가 유인용 나무를 지나 아무 데로 자라면 줄기의 끝을 들어 다시 주변의 유인용 나무줄기를 따라 자라도록 해주어야 한다. 그렇지 않으면 주변의 작물을 감싸 못쓰게 만든다.

풀 대책

7월이 되면 호박 넝쿨이 자라는 주변에 칡넝쿨, 환삼 줄기, 바랭이 등이 어우러져 자란다. 가만히 두면 호박 수확에도 지장이 있고, 자라는 호박 줄기가 부실해진다. 호박 주변의 풀은 낫으로 베어 깔아준다. 호박 넝쿨에 가장 영향을 많이 주는 풀은 환삼이다. 이 풀은 처음 자랄 때는 아주 연약한데 나중에는 그 세력이 엄청나게 커져 줄기가 엄지손가락만큼이나 굵어

호박 넝쿨과 어우러진 환삼 덩굴

지고 수많은 새끼 줄기를 길러 주변을 뒤덮는다. 줄기와 잎은 까칠해 맨살에 스치거나 긁히면 생채기가 심하게 남는다.

호박 이용하기

여름부터 서리가 내릴 때까지 수확한 늙은 호박과 마지막에 조금 덜 영근 호박 모두를 잘 이용하는 방법 중 하나는 호박즙을 내어 건강음료로 이용하는 것이다. 늙은 호박 4~5개와 잘 씻은 도라지 1kg 정도를 주변의 건강원에 부탁해 호박즙으로 만든다. 이때 필요에 따라 감초, 대추 등의 약재를 넣어도 좋다.

씨받기

잘생기고 야물게 익은 늙은 호박을 건강원에 가져다주기 전에 칼로 갈라 몇 개의 씨앗을 받아둔다. 건강원에 들렀을 때 부탁해 좋은 호박 종자가 있으면 얻어서 다음 해 심을 종자로 확보해둔다. 씨앗을 많이 받아 잘 말려두었다가 겨우내 입이 심심할 때 까먹어도 좋다.

재배 주의사항

호박은 이렇다 할 병충해가 없이 잘 자라는 대표적인 작물이다. 밭이 조금 척박해도 한여름의 햇볕만 좋으면 누구에게나 열매와 잎을 수확하게 해준다. 그래도 조금 짜증나게 하는 것이라면 호박과실파리에 의한 낙과 현상을 들 수 있다. 애호박일 때는 손으로 눌러보아도 아무런 증상이 없다가 조금 더 자라면 내부에 애벌레가 있는 호박은 물렁해지면서 떨어져버린다. 그리고 내부에 애벌레가 있는 상태에서 드물게 늙은 호박이 되기도 한다. 여러 해 호박을 기르고 있지만 점점 더 호박과실파리에 의한 피해가 늘어나고 있다. 2005, 2006년에는 전체 호박의 60% 이상이 낙과했고 일부는 애호박 안에도 애벌레를 볼 수 있었다. 울산에서 호박을 기르는 아버지께서는 거의 이런 현상을 발견할 수 없다고 한다. 자료를 찾아보니 지역적으로 아주 편차가 큰 대표적인 충해라 한다(자료 검색은 '호박과실파리'로 한다).

애호박으로 수확시기를 놓친 호박이 있어 늙은 호박으로 만들어 보려고 길렀다. 그런데 느낌이 좋지 않아 손으로 눌러보니 약간 물렁하다. 속을 갈라보니 아니나 다를까 사진과 같은 모습이다. 호박과실파리의 애벌레가 비교적 많이 들어

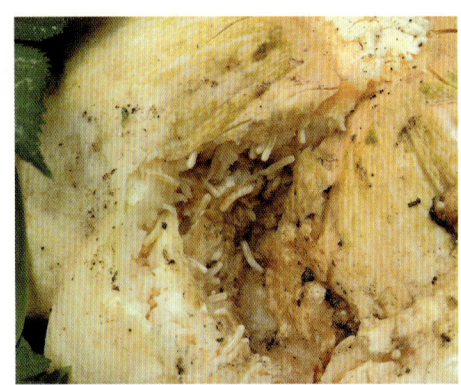
호박과실파리 애벌레

호박과실파리 애벌레

있지 않은 호박은 겉보기에 멀쩡하게 보이고 그 모양을 오랫동안 유지한다.

겉보기와 달리 상한 호박

재배일지

나는 매년 호박을 심어오고 있다. 4월 초순이 되면 호박 구덩이를 파고 그 밑에 낙엽, 짚, 거름 등을 넣고 4월 말에 호박씨를 5개 정도 심는다. 그리고 5월 중순에 잘 자라는 호박 줄기 1~2개만 남기고 솎아내거나 다른 장소가 있으면 옮겨 심는다. 호박은 거름이 많아야 잘 자라는 작물이다. 수확시기를 봐가면서 웃거름을 2회 정도 주면 잘 자란다. 자람에 따라 넝쿨이 잘 뻗어 가도록 유도해주어야 한다. 주변에 심은 다른 나무나 작물을 감아 올라가지 않도록 해주어야 한다. 그래서 울타리 주위에 심어서 울타리를 타고 줄기를 뻗어가게 하는 것이 일반적인 재배다.

주말농장이나 좁은 텃밭에서 가꾸기에는 불편한 작물이다. 호박 줄기 몇 개 심어두면 나머지 작물 관리가 모두 힘들어진다. 보통의 텃밭에는 호박을 추천하고 싶지 않다. 그러나 텃밭이 산과 접해 있다거나, 울타리가 있는 경우에는 반드시 심어보기를 권한다. 애호박을 따서 먹다가 잠시 잊어버리면 늙은 호박으로 키우면 된다. 여름에 호박잎도 상당히 좋은 반찬거리가 아닐 수 없다. 한 번씩 밭에서 밥을 해먹는데 호박 잎사귀는 또 다른 풍취를 더해준다.

호박을 심어서 일찍 수확하려면 비닐을 씌우고 3월 말에 파종한다. 이 경우에는 날씨가 더워지면 비닐을 걷어주었다가 밤에 다시 덮어주는 수고를 하거나, 기르는 시기에 따라 씌운 비닐의 윗부분을 뚫어주어 한낮의 온도를 견디게 해주어야 한다. 비닐은 서리가 내리지 않을 확실한 시기에 제거해주어야 한다. 비닐 제거 시기를 늦추면 호박 줄기가 비닐 안에서 뜨는 경우가 생긴다. 보통의 주말농장이나 소규모 텃밭에는 비닐을 씌우고 호박을 재배하는 것을 추천하고 싶지 않다.

작은 텃밭에서는 씨앗을 심는 시기를 놓쳤을 경우 종묘상에서 판매하는 모종을 구해서 심으면 된다. 보통의 경우 모종은 본잎이 2~3장 나온 것을 판매한다. 호박은 이식성이 좋아 심고난 후 물만 잘 주면 살릴 수 있다.

호박을 가꾸면서 느끼는 점이 바로 생명력이다. 여름의 더위와 햇빛이 비치는 계절이면 가히 잡초의 왕이라 할만한 환삼 덩굴, 칡넝쿨을 휘어잡고 호박을 달고 있다. 텃밭농사를 지으면서 이렇게 왕성한 생명력을 가지고 자라는 것을 본적이 없다. 그래도 봄이나, 줄기가 잘 뻗지 않는 시기에는 사람이 돌보아주어 자신의 고향에서 맛보던 햇살이 비칠 때를 기다리게 해야 한다.

호박은 4월 중순에 심는 것이 좋은데, 꼭 어떤 시기에 심는 것이 좋다고는 할 수 없다. 2004년에는 4월 말에도 늦서리가 내려 막 떡잎을 피우는 것을 동사를 시킨 적이 있다. 조금 늦게 심는 것이 안전하게 가꾸는 비결이지만 수확이 조금 늦어지는 단점이 있다.

호박잎을 먹을 거라면 단호박이나 작은 종류의 열매가 달리는 호박은 추천하고 싶지 않다. 보통 시골에서 기르는 맷돌호박이나 모양이 길쭉하게 생긴 호박을 권한다. 호박잎은 용도가 다양하다. 국거리를 해도 좋고, 쪄서 쌈을 해도 좋고, 된장에도 줄기나 잎을 넣으면 좋다. 호박잎을 먹을 때는 줄기를 꺾으면서 바깥 부분의 길긴 섬유질을 벗겨내야 부드러운 잎사귀를 맛볼 수 있다. 질긴 섬유질은 줄기에 많고 잎의 시작 부분에 많이 분포해 있다.

애호박을 몇 덩이 수확할 때쯤 호박 구덩이에 퇴비를 듬뿍 준다. 그리고 9월에 또 한 번 퇴비를 주면 서리가 내릴 때까지 맛있는 호박을 수확할 수 있다.

수확한 호박의 내부를 칼로 자를 때 가끔은 내부에 애벌레가 바글거리는 경우가 있다. 이는 호박과실파리라는 벌처럼 생긴 곤충이 호박, 수박, 오이 등에 산란관을 꽂아 산란을 해 열매의 내부에서 부화해 생기는 애벌레다. 애호박을 수확해 집에 가져갈 때는 이 점을 고려한다. 우리 집사람도 내가 가져간 호박을 칼로 가르다가 기겁을 하는 때가 있다. 손으로 세게 눌러보아 물렁이는 감촉이 있으면 거의 애벌레가 들어 있다고 봐야 한다.

참외

- **분류** : 박과
- **원산지** : 아프리카, 인도, 중국
- **재배지역** : 한국(전국), 중국, 일본
- **특징** : 고온에서 재배
  12℃ 이하 성장 정지
  뿌리가 넓고 얕게 퍼짐
- **역사** : 삼국시대

재배시기

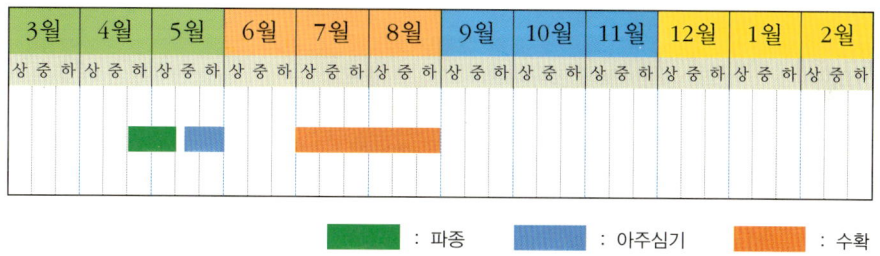

■ : 파종　　■ : 아주심기　　■ : 수확

대표적인 여름 과일로 오래전부터 재배해오던 전통의 열매 채소다. 고온을 좋아하므로 일찍(4월 말, 5월 초순) 심는 것을 피해야 한다. 기온이 20℃ 이상 올라가는 시기에 아주 심는 것이 좋다.

참외는 의외로 옮겨 심는 것을 아주 싫어하는 박과의 작물이다. 옮겨 심은 후 뿌리가 자리를 잡고 새로운 줄기를 기르는 데 소요되는 기간이 길다. 기온이 낮은 5월 초에 모종을 심으면 자리를 잡고 활기를 찾는데 3~4주가 소요되는 반면 5월 말에는 2주면 충분하다.

모종 준비

텃밭에 조금 심는 것은 씨앗을 구해서 파종하는 것보다 시중에 나오는 모종을 구해서 심는 편이 수월하다. 여러 종류의 참외 모종이 있지만 좋은 것을 고르기는 어렵다. 좋은 모종을 고르려면 다음과 같은 사항을 참고한다.

- 되도록 큰 포트에 심겨진 모종
- 키가 크고 덩굴이 생기는 것보다는 좀 작고 통통한 모종
- 떡잎이 잘 붙어 있으며, 잎에 윤기가 나는 모종

참외는 옮겨심기를 좋아하지 않는다. 옮김 몸살이 몹시 심하게 나타나므로 포트의 크기가 큰 모종이 유리하다.

시중에 나와 있는 모종

포트가 큰 것이 좋다.

준비 및 심기

참외는 양지바르고 물 빠짐이 좋은 곳이 적당하다. 뿌리가 얕고 넓게 퍼지므로 이를 감안해 주변의 흙이 부드러운 장소를 선택한다. 모종을 심기 2~3주 전에 퇴비를 1m²당 4kg 정도 넣고 일구어 둔다. 두둑은 폭이 1.5m 정도, 높이를 10~20cm로 만들어 두는 것이 좋다. 줄기가 2m 정도 퍼지는 것을 고려해 장소를 정한다. 포트에 있는 모종에 물을 주고 나서 2~3시간 후 뽑아 심는 것이 좋다.

심는 시기는 오후의 해거름에 하는 편이 좋으며, 심는 간격은 두둑의 양쪽 끝에 포기 사이 60cm 정도로 심는다. 한두 포기 관상용으로 가꾸는 것은 따로 두둑을 만들지 않고 주변을 조금 높고 평평하게 만들어 심어도 된다.

주의사항 참외는 물 빠짐이 좋아야 하므로 두둑을 약간 높여준다. 퇴비를 넣고 일찍감치 일구어두면 옮겨 심고난 뒤 뿌리가 빨리 자리를 잡는 데 도움이 된다. 소규모 주말농장에 심기에는 자리를 많이 차지한다는 단점이 있다.

자라는 모습

참외 모종을 몇 포기 심고 지켜보면 5월에는 거의 자라지 못한다는 걸 알 수 있다. 6월이 지나서 기온이 조금씩 올라가야 참외가 제대로 자라기 시작한다. 참외가 자리를 잡기 전에 짚이나 풀 등으로 바닥을 잘 덮어두면 열매가 땅에 닿아 상하는 것을 막아주고 풀도 덜 나게 하는 효과가 있다. 6월 말이 되면 갑자기 줄기가 늘어나면서 사방으로 뻗어 많이 엉겨버린다. 참외는 가뭄이 지속되다 한꺼번에 내리는 비에 열과현상(과일이 쪼개지는 현상)이 나타나는 수가 있다. 잘 익은 참외가 터지거나 상하면 빨리 이를 제거해야 벌레가 생기는 것을 막을 수 있다.

아주 심은 참외, 5월 말

아주 심고 2주 지난 모습, 6월 초

참외 자라는 모습, 6월 말

참외가 익어가는 모습, 7월 말

덩굴 유인 및 줄기 잘라주기

참외는 6월 중순이 되면 줄기가 급성장한다. 초기에 어미덩굴이 4~5마디로 자라면 줄기를 잘라준다. 그리고 아들덩굴을 기르면서 15~17마디에서 잘라준다.

그러면 아들덩굴의 잎겨드랑이에서 손자덩굴이 자라게 된다. 이 손자덩굴의 첫째 마디에서 열매가 달린다. 즉, 손자덩굴의 첫째 마디에서 암꽃이 피고 나머지에서는 수꽃이 많이 피게 된다. 참외가 자라려면 4장 정도의 잎이 필요하므로 손자덩굴의 4~5마디에서 자른다.

참외 덩굴 자라는 모습

옆의 사진에서는 어미덩굴이 이미 하나의 아들덩굴(왼쪽으로 뻗은 줄기)을 기르면서 오른쪽의 마디에 아들덩굴이 조금 자라고 있는 상태다. 이 경우는 왼쪽으로 자라는 덩굴을 기르면서 오른쪽의 덩굴 끝을 잘라준다. 그리고 오른쪽의 아들덩굴 중에 하나만 기르고 나머지는 모두 자른다.

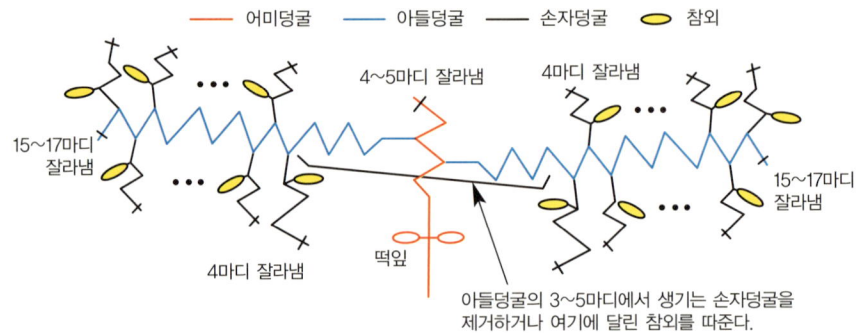

• 참외 덩굴 정지하는 방법

주의사항 위에서 예를 든 것은 어디까지나 교과서적인 설명에 지나지 않는다. 물론 따라하면 좋은 결과를 얻을 수 있다. 그러나 주말농장의 특성상 잘 자라는 시기에 일주일마다 찾아가면 어디가 어미덩굴이고, 아들덩굴이고, 손자덩굴인지 구별하기 힘들다. 그때는 복잡한 곳의 줄기를 조금 정지해주는 정도로 만족한다. 초기에 어미덩굴의 관리를 잘해주면 한결 수월해진다. (나의 경우에도 자료를 정리하면서 겨우 이해한 내용이다. 이대로 따라하지 않아도 어느 정도 열매를 얻을 수 있으므로 그다지 신경 쓸 필요는 없다.)

수확

7월 이후에 하우스가 아닌 전통의 방법으로 기른 참외의 맛은 특별하다. 보통의 참외가 봄에 주로 시중에 나온다. 그러나 밭에서 기를 때는 제철인 7월이 지나야 수확이 가능하다. 참외의 수확시기는 겉껍질이 노랗게 변하는 때가 되어야 한다. 조금 덜 익으면 단맛이 덜하고 수확시기를 놓치면 아삭한 맛이 덜해진다. 그래도 주말농장의 경우는 다음번에 밭에 가는 시기를 봐가면서 수확시기를 정해야 한다. 즉, 2~3일 뒤에 수확하는 것이 좋은데 다음번 밭에 들리는 시기가 7일 이상 걸릴 것 같으면 차라리 오늘 수확하는 편이 좋다.

잘 익은 참외, 7월 말

찬물에 담가둔 참외

주의사항 다른 채소, 토마토, 오이와 달리 참외는 수확시기를 맞추기가 쉽지 않다. 수확시기에 조금 못 미치는 경우라도 내일부터 며칠간 비가 온다는 예보가 있으면 지금 수확한다.

웃기름주기 및 관리

참외의 뿌리는 얕고 넓게 퍼지므로 퇴비를 한곳에 주기보다는 넓은 면적에 준다는 생각으로 뿌려준다. 뿌리가 자리를 잡고 줄기를 키우는 시기에 참외 주변에 얕고 넓게 흙을 긁어내고 퇴비와 깻묵을 넣고 흙을 살짝 덮어준다.

참외가 어느 정도 자라는 시기인 6월 초에 참외가 자라는 주변에 짚이나 낙엽을 두텁게 깔아주면 관리가 수월하다. 풀도 덜 나고 참외의 덩굴손이 감기도 편하고, 참외가 땅에 닿지 않아 좋다. 수분유지에도 도움이 되고 많은 효과가 있으므로 짚이나 낙엽을 깔아주는 것이 좋다.

웃거름주기

짚 깔아주기

병충해와 풀 관리

참외는 장마철에 계속 내리는 비에 아주 취약하다. 비가 계속 오면 잎이 연약하게 되고 말라가는 잎도 생긴다. 이런 이유로 요사이 참외를 노지에서 기르는 경우는 거의 없다. 그리고 장마철에 참외는 약해지고 상대적으로 풀은 잘 자라게 되어 풀이 번성한다. 짚을 깔아주면 참외가 자라는 초기에는 풀이 잘 자라지 못하다 장마철이 지나면 상황이 달라진다. 이때는 풀이 많이 자란 곳을 정리한다.

잎이 마르는 참외, 8월 초

참외 주변의 풀, 8월 중순

재배일지

참외를 몇 포기 길러 잘 익은 열매를 따먹는 즐거움은 말로 표현하기 힘들다. 다른 채소나 열매에 비해서 아주 특별한 감동을 준다. 밭에서 일하다 참외와 오이 등을 따서 시원한 물에 담갔다 먹는 맛은 새롭다. 오이가 단맛이 별로 없는 반찬용 열매라면 참외는 단맛이 배어 나오는 과일이라 간식으로 그만이다. 재배하면서 짚을 잘 깔아주면 열매의 손상도 줄이고 풀에 대한 걱정도 덜 수 있다. 단점이라면 수확기간이 짧아 한철 잠시 맛보는 과일로 지나가야 한다는 아쉬움이 있다.

 8월 말은 참외의 수확 종료 시점이다. 그때는 가을 채소를 파종하는 시기이므로 밭을 효율적으로 이용할 수 있다. 참외 수확 직후에는 무, 배추, 갓 등의 가을 채소를 파종하거나 조금 더 기다려 마늘, 양파 등의 월동 채소를 기르면 좋다.

 나의 경우 참외 재배가 상당히 어려웠다. 기르는 과정이 어려운 것이 아니라 열매가 잘 익어도 막상 먹어보면 싱거운 맛이 무보다 못할 때가 더러 있었다. 또 어떤 때는 참외가 농익은 경우가 더러 있었다. 이와 같은 원인이 종자 때문인지 날씨 탓인지 아직은 모른다. 참외 재배 책자를 보면 줄기를 유인하는 방법과 줄기를 잘라내는 방법이 그림으로 자세하게 설명되어 있다. 그런데 줄기가 어느 정도 자라 우거지기 시작하면 줄기 유인과 잘라내는 것이 어려워진다. 이때는 무성하게 우거진 줄기의 새로 자라는 부분을 대충 반 정도 잘라주는 것으로 만족하고 있다. 텃밭에서는 비 가림 시설이 없어서 가뭄에 지친 참외가 갑자기 내리는 비에 열매가 터지는 현상이 많이 생기기도 한다.

딸기

- **분류** : 장미과
- **원산지** : 남·북아메리카
- **재배지역** : 한국(전국), 전 세계
- **특징** : 서늘한 기후를 좋아함, 물 주기 좋은 곳에 재배
  여러해살이풀
  휴면기 있음
- **역사** : 1900년대 초 일본인에 의해 도입

재배시기

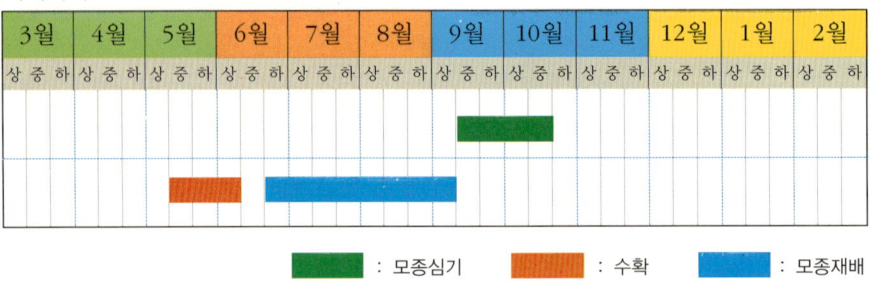

딸기는 25°C 이하의 선선한 기후를 좋아하는 여러해살이 열매 채소다. 아무런 시설이 없는 곳에서 제대로 익으려면 5월 이후가 된다. 딸기 수확 후 어미포기를 캐서 모종용으로 재배해 가을에 아주심기한다. 딸기 포기는 서늘한 기온(5°C 이하)에서 50~200시간 정도 지나야 휴면상태를 깨고 열매를 맺을 수 있다. 시설에서 재배를 하더라도 차갑게 늦가을을 보낸 후 온도를 높여 열매를 맺게 한다. 다른 작물에 비해 잘 기르기 위해서 엄청난 노력이 필요하다. 그러나 관상효과, 교육효과를 위해 재배하는 경우라면 그다지 많은 노력을 기울이지 않아도 어느 정도 잘 익은 딸기를 맛볼 수 있다.

모종 준비

딸기 모종은 가까운 딸기 재배 하우스를 방문해 끝물 딸기를 구입하면서 그 김에 몇 포기 얻어 재배할 수 있다. 요새는 딸기 모종을 화분에 길러 판매하는 웹사이트도 있다.

주의사항 딸기는 가을에 심어 이듬해 봄에 수확이 가능한 작물이므로 최소 2년 이상 밭을 사용할 수 있는 조건이 되어야 심어볼 수 있다. 단기형 주말농장에는 부적합한 작물이다.

밭 준비 및 모종심기

딸기 모종은 9월 중순 이후에 심으므로 들깨, 고구마 등을 수확한 곳에 1㎡당 3kg의 완숙퇴비와 깻묵을 2컵(400g) 정도 넣고 밭을 일구어 둔다. 두둑의 폭이 1m 높이가 10cm 정도 되게 준비한다. 준비된 밭에 딸기 모종을 심을 때는 30cm 간격으로 사진과 같이 딸기 포기의 중심부(크라운이라 부름)가 땅 위로 보이게 심는다. 깊게 심지 않는 것이 좋다.

모종심기

주의사항 모종을 옮길 때 모종밭에 물을 흠뻑 뿌려주고 모종삽으로 뿌리가 상하지 않게 파내서 옮겨 심는다. 포트에 들어있는 모종도 물을 뿌려주고 뽑아내서 심는 것이 좋다.

자라는 모습

가을에 심은 딸기 모종은 서늘한 늦가을에 조금 성장을 하다 겨울의 추위를 맞는다. 서늘한 기후를 좋아하는 딸기는 10월부터 12월 중순까지는 자란다. 겨울에도 어느 정도 자라지만 한겨울에는 잎이 거의 말라버린다. 그러다 봄기운이 도는 3월 말이 되면 하루가 다르게 성장한다.

4월 초순에는 꽃망울이 보이다 중순부터 꽃을 피운다. 하얀색의 꽃이 지면서 작은 딸기가 자라난다. 5월의 따뜻한 햇살이 비치면 딸기는 빨간색을 띠면서 익어간다. 6월 초순까지는 열매를 맺다가 더운 날씨가 지속되면 더는 열매를 맺지 않고 새로운 줄기를 길러낸다.

꽃이 피기 시작하면 딸기 포기의 중심에서 새끼를 치기 위한 런너라는 줄기를 계속 길러낸다. 이 런너가 땅에 닿아 뿌리를 내리면 새로운 개체의 딸기가 된다. 딸기는 자손을 남기기 위해 끊임없이 이 런너를 길러낸다. 딸기가 많이 달리는 6월 초순까지는 이 런너를 제거해주는 것이 열매의 충실을 위해서 좋다.

모종 심은 모습, 10월 중순 　　　　　　　　　　　　　　12월 중순

2월 말, 잎이 말라 있다. 　　　　　　　　　　　　　　4월 중순, 꽃이 피기 시작한다.

제철을 만난 딸기, 4월 말 　　　　　　　　　　　　　　5월 말, 딸기가 익어간다.

수확

딸기꽃이 지고 시간이 흐르면 딸기의 몸통이 커지고 빨간색으로 익는다. 밭에서 일하다 주변에 있는 잘 익은 딸기를 몇 개 따서 먹어보면 이 맛에 딸기를 기른다는 생각이 든다.

잘 익은 딸기의 상큼하고 달콤한 맛은 시중에서 사다먹는 제철이 아닌 딸기와는 확연하게 구분된다. 일부 딸기에는 벌레 먹은 흔적도 보이고 상처가 보이기도 하지만 생명력을 느낄 수 있다.

잘 익은 딸기, 5월 말

수확한 딸기

웃거름주기 및 풀 대책

딸기는 가을에 심어 이듬해 여름까지 약 10개월 정도 밭을 차지하는 식물이다. 가을부터 돋아나는 여러 가지 풀을 잘 관리하는 것이 여간 어렵지 않다. 가을에는

딸기와 자라는 가을풀, 11월 중순

딸기밭의 봄풀, 4월 말

별꽃이 만연해 힘들게 하고, 봄이면 봄풀인 냉이, 망초 등이 딸기를 둘러싼다. 특히, 별꽃은 딸기 주변을 아주 뒤덮어버려 나중에는 수습이 불가능해지기도 한다.

딸기는 겨울을 지나고 봄이 되면 왕성하게 자라 꽃도 피고, 열매를 맺는다. 이 때가 가장 많은 영양분을 필요로 한다. 밑거름으로 넣어준 퇴비와 깻묵은 가을부터 조금씩 소모되어 봄이 되면 고갈된다. 그래서 겨울의 막바지에 딸기 포기 위로 깻묵을 한줌씩 흩뿌리고, 3월 말에 딸기 포기 주변의 흙을 긁어내고 퇴비를 한줌 주고 흙을 덮어준다. 이후는 퇴비를 주려고 해도 딸기가 달려 있어 어렵다.

1월 중순, 딸기에 깻묵을 뿌렸다.

웃거름주기, 4월 초

모종 길러보기

6월 중순 이후에는 기온이 높아지면서 더 이상 딸기가 열리지 않는다. 이 시기가 되면 기온이 높아지고 장마철이 곧 다가온다. 그러면 딸기의 어미포기 중에 이미 새끼를 키우고 있는 것도 보인다. 이런 포기 중에 튼튼한 것을 골라 모종용으로

6월 말의 딸기 모종

많은 새끼를 키우는 모습, 8월 말

이용한다. 모종밭은 폭 1m에 높이 10cm로 해 포기 간격 25cm 정도로 한쪽에만 어미포기를 심는다. 빈 공간으로 런너가 뻗어나게 유도를 해주면 딸기 모종이 많이 생긴다. 모종이 많이 필요하지 않는 경우는 3~4포기만 심어두면 충분하게 모종을 얻을 수 있다. 어미포기 하나에서 10개 정도의 모종을 얻을 수

모종밭의 풀

있다. 딸기 모종이 자라면 많은 거름을 필요로 한다. 8월 초에 왕성하게 줄기를 뻗어 새끼를 키울 때 한번 정도 퇴비를 준다. 퇴비는 밭을 긁어내거나 파거나 할 형편이 되지 않으므로 위에 흩뿌려준다.

　모종밭에 계속해서 풀들이 자라므로 수시로 정리한다. 그러지 않으면 풀에 쌓여 모종이 없어지거나 아주 약하게 된다. 딸기가 힘들다는 이유 중에 하나가 풀 때문이다. 모종과 함께 자라는 풀을 정리하지 않으면 나중에는 모종을 포기해야 하는 상황이 된다. 딸기의 줄기는 땅을 기면서 자라고 풀은 위로 자라므로 더욱 힘들다.

좋은 모종

　가을의 선선한 기온이 되면 딸기 모종은 아주 싱싱한 모습을 한다. 10월이 되어 모종을 심을 시기가 되면 좋은 모종을 선별해 심는 것이 좋다. 좋은 모종은 아래의 조건을 갖추고 있다.

- 잎의 모양이 대칭이고, 윤기가 난다.
- 어미포기에서 2~3번째 생긴 모종(어미포기의 병을 이어받지 않는다.)
- 캤을 때 뿌리의 발달이 좋은 것
- 위로 큰 것보다 옆으로 퍼진 모종

재배 주의사항

소규모 텃밭에서는 특별하게 발생하는 병은 보이지 않는다. 다만, 대량으로 재

배하는 모종밭에는 흰가루병이 많이 생긴다고 한다.

풀 관리 수시로 보이는 풀을 정리해 풀에 파묻히지 않는 관리가 필요하다.

열매 관리 딸기가 열리면서 바닥의 흙에 닿으면, 닿은 부분이 상한다. 그러므로 흙과의 접촉을 피할 수 있는 대책을 세워야 한다. 좋은 방법이 짚이나 마른 풀로 딸기 포기 주변을 덮어주는 것이다. 꽃이 피는 4월 초에 포기 밑동에 짚을 깔아주면 좋다. 전문적으로 재배하는 곳에는 비닐피복을 이용하므로 이러한 문제가 생기지 않는다. 즉, 피복으로 이용하는 비닐 위에 딸기가 자리를 잡는다.

흙에 닿은 부분이 상함　　　　　　　　　　　　딸기 아래 짚을 깔아준 모습

모종 관리 모종이 자랄 때 수분이 부족하면 뿌리내림이 더디게 되어 좋은 모종을 얻기 어렵다. 딸기 모종이 자랄 때는 수분이 부족하지 않게 수시로 물을 주는 것이 좋다. 그리고 런너가 일정하게 고른 배열이 되게 유도해주고, 모종이 한쪽에 복잡하게 자랄 때는 솎아주어 튼튼한 모종을 기르도록 한다. 전문적으로 모종을 재배하는 곳에서는 뿌리내림을 좋게 하기 위해서 런너를 고정시키는 "ㄷ"자 모양의 고정 핀을 이용하는 경우도 있다.

재배일지

딸기가 주렁주렁 달린 포기를 구경하는 것은 무척 즐거운 일이지만 관리가 상당히 힘들고 옮겨 심는 것도 만만치 않은 난해한 작물이다. 여름에 풀을 이기기만 하면 딸기는 성공인데, 아직까지 여름풀 이기는 방법을 모르고 있다. 딸기는 바닥을 기는 식물이다. 그러다 보니 다른 풀들이 항상 딸기보다 키가 큰 것이 문제이다. 흔히들 말하지만 여름풀은 고랑이 좀 긴 밭을 풀 매고 돌아오는 길에 보면 다시 자라 있다고 한다. 나도 아직 풀에게 지지 않도록 도와주는 방법을 제대로 찾지 못했다.

딸기는 여름보다 겨울에 생기를 띠는 작물이다. 10월에 줄기를 떼어서 옮겨 심었는데, 12월에 보니까 새끼를 두 개 달고 있는 줄기도 보였다. 여름보다는 시원한 계절을 좋아하는 식물이고, 가뭄보다는 축축한 땅을 좋아한다.

딸기는 텃밭을 처음 시작할 때 딸기 농사를 짓는 분한테 몇 포기 얻어 심은 후 계속 길러오고 있다. 처음 시작은 아이들에게 구경시켜주려는 것이었는데, 정작 아이들은 별 관심이 없었다. 그런데 딸기 딸 때, 작은놈이 소리소리 지르는 모습을 보고는 제대로 심었구나 싶었다. 밭에서 일하다 잘 익은 딸기 몇 개 따서 입안에 넣으면 여태껏 기른 보람을 느낄 수 있다.

모종을 심는 시기가 너무 늦으면 뿌리가 자리를 잡지 못한 상태에서 겨울을 나므로 이듬해 아주 부실한 포기가 된다. 반드시 아주 심고 난 후 뿌리가 충분히 자리를 잡는 시간을 주어야 한다. 이런 이유로 예전에는 벼를 수확하고 딸기를 심었으나, 요새 전문적으로 딸기를 하시는 분들은 아예 논에 벼를 심지 않고 기다렸다 딸기를 심는 경우도 있다.

콩 · 곡식

이른 봄에 심어 장마 전에 수확해 밥 위에 놓아먹던 강낭콩, 덜 익은 흰콩을 몇 대 베어다 소죽 끓일 때 넣어 하나씩 까먹던 구수한 맛, 논둑을 걸으면서 콩잎을 따 손에 올려 소리 나게 터뜨리며 걸어가던 그 시절이 생각난다. 콩밭에서 삼베적삼 입고 호미를 든 할머니가 어디선가 나를 부르는 듯하다.

여러 가지 콩 씨앗

1. 완두콩
이른 봄에 심어 일찍 수확하는 콩이다. 완두는 자라는 모습도 보기 좋고 꽃이 예쁘게 피어 관상 가치도 있다.

2. 강낭콩
이른 봄에 심었다 장마 전에 수확하는 콩으로 크기가 크고 맛이 좋아 많이 재배한다. 기르기도 수월하고 단기간에 수확이 되므로 밭을 효율적으로 이용할 수 있다. 봄에는 강낭콩을 심고 수확 후 가을채소나 열무 등을 연속재배할 수 있다.

3. 흰콩 메주콩
주로 많이 기르던 콩이 이 흰콩이다. 메주를 만든다고 메주콩이라 부르기도 한다. 논둑에서 많이 자라던 콩이고 경상도에서는 잎을 반찬으로 이용하기도 한다.

4. 서리태 밤콩, 서리밤콩

서리태는 여러 가지 이름으로 불린다. 서리가 내려야 제대로 익는다고 서리태라 한다. 다른 콩에 비해 늦게 수확하는 콩이다.

5. 쥐눈이콩 약콩, 서목태

서리태와 비슷하게 생겼지만 크기가 작고 많이 반들거린다. 반짝이는 쥐 눈과 비슷하다고 쥐눈이콩으로 부른다. 약효가 좋아 약콩이라고도 한다.

콩과 식물은 공기 중의 질소를 고정하는 효과가 있어 토양개량에 탁월한 효과가 있다. 그래서 몇 년에 한 번씩 돌려가면서 콩을 심어 이후에 심는 다른 작물에 좋은 영향을 주도록 한다.

- 물 빠짐이 좋은 곳에 심는다.
- 가뭄에 피해를 입는다.
- 새의 피해로 모종을 길러 옮겨 심는다. (완두, 강낭콩은 제외)

완두콩

- **분류** : 콩과
- **원산지** : 지중해 연안
- **재배지역** : 한국(전국), 전 세계
- **특징** : 서늘한 곳을 좋아함. 연작장해가 심함
  (4~5년 주기 재배)
- **역사** : 1950년대 이후 추정

재배시기

3월	4월	5월	6월	7월	8월	9월	10월	11월	12월	1월	2월
상중하	상중하	상중하	상중하	상중하	상중하	상중하	상중하	상중하	상중하	상중하	상중하

■ : 파종   ■ : 수확

＊지역적인 특성을 고려하면 재배 일정이 20일 정도 차이날 수 있음.

완두콩은 서늘한 기후를 좋아하는 콩과 식물이다. 3~4월에 파종하여 6월에 수확하는 비교적 단기간에 자라는 콩이며, 키가 작은 종류와 덩굴을 키우는 두 종류의 완두가 있다. 산성토양에서는 잘 자라지 못하며, 연작장해가 나타나는 작물이다. 보통의 콩은 영하로 떨어지면 피해를 입는 반면 완두는 영하의 기온을 잘 견딘다.

종자 및 모종 구하기

완두에는 여러 가지 종류의 종자가 있다. 자신의 취향에 맞는 종자를 선택하여 준비한다. 인터넷을 통해 여러 가지 정보를 검색해보고 웹사이트 등을 두루 보면 구할 수 있다. 아니면 전통 5일장의 씨앗 판매하는 곳에서도 구할 수 있다.

4월에 종묘상이나 지역 전통 5일장에 가면 포트에 모종을 길러 판매하는 곳이 있으니 구입해 옮겨 심어도 된다. 관찰용이나 자녀 교육용 시청각 재료로 활용하려면 이 방법이 수월하다.

밭 준비 및 파종

물 빠짐이 좋은 밭을 골라 1m²당 2kg의 완숙퇴비와 깻묵을 2컵(400g) 정도 넣고 밭을 일군다. 주변에서 석회를 구할 수 있으면 1m²당 150g을 뿌려주면 산성토양 개량에 효과적이다. 두둑의 높이는 10cm로 하고 폭은 70cm 정도로 하여 두 줄로 재배한다. 두둑의 양쪽 끝에 30cm 간격으로 씨앗을 3~4개 심고 흙덮기는 1~2cm 정도 되도록 파종한다.

완두콩을 물에 담가둔 모습

참고사항 지난해 오이나 토마토 등을 재배한 지주대가 있으면 그곳에 재배하면 수월하다. 이 경우는 지주의 아래에 퇴비와 석회를 넣고 밭을 일구고 2주 후 파종한다. 파종 전에 물에 한나절 정도 담갔다 심으면 발아가 잘되어 좋다.

싹트는 완두콩, 4월 5일

자라는 완두콩, 4월 말

꽃이 피는 모습, 5월 초

완두 꼬투리, 6월 초

자라는 모습

파종 후 싹이 돋아나는 기간은 기온에 따라 많이 차이가 난다. 기온이 조금 높으면 싹이 빨리 돋고, 기온이 낮으면 3주 이상 걸리는 수도 있다. 기온이 낮을 때는 싹이 터도 잘 자라지 못한다. 자라기에 적당한 기온인 20℃를 넘어가는 4월 말 이후에는 급속한 성장을 하면서 5월 초에 꽃이 피고 6월에 꼬투리가 익는다.

지주 세우기

완두콩은 잎의 끝에 덩굴손이 자라 주변의 무엇인가를 잡으면서 자라야 한다. 그래서 자라면서 덩굴손이 감을 만한 지주를 세워주어야 한다. 지주가 없으면 줄기가 옆으로 자라면서 콩이 덜 열린다. 잔가지가 많은 나무를 지주로 골라 덩굴손이 감기 편하게 해준다. 덩굴손은 감을 만한 굵기의 물체만 감으므로 굵은 지주를 세우지

완두에 지주를 세워준 모습

않도록 한다. 지주를 세우는 시기는 완두콩을 심기 전에 해도 되고 자라면서 덩굴손을 내밀 때 해주어도 된다. 지주를 세우고 완두를 심는 것이 관리하기에는 편리하다.

옆은 지난해 오이를 올린 곳에 완두를 심고 주변에 전지해둔 밤나무 가지로 유인용 지주를 세워준 모습이다.

수확

완두콩의 꼬투리가 자라는 5월 말부터 조금씩 수확하여 이용한다. 꼬투리 안에 있는 완두콩을 꺼내서 밥을 지을 때 함께 넣으면 좋다. 완두콩이 너무 어릴 때 수확하면 알이 덜 익어 있으므로 꼬투리의 색깔이 녹색

수확한 완두

에서 옅은 노란색으로 변할 때 수확하는 것이 좋다. 완두콩을 수확하는 시기가 딸기의 수확시기와 같아 한꺼번에 담아 둔 모습이다.

웃거름주기 및 풀 관리

완두콩은 파종 후 수확까지의 기간이 짧아 웃거름을 주고 할 시간적 여유가 없다. 완두가 자라는 시기가 다른 채소를 심고 관리하는 시기라 상당히 바쁘게 움직여야 한다. 그리고 콩과 식물은 거름을 많이 주면 웃자라게 되어 좋지 않다.

다른 채소와 마찬가지로 완두도 풀과 함께 자라게 된다. 다른 채소에 비해서는 수월한 편이다. 덩굴성 식물이라 위로 뻗으면서 빨리 자라 다른 풀에 완전히 덮여버리지는 않기 때문이다. 그래도 줄기가 뻗는 쇠별꽃 같은 풀은 상당히 성가시게 하니 이런 풀은 한 번 정도 정리해주면 좋다.

완두콩 주변의 풀

재배일지

완두콩을 기르고 있으면 꼭 학교 숙제를 하는 기분이 든다. 각자 이름표가 적힌 작은 화분을 창가에 두고 관찰일기를 적는 느낌이다. 덩굴손이 나올 때면 작은 나뭇가지를 화분에 꽂아 줄기를 자라게 해주고 꼬투리가 달리면 다른 친구와 비교하며 이야기를 나누는 그런 식물이다.

한 포기만 가지고 관찰일기 쓰듯이 기르는 것은 비교적 수월하지만 수십 포기를 길러 수확을 하려면 많은 작업이 필요하다. 완두콩은 다른 채소에 비해 어려운 작물이다. 주변의 토양이 맞아야 하고 어느 정도 자라는 시기에 지주를 세워 유인도 해주어야 한다. 잔손질이 많이 가며, 토양을 가리고, 연작을 싫어하므로 제대로 기르기에는 많은 노력이 들어간다.

지난해 토마토 또는 오이를 재배하던 장소에 완두콩을 심어두고 지주를 그대로 활용하면 비교적 수월하게 기를 수 있다. 그래도 토마토의 큰 지주가 완두에는 도움이 되지 못하므로 4월 중순에 잔가지가 많은 1m 정도 되는 나뭇가지를 세워주어야 한다. 그리고 완두를 모두 수확하는 6월 중순에 오이를 파종하면 토마토 지주를 연속해서 이용할 수 있어 좋다. 이 경우는 오이가 자람에 따라 웃거름을 주어 성장에 도움을 주어야 한다.

강낭콩

- **분류** : 콩과
- **원산지** : 중남미(멕시코, 과테말라)
- **재배지역** : 한국(전국), 전 세계
- **특징** : 서늘한 곳을 좋아함. 연작장해가 있음
  (2~3년 주기 재배)
- **역사** : 19세기 초 추정

재배시기

3월	4월	5월	6월	7월	8월	9월	10월	11월	12월	1월	2월
상 중 하	상 중 하	상 중 하	상 중 하	상 중 하	상 중 하	상 중 하	상 중 하	상 중 하	상 중 하	상 중 하	상 중 하

■ : 파종　■ : 수확

*지역적인 특성을 고려하면 재배 일정이 20일 정도 차이날 수 있음.

강낭콩은 서늘한 기후를 좋아하는 콩과 식물이다. 키가 작은 종류와 덩굴을 뻗으면서 자라는 종류가 있다. 덩굴을 뻗는 강낭콩은 수확기간이 길고, 키 작은 종류는 여름 장마철 이전에 수확한다.

종자 구하기

웹사이트를 이용하면 여러 가지 정보를 힘께 보고 구힐 수 있다. 강낭콩은 주변에서 많이 재배하므로 종자 구하기가 어렵지 않다. 시골의 친척집이나 전통 5일장의 씨앗 판매하는 곳에서 구할 수 있다.

강낭콩은 3년이 경과하면 거의 발아하지 않고 2년이 경과되면 70% 정도의 발아율을 보이므로 채종일시를 확인하고 구입한다. (출처 : 작물과학원 작물정보센터, http://crop.nics.go.kr/)

밭 준비 및 파종

물 빠짐이 좋으며, 양지바른 곳을 골라 1m²당 2kg의 완숙퇴비와 깻묵을 2컵(400g) 정도 넣고 밭을 일군다. 구할 수 있다면 석회를 1m²당 150g 정도 뿌려주면 산성토양 개량에 효과적이다. 따로 두둑은 만들지 않더라도 물 빠지는 고랑 정도는 만드는 것이 좋다. 강낭콩은 습해를 입기 쉬우므로 물 빠짐에 신경을 써야 한다. 파종은 30cm 간격으로 씨앗을 3~4개 심고 흙덮기는 2cm 정도 한다. 씨앗을 심기 전에 한나절 정도 물에 담갔다 심으면 좋다.

참고사항 줄을 따라 자라는 줄 강낭콩은 지난해 오이나 토마토 등을 재배한 지주가 있으면 그곳에 재배하면 수월하다.

주의사항 강낭콩은 늦서리의 피해를 입을 수 있으므로 싹이 돋아나는 시기에 서리를 맞히지 않는 시기를 택해야 한다. 대전 근교의 경우는 4월 중순 이후가 안전하다. 남부 지방은 약간 앞당겨 심어도 된다.

자라는 모습

파종 후 싹이 돋아나는 기간은 기온에 따라 많이 차이가 난다. 기온이 조금 높으면 싹이 빨리 돋고, 기온이 낮으면 3주 이상 걸리는 수도 있다. 기온이 낮을 때는 잘 자라지 못한다. 자라기에 적당한 기온인 20℃를 넘어가는 5월 초 이후에는 급속한 성장을 보이면서 5월 중순 이후에 꽃이 피고 6월 말에 꼬투리가 익는다. 장마철이 일찍 찾아오면 꼬투리 안에서 싹이 돋는 경우가 있으므로 수확시기를 되도록 당기는 재배법을 강구해야 한다.

싹트는 강낭콩, 4월 말

강낭콩 자라는 모습, 5월 초

강낭콩 꽃, 5월 말

강낭콩 꼬투리, 6월 말

참고사항 여름 장마철에 떨어진 강낭콩이 싹을 틔우고 자라는 것이 가끔 보인다. 관리하기 편하고 다른 작물에 영향을 주지 않으면 그대로 둔다. 그러면 8월 말이나 9월 초에 수확을 할 수 있다. 이때 수확한 콩을 잘 정리하여 다음해 종자로 이용한다.

줄 강낭콩

강낭콩과 같지만 자라면서 무엇인가를 감으면서 자라는 특징이 있다. 지주를 세워주지 않으면 재배가 곤란한 단점이 있는 반면 서리가 내릴 때까지 수확이 가능하다. 지난해 오이나 토마토 등을 재배하고 그대로 둔 지주가 있으면 몇 포기 덩굴 강낭콩을 올려두면 수월하게 기를 수 있다. 덩굴 강낭콩의 파종시기는 4월 말에서 6월 초까지 폭넓게 할 수 있는 장점이 있다. 옆의 그림은 따로 지주를 세우지 않고 주변의 나무를 타면서 자라게 한 강낭콩을 보여준다.

줄 강낭콩 자라는 모습

수확

강낭콩의 꼬투리가 조금씩 갈색으로 변하고 조금씩 낙엽이 지는 시기가 수확

수확시기를 알리는 색변화, 7월 초

장마철 꼬투리에서 싹이 난다.

적기다. 그러나 장마철이 오면 어느 정도 영근 강낭콩은 모두 싹이 돋아나버린다. 본격적인 장마가 오기 전에 수확을 마쳐야 한다. 강낭콩은 조금 덜 익어도 이용할 수 있으므로 장마에 무르기 전에 수확을 마치는 것이 중요하다.

강낭콩 주변의 풀

웃거름주기 및 풀 관리

강낭콩은 파종 후 수확까지의 기간이 짧아 웃거름을 주고 할 시간적 여유도 없다. 다른 콩과는 다르게 생육에 질소질 거름이 필요하므로 밑거름으로 퇴비를 조금 넣어주는 것이 좋다. 대신에 웃거름은 주지 않는다.

강낭콩은 봄에 빨리 성장하여 우거지므로 비교적 풀에 덜 민감하다. 그래도 키가 큰 종류인 뚝새풀이나 별꽃 등이 많이 자라 강낭콩 줄기와 어우러진다. 여유가 되면 줄기를 뻗는 풀들을 한 번 정도 걷어내준다. 그러면 씨앗이 덜 퍼지게 되어 이듬해 풀이 조금 덜 난다. 위의 모습은 강낭콩 줄기 위로 뻗어 있는 별꽃과 바랭이를 보여준다.

재배일지

밭을 만들어 무엇을 심어놓으면 처음에는 꼭 허전한 공간이 생길 것 같은 느낌이 든다. 특히 감자는 심어 놓고 허허벌판에 뭘 했는지 모를 지경이다. 이때 골 사이에 강낭콩을 심을까 하는 유혹을 많이 받는다. 그래서 그런지 장모는 늘 내가 무엇을 심어둔 사이에 강낭콩을 심곤 하신다. 나중에 물어보면 밭이 아까워서라고 말씀을 하신다. 사이에 무얼 심지 말라고 늘 당부를 하고서는 정작 나 자신도 허전하여 무얼 심고 있는 모습을 보면 웃음이 절로 나온다. 땅에 무엇이 자라고 있지 않으면 공허한 느낌이 드는 것인가 보다.

강낭콩은 잘 자라고 병도 없고 다 좋은데 딱 한 가지, 장마에 내리는 비에 꼬투리 안의 콩이 불어 싹이 튼다는 단점이 있다. 반드시 장마가 깊어지기 전에 수확을 마쳐야 한다. 꼬투리 안에서 새싹이 나고 있는 콩을 보면 한없이 서글퍼진다. 장마철에 새싹이 나봐야 잘 자라지도 못하고 가을의 추위에 열매도 잘 영글지 못하는데 자신의 본분을 충실히 하려고 새싹을 내미는 강낭콩의 열정에 새삼 박수를 보내고 싶다.

자신의 귀농 경험을 적은 강분석 씨의 『씨앗은 힘이 세다』는 콩이 세상을 보려고 나오는 장면을 두고 책 제목을 지었다. 실로 콩이 싹을 틔우는 장면은 경이롭다. 자신의 몸무게보다 훨씬 많은 흙을 번쩍 들고 세상에 나온다. 이런 환상을 경험하려면 다른 종류의 씨앗보다 콩이 제격이다. 다들 한번 콩을 심어 신비한 씨앗의 힘을 느껴보시기 바란다.

콩
흰콩, 서리태, 쥐눈이콩

- **분류** : 콩과
- **원산지** : 동북아시아
- **재배지역** : 한국(전국), 전 세계
- **특징** : 서늘한 곳을 좋아함.
  생육에 수분이 많이 필요함
- **역사** : 청동기시대 추정

재배시기

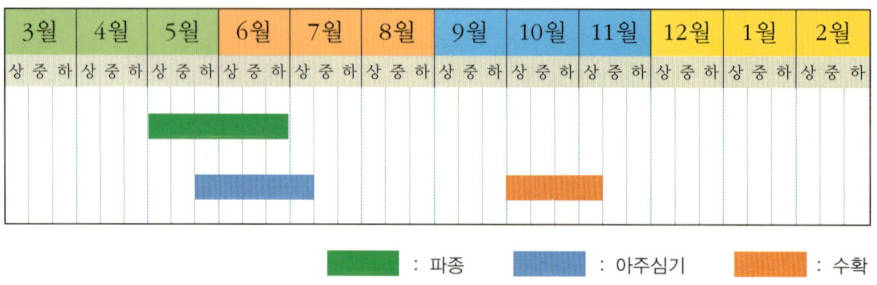

■ : 파종   ■ : 아주심기   ■ : 수확

    콩은 우리나라 북부가 원산지가 될 수 있는 조건을 갖춘 열매채소다. 오래전부터 우리나라를 중심으로 주변에서 재배한 식물이다. 콩에는 여러 가지 종류가 있다. 검은색, 흰색, 푸른색 등 색깔도 다양하고 크기도 제각각이다. 심는 시기는 7월 이전에 심어 9월에 수확하는 흰콩과 조금 늦게 서리가 올 때 수확하는 서리태가 있다. 완두콩이나 강낭콩은 새의 피해를 별로 받지 않는 반면 나머지 콩은 새의 피해를 많이 받는다. 그래서 요새는 모종을 길러 옮겨 심는 경우가 많다. 새 한 입, 벌레 한입, 나 한입 하던 것이 콩을 두고 한 말인데 이제는 모종을 심어야 하는 지경이 되었다.

종자 구하기
    콩 종자는 주로 전통 5일장에서 구입해야 한다. 아직까지는 주변의 종묘상에서도 인터넷을 통해서도 구하기가 어렵다. 시골의 친척집에서 토종 콩이나 재래종 씨앗을 구해서 심는 것이 제일 좋다.

모종 기르기

준비된 콩 종자를 5월 말경에 호미로 골을 타고 2개씩 7~10cm 간격으로 넣고 흙덮기는 1~2cm 정도로 해준다. 심겨진 콩 모종 상에 활대를 꽂고 한랭사나 그물로 덮어 둔다. 한랭사나 그물의 가장자리는 흙으로 잘 눌러 바람에 날리지 않게 하고 물을 흠뻑 뿌린다. 한랭사나 그물이 없으면 여러 가지 모양으로 새 쫓는 방법을 강구한다. 콩을 심고 2주 정도 지나면 본잎이 두 장 되는 모종으로 자란다. 이때가 옮겨심기에 적당하므로 옮겨 심는다. 콩이 싹트고 자라기에는 20°C 정도가 가장 알맞은 온도다. 이보다 낮으면 싹이 트고 자라는 데 기간이 오래 걸린다.

모종용 콩 심기

한랭사로 덮어둔 서리태

새를 쫓는 허수아비

잘 자란 콩 모종

밭 준비 및 아주심기

물 빠짐이 좋으며, 양지바른 곳에 콩을 심는 것이 좋다. 그러나 보습성이 있어야 콩이 잘 자라므로 수분유지가 잘되는 곳이 좋다. 이런 곳에 1m²당 2kg의 완숙퇴비를 넣고 밭을 일군다. 주변에서 석회를 구할 수 있으면 1m²당 150g을 뿌려주면 산성토양 개량에 효과적이다. 따로 두둑은 만들지 않더라도 물 빠지는 고랑 정도는 만들어 주는 것이 좋다.

감자를 수확한 곳에 콩을 심을 경우는 퇴비를 넣고 정리할 시간이 없으므로 두둑을 정리하고 감자 줄기 등을 잘 걷어낸 다음 콩을 심는다. 콩 심기 전에 전작물을 재배할 때 퇴비를 많이 넣은 곳은 퇴비를 주지 않고 심는 것이 좋다. 거름이 많으면 웃자라고 줄기만 무성하여 열매가 충실하지 못하게 된다.

콩은 되도록 포기 사이의 간격을 넓게 해주는 것이 좋다. 두줄심기의 경우 줄 간격 50cm에 포기 간격 30cm 정도로 심는다.

주의사항 서리태는 다른 콩에 비해 자라는 기간이 길어야 하므로 5월 중순에 파종을 마쳐야 한다. 다른 종류(흰콩, 콩나물콩, 쥐눈이콩)는 6월 말까지 파종해도 된다.

자라는 모습

콩은 여름에 잘 자란다. 비가 오면 한 마디씩 더 자라는 콩을 보는 것도 큰 즐거움이다. 다른 채소들은 한여름의 무더위에 무르거나 마르거나 하지만 콩은 아주 활기차게 자란다. 6월 말이나 7월 초에 아주심으면 하루가 다르게 성장한다. 아주 심고 2~3주가 되면서부터 순지르기를 해주는 것이 좋다.

아주 심은 지 1주 지난 콩

순지르기

콩이 자라면서 줄기가 어느 정도 뻗으면 순을 잘라주어야 한다. 이를 순지르기라 한다. 순지르기는 자라는 줄기에 붙은 순을 잘라주면 아래 마디에서 줄기가 2개 생

아주 심은 지 2주 지난 콩

7월 말, 꽃이 핀다.

영글어 가는 콩꼬투리, 9월 말

기는 것을 이용하는 것인데 꽃이 많이 피게 해 수확량이 많아진다. 순지르기는 꽃이 피기 시작하면 그만두어야 한다.

수확

콩의 수확시기는 이용하는 목적에 따라 다르다. 풋콩을 수확할 때는 꼬투리가 푸른색으로 도톰하게 되는 시기가 적기다. 익은 콩을 수확하고자 하면 꼬투리가 갈색으로 변하고 잎이 노란색의 낙엽으로 변하는 시기를 기다린다. 덜 익은 콩을 수확하면 나중에 말려서 털기가 힘들고 잘 털리지도 않을 뿐더러 덜 익은 콩이 말라서 쭈글거리는 것이 많이 생긴다.

풋콩으로 이용할 수 있다.

수확시기를 알리는 콩 모습

주의사항 수확시기가 늦어지면 늦가을의 햇살에 바짝 마른 콩꼬투리가 터져 콩알이 바닥에 떨어져버린다.

빈 깍지만 무성하다.

잎을 뜯긴 콩

여러 종류의 노린재

재배 주의사항

콩은 생각보다 기르기 쉽지 않은 작물이다. 노린재가 지나간 콩은 줄기만 무성하게 자라고 정작 알이 없는 빈 깍지만 있는 경우가 많다. 특히, 흰콩과 서리태가 그 피해를 많이 입는다.

콩에 특히 피해를 심하게 입히는 노린재는 톱다리허리노린재라고 하는데 사진에는 없다. 아직까지 나의 밭에는 보이지 않는다. 그래도 이런 노린재들이 콩밭을 지나가면 빈 껍질만 남은 콩이 많아진다. 이들 노린재 중에 콩에 피해를 주는 것들이 20여 종이나 된다고 한다.

산 아래에 있는 밭에는 산짐승이 내려와 콩잎을 뜯어먹는 경우가 많다. 피해가 심하면 콩을 기르지 못하는 경우도 생긴다. 그러나 조금씩 뜯어먹은 콩은 오히려 순지르기 해주는 효과를 볼 수도 있다.

웃거름주기 및 풀 관리

콩은 파종 후 수확까지의 기간이 강낭콩이나 완두콩보다 상당히 길다. 서리태의 경우는 5월부터 10월 중순까지 5개월이 넘는 기간을 밭에서 자란다. 콩은 공기 중의 질소를 이용하는 능력이 있어 질소질 거름은 필요 없는 반면 칼리질(나뭇재)의 거름이 많이 필요하다. 주변에 황토찜질방 등이 있으면 버리는 나뭇재를 구해서 조금씩 뿌려주면 좋다.

콩과 함께 자라는 풀

콩밭의 풀

콩을 옮겨 심으면 콩 주변에 풀이 먼저 자리를 잡는다. 가만히 두면 콩이 자라는 속도보다 풀의 성장이 빨라 묻혀버린다. 그래서 콩이 어릴 때 한 번 정도 풀을 정리해주면 이후에는 콩이 우거지면서 그늘을 드리워 풀이 덜 나게 된다. 콩 주변에 나는 풀은 뽑거나 낫으로 베어 콩 포기 주변을 덮어주면 풀도 덜 나고 가뭄도 덜 타게 된다. 논둑에 풀과 함께 자라던 콩을 생각해보면 주변에 풀이 조금 자라는 것은 아무런 문제가 되지 않는다. 그러나 비탈밭에 콩을 심어 열심히 풀을 매주던 할미니 모습이 떠오르면 가끔 콩밭의 풀을 정리하는 시늉을 하곤 한다.

재배일지

예전에 논둑에 심어 놓고 풀을 벨 때 엄청나게 힘들었던 작물이 콩이다. 그리고 둑에 심는 콩에는 소작료를 받지 않는 것도 전통이었다. 그래서 남의 땅을 부치던 농부도 논둑을 알뜰하게 여기고 콩을 심어 땅을 효율적으로 활용했었다. 별다른 거름을 주지 않고 논둑에 심고 나중에 아궁이에서 나온 재를 한 줌씩 준 것이 전부인데 잘된 콩 농사를 보았다. 그것은 콩은 수분이 많아야 하는데 논둑이 제격이고, 재에는 칼리질의 거름이 많아 열매채소인 콩에게 어울리는 적당한 거름이 된 것이다. 콩이 심겨진 논둑의 풀을 깎을 때는 숫돌에 잘 갈은 서양 낫(우리 고향에서는 양태 낫—얇은 강철로 만든 낫—이라 불렀다)이 제격이다. 이 낫을 들고 아래 논에 발을 딛고 논둑의 풀을 깎으면 거머리가 다리를 파고드는 느낌이 난다. 풋콩을 소죽에 넣어 삶아 먹으면 구수한 소죽 냄새가 배어 더욱 맛을 더해주는 콩, 남의 밭에 있는 콩을 꺾어다 불 피워 구워 먹던 그 맛이 그리운 콩, 겨울 화롯불에 둘러 앉아 노란 양은 도시락 뚜껑에 올려지던 그 콩 맛이 그립다.

콩은 오랜 재배내력에 의해 잘 적응해서인지 파종기간이 상당히 길다. 4월 말에서 6월 말까지 파종을 할 수 있어 밭에도 심고 모내기한 논둑에도 심기에 적합하다. 특히, 감자를 수확하고 바로 콩을 심을 수 있어 좋다. 밭의 경계나 둑에 아무것도 심을 수 없는 곳에 콩을 심어보면 좋을 것 같다. 이렇게 좋은 콩에게도 한 가지 약점이 있다. 노린재에 의한 피해로 열매가 되지 못하는 빈 깍지가 많이 생긴다는 것이다. 콩꼬투리가 생길 때 노린재가 침을 박아 즙을 빨아먹고 나면 껍질만 요란하게 달린 콩이 되어버린다.

콩에게는 유전자 변형에 대한 아픔이 있다. 유전자를 변형하여 제초제에 강하게 변형된 콩이 유해한가 하는 논란이 계속되고 있다. 유전자 변형에 대항하는 종자보존 창고의 역할을 하는 토종에 대한 새로운 가치를 인정해야 한다. 다소 수확량은 줄어들고 볼품은 없어도 병충해에 강하고 그 지역에서 오랫동안 적응을 해 온 토종을 지키려면 대대손손 전해 내려온 종자를 소중히 여길 줄 알아야 한다. 오늘날 터미네이터 종자(구입한 씨앗에서 맺은 열매는 다음 해 종자가 되지 못하는 것)가 판을 치고 유전자 변형 종자가 다국적 종자산업체에 의해 우리를 절벽으로 내몰고 있다. 그리고 목화 농사를 망친 인도의 농부가 수백 명씩 자살하는 이때 우리 전통의 콩이라도 잘 지켜두면 앞으로 유용한 자원이 될 것이다.

들깨

- **분류** : 꿀풀과
- **원산지** : 인도의 고지, 중국 중남부
- **재배지역** : 한국(전국), 중국, 인도, 일본
- **특징** : 서늘한 기후를 좋아함, 건조에 약함
  수확한 들깨는 휴면성이 있음. (9월~2·3월까지)
- **역사** : 통일신라시대

재배시기

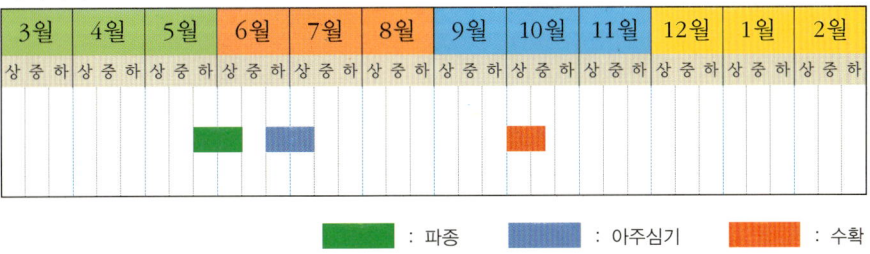

■ : 파종   ■ : 아주심기   ■ : 수확

    들깨는 초여름에 파종하여 여름 장마가 지나가는 중간, 비가 잠시 멎을 때 아주심기한다. 너무 일찍 파종하면 초가을에 지나가는 태풍에 피해가 많고, 너무 늦어지면 얻는 것이 부실하다. 잎을 먹기 위해서 재배하는 잎들깨는 위의 재배시기와는 별도로 4월 말에 파종하여 5월 중순에 아주심기한 다음 7월부터 잎을 이용한다. 들깨는 작은 규모의 텃밭에는 별로 어울리지 않는 작물이다. 작은 규모의 텃밭에는 잎을 먹는 깻잎용 들깨를 길러볼 것을 권한다. 최소한 털어서 기름을 짤 정도의 양이 되어야 심는 보람을 느낄 수 있다.

파종 준비 모종용 들깨

    파종하기 2~3주 전에 1m²당 100g 정도의 석회나 고토석회를 넣고 살짝 일군다. 일주일 뒤에 1m²당 3kg 정도의 퇴비를 넣고 밭을 일구어 이랑 폭이 1m, 두둑의 높이가 10cm 정도 되게 준비해둔다. 이랑의 폭과 높이는 밭의 형편에 따라 물빠짐이 잘 되도록 적당하게 한다.

씨앗 및 모종 준비

지난해 수확하여 남겨둔 종자용 씨앗을 사용하거나, 시골에 연고가 있으면 전통적으로 재배하던 종자를 구한다. 아니면 종묘상이나 인터넷을 통해 자료를 조사한 후 구입한다. 모종을 가꾸지 못했을 때는 지역의 전통 5일장에서 판매하는 모종을 구입해서 심어도 된다.

파종 및 흙덮기

준비된 밭에 10cm 정도의 간격으로 폭이 10cm 정도 되는 골을 만들고 씨앗이 1~2cm에 하나씩 골고루 떨어지게 흩뿌린 다음 가볍게 5mm 정도 흙덮기를 한다. 흙덮기가 끝나면 위에 짚을 골고루 덮어 주고 물을 흠뻑 뿌려준다. 이때 바람이 심하게 불거나 날아갈 염려가 있을 때는 막대 등으로 짚을 눌러준다. 사실 들깨는 아주 동글동글하여 위에서 말한 것처럼 몇 센티미터 간격으로 뿌린다는 것이 아주 어렵다. 그냥 쉽게 손으로 씨앗을 잡고 흩어 뿌리고 쇠갈퀴로 가볍게 긁어 주면 복토도 적당하고 나중에 발아도 골고루 잘된다. 짚이나 풀 등으로 위를 덮어 주는 것은 습기를 보존하여 발아를 높이고 새의 피해를 줄이기 위해서다.

들깨 씨앗

파종 후 짚으로 덮어둔 모습

모종 자라는 모습

파종 후 4~5일이 되면 일제히 싹을 틔우게 된다. 이때 위에 덮었던 짚이나 피복물을 제거한다. 제거는 되도록 해질 녘에 하여 햇볕에 의한 충격을 줄이는 것이 좋다. 피복물의 제거가 늦어지면 발아된 새싹이 웃자라 모두 쓰러져 말라 죽는다.

이것을 도장이라 한다.

파종 2주가 지나면 하루가 다르게 성장하는 들깨 모종의 모습이 보인다. 이때는 비가 오지 않으면 물을 뿌려주어야 한다. 2일 간격으로 물을 주어야 성장이 빨라진다. 들깨 모종뿐만 아니라 주변의 풀도 잘 자란다. 풀이 자라는 것을 보고 있으면 들깨 모종보다 훨씬 잘 자라 난감해진다. 풀은 보이는 대로 정리해 모종이 잘 자라게 도와주어야 한다(강아지풀, 바랭이, 명아주, 쇠비름, 참비름 등).

파종 6일 후 들깨 싹

파종 7일 들깨

파종 3주 들깨 모종

파종 4주 들깨 모종

솎아내기

파종이 고르게 되지 않아 싹이 많이 나는 곳이 있다. 이런 곳은 솎아주어 사방 2~3cm 간격에 하나의 포기가 자라도록 한다. 너무 배게 자라면 전체적으로 연약한 포기가 되어 줄기가 약해지면서 키만 위로 삐쭉하게 자라는 모종이 된다. 이렇게 연약하게 자란 모종은 나중에 옮겨 심을 때도 힘들고 심은 후 자리를 잡는 데 오래 걸린다.

파종 3~4주 이후의 모종 중에 아주 밴 곳의 들깨는 솎아내어 잎을 이용해도 되고, 줄기째 데쳐서 나물로 써도 된다.

아주 심을 밭 준비

모종을 파종한 지 2주 정도가 지나면 어디에다 옮겨 심을지 결정해야 한다. 감자를 수확한 밭이나 봄 시금치를 수확한 밭 또는 밀, 보리를 수확한 장소가 있으면 그곳에 심으면 된다. 이런 곳은 전작물의 거름이 조금 있으므로 거름을 따로 넣지 않고 심는 것이 좋다. 들깨는 특별하게 거름을 넣지 않아도 된다. 지나치게 거름을 하면 들깨가 키만 커버리기 때문이다. 언젠가 밀을 수확한 곳에 들깨를 심은 적이 있는데 밀이 자라는 봄에 웃거름으로 뿌린 깻묵 때문인지 그곳의 들깨는 키만 자라고 알이 별로 차지 않았다. 들깨는 특별히 장소에 대한 구별을 하지 않으므로 마땅하게 심을 것을 찾지 못한 장소에 모종을 심어두면 좋다. 따로 고랑을 만들 필요도 없으며, 둑이나 밭의 경계부에 심어도 된다.

아주심기

파종 3주 이후가 되면 성장이 빠른 들깨 모종은 아주심기를 해도 된다. 되도록 어린 모종을 심어야 옮김 몸살이 수월하게 지나간다. 모종을 옮겨 심는 가장 적절한 시기는 파종 4주쯤 되었을 때 비 오기 전후가 좋다. 한곳에 두 포기를 심는 것이 무난하며, 간격은 사방 40cm 이상 유지하는 것이 좋다. 간격이 좁으면 위로 성장을 하고 간격이 넓으면 옆으로 성장을 많이 한다. 비가 오지 않으면 들깨를 옮겨 심는 것이 무척이나 힘들다.

모종밭에 물을 흠뻑 뿌려 뿌리가 많이 다치지 않게 모종을 뽑아야 하고, 정식할 곳의 밭을 호미로 파고 이식한 후 물을 주어야 하기에 무척이나 힘든 작업이 된다. 들깨를 정식할 시기가 되면 비가 자주 오는 장마철이라 그다지 비 걱정은 하지 않아도 된다.

아주심기한 들깨 모종

모종 휘어심기

키가 큰 들깨 모종을 옮겨 심는 요령을 알아 두면 매우 요긴하다. 어쩌다 보니 옮겨 심을 시기를 놓쳐버린 모종은 하루가 다르게 키만 커버린다. 키 큰 모종을 심으려면 여간 고역이 아니다.

이때는 옆의 그림처럼 휘어서 심으면 아주 좋다. 이때 너무 휘게 하면 모종이 똑 부러져 버리는 경우가 생긴다. 부러지지 않게만 주의하고 심어 두면 휘어진 곳에서 뿌리가 내려 잘 자라게 된다. 이 경우 원래의 뿌리와 휘어져 꺾인 부분에서 각각 뿌리가 발달하여 잘 자라게 된다.

길이에 알맞게 파기

모종을 넣고 세우기

흙덮기

자라는 모습

장마철을 지나면서 비를 맞고 잘 자란다. 아주 심고 1개월이 지나면 잎을 수확하여 이용할 수 있게 된다. 이때가 되면 장소에 따라 풀이 많은 곳은 한차례 뽑아 들깨 밑에 둔다. 그러면 들깨는 그 이후에 돋아나는 풀을 완전히 제압하고 터전을 잡는다. 이렇게 해두면 더 이상 풀을 걱정할 필요가 없게 된다.

8월 말이 되면 키가 큰 곳은 1.5m 정도까지 자라 들깨밭에 들어가지 못하게 된다. 이때쯤이면 한차례 태풍이 지나는 시기이기도 하다. 태풍이 심하게 지나가면 쓰러진 들깨가 보이기도 한다. 세워주고 흙을 조금 북돋워주면 다시 힘차게 자란다.

9월 중순이 되면 꽃대가 올라와 꽃이 핀다. 하얀색의 들깨꽃이 피고 벌들이 어지

7월 말, 들깨밭의 풀

8월 말 들깨밭

들깨꽃이 피는 9월 중순

영글어가는 들깨

러이 날아다니기 시작한다. 9월 말이면 하얀색의 들깨가 꽃망울 안에 자리를 잡는다. 이때는 들깨밭의 바닥이 온통 흰 꽃이 떨어져 눈이 온 것처럼 보인다.

10월 초순이 되면 열매가 든 들깨가 무거워진다. 이때 비가 조금 오고 바람이 불면 쓰러지는 들깨가 생긴다. 쓰러져도 세울 수 없는 상태가 된다. 가만히 두면 쓰러진 채로 열매를 영글게 된다.

들깨 잎이 노랗게 물들고 들깨를 감싸는 꼬투리가 약간 검게 변색되면 들깨를 베어 말려야 하는 시기가 된다.

비바람에 쓰러진 들깨

수확

10월이 되고 아침저녁으로 기온차가 생기면 하루가 다르게 열매가 익어간다. 그러면서 푸르던 들깨 잎이 누렇게 물들면 들깨를 베어 양지바른 곳에 말릴 시기다. 일주일 정도 말리면 털기 좋게 마른다. 이때 비가 오면 큰 낭패를 본다. 잠시 내리는 비는 영향을 덜 주지만 장시간 큰 비가 내리면 잘 마르지 못한다.

잎색이 바뀌면 수확시기다.

들깨가 잘 마르면 바닥에 포장을 깔고 막대기 하나로 들깨를 턴다. 봄부터 들깨에 유난히 집착하시는 장모님이 직접 막대기 휘두르며 들깨를 턴다. 아직은 서투른 나의 키질을 보완해주시는 분이 바로 텃밭 파트너 장모님이시다. 이때만큼은 장모님의 뒷바라지를 해드려야 한다. 털어낸 들깨를 햇볕 좋은날 널어 말린다. 안

들깨를 베어 늘어둔다.

잘 마른 들깨

들깨 털어내기

수확한 들깨를 잘 말린다.

에 있는 벌레도 내보내고 습기가 있는 들깨를 바싹 말려 조금은 종자용으로 남겨 두고 나머지는 기름을 짜서 겨울의 식탁을 고소하게 한다. 한꺼번에 모두 짜지 말고 조금씩 나누어 짜는 것이 좋다.

자주 보이는 병충해

녹병에 걸린 깻잎의 뒷면

녹병 한창 자란 깻잎을 따다 보면 옆의 사진과 같이 생긴 잎을 발견하게 된다. 이것이 녹병이라고 하는 깻잎에 생기는 병이다. 담자균류에 속하는 녹병균이 식물에 기생하여 발생하는 병해라 크게 문제가 되지는 않지만 8월 말이 되면 해마다 이 병이 잎에 생겨 깻잎을 먹지 못하게 된다. 실제 수확량에 영향을 끼치는 정도의 심각한 상태로 발전하는 일은 없다.

녹병에 걸린 깻잎의 앞면

벌레 들깨는 벌레가 잘 번지지 않는다. 아마도 특유의 향기가 벌레를 멀리하게 하는 것 같다. 그래도 가끔은 사진과 같은 벌레가 잎에 떡하니 붙어서 먹고 있다. 이 외에도 작은 날벌레 등이 붙어 있지만 그렇게 문제가 되지 않는다. 벌레에 강하고 병해에도 강하고 기르기 쉽고, 잎도 먹고, 열매도 먹는 들깨를 많이 길러 보기를 권한다.

들깻잎에 붙은 벌레

재배일지

들깨는 잎사귀도 먹을 수 있고, 열매도 주는 소중한 식물이다. 가꾸기도 수월하고 잔손질이 거의 가지 않는 작물임에는 틀림없다. 그러나 장점만 가지고 있지는 않다. 가을에 수확할 때가 제일 고민이다. 베어 말리고 털고 정리하는 것이 여간 힘든 작업이 아니다. 이때 비라도 오면 큰 낭패다. 그래도 들깨를 가꾸다보면 병치레도 없고 잎사귀 따다가 장에 담가도 되고, 소금에 절여도 되고, 용도는 무궁무진하다.

모종을 가꿀 때 너무 배게 심지 말아야 한다. 나중에 솎아내는 것이 중노동이 될 가능성이 있다. 그래도 규모가 작은 텃밭에서는 약간 배게 심으면 솎아서 나물도 만들어 먹고 잎 따서 쌈 싸먹어도 좋다. 들깨는 심는 시기를 잘 맞추고, 아주 심을 때 너무 배게 심지 않으면 된다. 모종 간의 간격은 40~50cm 정도를 추천한다. 한 곳에 2~3개의 모종을 붙여서 심는다.

모종이 너무 크면 휘어심기를 한다. 요령은 땅을 호미로 약간 길게 판 다음 긴 모종을 휘어서 생장점이 위로 가게 심으면 된다. 이 방법을 모르면 키가 큰 모종을 심는 일이 상당한 고역이 될 수 있다. 첫해에는 간격을 너무 좁게 (약 25cm) 했더니 들깨의 키만 키우는 꼴이 되었다. 키가 크면 깨 열매가 적게 달리고 바람에 쓰러지는 일이 있으므로 주의해야 한다.

들깨가 여물었는지는 가을에 들깨의 윗부분에 있는 꼬투리를 까보면 된다. 검은 색이 돌면 베어서 말린다. 말릴 때는 밑에 포장을 쳐서 말리는 것이 좋다. 안되면 그냥 밭에 늘어 두었다가 다 마른 다음 포장을 치고 위에다 들깨를 두고 나무 막대로 톡톡 털어서 바람에 까불려 열매를 갈무리한다. 두 집 기준으로 들기름을 먹으려면 100m²의 면적이 알맞다. 들깨는 집 주위의 공터 또는 밭의 구석이나 둑에 심으면 되므로 밭을 마련하는 데 신경을 쓰지 않아도 된다.

들깨가 기름으로 변신하면 장모님은 우리에게는 조금 큰 병을, 그리고 처남들에게는 작은 것으로 한 병씩 기름을 나눈다. 이렇게 하나씩 주는 인정으로 해마다 장모님은 들깨에 유난히 집착을 하신다. 깻잎을 좀 따먹어도 열매 안 든다고 나무라신다. 들기름 소금가시고 욕심을 내는 것이 아니란 것을 일면서도 봄이면 나는 들깨를 좀 덜 심고 고구마를 조금 더 심자고 떼를 쓴다. 언제나 허용이 되지 않는다. 협상의 여지가 없다. 계속 들깨를 주장하시길 빌어본다.

옥수수

- **분류** : 벼과(화본과)
- **원산지** : 남미(페루, 멕시코 등)
- **재배지역** : 한국(전국), 전 세계
- **특징** : 따뜻한 곳에서 재배. 저온에 약함
  기온차가 있는 곳에서 재배
  (그래서 강원도 옥수수가 유명함)
- **역사** : 1700년 이후 도입 추정

재배시기

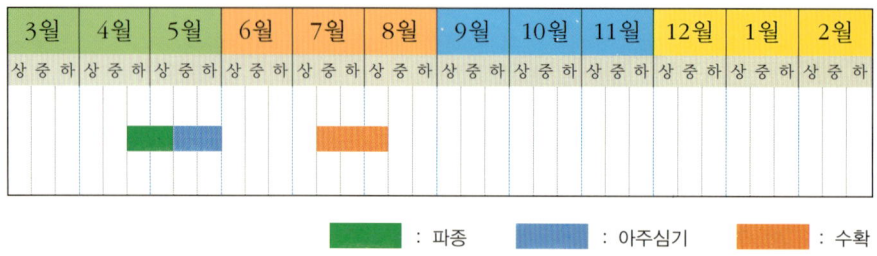

■ : 파종   ■ : 아주심기   ■ : 수확

　옥수수가 싹이 트는 데는 어느 정도 기온이 요구된다. 그래서 추위가 어느 정도 끝나고 지온이 10℃ 이상 올라가는 4월 중순 이후가 파종의 적기다. 재배시기 표를 참고로 심을 곳의 실제 날씨를 감안하여 적당한 시기를 잡아야 한다.

씨앗 또는 모종 준비

　옥수수는 요새 유행하는 대학찰옥수수와 강원도 지역의 찰옥수수가 많이 재배된다. 그러나 주변에서 이러한 종자를 구하는 것이 그리 수월한 일은 아니다. 최근에는 인터넷을 통해 찾아보면 판매하는 종자에 대한 정보가 많아 종자를 구하는 데 어려움이 없다. 소규모 텃밭이나 주말농장에서 10여 포기 기르는 정도는 종자를 구입하기보다는 종묘상이나 전통 5일장에 나오는 모종을 구입하여 심는 편이 좋다.

모종 기르기

　예전에는 밭에 직접 옥수수를 심는 직파방식으로 재배했다. 한곳에 3~4알씩 넣어 묻어두는 식인데 요새는 까치, 비둘기, 꿩 등의 새들이 옥수수를 파먹는 피해를 주어 모종을 길러 아주심기 하는 재배법이 일반화 되어 있다. 모종을 기를 밭에 파종 1~2주 전에 완숙퇴비를 1m²당 2kg 정도 뿌리고 준비를 해둔다. 파종은 나중에 옮길 때 모종삽으로 한 포기씩 떠내기 편하게 줄 간격 15cm에 씨앗 간격은 7~10cm 되도록 한다.

파종 골은 호미로 1cm 정도 파내고 옥수수를 7~10cm에 하나씩 넣고 흙덮기는 5mm 정도 한다. 파종 직후 활대를 적당하게 설치하고 위에 한랭사나, 새그물을 친 다음 그물이 벗겨지지 않게 해두고 물을 흠뻑 뿌려준다. (사진은 작년에 무, 배추 기를 때 사용한 한랭사를 이용해 그물을 쳐둔 모습이다.)

모종의 키가 10~15cm 정도 되는 시기에 아주심기를 해주어야 한다. 보통 파종 후 3주 정도 지나야 한다. 물론 파종시기의 온도에 따라 많이 달라진다. 기온이 높아지는 5월 중순에 파종을 하면 2주 만에 모종으로 성장하고, 4월 말에 파종하면 3주 정도 걸린다.

시중에 판매하는 옥수수 모종

그물을 치고 기르는 옥수수 모종

5월 5일 파종, 5월 21일 모습

파종 3주, 옮겨 심을 준비

참고사항 옥수수는 주로 풋옥수수를 수확하여 쪄먹기 위해 텃밭이나 주말농장에서 재배를 한다. 요새 식구도 얼마 안 되는 가정에서 한꺼번에 많은 옥수수를 수확하면 한 번에 다 먹지 못한다. 수확시기를 조금 조절하려면 10일 간격으로 파종시기를 달리한다. 4월 말, 5월 초, 5월 중순, 5월 말에 조금씩 파종하여 옮겨 심으면 오랜 기간 풋옥수수를 맛볼 수 있다. 파종하고 옮겨 심고 물 주고 관리하는 것이 많이 번거롭지만 충분히 시도해 볼만하다.

아주 심을 준비

옥수수는 퇴비를 많이 필요로 하는 작물이므로 아주심기 1~2주 전에 $1m^2$당 3kg 정도의 퇴비와 깻묵 4컵(800g) 정도를 넣고 밭을 일군다. 다른 작물을 수확하고 거름내고 밭을 일구고 할 시간이 없을 경우, 일단 옥수수를 옮겨 심고 2~3주 후 퇴비와 깻묵을 웃거름으로 주어도 된다. 이때 옥수수 포기에서 15cm 정도 떨어진 곳에 호미로 구덩이를 10cm 깊이로 파고 퇴비와 깻묵을 섞어둔 것을 한두 주먹 넣고 흙을 가볍게 덮어준다. 아주 척박한 곳이면 옥수수 포기 양쪽으로 구덩이를 파고 퇴비를 넣어준다.

물이 잘 빠지는 곳은 두둑을 만들지 않아도 되지만 물 빠짐이 좋지 않은 곳은 두둑 높이를 20cm 정도로 만든다. 옥수수는 여러 줄로 심는 것이 나중에 가루받이가 잘되어 충실한 옥수수가 되므로 3~4줄 심기 하는 것이 좋다.

옥수수를 심을 밭을 마땅하게 마련하기 어려우면 밭의 경계를 이루는 곳이나, 둑의 가장자리에 심어두어도 좋다. 밭을 만들어 심을 형편이 못되는 경우 밭둑이나 작물이 자라는 사이에 띄엄띄엄 한 포기씩 심어두는 것도 괜찮다. 예전에 시골의 콩밭에 드문드문 심어둔 옥수수가 잘 자라는 것을 본 적이 있을 것이다. 옥수수가 퇴비를 많이 주어야 하는 작물이고, 콩은 공기 중의 질소를 뿌리로 고정시키는 역할을 하므로 서로 어울리는 작물이라 할 수 있다.

아주심기

모종을 기르던 모종밭에 물을 흠뻑 뿌리고 위에 덮어둔 그물을 걷어낸다. 그리고 모종삽으로 한 포기씩 뿌리가 덜 다치게 파내어 옮겨 심어야 한다. 세줄심기의 경우 줄 간격 40~50cm 정도에 포기 간격이 30cm 정도 되도록 심는다. 밭둑이나 밭의 경계부에 길게 한 줄로 심는 경우는 포기 사이 간격을 조금 좁게 25cm 정도로 심어둔다. 옮겨 심고 난 직후에 물을 흠뻑 뿌려주어 뿌리와 흙이 밀착되게 해주어야 한다. 아주 심고난 후 물을 주고 3일 안에 비가 오지 않으면 물을 한 번 더 주는 것이 좋다.

자라는 모습

옥수수를 심고나면 대게 늦봄이나 초여름이다. 이때는 옥수수가 좋아하는

아주 심고 물을 흠뻑 뿌려준 밭

날씨가 이어져 하루가 다르게 성장을 한다. 아주 심은 지 2주가 지나면 빠른 것은 곁가지가 나오기 시작한다. 4주가 지나면 키가 1.5m 이상 자라게 된다. 옥수수는 한 대에 2~3개의 옥수수자루가 달리지만 위의 것 하나만 충실한 옥수수를 기대할 수 있으므로 나머지는 제거하는 것이 좋다.

아주 심고 3주 지난 옥수수

아주 심고 5주 지난 옥수수

아주 심고 7주 지난 모습

아주 심고 9주 지난 모습

참고사항 재래종 옥수수는 2~3개의 작은 옥수수자루에 꽉 찬 옥수수를 달고 있는 것도 있지만 요새 개량종은 한 포기에 충실한 한 자루의 옥수수를 수확할 수 있는 것이 대부분이다.

곁가지 제거하기

옥수수를 아주 심고 2~3주가 지나면서 곁가지가 발생하기 시작한다. 곁가지는 보이는 대로 모두 제거해주는 것이 좋다. 보통 곁가지는 옥수수 1포기에서 2~3개 발생한다.

곁가지가 생긴다.

많이 자란 곁가지

수확

아주 심고 9주 정도 지나면 옥수수수염이 약간 말라간다. 옥수수는 수확시기를 며칠만 지나도 딱딱해져 쪄먹는 데 어려움이 많다. 옥수수수염이 말라 있는 옥수수껍질의 윗부분을 조금 벗겨내어 손톱으로 옥수수 알맹이를 눌러본다. 약간 자국이 생긴다면 이때가 수확적기다. 옥수수는 수확 직후부터 당도가 서서히 줄어드는 성질이 있으므로 바로 먹는 것이 좋다. 수확시기가 조금 지난 옥수수는 압력솥에서 조금 오래 쪄내면 먹을 수 있다. 옥수수 포기가 많을 때는 수확시기를 맞추어 풋옥수수로 모두 거두기 어렵다. 수확시기가 지난 옥수수는 완전히 익었을 때 수확하여 알맹이를 분리한 다음 볶아서 옥수수차로 이용하는 것도 요령이다.

참고사항 수확해보면 알이 꽉 차지 않고 이빨 빠진 형상을 한 옥수수가 나온다. 이는 가루받이가 충실하게 되지 않아 생기는 현상이다. 그래서 옥수수를 모아서 여러 포기를 한곳에 심어두면 가루받이가 잘되어 속이 꽉 찬 옥수수를 얻을 수 있다.

옥수수 가루받이 모습

수확시기를 알리는 옥수수염

웃거름주기 및 관리

옥수수는 비옥한 장소에서 잘 자라므로 웃거름을 주어 충실하게 기르는 것이 좋다. 아주 심고 6주 정도 지나면 옥수수의 꼭대기에서 수술이 나오기 시작한다. 이때 옥수수포기 사이를 호미로 조금 파고 웃거름을 주면서 동시에 북주기를 해두면 좋다. 그러나 웃거름 주고 북주고 하는 시기가 한여름이라 무지하게 힘들다. 나의 경우는 시간이 많이 나면 이 작업을 해주고 보통은 그냥 지나친다.

옥수수는 보통 바람에는 어느 정도 견디는 편이나, 비가 와서 무거워지고 아래의 땅이 물러져 있을 때 바람이 불면 쓰러지는 포기가 많이 발생한다. 미리 말목을 박아 끈으로 고정시켜주면 좋겠지만 옥수수를 고정시킬 수 있을 정도의 말뚝을 구하기 쉽지 않고 끈으로 매주는 것조차 쉽지 않다. 보통은 비바람이 치기 전에 옥수수 대의 중간 이상에 끈으로 서로 묶어놓아 견디게 하기도 한다.

옥수수는 다른 작물에 비해 풀 걱정이 덜한 종목이다. 키가 주변의 풀보다 크

웃거름을 주는 시기

비바람에 쓰러진 옥수수

게 자라기 때문에 풀에 지장을 덜 받는다. 그래도 아주 심고 6~7주 후 웃거름줄 때 아래 있는 풀을 베어 그 자리에 깔아주면 좋다. 풀씨가 영글어 이듬해 풀이 나는 것도 막고, 덮개 역할을 해서 풀이 나는 것을 막아준다.

재배 주의사항

주의를 해야 하는 제약사항이 별로 없다. 단지 모종을 가꾸어 옮겨 심어두면 어느 정도의 수확을 준다. 병이 만연하여 어렵게 하지도 않고 벌레가 한꺼번에 발생하여 전체를 못쓰게 만드는 일도 없다. 그러나 잘 관리하려면 엄청난 노력이 요구되는 작물이다. 비바람에 쓰러지지 않게 해주고, 때맞추어 웃거름 주고 풀 정리도 해야 한다. 형편에 맞추어 대충 지나치다 보면 맛있는 옥수수를 먹게 해준다. 새나 쥐가 쓰러진 옥수수를 갉아 먹거나 옥수수 대를 파고 들어가 갉아먹는 벌레가 있다. 벌레가 파먹은 줄기는 쓰러지기도 한다. 가끔 수확한 옥수수에도 벌레가 발견된다. 그러나 밭 전체에서 피해를 입는 옥수수는 그다지 많지 않다.

쓰러진 옥수수 파먹은 모습

벌레가 파먹은 흔적

줄기에 들어 있는 벌레

재배일지

우리 동네에서는 옥수수를 강냉이라 부른다. 내가 어릴 때만 해도 옥수수라는 이름을 들어 본적이 없다. 그때는 오로지 강냉이였다. 밭이 생기고 제일 먼저 심은 것이 옥수수였다. 5월에 옥수수 종자를 한곳에 4알 내지 5알씩 넣어주고 흙으로 약간 두툼하게 덮고 물을 흠뻑 뿌려주었다. 옥수수가 싹이 트고 잎사귀가 날 때까지도 심은 대로 포기 수를 유지하고 있었다. 그해는 옥수수를 150포기 정도 심어서 수확을 해 밭에서 쪄먹고, 집에서도 먹고 했으니 무척 많이 먹었다. 그때는 애들이 어려 밭에 잘 따라오던 시기여서 밭에서 옥수수를 많이 먹었다.

그 다음해인 2002년에는 옥수수를 조금 줄이고 다른 작물을 늘려 잡았다. 그래서 옥수수를 주로 밭 어귀, 둑, 고구마 사이에 심었다. 그런데 까치가 대부분의 옥수수 싹을 쪼아내서 말라 죽고 말았다. 돋아난 거의 모든 싹을 까치가 파먹어버린 것이었다. 첫해에는 건드리지 않더니 두 번째는 싹이 나는 옥수수를 모조리 뽑았다. 아마도 첫 번째는 안심시키듯이 놓아두고 두 번째 제대로 먹으려고 쓰는 작전인지도 모른다. 나는 농담삼아 옥수수를 기르려면 반드시 까치와 의논 후 심어도 되는지 허락받으라고 말하곤 한다. 까치가 많이 보이는 동네에서는 주의를 요한다.

상황이 이렇다 보니 두 번째는 망을 치고 모종으로 가꾼 뒤 하나씩 옮겨 심었다. 그래도 옥수수가 익을 무렵에는 까치와 청설모, 쥐 등이 극성을 부리면서 제대로 된 옥수수를 별로 먹지 못했다. 그나마 씨 하려고 몇 대를 꺾어 말린 것이 다행이다 싶을 정도다. 옥수수 농사에 대해서는 별로 할 말이 없다. 까치에게 물어보라는 말밖에는. 아마도 까치가 없는 동네에서는 괜찮을 것으로 기대한다.

특기할만한 병은 없는 것 같고, 가끔 곰팡이 같은 것이 푸석푸석하게 일어나는 것이 몇 개 보일 뿐 그다지 주의하지 않아도 된다. 단지 태풍이 지나갈 때 잘 묶어 두어 쓰러지지 않도록 하는 것이 중요하다. 옥수수에는 이것이 제일 힘든 일이다. 비바람이 치기 전에 즉, 장마가 오기 전에 반드시 말뚝을 박아 끈으로 묶어 쓰러지지 않게 관리하는 것이 중요하다. 수확시기에 넘어지면 쥐, 까치 등이 모두 먹어버린다.

언젠가 좋은 옥수수 종자를 심어볼 욕심으로 자주 가는 종묘상에 들러 옥수수 종자가 있느냐고 물으니 값이 비싸서 가져다 놓지 않았다고 한다. 가격도 가격이고 비싼 옥수수 종자를 찾는 사람도 별로 없다고 한다. 그래서 다른 종묘상에 가 보니 '대학찰옥수수'라는 종자를 권한다. 가격이 얼마냐고 물어보니 500개들이 한 통에 10,000원이라고 한다. 돌아서 나오다가 1개에 20원이라는 생각이 들어 다시 가서 구입했다. 이 대학찰옥수수는 키가 엄청나게 자라 태풍에 많은 피해를 입었지만 맛은 아주 좋았다.

요사이는 제주도에서 전래되는 재래종 옥수수나 오래전에 많이 기르던 토착화된 종자를 구해 심어보고 싶다. 키가 작고 볼품이 없어도 무엇보다 알찬 맛일 것이다. 병충해에 강하고 비바람에 잘 견딜 것 같다. 그리고 한 그루당 2~3대의 옥수수자루가 열린다고 하니 여간 기대되지 않는다.

사탕수수 단수수

- **분류** : 벼과(화본과)
- **원산지** : 에디오피아로 추정
- **재배지역** : 한국(전국), 전 세계(열대 및 온대지방)
- **특징** : 따뜻한 곳에서 재배. 저온에 약함, 여러해살이풀
- **역사** : 삼국시대 추정. 당 생산용은 1964년 시험도입

재배시기

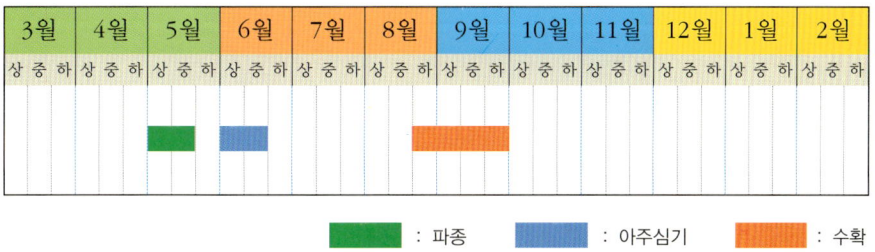

열대지방에서 자생하는 풀을 재배작물로 전환해 기르고 있다. 기온이 따뜻한 곳에서 재배하는 것이 수월하다. 제대로 자라기 위해서는 16℃ 이상이 되어야한다. 사탕수수 줄기에 당분이 많이 함유되어 있어 그 즙을 가공해 설탕을 만든다. 주요 재배지역은 브라질, 하와이, 인도네시아 등의 열대지방이다. 최근에는 사탕수수에서 알코올을 추출하여 자동차 연료로 사용하려는 움직임이 일고 있다. 텃밭의 가장자리나 경계부에 몇 포기 심어두면 아련한 추억의 맛을 느낄 수 있어 좋다.

종자 및 모종

시중에서 손쉽게 구할 수 없는 종자다. 재배하는 곳에서 씨앗을 구해서 심어야 하는 형편이다. 나는 인터넷 동호회 회원으로부터 씨앗을 조금 얻어 심고 있다. 단수수라 하여 줄기를 빨아먹던 수수가 바로 사탕수수다.

모종 기르기

예전에는 밭에 직접 몇 알의 씨앗을 넣고 싹을 틔워 길렀다. 요새는 까치, 비둘기, 꿩 등의 피해가 많아 그물을 씌우고 모종을 길러 아주심기 하는 재배법이 일반화되어 있다. 파종 1~2주 전에 완숙퇴비를 1m²당 2kg 정도 뿌리고 준비를 해 둔다. 나중에 옮길 때 모종삽으로 한 포기씩 떠내기 편하도록 줄 간격 15cm에 씨앗 간격은 7~10cm 되도록 파종한다. 파종 골을 호미로 5mm 정도 파내고 씨앗을 7~10cm에 한두 개씩 넣고 흙덮기는 5mm 정도 한다. 파종 직후 활대를 적당하게 설치하고 위에 한랭사나, 새그물을 친 다음 옆에 흙을 덮어 그물이 벗겨지지 않게 해두고 물을 흠뻑 뿌려준다. 사탕수수 씨앗은 충분한 수분이 있어야 발아가 잘 되므로 2~3일에 한 번씩 물을 준다.

모종의 키가 10~15cm 정도 되는 시기에 아주심기를 한다. 보통 파종 후 3주 정도 지나야 한다. 파종시기의 온도에 따라 많이 달라진다. 기온이 높아지는 5월 중순에 파종을 하면 3주 만에 모종으로 성장하고, 4월 말에 파종하면 3주 이상 소요된다.

파종 10일된 싹

한랭사를 씌워 모종을 키운다.

자라는 모종, 파종 20일

아주 심을 준비

사탕수수는 아무 곳에서나 잘 자라는 작물이지만 대체로 비가 많이 오는 지역이 좋다. 따라서 수분유지가 잘되는 곳을 골라 아주 심을 준비를 한다. 아주심기 1~2주 전에 1m²당 3kg 정도 퇴비와 깻묵 2컵(400g) 정도를 밭에 넣고 일군다.

사탕수수를 심을 밭이 마땅히 준비되지 않으면 밭의 경계를 이루는 곳이나, 둑의 가장자리에 심어두어도 좋다. 밭을 만들어 심을 형편이 못되는 경우는 밭둑이나, 작물이 자라는 사이에 띄엄띄엄 한 포기씩 심어두는 것도 괜찮다. 예전에 시골 콩밭에 드문드문 심어둔 옥수수가 잘 자라는 걸 본 적이 있을 것이다. 이는 옥수수가 퇴비를 많이 주어야 하는 작물이고 콩은 공기 중의 질소를 뿌리로 고정시키는 역할을 하므로 서로 어울리는 작물이라 할 수 있다. 사탕수수도 마찬가지로 기를 수 있다.

다른 작물(감자, 양파, 마늘 등)을 수확하고 사탕수수 모종을 바로 심을 경우, 거름내고 밭을 일굴 시간이 없을 때 일단 사탕수수를 옮겨 심고 2~3주 후 퇴비와 깻묵을 웃거름으로 주어도 된다. 이때 포기에서 15cm 정도 떨어진 곳에 호미로 구덩이를 10cm 깊이로 파고 퇴비와 깻묵 섞어둔 것을 한두 주먹 넣고 흙을 가볍게 덮어준다.

아주심기

모종을 기르던 모종밭에 물을 흠뻑 뿌리고 위에 덮어둔 그물을 걷어낸다. 그리고 모종삽으로 한 포기씩 뿌리가 덜 다치게 파내어 옮겨 심는다. 줄 간격 40~50cm 정도에 포기 간격이 30cm 정도 되도록 심는다. 밭둑이나 밭의 경계부에 길게 한 줄로 심는 경우는 포기사이 간격을 조금 좁게 20cm 정도로 심어둔다. 옮겨 심고 난 직후에 물을 흠뻑 뿌려주어 뿌리와 흙이 밀착되게 해주어야 한다.

아주 심고 1주 지난 모습, 6월 중순

자라는 모습

사탕수수를 아주심기 하고나면 햇살이 강한 여름이 된다. 아주 심은 지 2주가 지나면 빠른 것은 곁가지가 나오기 시작하고, 4주가 지나면 키가 1m 이상 자란다. 여름 날씨에 맞춰 잘 자라다가 해가 조금씩 짧아지면 이삭이 패고 열매를 맺기 시작한다. 일찍 수확한 사탕수수 줄기를 가만히 두면 곁가지에서 자란 열매가 익기 시작한다.

아주 심고 2주 지난 모습, 6월 말

8월 초

9월 중순

수확 후 다시 자라는 모습, 10월 중순

곁가지 제거하기

사탕수수도 옥수수와 마찬가지로 아주 심고 2~3주가 지나면 곁가지가 발생하기 시작한다. 곁가지는 보이는 대로 모두 제거해주는 것이 좋다. 그래야 줄기가 튼튼해지고 당분의 함량도 높아진다.

수확

아주 심고 2개월 정도 지나면 사탕수수 줄기에 단맛이 들기 시작한다. 밭에서 일하다 갈증이 생기면 한 대씩 꺾어다 낫으로 정리해 겉껍질을 벗기고 씹어 먹으면 된다. 중간 마디가 당분 함량이 높고 위 아래로는 당분 함량이 줄어든다.

9월 중순이 되면 사탕수수 열매가 영글기 시작하면서 짙은 갈색으로 변한다. 이때 줄기 끝부분에 있는 이삭을 베어 말리면 수수를 얻을 수 있다.

웃거름주기 및 관리

사탕수수는 비옥한 장소에서 잘 자라므로 웃거름을 주어 충실하게 기른 것이 당분의 함량이 높다. 아주 심고 6주 정도 지나면 줄기 윗부분이 통통해지면서 이삭 팰 준비를 한다. 이때 수수포기 사이를 호미로 조금 파고 웃거름을 주면서 동시에 북주기를 해두면 좋다. 그러나 웃거름주고 북주고 하는 시기가 한여름이라 무지하게 힘들다.

사탕수수밭의 풀, 7월 중순

나는 시간이 많이 나면 이 작업을 해주고 보통은 그냥 지나친다.

사탕수수는 다른 작물에 비해 풀 걱정이 덜하다. 주변의 풀보다 크게 자라기 때문에 자라는 데 풀의 영향을 받지는 않는다. 그래도 아주 심고 6~7주 후 웃거름 줄 때 아래 있는 풀을 베어 그 자리에 깔아주면 좋다. 풀씨가 떨어져 이듬해 풀이 나는 것도 막고, 덮개 역할을 해서 다른 풀이 나는 것을 막아준다.

씨받기

텃밭이나 작은 규모의 밭에서 곡식으로 재배하기는 어렵다. 그러나 씨앗을 받아 두었다 심으려는 사람에게 조금씩 나누어 주려면 사탕수수 몇 대 만으로도 충분하다. 9월 말에 실하고 좋은 사탕수수 대를 베어 묶어 처마 밑에 걸어 두면 잘 마른다. 마르면 손으로

사탕수수대를 말리는 모습

콩·곡식 459

비비고 바람에 일어 알곡만 모아 갈무리해둔다.

재배 주의사항

사탕수수를 재배하는 데 그다지 큰 어려움은 없다. 병이 만연해 어렵게 하지도 않고 벌레가 한꺼번에 발생해 밭 전체를 못쓰게 만드는 일도 없다. 사탕수수대를 꺾어

털어서 말리기

씹어 먹어보면 어떤 마디는 붉은 색을 띠면서 퍼석거리는 느낌이 든다. 마디 전체에 이런 현상이 생기는 것은 아니고 아랫부분의 일부 마디에서 많이 발생한다. 그러나 추억의 단맛을 보는 데는 아무런 영향이 없다.

재배일지

어릴 때 대를 잘라 쪽쪽 빨아먹던 수수대가 바로 단수수(사탕수수)다. 텃밭을 하면서부터 한번 꼭 심어보려 했지만 종자를 구하기가 만만치 않았다. 그러던 중 인터넷 동호회 회원으로부터 씨앗을 조금 구할 수 있었다. 씨앗을 파종해 싹이 나는 데 시일이 조금 오래 걸리는 편이다. 이는 기온과 밀접한 관계가 있다. 즉, 기온이 조금 높으면 싹이 트는 데 걸리는 시간이 단축된다. 그래서 5월 초순에 씨앗을 심는 것이 좋다.

9월 초에 어느 정도 자란 대를 몇 개 꺾어 정리해 집으로 가져왔다. 껍질을 벗겨서 정리해 접시에 담아두었더니 애들이 성의를 봐서 처음 한 조각 씹고는 슬며시 딴전을 피운다. 단맛이고 뭐고 입안에 생기는 찌꺼기가 싫고 뱉어내는 동작이 싫은 것이다. 집사람과 내가 열심히 씹어 먹고 다음 날 동네 분들에게 조금씩 나누어 주었다. 예전에 단맛이 그리울 때 소중하게 아끼며 하나씩 먹을 때와는 다른 기분이 들어 씁쓸했다. 이제는 추억의 맛으로만 남아 있어야 하는지 모르겠다.

필리핀, 태국의 길거리에서 관광객을 상대로 주스나 음료수처럼 사탕수수 즙을 판매하는 장면이 TV에 자주 나온다. 맛이 시원하고 달다고 하는데 우리도 믹서나 녹즙기에 갈아서 찌꺼기를 걸러내고 음료로 즐기면 어떨까 하는 생각을 해본다.

그래도 밭에서 일하다 하나씩 꺾어 입에 물면 상큼한 단맛이 기분 좋고, 밭에 그냥 둔 수수대에 달린 열매는 겨우내 주변의 새들에게 먹잇감이 되어 더욱 좋다.

산나물 취나물, 머위, 파드득나물, 산마늘, 곰취

예전에는 산에서 나는 나물을 채취해 많이들 먹었지만 요새는 제한을 하고 있다. 산림자원의 무분별한 채취로 인한 멸종을 막으려는 것이다. 그래서 많이 먹는 산나물 중 몇 종류를 가까운 텃밭에 심어두면 수시로 이용할 수 있어 좋다. 대표적인 산나물은 취나물, 머위, 곰취, 산마늘, 파드득나물 등이다. 특히, 취나물과 파드득나물은 겨울의 끝자락이 되면 하우스 재배하는 것이 시중에 나온다. 산나물이 나오는 시기를 보고 계절을 판단하는 시대가 아닌 것 같아 씁쓸하다.

이들 산나물 종류는 한번 심어두면 오랜 기간 밭에 있으면서 뿌리도 커지고, 눈도 많이 늘어난다. 즉, 포기나누기가 가능한 식물이다. 큰 포기를 캐서 눈을 붙여 작은 포기로 나눈 다음 심으면 쉽게 개체수가 늘어난다.

다년생 식물이므로 한곳에서 오랫동안 자리를 차지한다. 주말농장에는 어울리지 않는 종류다. 작은 텃밭이나 마당이 있는 집의 정원수 아래 심어두면 꽃도 보고 나물도 즐길 수 있어 좋다.

1. 취나물 참취

우리나라 산에서 많이 나는 산나물 하면 단연 취나물을 꼽는다. 그만큼 아무 데서나 잘 자라고 이용가치도 높다. 옛날이라고 해도 그리 오래되지 않은 시절, 나물하러 다니던 엄마가 고개를 넘어올 때 아버지께서 지게를 지고 가서 받아오던 나물 보따리가 생각나는 풀이다. 어릴 때부터 친숙하고 눈에 익은 나물이라 어디에 숨어 있어도 쉽게 눈에 띈다. 취나물의 보드라운 잎을 쌈으로 이용하면 각별한 향기를 느낄 수 있다.

2. 머위

산에 접한 논둑이나 밭둑에 무리지어 자라는 나물이다. 봄에는 잎을 뜯어 이용하고 초여름에는 줄기를 수확해 이용하는 전통 나물이다. 쓴맛이 강해 삶아두었다 찬물에 우려내어 쌈이나, 무침용의 나물로 먹는다. 쓴맛이 입맛을 돋운다고 많이 먹는다.

3. 파드득나물

향기가 좋아 요새는 하우스에서 많이 재배하여 아무 때나 파드득나물을 즐길 수 있다. 특히, 봄철에 무쳐서 먹는 파드득나물은 향기가 좋아 돼지고기 구이와 아주 잘 어울린다. 밭 귀퉁이에 몇 포기 심어두면 수시로 베어내어 이용할 수 있다. 봄에는 싱그러운 맛이 일품이고 가을에는 신선한 향기가 좋다. 쌈, 무침, 부침 등으로 이용한다. 데쳐서 쌈으로 이용해도 좋다.

4. 산마늘

흔히 구경하기 힘든 나물로 특정 지역에서만 자란다. 잎사귀를 쌈이나 장아찌 용으로 많이 이용한다. 잎에서 마늘향기가 난다고 하여 산마늘이라 부른다. 잎을 주로 이용하지만 마늘처럼 알뿌리를 이용할 수도 있다.

5. 곰취

오래전부터 생으로 잎을 먹어온 대표적인 산나물이다. 잎사귀가 커서 쌈으로 이용하면 좋다. 주로 강원도 지역에서 자생하며, 요새 재배하는 지역이 점차 늘어나고 있다.

잘 자라는 곳

산나물은 봄에는 햇빛이 비치고 여름에는 그늘이 살짝 드리워지는 활엽수 아래에서 잘 자란다. 밭을 선정할 때 이와 같은 상황이 연출되는 장소를 고르면 적당하다. 즉, 감나무나 호두나무 등의 활엽수 주변에 마땅하게 심을 거리가 없을 때 이들 산나물을 심어두면 좋다. 너무 건조하지 않으면서 적당한 습기를 머금고 그늘이 드리운 장소에 몇 포기의 나물을 심어두면 초가을에는 꽃도 구경하고, 봄에는 나물도 즐기고 유용하게 이용할 수 있다.

모종 및 씨앗 구하기

이들 나물은 다년생이며 뿌리와 씨앗으로 번식이 가능하다. 머위는 씨앗으로 번식이 불가능하며 뿌리를 잘라 심어야 한다. 나머지 나물은 3~4년 이상된 포기를 캐서 나누어 심거나 씨앗을 받아 파종하여 개체수를 늘려나갈 수 있다. 산마늘의 경우는 씨앗과 뿌리를 구하기가 아주 어렵다. 보통의 나물씨앗은 구입이 가능하지만 산마늘은 이를 기르는 농장에서 구입이 가능하다. 그리고 산마늘은 오랜 기간(4~5년) 길러야 뿌리가 늘어나는 성질이 있다.

취나물 씨앗과 뿌리는 손쉽게 구할 수 있다. 봄이 되어 전통 5일장에 가보면 주변의 농사지으시는 분들이 가끔 취나물 뿌리를 장으로 가져온다. 이때 뿌리를 구입하여 심으면 된다. 씨앗은 종묘상이나, 웹사이트를 통해 이른 봄 또는 겨울에 준비하면 된다.

5일장에 나온 취나물 모종

머위 머위 종자용 뿌리를 구하기는 쉽지 않다. 아직 시중에 판매되는 것을 보지 못했다. 시골의 친척집이나 주변에 기르고 있는 분들을 통해 뿌리를 캐서 심어야 한다.

산마늘 모종

파드득나물 파드득나물의 종묘는 아직 전통 5일장이나 주변의 종묘상에서 본 적이 없다. 다만 씨앗은 지역의 종묘상이나, 웹사이트를 통해 쉽게 구할 수 있다. 포장지에는 '개량참나물', '관동미츠바'라고 표기되어 있는 경우도 있다.

곰취 모종

산마늘 아무 데서나 쉽게 구할 수 있는 종류가 아니다. 전문 농가에서 분양하는 모종을 구입하거나, 씨앗을 구해서 심어야 한다. "산마늘, 산마늘 모종" 등을 검색어로 입력하면 인터넷에서 분양하는 농장을 찾을 수 있다.

곰취 산마늘과 마찬가지로 재배농가에서 분양하는 뿌리를 구해서 심던지, 판매하는 씨앗을 구해 심는다. 인터넷 검색을 통해 판매용 모종을 살 수 있다. 그래도 아직까지는 씨앗을 구하기 쉽지 않은 나물에 속한다.

취나물

- 분류 : 국화과
- 분포지역 : 한국, 중국, 일본 등에 자생
- 특징 : 비옥하고 약간 그늘진 곳을 좋아함
  여러해살이풀. 뿌리와 씨앗으로 번식
  씨앗은 휴면성이 있음
- 역사 : 자생식물임

재배시기

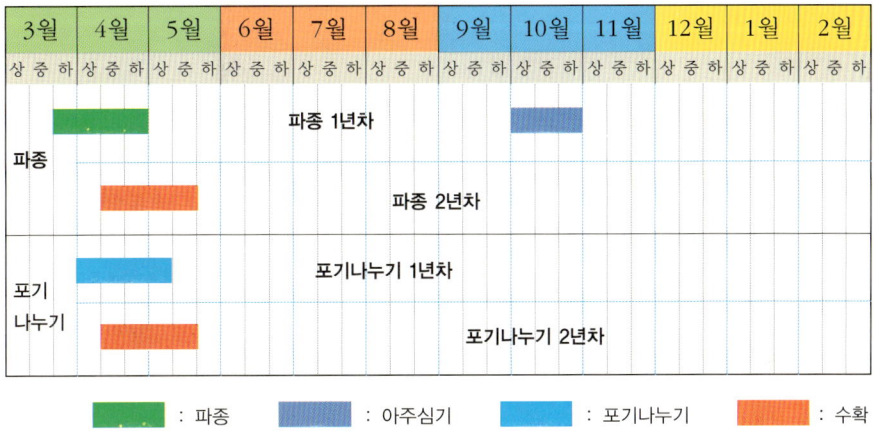

산나물의 대표격인 취나물은 재배하는 것이 아니고 산에서 채취해 이용하는 나물이다. 주로 봄에 채취해 데쳐서 말리기도 하고, 그냥 나물로 이용하기도 했다. 뿌리를 구해 3월 말에서 4월에 걸쳐 심든지 씨앗을 파종한다. 파종하면 수확까지 2년을 기다려야 한다.

밭 준비

봄에는 햇빛이 잘 들고 여름에는 그늘이 지는 활엽수(감나무, 밤나무 등)아래, 약간 습기가 있는 장소를 선택한다. 비옥한 곳에서 자란 나물이 잎도 크고 보드랍다.

뿌리 심기

취나물 뿌리는 이식성이 좋아 아무렇게나 심어도 잘 자란다. 심을 때는 20cm 이상의 간격을 유지하고, 심는 깊이는 돋아난 싹 또는 잎이 노출되는 정도로 심으면 된다. 너무 깊게 심지 않도록 한다.

씨앗 심기

씨앗은 가을에 뿌려도 되지만 이듬해 봄에 돋아나는 풀을 관리하기 어려워 되도록이면 봄에 씨앗을 뿌려 가꾸는 편이 유리하다. 모종 밭을 만들고 20cm 줄 간격으로 1cm마다 하나의 씨앗이 놓이게 파종한다. 씨앗이 작아 골고루 파종하는 것이 여간 어려운 것이 아니다. 흩어 뿌려도 되지만 나중에 관리할 것을 생각해서 줄뿌림하는 것이 좋다. 파종은 3월 말이나 4월 초에 한다.

취나물 새싹, 4월 초

취나물 씨앗은 휴면기가 있으므로 파종 전에 물에 적셔 2℃ 정도의 냉장고에 15일 정도 지난 후 파종해야 한다. 그래야 휴면을 깨고 싹을 틔울 수 있다.

잘 자라는 취나물, 5월 초

자라는 모습

취나물은 한겨울이 되면 휴면상태로 접어든다. 즉, 추워지면 동면 상태에 접어들었다 날씨가 풀리면 잠을 깨어 새싹을 키우는 종류의 나

취나물꽃, 9월 초

물이다. 일찍 키울 욕심으로 온도를 높여도 어느 정도 시간이 지나야 새싹이 돋아나는 특징이 있다.

취나물은 6월이 되면 꽃대를 조금씩 성장시키다 7월에는 1m 정도까지 키가 자란다. 8월 말부터 꽃을 피우기 시작해 9월이면 흰 꽃이 절정에 이른다. 그러다 10월이 되면 씨앗이 영글고 날개를 단 씨앗이 하나씩 바람에 날려 멀리까지 이동한다. 씨앗이 날리기 전에 모아두었다 뿌리면 새로운 취나물을 얻을 수 있다.

취나물 씨앗, 11월 초

수확

취나물이 자라나면 칼이나 낫 등으로 밑동을 베어 수확한다. 수확시기는 지역과 기온에 따라 많이 달라진다. 나는 4월 말과 5월 중순에 각각 수확한다. 그때 외에는 보드라운 잎을 수시로 뜯어 쌈으로 이용하고 있다. 봄상추가 돋아나기 전에 취나물 잎을 뜯어 쌈으로 이용하면 별미를 느낄 수 있어 좋다. 조금 까칠하지만 진한 산나물의 향기를 느낄 수 있다.

취나물은 보통 세번 정도 수확이 가능하다. 그래도 맨 처음 수확할 때가 가장 맛이 좋고 향기도 진하다. 6월이 되면 자라는 잎도 억세지고 향기도 점차 옅어진다.

보드라운 잎을 수확한다.

수확하여 이용할 때, 5월 초

퇴비와 깻묵을 뿌린 모습, 4월

취나물밭의 풀, 7월

웃거름주기 및 풀 관리

취나물 싹이 돋아나기 전인 3월 말경에 주변에 돋아난 겨울풀을 정리하고 퇴비와 깻묵을 한주먹씩 준다. 주는 요령은 밭이 큰 경우는 전체에 흩뿌려주고 몇 포기를 기르는 경우는 호미로 취나물 포기의 주변을 조금 긁어내고 퇴비와 깻묵을 넣고 흙을 덮어둔다. 퇴비를 조금 주면 이후에 돋아나는 나물의 잎이 두텁고 부드러워진다.

한곳에 오랜 기간을 머무는 나물의 특성상 관리의 핵심은 주변에 돋아나는 풀을 얼마나 잘 정리하느냐에 달려 있다. 특히, 취나물은 어릴 때 수확을 해야 하므로 풀과의 경쟁에서 아주 불리하다. 이 불리함을 노력으로 보상해야 하는 어려움이 있다.

취나물을 수확하는 시기가 풀의 성장기이므로 취나물을 두 번 정도 수확하고 나면 나물밭이 거의 풀밭이 돼버린다. 풀이 덜 나는 시기에 자주 관리를 해서 취나물이 풀에 완전히 싸여버리지 않게 해야 한다.

재배 주의사항

취나물은 특별하게 주의할 사항이 없다. 병이나, 벌레 등에 아주 강하다. 다만 밭에서 기를 때는 주위에 돋아나는 풀을 어떻게 관리하는가가 성공을 좌우한다. 풀이

꽃대를 키우는 취나물

어릴 때는 자주 매주어 덜 나게 하고, 풀이 자랐을 때는 자주 풀을 뽑아주어 씨앗이 떨어지지 않게 해준다.

취나물의 뿌리가 튼튼하게 자라게 하려면 5월 말 이후에 돋아나는 줄기를 잘라주면 좋다. 그러면 꽃을 볼 수 없고, 씨앗을 받을 수 없어도 뿌리는 튼튼하게 자라 이듬해 돋아나는 튼실한 잎을 얻을 수 있다.

꽃대를 제거한 취나물

머위

- **분류** : 국화과
- **원산지** : 불분명
- **재배지역** : 한국, 중국, 일본 등에 자생
- **특징** : 다습하고 약간 그늘진 곳을 좋아함
  다년생 식물. 뿌리에 의해 번식
- **역사** : 자생식물임

재배시기

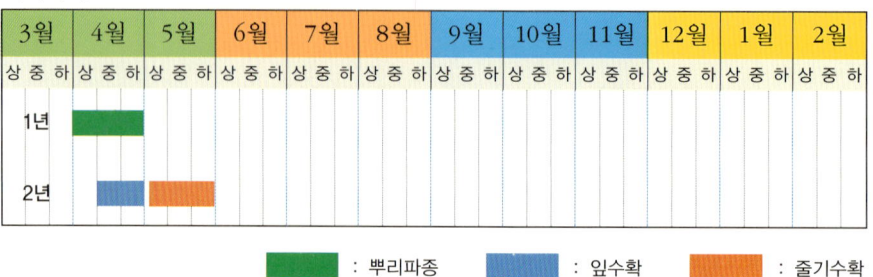

■ : 뿌리파종   ■ : 잎수확   ■ : 줄기수확

*2년차 이후는 계속 같은 시기에 수확이 가능하다.

머위는 재배하는 채소가 아니고 산자락이나, 밭둑에 자라는 것을 채취하여 이용하는 채소다. 따로 기른다는 생각을 버리고 빈 땅에 조금 심어두면 봄에 입맛을 돋우는 채소로 훌륭하다. 주변의 밭둑이나 산자락에 자라는 머위를 몇 포기 캐서 뿌리에 눈을 붙여 심어두면 된다. 심는 시기는 3월 말에서 4월까지가 좋다. 심어두면 이듬해 봄부터 이용할 수 있다.

장소 고르기

야생의 머위는 약간 그늘지고 습한 지역에 많이 자라는 것을 볼 수 있다. 밭에 이와 같은 환경이 있으면 머위를 심어두면 좋다. 활엽수의 나무 밑이나, 그늘이 조금 지는 밭둑에 마땅히 심을 거리가 없었다면 머위가 적당하다. 습기 많은 곳을 좋아하지만 뿌리가 물에 잠기면 습해를 입으므로 물이 고이지 않아야 한다.

머위 심기

캐낸 머위 뿌리에 눈을 붙여 15~20cm 길이로 자른다. 준비된 머위 뿌리를 50cm 간격으로 심는다.

따로 거름을 넣거나 밭을 일구고 하는 준비를 하지 않아도 된다. 심는 깊이는 3cm 정도 흙이 덮이도록 한다. 뿌리 사이에 돋아나는 줄기나 잎이 있을 때는 이를 노출시켜주어야 한다. 옆은 시골의 친척집에서 얻어온 머위 뿌리다. 캐낼 때는 굵은 뿌리가 덜 상하게 해야 한다. 너무 잘게 캐내지 말고 길이가 15~20cm 이상이 되도록 한다. 캐낸 당일 심는 것이 좋으나, 부득이 2~3일 지나서 심을 수밖에 없을 때는 습기를 유지해서 보관해야 한다.

캐낸 머위 뿌리

자라는 모습

봄이 되면 실한 포기에서는 꽃망울이 올라오기 시작한다. 그러다 여기저기서 잎이 한두 개 나온다. 겨울의 혹독한 추위를 아무런 도구도 없이 온몸으로 버티나 봄이 되면 급하게 자란다. 뿌리가 약하거나 옮겨 심은 지 1년이 지난 포기는 잎을 수확하지 말고 가만히 두면 줄기가 더 많이 번식을 한다. 아주 심고 2년이 지난 후부터 수확을 하는 것이 개체 수 늘리기에 유리하다.

봄의 머위 꽃대와 잎

봄의 머위

두 뿌리가 1년 지난 모습

초여름의 머위

수확

머위는 봄에 돋아나는 연한 잎을 수확하지만 조금 더 지나 4월 말이나 5월에 머위 대를 수확하기도 한다. 그리고 이른 봄에 올라오는 꽃대에 매달린 봉오리를 이용하기도 한다. 수확한 잎은 데쳐서 물에 담가 쓴맛을 조금 우려내고 먹기도 하고, 쓴맛이 봄철에 입맛을 돋운다하여 그냥 이용하기도 한다. 머위 대는 나물이나 국거리 등으로 이용한다. 머위 대에 붙어 있는 질긴 줄기를 벗겨내고 쓴다.

4월 중순

5월 말의 머위 대

웃거름주기 및 풀 관리

머위가 자라는 둑에 따로 거름을 주지 않아도 된다. 봄에 어린잎을 수확한 후 머위가 20~30cm 높이로 자랐을 때 짚이나 마른 풀 등을 깔아주면 퇴비로도 쓰이고 풀이 덜 나게 하는 장점도 생긴다. 땅이 너무 척박하거나 메마른 경우에는 깻묵이나 퇴비를 머위 줄기 사이에 흩뿌려주면 좋다. 조금 더 거름을 잘 주려면 머위 줄기 사이의 흙을 조금 긁어내고 퇴비와 깻묵을 넣고 흙을 덮어 두면 아주 효과가 좋다. 이때 작은 머위가 돋아나는 곳이나 머위 뿌리가 엉겨 있는 곳은 피해야 한다. 머위를 처음 심은 곳에는 아직까지 머위의 밀도가 높지 않아 여러 가지 풀이 많이 자라게 된다. 이때는 머위가 풀에 파묻히지 않게 풀을 베어 그 자리에 깔아준다. 몇 년이 지나 머위가 우거지고 잎이 그늘을 만들면 그다지 많은 풀이 나지 않아 관리하기가 수월해진다.

머위 사이에 거름주기

풀과 같이 자라는 머위

재배일지

우리 고향 누구네 논둑, 밭둑, 집 뒤를 가도 가득히 나서 봄에 미각을 돋우어주는 나물이다. 밭을 시작하면서부터 길러보려고 무지하게 노력했는데 잘 안 되었다. 시장에 가도 종묘를 팔지 않아 구하기 힘들고, 들이나 산모퉁이에 있는 남의 머위를 캐다가 심기에는 같이 농사를 짓는 입장에서 양심이 허락하지 않았다. 물론 나도 밭둑에 자라는 남의 집 머위를 몇 포기 캐다가 심으려고 마음먹은 적도 있었다. 그렇지만 실행하기 어려운 문제였다. 그러던 중에 우연히 장모께서 아는 사람이 몇 포기 캐주었다고 머위를 가져다주셨다. 처음에는 세 포기 정도이던 것이 한 해가 지나면서 여러 포기로 늘어났다. 그러면서 꽃도 피어나서 즐거움을 더해주었다. 두 해가 지나면 나물을 해먹을 만큼 늘어날지도 모른다는 기대를 해본다.

머위는 약간 그늘이 있어도 잘 자라고, 땅이 조금 척박해도 무리 없이 잘 자란다. 우리 밭의 경우는 경사진 둑에 머위를 심었다. 땅이 상당히 척박한데도 번식을 하고 대궁을 키우고 꽃도 피운다.

　겨울에 주변의 낙엽이나, 마른풀 등으로 두텁게 피복해주면 이듬해 머위 포기 주변에 다른 풀도 덜 나고, 피복물이 거름으로 이용되어 좋다. 주말농장에는 권하고 싶지 않은 작물이다. 한 번 심으면 몇 년을 두고 관리를 해야 하고 번식도 만만찮고 해서 텃밭의 경계부나 둑, 반그늘이 지는 곳 등 마땅히 다른 작물을 심을만한 조건이 안 되는 장소에 심어두기 좋은 작물이다.

　머위의 번식은 뿌리를 통하여 이루어진다. 봄철에 뿌리를 캐내어 15cm 정도로 잘라 심고 복토는 3~4cm 해두면 된다. 뿌리가 발달하면 아들뿌리, 손자뿌리가 생기고 이들의 끝부분에서 줄기가 올라와 자란다. 그러므로 보통의 텃밭에는 따로 번식을 위해 노력을 기울일 필요가 없다. 그냥 키우다 보면 절로 번식한다.

　예전에 아버지께 머위 몇 포기를 심었다고 하니 "밭을 버리려면 머위를 심어라" 하고 한 마디 하셨었다. 머위를 심고 3년이 지나니 그 말이 이해가 가기 시작했다. 3년 전에 세포기로 시작한 머위가 이제는 포기가 아니라 둑 전체를 감싸 안을 만치 늘어나 있다.

　머위는 어린잎을 채취하여 데친 후 찬물에 하루 정도 우려내 떫은맛이 줄어들면 이용한다. 머위의 떫은맛을 즐기려면 데친 후 바로 쌈이나 나물로 이용하면 된다. 줄기는 데쳐서 나물로 먹거나 탕을 끓일 때 이용한다.

파드득나물

- **분류** : 미나리과
- **분포지역** : 한국, 중국, 일본 등에 자생
- **특징** : 비옥하고 약간 그늘진 곳을 좋아함
  여러해살이풀
  뿌리와 씨앗으로 번식
- **역사** : 자생식물임

재배시기

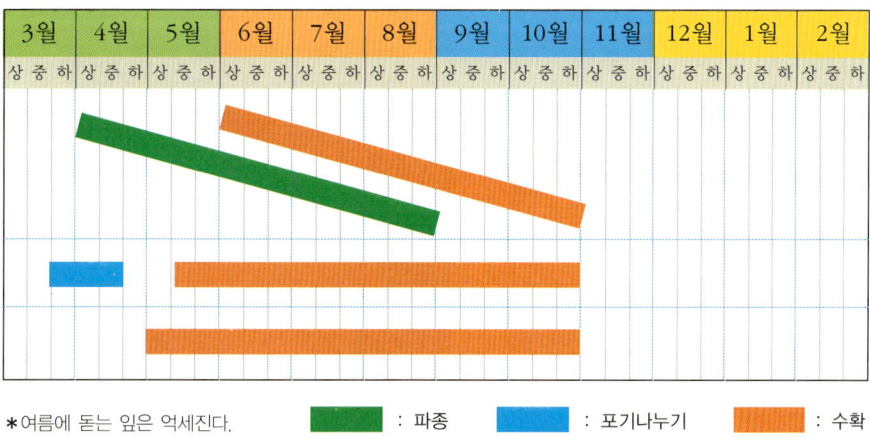

*여름에 돋은 잎은 억세진다. ■ : 파종   ■ : 포기나누기   ■ : 수확

파드득나물은 그다지 알려지지는 않았지만 맛과 향이 좋다. 기온이 높아지는 4월 이후에는 수시로 파종해 이용할 수 있다. 3월 말에서 4월에 걸쳐 뿌리를 구하여 심던지 씨앗을 파종한다. 파종 후 수확까지 난 2개월이면 충분하다. 포기가 늘어나면 포기나누기를 해도 잘 자란다.

밭 준비

파드득나물은 수분이 잘 유지되면서 약간 그늘지는 곳이 좋다. 아니면 수시로 물을 줄 수 있는 장소를 선정한다.

포기나누기

주변에 파드득나물을 기르는 곳이 있으면 몇 포기 얻어다 심는다. 취나물과 마찬가지로 이식성이 좋으므로 아무렇게나 심어도 잘 자란다. 심을 때는 10cm 간격에 한 포기씩 심는다. 간격이 좁으면 줄기와 잎이 연하게 자라므로 조금 조밀하게 심는다. 심는 깊이는 돋아난 잎이 노출될 정도로 하고, 심은 다음 물주는 것을 잊어서는 안 된다.

씨앗 심기

파드득나물은 4월에서 8월까지 아무 때나 파종이 가능하다. 처음 파종시기는 8월이 적당하다. 8월 이후에 돋아나는 풀이 단순하고 정리하기도 쉽기 때문이다. 파드득나물은 수시로 이용하는 나물이므로 눈에 잘 띄면서 그늘진 장소가 적당하다.

파드득나물 새싹, 파종 3주

물 주기 편한 장소를 선정하는 것이 좋다. 씨앗은 20cm 줄 간격으로 2~3cm마다 하나의 씨앗이 놓이게 파종 한다. (흩어 뿌려도 되지만 관리를 위해 줄뿌림하는 것이 좋다.)

자라는 파드득나물, 파종 4주

자라는 모습

파드득나물은 10월 말까지는 푸른 잎을 보여주다 이후 기온이 영하로 내려가면 잎과 줄기가 말라버린다. 그러다 2월 말이 되면 싹을 키우고 다시 생명활동을 활발

파드득나물 새싹, 2월 말

하게 시작한다. 5월 이후에 줄기를 키우다 6~7월에 흰 꽃을 피우고 씨앗을 남긴다. 씨앗은 8~9월에 완전히 익어 까만 색깔을 띠면서 줄기에 영글어 있다. 이 씨앗을 받아서 다시 파종하면 새로운 파드득나물을 기를 수 있다. 씨앗이 모두 영글고 난 이후 줄기와 잎을 베어내면 다시 보드라운 잎이 자란다.

잘 자라는 모습, 4월 중순

수확

파드득나물이 자라면 수시로 수확하여 이용한다. 파종 후 2개월이면 완전히 자라므로 이후부터는 베어내고 기다리면 다시 싹이 돋아난다. 봄에 돋아나는 보드라운 잎줄기와 가을에 돋아나는 줄기가 상큼하니 맛이 제일 좋다. 늦은 봄부터 초가을까지는 다소 억센 잎줄기를 이용해야 한다.

파드득나물, 5월 초

주의사항 파드득나물의 꽃도 관찰하고 씨앗도 받아 두려면 모두 잘라내지 말고 귀퉁이의 몇 포기는 그대로 둔다. 그러면 줄기를 키워 꽃을 피우고 씨앗을 남긴다.

파드득나물꽃, 7월 중순

이용하기 파드득나물의 순이 연하게 자라는 5월과 9월에는 생으로 무침이나 쌈으로 이용하고 조금 억세게 자라면 삶아서 나물로 이용하면 좋다. 한꺼번에 많은 양을 수확하면 삶아서 냉장고에 넣어두고 이용한다.

웃거름주기 및 풀 관리

씨앗을 파종해 자라는 초기, 주변에서 자라는 풀과의 경쟁이 심하다. 그래서 봄에 새싹이 돋아날 때 주위에서 같이 자라는 풀을 수시로 정리해주어야 한다. 수확할 때 밑동을 바짝 자르면서 주변의 풀을 정리해 주는 것이 요령이다. 파드득나물은 한 번 자라게 되면 오랜 기간 같은 장소에서 길러야 한다. 그러므로 수시로 퇴비와 깻묵을 넣어주어 잎줄기가 잘 자라도록 해준다. 퇴비가 부족하면 잎이 억세게 자라기도 하고 색깔이 좋지 않게 된다. 한여름에는 이용하지 않더라도 잘라내고 웃거름을 조금 주면 이후에 자라는 잎은 연해진다.

재배 주의사항

별다른 주의사항이 없으며, 수시로 주변에 돋아나는 풀을 정리해주고 8월에 줄기를 모두 잘라주면 가을에 연한 파드득나물을 맛볼 수 있다. 파종 후 시일이 지나면 포기가 늘어나 복잡하게 된다. 이때는 복잡한 부분의 뿌리를 솎아내면 된다.

산마늘

- **분류** : 백합과
- **분포지역** : 한국, 중국, 일본 등에 자생
  고산지대, 울릉도에 분포
- **특징** : 비옥하고 약간 그늘진 곳을 좋아함
  여러해살이풀. 뿌리와 씨앗으로 번식
- **역사** : 자생식물임

재배시기

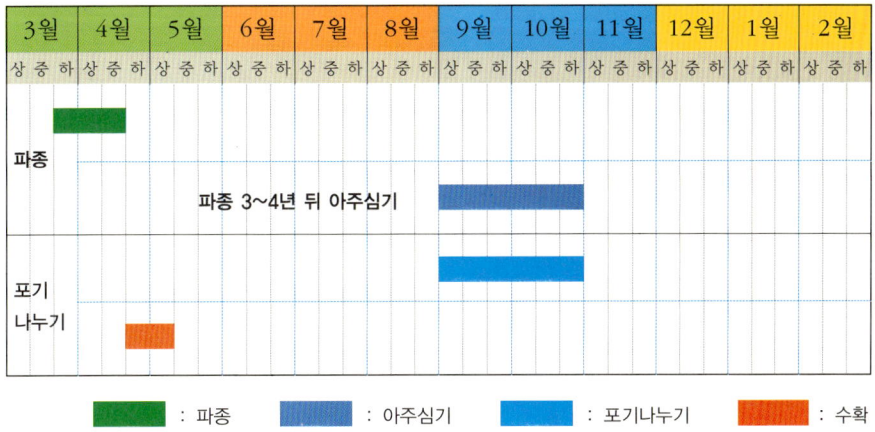

: 파종   : 아주심기   : 포기나누기   : 수확

 산마늘은 서늘한 고산지대에 자생하는 산나물로 잘 알려져 있지 않다. 파종하여 수확하기까지 3~4년이 걸리는 작물이다. 씨앗은 가을 또는 봄에 파종한다. 포기나누기는 휴면기에 들어가는 9~10월이 적당하다. 잎이 좁은 깅원도 신마늘과 잎이 넓은 울릉도 산마늘이 있다.

밭 준비

 산마늘의 고향은 고산지대의 그늘이 지는 장소이므로 이와 유사한 곳을 골라야 한다. 봄에는 양지바르고 여름에는 그늘이 드리우는 시원한 장소를 고른다.

산나물 **479**

모종 구하기

판매하는 산마늘 모종은 두 종류로 나뉜다. 씨앗을 파종하여 3년 정도 기른 모종과 4년 이상된 알뿌리를 포기나누기하여 생기는 모종이다. 산마늘 씨앗은 아직까지 시중에서 판매되지 않고 있다. 전문 농장에서 씨앗을 판매하기는 하지만 양이 많고 가격도 상당히 비싼 편이다. 아직 대중화되지 않아 씨앗이나 모종 구하기가 만만치 않다.

3년생 산마늘 모종

4년 이상된 산마늘 모종

산마늘 심기

주문한 산마늘 모종이 도착하면 포장을 조심스럽게 풀고 내용물을 확인한다. 수분유지를 위해 조심스럽게 포장되어 있다. 배달된 직후 바로 심을 형편이 되지 않으면 스프레이 등으로 물을 조금 더 뿌려준 후 포장을 닫아 마르지 않도록 갈무리한다. 모종은 크게 두 가지로 구분된다. 씨앗을 파종하여 모종으로 만든 경우와 여러 개의 알뿌리가 엉겨 있는 4~5년된 모종으로 나눌 수 있다. 알뿌리가 뭉치로 된 모종은 4~7개씩 나누어 심는 것이 좋다. 포기 간격은 25cm 정도를 유지하고 심는 깊이는 모종으로 자랄 때 심겨진 정도로 한다. 알뿌리는 꼭지가 2~3cm 묻히게 심는다.

자라는 모습

산마늘은 보통 밭에서는 잘 자라지 못하는 편이다. 산지나 고랭지농업이 이루어지는 곳이 적당하다. 보통의 텃밭에서는 7월이 되면 잎이 마르면서 자취를 감춘다. 그러나 2월 말이 되면 다시 싹이 돋아나 자라기 시작한다.

산마늘 순, 2월 말 　　　　　　　　　　　　　산마늘, 3월 말

산마늘 꽃대 　　　　　　　　　　　　　　　산마늘꽃

　심어둔 산마늘은 해를 거듭함에 따라 뿌리가 늘어나 잎이 점점 늘어난다. 잘 자라는 포기는 꽃대를 세우고 꽃을 피운다. 이 꽃을 잘 관리하여 씨앗을 받아 심어도 된다.

　위의 사진은 3년된 강원도 산마늘 모종을 심은 것인데 2년 지나 꽃대를 키우고 꽃을 피웠다. 3년된 보송을 100포기 심었는데 반 이상이 없어지고 그중에 한 포기가 꽃을 피운 모습이다. 다음해에는 알뿌리가 많이 늘어나 꽃도 많이 필 것으로 기대해 본다.

수확

　산마늘은 모종을 심고 뿌리가 충분히 자라야 수확할 수 있다. 보통 3년 정도 자라야 잎이 두장 이상 자란다. 잎이 2~3장 생기면 1장만 수확하고 나머지는 붙여 두는 게 요령이다. 그래야 나머지 잎이 성장해 이듬해 다시 잎을 키울 수 있다.

참고사항 산마늘을 심은 2~3년은 수확을 하지 말고 알뿌리의 충실을 기한 후 알뿌리가 여러 개로 늘어나고 잎이 무성하게 자라면 그때 수확하는 것이 좋다.

웃거름주기 및 풀 관리

산마늘은 모종을 심고 같은 장소에서 오랜 기간 재배해야 한다. 이 경우 같이 자라는 풀이 가장 문제다. 특히, 산마늘의 잎은 여름이 지나면 마르므로 주변의 풀이 자라는 것을 막아주지 못한다. 그래서 가을에 돋아나서 겨우내 자라는 별꽃, 망초 등의 풀이 우거져 힘들게 하므로 산마늘의 잎이 말라 있어도 수시로 풀을 정리하는 노력이 필요하다. 웃거름은 이른 봄 새싹이 돋아나는 시기와 여름 장마가 끝난 후에 산마늘 포기 주변의 흙을 조금 긁어내고 퇴비를 넣고 덮어 둔다.

산마늘밭의 겨울풀, 1월 말

산마늘밭의 봄풀, 5월 말

재배 주의사항

주변에 자라는 풀을 수시로 정리하는 노력이 필요하고, 그늘이 잘 드리워지지 않으면 차광망을 설치해주어야 한다. 수확할 때 잎을 모두 뜯어내지 말고 몇 장을 붙여 두어야 한다. 잎이 두 장이면 1장만 뜯어내는 수확을 하고 3장 이상이면 2장 정도를 남겨두고 수확해야 나머지 잎으로 알뿌리에 영양을 담아둔다. 모종을 심고 3~4년이 지나면 산마늘의 알뿌리가 우거져 포기를 나누어 다시 심어야 한다.

곰취

- **분류** : 국화과
- **분포지역** : 한국, 중국, 일본 등에 자생
  고산지대의 습지에 분포
- **특징** : 비옥하고 그늘진 곳을 좋아함, 여러해살이풀
  포기나누기와 씨앗으로 번식
  씨앗은 휴면성이 있음
- **역사** : 자생식물임

곰취는 서늘한 고산지대에 자생하는 산나물로 잘 알려져 있지는 않다. 파종하여 수확하기까지 2~3년이 걸리는 작물이다. 씨앗은 가을 또는 봄에 파종한다. 포기나누기는 휴면기에 들어가는 10월 이후나 새순이 돋아나기 직전인 3~4월이 적당하다. 곰취는 생으로 먹을 수 있는 산나물이라 이용가치가 더욱 높다.

주의사항 곰취 씨앗은 휴면기가 있다. 그러므로 씨앗을 채종하면 반드시 서늘한 (5°C 이하) 곳에 일정기간(15일 이상)보관 후 파종한다. 그래야 싹을 틔울 수 있다.

밭 준비

고산지대의 습기가 있는 그늘진 장소가 곰취의 자생지다. 그래서 습기가 충분하고 햇빛이 덜 드는 곳에서 길러야 한다. 아니면 인위적으로 차광망을 씌워 햇빛을 어느 정도 차단해준다. 비옥한 장소가 좋으므로 밑거름으로 깻묵과 퇴비를 충분히 주고 2~3주 후 모종을 심는다.

주의사항 햇빛이 잘 들고 기온이 높은 건조한 곳에서 자라면 곰취 잎이 오그라든다.

모종 및 씨앗 구하기

아직까지 씨앗이나 모종이 일반화되어 있지 않다. 씨앗이나 모종을 판매하는 곳이 거의 없어 전문 농가에서 모종이나 씨앗을 주문해 재배해야 한다. 나는 인터넷으로 검색한 끝에 강원도의 어느 농장으로부터 아주 어렵사리 모종을 구입하여 재배하고 있다. 최근에는 웹사이트 등을 통해 판매하는 씨앗을 구할 수 있지만 아직은 어려운 편이다.

파종 후 자라는 모습

취나물에 비해서 아주 취약하게 자란다. 아마도 장소가 적당하지 않아서 그렇지 않을까 싶다. 해발고도가 100m를 넘지 않고, 햇빛도 어느 정도 들고, 습기를 보존하는 밭이 아니라서 7월 이후가 되니 새싹이 마르고 잎이 오그라든다.

곰취 떡잎, 파종 5주

곰취 모종 자라는 모습, 7월 초순

모종심기

주문한 곰취 모종이 도착하면 포장을 조심스럽게 풀고 내용물을 확인한다. 수분을 잘 유지하라고 조심스럽게 포장되어 있다. 배달된 직후 바로 심을 형편이 되지 않으면 스프레이 등으로 물을 조금 더 뿌려준 후 포장을 닫아 마르지 않도록 갈무리한다. 심을 때는 포기 간격을 사방 20cm 정도로 유지하고 심는 깊이는 모종으로 자랄 때 심겨진 정도로 한다.

곰취 모종

곰취 심은 모습

자라는 모습

자라는 시기는 취나물과 아주 흡사하다. 3월 말에 싹이 돋아나서 4월 초 또는 중순이 되면 수확하여 이용할 만큼 자라는 것도 비슷하다.

7월 이후의 긴 장마와 무더위에 많이 힘들어 한다. 그러다 일부는 잎이 마르면서 겨울을 준비한다. 그늘이 지는 시원한 곳에 심어야 하는데 해가 약간 강하게 드는 밭이라 꽃대도 키우지 못한다. 다음 해에는 뿌리를 키워 꽃을 피울지 기다려본다.

곰취 새싹, 3월 말

곰취 자라는 모습, 4월 초

4월 말

말라가는 곰취잎, 8월 중순

수확

곰취는 드물게 생채로도 먹을 수 있는 산나물이다. 물론 데쳐서 먹거나, 묵나물로 이용하는 방법도 있다. 곰취잎이 어느 정도 자라는 4월 말에서 5월에 걸쳐 잎줄기를 뜯거나 낫으로 밑동을 베어 수확한다. 5월 중순 이후에 자라는 잎은 억세고 쓴맛이 강하게 들어 나물로 이용하기 어렵다.

웃거름주기 및 풀 관리

풀은 취나물, 산마늘과 마찬가지로 수시로 정리해주어야 한다. 상추 등의 채소는 계절별로 갈아엎고 다시 기를 수 있지만 여러해살이 산나물은 그렇지 못하므로 더욱 힘들다. 풀뿌리와 줄기가 이들 산나물의 뿌리를 움켜쥐고 있으면 아주 성가시다. 하나하나 손으로 정리하려면 많은 시간이 필요하다.

웃거름은 이른 봄 새싹이 돋아나는 시기와 여름 장마가 끝난 후 곰취 포기 주변의 흙을 조금 긁어내고 퇴비를 준다. 그리고 늦가을에 잎과 줄기가 마르면 위에 퇴비를 조금 뿌려주고 여유가 되면 낙엽 등의 자연 피복물로 덮어두면 풀도 덜 나고 이듬해 습기유지에도 좋다.

재배 주의사항

주변에 자라는 풀을 수시로 정리하는 노력이 필요하다. 그늘이 없다면 차광망을 설치해주어야 한다. 서늘하고 습기가 많은 고산 지대의 그늘진 곳에 자연스럽게 자라는 산나물이라는 사실을 기억하고 이와 유사한 환경을 만들어주어야 한다.

봄나물
냉이, 벼룩나물, 돌나물, 왕고들빼기, 두릅

봄이면 들판에서 돋아나는 신선한 나물을 뜯는다. 봄나물하면 왠지 달래, 냉이, 씀바귀가 생각나는데, 어릴 때 부르던 노래가사에 "달래, 냉이, 씀바귀" 하는 구절이 떠올라서 그런가 보다.

들에 산에 나는 봄풀은 거의 먹어도 되는 것들이다. 싹이 돋아나는 지칭개, 뽀리뱅이, 망초, 명아주, 벼룩나물, 쇠별꽃 등 나물이 안 되는 것이 없다. 그중에 냉이, 왕고들빼기, 벼룩나물, 돌나물, 두릅은 누구나 좋아하는 나물로 생활에 활력을 준다.

밭을 몇 년 하다보면 봄, 여름, 가을, 겨울 계절별로 자라는 풀의 모습이 다르다는 것을 알 수 있다. 봄에는 바랭이, 강아지풀, 질경이 등이 새롭게 나타나고, 여름이 되면 까마중, 망초 등이 등장한다.

가을이면 냉이, 벼룩나물, 별꽃이 모습을 드러내고, 겨울이면 지칭개, 달맞이꽃이 나타나 메마른 겨울을 지킨다. 이런 풀들은 모두 식용 또는 약용으로 이용하는 것들인데 봄에 보드라운 순을 따서 나물로 이용해도 좋다.

봄나물

냉이 나싱게

누구나 냉이를 알고 있지만 들판에서 자라는 풀 중에 냉이를 구분하는 사람은 그리 많지 않다. 나는 텃밭을 하다보니 자연스럽게 냉이를 구분할 수 있었다. 시골에 살면서 나물을 뜯으러 다니는 할머니, 누나의 보조를 오래도록 했음에도 냉이를 몰랐다. 마흔이 다 되어서야 겨우 구분할 수 있었다. 달래는 특징이 분명하고 오래전부터 많이 캤던 터라 알고 있었다. 충청도 지역에서는 '나싱게'라고도 부른다. 냉이는 서늘한 기후를 좋아한다. 늦가을부터 싹을 틔워 이른 봄에 재빨리 자라고 다른 작물이 성장하기 전에 씨앗을 뿌리고 생을 마감한다. 가을에 작은 싹을 틔우고 겨우내 땅에 바짝 엎드려 추위를 이긴다. 추위가 조금 주춤하면 어느새 자라나 꽃대를 세우고 씨앗을 남긴다. 냉이는 잎줄기뿐만 아니라 뿌리도 좋은 나물이 된다. 냉이는 뿌리가 끊어지지 않게 캐는 것이 좋다.

캐는 시기

가을에 돋아나는 냉이는 또 다른 별미다. 밭을 일구다 눈에 띄는 작은 냉이를 조금 캐서 국거리, 된장, 무침용으로 이용하면 아주 그만이다. 늦가을부터 4월 초순까지는 냉이를 이용할 수 있다. 그러나 4월이 깊어가면 냉이는 나물로써의 가치를 상실한다. 4월 중순 이후에 자라는 냉이는 고유의 향기를 잃어 식용 가치가 없어진다.

자라는 모습

냉이는 늦가을에 싹을 틔워 겨우내 조금씩 자라다 봄이 되면 빠르게 성장한다. 3월부터 꽃을 피우고 4월이면 씨앗이 영글어 떨어진다. 늦게 자라는 냉이는 6월에야 씨앗을 맺는다. 겨울에 땅이 얼지 않으면 냉이를 캘 수 있다. 특히 겨울비가 내린 직후 밭에 들르면 냉이향을 느낄 수 있다.

겨울에도 자라는 냉이, 12월

냉이꽃, 4월

번식 방법

냉이는 워낙에 작은 씨앗을 사방으로 흩뿌려 따로 번식을 위해 노력을 하지 않아도 된다. 그래도 새로운 장소에 냉이를 자라게 하려면 4월 말, 5월 초에 냉이를 뿌리째 뽑아 잘 말린 다음 씨앗을 뿌리고자 하는 곳에 툭툭 치면서 다니면 씨앗이 떨어져 가을부터 냉이를 볼 수 있다.

냉이 씨앗 꼬투리, 5월

벼룩나물

이것도 나물인가 할 정도로 보잘것없어 보인다. 작은 뭉치처럼 보이는데 시장에서 할머니들이 조금씩 손질하여 팔고 있는 것을 보면 나물인 것은 틀림없다. 벼룩나물은 손질하기가 무척 힘들다. 뭉쳐서 자라기 때문에 안에 들어 있는 흙 등의 이물질을 빼내는 작업이 만만찮다. 그리고 사이사이 말라 있는 줄기나 잎을 정리하는 것이 여간 성가신 일이 아니다. 내가 어릴 때는 벼룩나물을 캐서 생으로 무쳐 먹기도 하고 달래와 같이 된장찌개에 넣어 먹기도 한 기억이 있다. 아무 데서나 잘 자라지만 나물로 이용할 만큼 깨끗하게 자라는 곳이 드문 편이다.

자라는 모습

벼룩나물도 냉이와 비슷하게 자란다. 특성도 아주 비슷하다. 가을에 싹이 나서 조금 자라다 겨우내 죽은 듯이 있다. 그러다 봄이 되면 재빨리 성장해 꽃을 피우고 씨앗을 남긴다. 봄이 깊어가면 씨앗을 남기고 줄기를 말리면서 생을 마감한다. 처음에는 미약하게 자라는 듯이 보이다 날씨가 좋은 봄이 되면 줄기를 사방으로 뻗어 밭을 덮는다.

12월의 벼룩나물

3월 초 벼룩나물

4월 초 벼룩나물　　　　　　　　　　　　4월 말 벼룩나물꽃

번식 방법

밭에서 나는 풀이라 생각하면 된다. 따로 번식을 시키기 위해 노력하지 않아도 된다. 그래도 처음으로 씨앗을 뿌리려면 냉이와 마찬가지로 5월에 꽃이 지고 난 다음 말라가는 줄기를 베어 원하는 곳에 던져둔다.

돌나물 돈나물, 돌내이, 돌냉이

장모가 어디서 얻어다가 둑의 끝자락에 조금 심은 것이 번식하여 많이 번성하고 있다. 따로 가꾼다기보다는 그냥 풀처럼 한쪽에서 자라고 있다고 해야 맞다. 봄철에 상추와 함께 돌나물 줄기 몇 개 넣으면 한결 맛있는 쌈을 먹을 수 있다. 어릴 때 시골에 살 때는 봄이면 할머니가 들판에서 따온 돌나물로 나박김치를 담아 먹었다. 약간 새콤하게 익을 때 맛이 가장 좋았던 것 같은데 못 먹은 지 어언 30년이다.

심고 가꾸는 방법은 아주 단순하다. 어디 돌나물 줄기가 있으면 고랑을 약간 파고 그냥 흩뿌리듯이 드문드문 심고 복토한다. 복토는 1cm 정도 되게 한다. 그리고 물주고 가만히 두면 된다. 아니면 비 오는 날 줄기를 뽑아 던져 두기만 해도 번식이 가능하다. 너무 우거지면 조금 솎아내는 것이 전부다. 땅은 가리지 않는 편이나, 너무 메마르면 잘 자라지 못한다. 그늘이 지나치게 심하지 않으면 아무 곳에서나 잘 자란다. 주로 둑이나, 경사가 심한 거친 땅에 마땅히 심을 거리를 못 찾아 고민인 곳에 적당한 작물이다. 한 번 심으면 주변에 조금씩 번식하여 밀도가 높아진다. 너무 밀생하지 못하도록 한다. 밀생하면 여름철에 바람이 잘 통하지 못해서 상하는 부분이 생긴다. 봄부터 가을까지 수시로 뜯어 먹을 수 있는 채소다. 한곳에 모아 심어 놓으면 여름철에 노란 돌나물 꽃을 감상할 수 있다.

번식 방법

봄에서 여름 사이에 줄기를 3~4cm로 잘라서 흩뿌리고 얇게 복토한 후 물을 흠뻑 주면 뿌리를

4월 초, 돋아나는 돌나물

내리고 잘 산다. 아니면 포기를 뽑아 줄기를 나누어 아무 데나 꺾꽂이 하듯이 심으면 뿌리를 잡고 잘 산다.

자라는 모습

이른 봄에 싹을 틔우고 자라기 시작한다. 냉이처럼 추울 때 자라지는 않지만 4월이 되면 조금씩 싹을 틔운다. 그러다 4월 중순이 되면 급속하게 자라기 시작한다. 4월 중순 이후에 순을 뜯어 이용한다. 5월부터 본격적으로 뜯어 무침, 쌈 등으

6월 초, 돌나물꽃　　　　　　　　　　　　9월 말, 돌나물

기린초, 5월 초　　　　　　　　　　　　6월의 기린초꽃

로 이용하면 봄채소의 향기를 추가로 즐길 수 있다. 많은 양이 된다면 물김치를 담아도 좋다.

6월이 되면 노란 꽃이 피기 시작한다. 뭉치를 이루어 심어두면 예쁜 꽃을 즐길 수 있다. 장마를 맞이하면 줄기를 많이 성장시켜 개체수를 늘인다. 9월이 되면 주

변이 온통 돌나물로 덮이게 된다. 이후 서리가 올 때까지 땅을 덮고 있다가 서리를 맞으면 줄기만 앙상하게 남기고 잎은 모두 말라버린다. 그러다 봄이 되면 앙상한 줄기의 마디마다 새로운 줄기와 잎을 키운다.

비슷한 식물 돌나물과 아주 비슷하게 자라는 것으로 기린초가 있다. 자라는 모습, 꽃 등이 모두 흡사하고 다른 것이라면 줄기의 굵기와 잎의 크기이다. 기린초는 돌나물에 비해 줄기가 두껍고 억세며 잎은 크고 딱딱한 편이다. 기린초의 어린 줄기와 잎은 나물로 쓴다.

왕고들빼기

왕고들빼기는 아무 데서나 잘 자라는 풀이다. 돌 틈에서도 잘 자라고 둑의 척박한 흙에서도 잘 자란다. 어린 왕고들빼기를 뽑으면 뿌리가 통통한 것이 알뿌리와 같은 모양이다. 이른 봄에 캐는 왕고들빼기는 이 알뿌리처럼 생긴 뿌리와 잎사귀를 나물로 이용한다. 조금 더 자라면 알뿌리가 억센 뿌리가 되면서 줄기가 생기고 줄기에 잎사귀가 달리게 된다.

여름에 쌈 채소가 귀할 때 이 왕고들빼기의 보드라운 순을 뜯어 이용하면 아주 좋은 채소가 된다. 봄에 돋아나는 어린 잎사귀에서부터 여름에 돋아나는 잎사귀까지 좋은 나물이 된다. 몇 포기만 주변에 있어도 충분히 즐길만한 채소다. 봄에 돋아나는 상추와 함께 이용하면 상추만으로 쌈을 먹을 때와는 다른 쌉싸름한 향을 느낄 수 있다.

왕고들빼기는 예전부터 많이 이용하던 나물이다. 요새는 암환자들이 먹고 효과를 많이 보았다고 해서 유명해졌다. 산과 들에서 나는 나물 중에 어디 좋지 않은 것이 있을까마는 왕고들빼기, 씀바귀, 엉겅퀴 등은 항암효과가 밝혀지면서 많이 이용하는 나물이 되었다. 최근에는 들판과 산에서 보는 왕고들빼기마다 자라는 꼭대기부분이 싹둑 잘려져 있어 조금은 안쓰럽다.

자라는 모습

이른 봄부터 자라 4월이 되면 캐서 나물로 이용할 만큼 큰다. 이때는 뿌리와 함께 이용해도 된다. 5월이 지나면 줄기를 급격하게 키워 나간다. 9월에 곁가지가 많이 발생하면서 꽃망울이 맺히고 꽃이 피기 시작한다. 꽃이 지면서 흰 날개가 달린 씨앗이 생기고 바람이 불면 아무 곳에나 흩뿌려진다. 이 흩뿌려진 씨앗은 늦가을에 발아 하거나 이른 봄에 발아하여 자란다. 많이 자라는 줄기는 약 2m까지도 자란다.

5일장에 나온 왕고들빼기

4월 중순 왕고들빼기

6월 중순의 왕고들빼기

9월 말의 왕고들빼기꽃

번식 방법

따로 번식을 위해 노력하지 않아도 된다. 다만 주변에 있는 왕고들빼기를 모두 꺾어 이용하지 말고 몇 포기는 가만히 두면 꽃이 피고 씨앗이 흩날려 이듬해 봄에 여기저기 많이 보인다.

두릅

이른 봄에 시중에서 쉽게 구할 수 있는 나물이다. 예전에는 봄에 돋아나는 순을 직접 꺾어 나물로 이용했지만 요즘은 두릅나무의 순을 봄에 잘라 온상에서 싹을 틔워 판매한다고 한다. 이래저래 불쌍한 나무다. 새순을 조금 길러 자랄만하면 싹둑 잘라버린다. 그러면 다른 곳에 재빨리 눈을 붙여 새순을 키운다.

어릴 때는 산을 돌아다니면서 두릅 가시에 찔려가면서 나물을 뜯었다. 요새는 밭 어귀에 몇 그루의 두릅이 있어 가끔 생각나면 뜯어다 먹고 있다.

이른 봄 새순이 돋아나는 두릅은 각별한 향기가 있어 좋다. 나무도 번식력이 좋아 아무 데서나 잘 자란다. 다만 흠이라면 좋은 순을 나무 한 그루에 2개 정도밖에 길러내지 않아 아쉽다.

번식

두릅은 여러 가지 방법으로 번식이 가능하다. 씨앗에 의한 번식과, 꺾꽂이, 뿌리를 잘라 심는 방법 등이 있다. 두릅나무는 여러 그루가 뭉치를 이루며 자란다. 이는 뿌리가 뻗어나 새로운 개체로 자라는 현상 때문이다.

파종 : 가을에 맺히는 씨앗을 받아 모래와 섞어 밭에 묻어 두었다 이른 봄에 파종하는 방법이다. 발아율이 현저히 낮지만 한꺼번에 많은 모종을 얻을 수 있다.

꺾꽂이 : 나무를 잘라 심어두는 방법으로 아주 저조한 활착률을 보인다. 묵은 줄기는 활착률이 더욱 낮아진다. 보통 성공률은 20% 미만이다.

뿌리심기 : 뿌리를 캐내서 20cm 정도로 잘라 땅에 묻어두면 싹이 난다. 이 방법이 가장 성공률이 높고, 수월하게 번식시킬 수 있다.

자라는 모습

두릅은 봄철에 순을 내어 잎을 키우는 식물이다. 겨울에는 잠자는 듯이 앙상하

2월 말 두릅

6월 초

게 기다리다 봄이 되면 새순을 활짝 피워서 나물을 준다. 그리고 수확 후 그 자리에 조금 약한 순을 내어 새롭게 자라나면서 여름을 맞이한다. 여름이 한창일 때 꽃을 피우고 가을에 씨앗을 남기고 무성하던 잎들을 모두 떨군다.

씨앗

두릅나무에 꽃이 피고 시간이 지나면 씨앗이 된다. 다른 종류에 비해 꽃이 피고 씨앗이 되는 것이 아주 적다. 의외로 씨앗이 귀한 나무 중에 하나다. 어떤 이유인지 몰라도 주변에 있는 두릅나무 여러 그루 중에 유일하게 씨앗을 달고 있는 두 그루를 사진에 담아 보았다.

씨앗이 모두 떨어지기 전에 씨앗이 달린 줄기를 잘라 바구니에 넣고 잘 말려 씨앗을 얻는다. 씨앗을 감싸는 끈적이는 물체 때문에 씨앗만 깨끗하게 빠져나오지 않는다. 이때는 씨앗 꼬투리 전체를 물에 넣어 불린 다음 손으로 비벼 씨앗만 빼낸 후 잘 말리면 된다.

8월 중순 두릅나무꽃

9월 말의 두릅 씨앗

이렇게 얻어진 두릅 씨앗을 냉장고에 넣어 보관하다 이듬해 봄에 작은 것으로 한 컵을 파종했으나 한 포기도 발아하는 것이 없었다. 아마도 냉장 보관에 문제가 있었던 것 같다. 다음에는 모래와 섞어 밭에 묻어 두었다 파종해 봐야겠다. 냉장 보관 후 봄에 파종한 두릅 씨앗이 이듬해 봄에 싹을 틔우는지 지켜보고 있다.

허브 식물 배초향, 페퍼민트, 박하, 스테비아, 차이브, 초피

밭의 귀퉁이에 여러 가지 허브 식물을 심어두면 수시로 이용할 수 있다. 봄에는 페퍼민트의 향기를 느낄 수 있고, 여름에는 배초향, 박하, 스테비아를 맛볼 수 있다. 이들 식물은 독특한 향기가 있어 허브 식물이라 부른다. 이들 식물은 기르기도 수월하고, 번식도 잘되는 편이다. 그리고 무엇보다도 향기를 먹을 수 있는 즐거움이 있다.

현재 내가 재배하는 허브는 배초향(방아), 페퍼민트, 박하, 스테비아, 차이브, 초피(제피) 이렇게 여섯 종류다. 물론 종류를 늘리고 다양하게 심는 것도 방법이지만 이 정도만으로도 충분히 향기를 즐길 수 있다. 이들 식물의 연한 잎은 상추 등과 함께 쌈으로 먹으면 입안 가득 퍼지는 향기를 만끽할 수 있어 좋다. 어떤 사람들은 이런 향기를 싫어해서 화장품 냄새 같다거나 입에서 받아들이지 않는다는 등의 말을 한다. 그래도 연한 잎을 조금씩 넣어 먹다보면 금세 적응이 되고 없으면 찾게 된다. 대체로 이런 허브 식물은 머리를 맑게 한다거나 두통에 효험이 있다고 한다.

배초향 방아

- **분류** : 꿀풀과
- **원산지** : 한국, 중국, 일본
- **재배지역** : 자생식물임
- **특징** : 여러해살이풀. 물 빠짐이 좋은 곳에 재배
  씨앗 또는 포기나누기로 번식
- **재배시기** : 봄에 씨앗 파종 또는 포기나누기

배초향이라 하면 다소 생소하게 들린다. 보통은 방아, 방애 등으로 부른다. 특유의 토종 허브라 생각하면 아주 좋은 답이다. 오래전부터 약초로 많이 사용하고 있는 곽향이 바로 이 배초향을 말린 것이다.

모종 및 씨앗 구하기

내가 사는 대전에도 종묘상에 가면 쉽게 포트모종으로 판매하는 것을 볼 수 있다. 몇 년 전에는 씨앗만 판매하더니 주말농장이 활성화되면서 여러 가지 모종이 나와 편리하다. 모종이 아니면 씨앗을 구입하든지, 시골에 들리면 씨앗을 맺은 꼬투리 몇 개 담아 와서 봄에 파종한다.

파종 방법 및 초기 관리

배초향 씨앗은 아주 작아 손으로 몇 개씩 파종하기가 어렵다. 손으로 씨앗을 잡고 적당한 면적에 고루 흩어 뿌린 다음 쇠길귀 등의 농기구로 살짝 긁어 주고 물을 뿌려주면 된다. 작은 면적이라면 호미로 살짝 긁어 준다. 싹이 트면서 주변의 풀들도 함께 자란다. 모종이 어느 정도 자랄 때까지는 주변의 풀을 정리하는 노력이 필요하다. 모종의 키가 10cm 정도 자라면 밭둑이나 귀퉁

배초향 씨앗

허브 식물

이 적당한 곳에 50cm 이상의 간격으로 옮겨심기한다.

재배 주의사항

장소 선정 배초향은 물 빠짐이 좋고 양지바른 장소라면 어디라도 키울 수 있다. 자생식물이므로 재배한다는 생각을 버리고 그냥 들판의 풀을 옮겨 심는다는 기분으로 몇 포기 기르면 잎사귀도 이용하고 꽃도 즐길 수 있는 친숙한 채소가 된다. 다만 물이 고여 있는 곳은 피해야 한다. 장마가 길어지면 습해를 당해 말라버리는 경우가 있다.

벌레 피해 7월의 긴 장마가 끝나면 잘 자란 배초향의 줄기는 1m까지 성장한다. 이렇게 잘 자라던 줄기가 어느 날 갑자기 쓰러지고 잎이 힘없이 축 늘어지는 경우가 있다. 이는 벌레가 줄기의 연한 부분을 갉아먹어 시름시름 말라가기 때문이다. 이러한 포기가 해마다 전체의 20~30% 정도 발생한다. 그러나 이런 포기도 이듬해 봄이 되면 다시 새싹을 키우므로 가만히 둔다.

줄기를 파먹는 이 벌레는 박쥐나방 애벌레로 파먹은 줄기 주변에 배설물을 실로 묶어 덮고 그 속에서 산다. 이 벌레가 파먹은 줄기는 연약해져 바람에 쓰러지거나 부러진다. 주로 배초향, 익모초, 부용화 등의 줄기를 파고 들어가 피해를 준다. 드물게는 호두, 매실 등의 나무에 피해를 주기도 한다. 실제 벌레를 잡아보면 아주 연약하게 생겼는데 어떻게 나무를 파고 들어가는지 놀라울 따름이다.

장마철 습해로 말라가는 배초향

벌레에 당한 줄기

박쥐나방 애벌레

자라는 모습

배초향은 이른 봄에 싹을 틔워 자라다 한여름에 꽃을 피우고 가을에 씨앗을 남기는 식물이다. 자라는 중간에 연한 잎을 수확하여 쓴다. 잎과 함께 연한 순을 뜯어 이용하면 좋다.

배초향 새싹, 3월 말   5월 초

꽃을 피우는 배초향, 7월 중순   씨앗을 남긴 모습, 11월 초

웃거름주기

척박한 곳의 배초향은 줄기가 가늘고 잎이 연약하다. 봄에 새싹이 돋아나는 시기에 포기 주변을 조금 파내고 퇴비와 깻묵을 섞어서 한두 주먹 넣어주고 흙을 살짝 덮어주면 된다. 이후에 크는 줄기는 굵고 힘차게 자란다.

방아는 그 잎을 쌈에 넣어 조금씩 먹어도 좋고, 추어탕에 넣으면 미꾸라지의 비린내를 완화한다. 생선매운탕에 조금씩 넣어먹으면 그 향기를 느낄 수 있다. 우리 집에는 추어탕에 이 방아가 들어가지 않으면 맛없는 된장국을 끓였다고 이야기할 정도다. 초피나무 열매껍질과 더불어 매운탕, 추어탕에는 아주 좋은 음식재료로 이용된다. 일부 경상도 지방에서는 이 향기를 좋아해 잎을 뜯어 부침개에 넣어 이용하기도 한다. 이 향기를 탐탁하게 생각하지 않는 사람들은 화장품냄새가 난다고 하며 아주 싫어하기도 하니 음식 재료로 이용할 때는 지역의 특성이나 식습관을 참고하여 이용하기를 권하는 채소다.

재배일지

내 고향 경남 울주군에서는 배초향을 방아라고 했다. 얼마 전에야 그 풀이 배초향이라는 사실을 알았다. 그리고 말려서 한약재로 사용하는데 그것이 곽향이라는 사실도 알았다. 토종 허브 배초향은 시골동네의 길가에 또는 담 밑에서 자란다. 텃밭 초기에는 포기를 구하지 못했는데, 이듬해 시골의 아버지께서 기르던 어미 포기를 2개 캐서 심었다. 그중에 한 포기는 없어지고 한 포기도 자라는 것이 시원찮았다. 그러던 중 2002년도에 지리산 쌍계사 계곡의 어느 마을에 민박을 하게 되었는데, 그 동네 방아가 유난히 잘 자라는 것을 보았다. 보기도 좋고 잎도 짙푸른 것이 먹음직스럽고, 향기조차 좋았다. 그때가 9월 중순이니까 일부는 꽃대가 말라가고 씨를 머금고 있는 시기였다. 그 꽃대를 몇 대 꺾어 편지봉투에 담아 왔다. 그리고 이듬해 봄에 밭 귀퉁이에 흩뿌렸다. 시간이 지나도 발아가 안 되어 실패라 생각하고 근대를 심으려 밭을 일구었다. 그리고 나서 그 다음 주에 밭에 가 보니까 온통 방아가 나고 있었다. 지금은 밭의 구석이 방아로 가득 차있다.

초가을로 접어들면서 꽃이 피기 시작한다. 꽃이 피고나면 열매를 맺으면서 꽃대가 시들어간다. 이 시들어가는 꽃대를 잘 말려 털면 방아의 씨앗을 얻을 수 있다. 씨앗을 직접 뿌려 가꾸는 것보다 모종상에 파종하여 옮겨 심는 것이 유리하다. 파종할 때는 씨앗이 작으므로 한쪽으로 쏠리는 것에 주의해야 한다. 흩어뿌리기를 하고 호미 등을 이용하여 흙을 조금 긁어 주는 정도로 한 다음 물을 뿌려주면 된다. 포기가 조금 자라면 밭의 구석이나, 담벼락 등 귀퉁이에 50cm 간격으로 심어두면 된다. 여러해살이풀이므로 해마다 씨앗을 뿌려줄 필요는 없다. 해가 감에 따라 포기가 커지고 돋는 싹의 수도 늘어난다. 초기에 몇 포기 있으면 씨앗이 떨어져 온통 새싹이 돋아나게 된다. 이를 적당한 장소에 옮겨 심으면 개체 수를 늘릴 수 있다.

연한 잎이 봄철에 잘 자라다 초여름으로 접어들면서 갑자기 말라죽는 줄기가 생기기 시작한다. 이는 대 속에 구멍을 파고 들어가 연한 속 줄기를 갉아먹는 벌레가 있기 때문이다. 6월 말에 장마가 시작되고, 7월로 접어들면서 물 빠짐이 좋지 않은 땅에 있는 방아는 시들어 잎이 축 늘어져버린다. 이는 습해를 당하여 나타나는 현상이다. 그래서 물 빠짐이 좋은 장소를 선택해야 한다.

페퍼민트

- **분류** : 꿀풀과
- **원산지** : 유럽
- **자라는 곳** : 유럽, 미국, 일본, 중국
- **특징** : 여러해살이풀. 물 빠짐이 좋은 곳에 재배 씨앗 또는 포기나누기로 번식
- **재배시기** : 봄에 씨앗 파종. 포기나누기, 꺾꽂이

페퍼민트는 서늘한 기후를 좋아하는 허브다. 우리나라의 한여름에는 조금 적응하기 힘든 면이 있는 식물이다. 그래도 강한 생명력으로 아무 곳에나 잘 적응하고 겨울에 아무런 시설이 없어도 월동이 가능하다. 봄, 가을에 돋아나는 보드라운 잎이나 순을 이용하면 향기를 먹을 수 있어 좋다.

모종 및 씨앗 구하기

봄철에 종묘상에서 모종을 구하거나, 씨앗을 구입하여 기를 수 있다. 주변에 기르는 분이 있으면 줄기를 몇 개 잘라 꺾꽂이를 해도 잘 자라는 편이다. 땅속으로 뻗어나는 줄기를 잘라 심는 것이 제일 좋은 번식방법이다. 요새는 웹사이트에서 소형의 화분으로 판매하는 곳이 많으므로 구입에 큰 어려움이 없다. 주변의 꽃집에서도 소품용 화분으로 많이 판매하므로 손쉽게 구할 수 있다. 씨앗을 구해서 파종하는 경우 배초향 파종과 같이 한다.

재배 주의사항

페퍼민트는 서늘한 곳이 고향이라 우리나라의 여름에는 잎과 줄기가 말라 거의 고사상태로 접어든다. 그러다 날씨가 서늘해지는 가을이 되면 새로운 줄기와 잎을 키우므로 그때까지 기다리는 인내가 필요하다.

자라는 모습

내 밭이 있는 대전 근방의 날씨에는 봄, 가을로 싱싱한 잎을 이용할 수 있다. 한여름에는 자라는 것이 시원찮고 꽃도 잘 피지 않는다. 땅속의 줄기를 조금씩 뻗으

페퍼민트의 봄 준비, 2월 말

새싹이 돋는 모습, 4월 초

잘 자라는 페퍼민트, 4월 말

꽃이 피는 모습, 9월 말

면서 새로운 싹을 키워 번식한다. 그래서 초기에 한 포기를 심어두면 몇 년 후에는 페퍼민트 군락이 이루어진다.

여름 장마에 많은 줄기가 쓰러지면서 상하게 된다. 이때는 줄기의 모든 부분을 걷어내고 가만히 두면 9월에 새순이 활기차게 다시 자란다. 꽃이 피고난 후 늦가을이 되면 꼬투리가 말라 있다. 이들 잘라 잘 말린 나음 씨앗을 받아 두면 이용힐 수 있다. 아무런 시설 없이 밭에서 기르는 경우 씨앗으로 영글어가는 꼬투리가 별로 보이지 않고 씨앗이 잘 맺히지 않는다. 그래서 씨앗보다는 포기나누기가 유리한 번식방법이다.

웃거름주기

척박한 곳의 페퍼민트는 줄기가 가늘고 잎이 연약하다. 새싹이 돋아나는 봄에 포기의 주변을 조금 파내고 퇴비와 깻묵을 섞어서 한두 주먹 넣어주고 흙을 살짝 덮어주거나 퇴비를 포기 주변에 흩뿌려준다. 지난해 잘 자라던 포기를 방치해두면 잎과 줄기가 탐스럽게 자라지 못한다.

재배일지

대전 지역에 있는 농원 식당에서 밥을 먹고 포트에 있는 페퍼민트 두 포기를 구해서 심었다. 그것이 어떻게 한 포기는 없어지고 한 포기는 실하게 자라고 있다. 그해 가을에 포기를 늘려 보려고 뿌리 아랫부분을 나누어 몇 군데 더 심어 두었는데 겨울이 지나고 나자 아무 흔적도 없이 사라져버렸다. 아마 너무 늦게 심어 동해를 입은 것 같았다. 포기를 늘리고 싶으면 봄에 땅속을 기는 줄기를 잘라 심으면 잘 자란다. 포기나누기를 가을에 하면 겨울로 접어들면서 뿌리가 제대로 자리를 잡지 못해 겨울에 얼어 죽는 경우가 많이 발생한다. 아직까지 페퍼민트를 갉아 먹는 벌레는 없었다. 고추 골, 밭 언저리 등에 심어두면 벌레를 쫓아내는 역할도 하고 잎도 주니 좋다.

페퍼민트는 줄기에서 분얼하는 작은 번식용 줄기가 봄, 가을에 많이 생긴다. 그리고 줄기가 좀 복잡할 정도로 자랄 때 여름 장마를 맞이하게 된다. 그러면 복잡한 줄기 밑동의 잎부터 일부 녹아버리는 상태가 되고, 줄기의 위에 붙어 있는 잎도 시들하고 전체가 힘이 없어진다. 이는 장마철의 고온 다습으로 인해 줄기의 밑동 부분이 일부 말라서 생기는 현상이다. 그래도 뿌리의 아랫부분은 새로운 땅속 줄기를 만들고 있어 날씨가 선선해지면 다시 잘 자라게 된다. 초가을로 접어들면서 새로운 줄기가 자라 연한 잎을 다시 키운다.

페퍼민트는 대표적인 민트 종류로 향기가 좋아 여러 사람이 널리 애용하는 허브다. 나는 봄, 가을에 나는 연한 잎을 따서 상추와 함께 쌈으로 즐기고 있다.

박하

- **분류** : 꿀풀과
- **원산지** : 아시아 동부로 추정
- **자라는 곳** : 전 세계
- **특징** : 여러해살이풀. 물 빠짐이 좋은 곳에 재배
  씨앗, 포기나누기, 꺾꽂이로 번식
- **재배시기** : 봄에 씨앗 파종 또는
  포기나누기, 꺾꽂이

박하는 온대지방이 고향인 식물로 서늘한 기후에서 자란 잎과 줄기가 향이 진하다. 서양 박하인 민트 종류보다는 여름 장마에 잘 견디는 편이다. 강한 생명력으로 아무 곳에나 잘 적응하고 겨울에 아무런 보온 없이도 월동이 가능하다. 봄, 가을에 돋아나는 보드라운 잎이나 순을 이용하면 향기를 먹을 수 있어 좋다. 허브 식물로 기르는 민트, 배초향보다는 짙은 향기가 난다.

모종 및 씨앗 구하기

주변에 기르는 분들이 있으면 줄기를 몇 개 잘라 꺾꽂이를 하면 좋다. 아니면 포기나누기 또는 씨앗을 구해 파종을 해야 한다. 나는 웹사이트를 통해 소형의 화분을 구해서 기르고 있다. 모든 식물이 다 그러하듯이 주변에서 기르고 있으면 아주 손십게 구할 수 있는데 그렇지 않으면 많은 시간을 들여야 구한다. 나의 경우, 그런 대표적인 작물이 이 박하다.

박하 모종 화분

씨앗을 파종하는 경우는 위의 배초향 파종과 같이 한다.

풀 관리 및 웃거름주기

박하는 배초향보다 키가 작아 주변에 돋아나는 풀을 조금 정리해주어야 한다.

허브 식물 509

그냥 두면 풀이 아주 빨리 자라 어디에 박하가 숨어 있는지 숨바꼭질을 해야 할 정도다. 박하는 주변에 돋아나는 풀을 잘 관리하면 손쉽게 기를 수 있다.

어느 정도 비옥한 토양에서 자라는 식물이므로 여름 장마가 끝나는 시점에 1회 정도 웃거름을 준다. 만들어 둔 퇴비를 포기에서 20cm 정도 떨어진 곳에 호미를 이용해 약간 흙을 긁어낸 다음 퇴비를 한 주먹 넣고 다시 흙을 덮는다. 이때 옆으로 퍼지는 땅속줄기가 많이 상하지 않도록 주의를 기울인다. 줄기나 잎이 무성하게 자라는 데 반드시 퇴비가 필요하지만 과다한 질소질 보충은 줄기를 웃자라게 하여 좋지 않다.

재배 주의사항

박하의 땅속줄기가 너무 뻗어 아주 조밀하게 자라지 못하도록 자주 솎아주는 정도가 전부이다. 솎아주는 방법은 땅속에 복잡하게 엉킨 줄기를 삽이나 호미로 중간 중간 파내면 된다. 줄기가 모여서 빽빽하게 되면 연약해지고 비바람이 치면 모두 쓰러진다. 한여름의 무더위에 상하는 줄기가 생기기도 한다.

박하 자라는 모습, 7월 중순

자라는 모습

박하는 봄부터 성장이 잘되는 식물이다. 여름이 되면 땅속의 줄기가 옆으로 퍼져 군락을 이룬다. 초여름부터 피어나는 꽃을 바라보는 것도 큰 재미다. 꽃이 지면서 가을에는 씨앗을 남겨준다. 이 씨앗을 받아 심으면 새로운 박하를 얻을 수 있다. 박하꽃은 7월 말부터 가을이 깊을 때까지 계속 핀다. 박하는 씨앗을 받기가 어려운 식물이다. 꽃이 지고 줄기에 붙어 있

줄기를 뻗는 모습, 8월 중순

는 씨앗 꼬투리를 따서 털어보면 씨앗이 발견되지 않고 껍질만 흩날린다. 아마도 워낙에 줄기로 번식이 잘 되어 씨앗이 안 되는 것인지도 모른다. 아니면 특별한 시설이 필요한 것인지도 모른다.

군락을 이룬 박하, 10월 초

잎겨드랑이 양쪽에 피는 꽃

재배일지

박하는 다른 허브 식물에 비해 향기가 강하다. 그래서 생으로 쌈을 먹기에는 약간 거부감이 있다. 텃밭에서 길러서 이용하기에는 익숙하지 않은 면이 있다. 말려서 향기용품으로 이용하면 좋을 것 같다. 박하잎 차도 향기가 좋다. 끓는 물을 약간 식혀 찻잔에 부은 다음 박하잎을 5~6장 띄우면 아주 좋은 허브차가 된다. 박하에서 추출하는 멘톨은 사탕이나 기호식품의 첨가제로 많이 이용된다.

어릴 때 시골에서는 꿀풀과 비슷하게 생긴 풀만 보면 잎을 잘라 향기를 맡은 적이 있다. 아마도 야생에서 자라는 박하를 구별하려는 노력이었던 것 같다. 박하사탕도 유난히 익숙하고, 할머니가 사탕 하나를 손에 쥐어준 느낌을 받곤 한다. 박하를 길러봐야지 하고 오래전부터 생각했지만 쉽지가 않았다. 내가 사는 지역의 종묘상에는 종자나 모종이 나오지 않았다.

그러다 스테비아를 구하면서 박하 화분도 구할 수 있었다. 박하를 처음 본 순간 페퍼민트와 아주 흡사하다는 생각이 들었다. 아마도 같은 꿀풀과 식물이라 그런 느낌이 든 것이리라. 밭의 귀퉁이를 골라 화분에서 뽑아 옮겨 심었다. 비교적 잘 자란다. 장마철에는 가지가 휘어지고 휘어진 부분에서 뿌리가 생기고 있는 것이 보여 잘라다 심어보니 잘 자란다. 아직 심어본 지 얼마 되지 않아서 그런지 몰라도 배초향, 페퍼민트보다는 확실히 강인한 면이 있다. 벌레도 접근을 하지 않고, 병치레도 없는 것이 좋은 느낌으로 다가온다. 단지 아직은 잎을 잘라 향기를 즐기고 있지만 마땅한 용도가 없는 것이 흠이다.

박하는 우리나라 자생식물이라 그런지 한여름의 무덥고 습한 날씨에도 줄기나 잎이 시들어 물러지는 현상이 생기지 않고 잘 자란다. 여름에 땅속으로 줄기를 뻗어 새로운 개체를 많이 만든다. 여름이 깊어가는 시기에 하얀색에 약간의 분홍이 섞인 꽃을 피우고 씨앗을 남긴다. 꽃이 지고 꼬투리가 생기지만 씨앗이 잘 들지 않는다.

스테비아

- **분류** : 국화과
- **원산지** : 중남미 산간지역
- **자라는 곳** : 전 세계
- **특징** : 여러해살이풀. 물 빠짐이 좋은 곳에 재배
  씨앗, 꺾꽂이로 번식
- **재배시기** : 봄에 씨앗 파종. 초여름 꺾꽂이

스테비아는 원산지가 중남미의 열대 산간지방이다. 영하로 내려가는 곳에서는 뿌리마저 얼어 월동이 불가능한 식물이다. 잎과 줄기에는 단맛을 내는 '스테비오사이드'라는 성분이 들어 있는데 이것은 설탕의 당분보다 200~300배 높다. 우리나라에서는 월동을 위해 뿌리를 겨우내 얼지 않게 저장했다가 봄에 다시 심어야 하는 번거로움이 있다.

모종 및 씨앗 구하기

스테비아라는 식물이 다소 생소한 느낌을 준다. 아직은 우리나라에 잘 알려지지 않은 허브 식물이고, 널리 재배하지 않는 종류다. 그래서 보통의 허브보다 구하기가 아주 힘들다. 나는 인터넷상에서 한 1개월 정도 뒤진 끝에야 겨우 작은 화분을 구할 수 있었다. 이런 분야에 관심이 많은 분을 주변에서 만나면 쉽게 모종을 구할 수 있으나, 보통은 시간을 좀 들여야 한다.

구입한 스테비아 화분

번식

씨앗으로 번식을 하는 것이 보통인데 스테비아 씨앗 구하기가 힘들다. 얼지않게 저장한 뿌리를 봄에 심고 일찍 나온 줄기를 잘라 꺾꽂이하는 것이 보통의 방법

이다. 여름에는 바람에 쓰러져 줄기가 땅에 닿은 부분에서 뿌리가 내리기도 한다. 이 뿌리가 내리는 줄기를 잘라 심으면 번식이 잘 된다.

꺾꽂이 방법 스테비아의 생장점이 있는 꼭지 부분이 꺾꽂이에 유리하므로 이 부분을 이용하도록 한다. 자라는 순에 잎을 4마디 정도 붙여 가위로 잘라낸다. 윗부분의 2마디는 잎을 남겨두고 아래의 2마디는 잎을 제거한다. 그늘진 장소(활엽수의 아래)를 찾아 5~10cm 간격으로 하나씩, 1.5cm 정도 땅에 묻히게 하고 자주 물을 준다. 그러면 2~3주 후에는 뿌리가 내려 새로운 잎을 키우기 시작한다. 이후 적당한 장소를 잡아 옮겨심기를 한다.

꺾꽂이용 스테비아 모습

꺾꽂이 후 일주일 지난 모습

자라는 모습

스테비아는 키가 60~70cm까지 자라므로 심는 간격을 조금 넓게 잡아 주어야 한다. 최소 30~40cm 정도 간격으로 심는 것이 좋다. 그리고 주변에 자라는 풀을

아주 심은 지 일주일 지난 모습

아주 심은 지 4주 지난 모습

잘 정리해주지 않으면 웃자라면서 줄기가 약해져 옆으로 기울어 자라게 된다. 잘 자란 스테비아는 8월 말이 되면 꽃망울이 생기고 꽃이 피기 시작한다. 스테비아의 꽃은 8월 말에 시작하여 서리가 내릴 때까지 계속 핀다.

아주 심은 지 3개월 지난 모습, 8월 초

꽃이 피는 스테비아, 9월 말

월동 준비 및 봄에 심기

스테비아는 서리가 내리면 잎이 모두 말라버린다. 서리가 약하게 내리는 시기에는 뿌리까지 얼지 않지만 심하게 추위가 오면 뿌리가 얼어버린다. 추위가 심하지 않은 11월 중순에 줄기를 잘라내고 뿌리를 조심스럽게 캐서 얼지 않게 보관하였다 이듬해 봄 5월 초에 심으면 된다. 밭을 60cm 깊이로 파내고 캐낸 스테비아 뿌리를 넣고 짚으로 잘 덮은 다음 흙을 두툼하게 덮는다. 나는 이듬해 봄에, 보관해둔 스테비아 뿌리를 캐내어 7포기를 심었다. 2주 정도의 시간이 지나 자세히 살펴보니 2포기에서는 새순이 돋아나는데 나머지는 감감 무소식이다. 보관 중에 습기 피해를 당한 것인지 동해인지 구분이 되지 않는다.

스테비아 뿌리, 11월 중순

얼지 않게 묻어둔다.

허브 식물

이용가치

스테비아의 잎을 따서 생으로 하나씩 씹어 먹으면 밭 일하다 생기는 갈증이 많이 해소된다. 그리고 단맛이 당길 때 사탕을 먹는 것보다 스테비아 잎을 먹으면 좋다. 최근에 당뇨에 대한 관심이 높아지면서 단맛이 나면서 칼로리는 낮은 스테비아가 인기를 더하고 있다.

뿌리를 심은 스테비아

단맛은 설탕보다 월등한데 칼로리는 설탕의 1% 정도밖에 되지 않는다. 보통의 채소와 다르게 쌈으로 이용하지는 않는다. 꽃이 많이 피기 전인 8월 말이나 9월 초에 줄기를 잘라 잘 말린 다음 가루를 내 병에 담아두고 커피에 넣어도 좋고, 일반 설탕이 들어가는 요리의 재료로 이용하면 좋다.

허브차로 즐길 때는 스테비아 생잎을 5~6장 정도 넣고 10초 정도 끓인 후 마신다. 색깔은 녹색으로 우러나오면서 은은한 단맛이 배어나와 차로 마시기에 부족함이 없다.

참고사항 스테비아 잎을 뜯어 먹다보면 약간의 풀냄새가 난다. 어떤 분들은 이 풋내가 싫어서 먹기를 꺼리는 경우도 있다. 그러나 조금씩 먹다보면 익숙해진다.

주의사항 꽃이 피면 잎이 작아지게 되어 수확량이 줄어들므로 잎을 수확할 때는 반드시 꽃이 피기 전에 해야 한다.

씨받기

뿌리를 캐낼 때 위의 줄기를 잘라 꽃이 진 부분을 따로 모아 잘 말려두면 씨앗을 얻을 수 있다. 잘 여문 씨앗이 많이 얻어지지는 않는다. 털어둔 씨앗을 정리하기가 힘들기 때문에 마른 줄기와 아래에 깔린 찌꺼기를 제거하는 정도로 마무리한다.

참고사항 이렇게 받아둔 씨앗을 이듬

스테비아 씨앗 꼬투리

해 모두 흩뿌려 보았으나, 단 하나의 씨앗도 발아하지 않았다. 특별한 시설이 없는 곳에서 씨앗이 제대로 익지 못하는 것 같다.

씨앗 꼬투리 말리기

재배일지

스테비아라는 식물의 이름을 처음 접한 곳은 농산물 전시회다. 단맛이 나는 식물들을 전시하는 코너에서 여러가지 상품을 봤는데 잎사귀를 말려 가루낸 것도 있었다. 전시회 구경을 마치고 스테비아라는 식물을 조사해보니 상당히 매력적이었다. 한번 구해서 심어보리라 맘먹고 여러 곳을 뒤져도 씨앗이나 종자용 화분을 판매하는 곳이 쉽사리 발견되지 않았다. 그러던 중 화분을 판매하는 농장을 겨우 발견해 기억해두었다가 4월 말에 주문했다. 스테비아만 주문하기가 허전해 박하도 같이 주문했다. 스테비아 화분이 개당 2,500원, 박하 화분이 개당 2,500원이었다. 3일 뒤에 집으로 배달된 화분의 포장 상태를 보고 놀라지 않을 수 없었다. 살아 있는 화분이라 엄청나게 정성을 다한 포장에 마르지 말라고 흙 위에 물에 젖은 화장지를 깔아둔 모습에서 진정한 프로정신이 느껴졌다.

이것을 잘 심어 가꾸고 있다. 늦은 봄에 개체를 늘리려 25개 정도를 잘라 단풍나무 그늘에 꺾꽂이를 하고 밭에 갈 때마다 물을 주었다. 그래도 봄철이라 메말랐는지 일주일에 한 번씩으로는 부족했다. 8포기만 새로운 줄기를 키우고 나머지는 말라버렸다. 꺾꽂이한 지 한 달 정도 지나 새로운 장소에 옮겨 심었다. 가을이 되면서 씨앗이 보이기 시작한다. 어느 정도 마른 상태에서 모두 베이내고 잘 말려 씨앗을 받아두었다. 이듬해 봄에 받아둔 씨앗을 파종했는데, 그렇게 많이 뿌린 씨앗 중에 단 하나의 싹도 볼 수 없었다. 아마도 우리나라 기후가 스테비아가 싹트는 데는 맞지 않는 모양이다. 받아둔 씨앗으로 계속 길러볼 생각이었는데 아쉽다.

밭에서 일하다 목마를 때 토마토 한입 베어 물고 허전하면 스테비아 잎을 몇 장 씹으면 입안이 상큼해지고 갈증이 덜한 것 같아 아주 좋다. 시간이 되면 물을 끓여 스테비아 잎 차 한 잔 마시는 것도 즐거운 일이다.

차이브

- **분류** : 백합과
- **원산지** : 유럽, 시베리아
- **재배지역** : 전 세계
- **특징** : 여러해살이풀. 물 빠짐이 좋은 곳에 재배
  씨앗 또는 포기나누기로 번식
- **재배시기** : 봄에 씨앗 파종 또는 봄, 가을에 포기나누기

시장에서 팔리는 음식 재료도 아니고 우리나라에서 널리 재배하는 품종도 아니라 생소한 이름이다. 잎은 파가 어릴 때의 모습과 흡사하고, 키는 30cm 정도 자란다.(꽃대의 키는 제외) 쪽파와 흡사하다고 생각하면 된다. 향이 진하여 향부추로 불리기도 한다.

모종 및 씨앗 구하기

차이브 씨앗은 종묘상에 가면 쉽게 구할 수 있다. 씨앗을 파종하여 기르는 것이 번거롭다면 주변에 차이브를 재배하는 분에게 몇 포기 얻어다 심어도 된다. 번식력이 대단히 좋으므로 포기나누기로 늘려나가면 된다. 몇 포기 심어두면 꽃도 구경하고 잎도 이용할 수 있어 여러 모로 좋다.

파종 방법 및 초기 관리

씨앗은 파 씨앗과 아주 흡사하다. 차이브를 파종할 밭에 석회 조금과 퇴비 조금을 넣고 일군다. 일군 지 2주 정도 지나 골 간격 25cm(한 뼘 정도)에 2cm 간격에 씨앗 하나씩 떨어지게 파종을 하고 흙덮기는 아주 조금만 한다. 파종이 끝나면 물뿌리개로 물을 흠뻑 준다. (씨뿌리기는 대파를 참조)

씨앗을 뿌리고 2~3주 있으면 싹이 자라기 시작한다. 봄에 일찍 파종하면 차이브가 싹을 틔우는 초기에는 풀이 별로 자라지 않아 관리가 쉽다. 그러나 6월이 되면 자라는 풀이 차이브 모종을 뒤덮는 경우가 생긴다. 이때는 수시로 차이브 주위에 돋아나는 풀을 정리한다.

시기를 놓치면 풀이 급속히 자라 뿌리가 주변의 차이브 모종을 감싸게 된다. 풀을 뽑을 때 차이브도 함께 뽑히게 된다. 풀이 어릴 때 자주 꼼꼼하게 정리해주어야 모종을 기를 수 있다. 옆의 사진은 수시로 풀을 정리한 것인데도 잠깐 사이에 풀이 난 밭이다.

차이브 모종밭의 풀

재배 주의사항

차이브는 장소만 잘 선택하면 손쉽게 재배할 수 있다. 물이 잘 빠지는 곳에 약간 그늘이 져도 좋다. 다만 산성을 싫어하므로 석회를 넣어주고 아주 심는 것이 좋다. 수분유지가 되지 않으면 자라지 못하므로 자주 물 주기 편한 장소를 선택하거나, 습기를 잘 보존하는 곳을 선정한다. 한번 심어두면 뿌리가 많이 늘어나므로 2년에 한 번 정도 뿌리를 캐내어 다시 심는다. 그냥 두면 뿌리가 엄청나게 늘어나 복잡해지고 전체적으로 약해진다.

자라는 모습

파종 초기의 자라는 모습은 대파와 아주 흡사하다. 그러나 시일이 지나면서 모습이 달라진다. 키는 좀 작은데, 어느 정도 자라면 개체 수가 빠르게 늘어난다.

파종 후 3개월 정도 지나면 개체 수가 늘어나기 시작한다. 이 시기에 모두 캐내어 아주 심을 준비를 한다. 대파나 쪽파보다 뿌리가 엄청나게 발달해 있다. 아주 심을 밭은 미리 석회를 조금 뿌리고 퇴비를 $1m^2$에 4kg 정도 넣고 일구어둔다. 줄

파종 7주

파종 11주

파종 12주, 캐내서 옮겨심기 준비

차이브 옮겨심기

간격 30cm에 포기 사이는 10cm 정도 두고 심는다. 호미로 8cm 정도의 골을 판 다음 차이브 모종을 하나씩 세우고 흙을 덮는다.

아주 심은 후 4주가 지나면 빠르게 새끼를 치기 시작한다. 겨울이 되면 죽은 듯이 지내다 이듬해 봄에 재빨리 싹을 길러 많은 줄기를 기른다. 4월이 되면 꽃망울이 하나 둘 보이다 5월에 연보라색 꽃을 활짝 피운다.

월동 후 자라는 모습, 3월 말

풀 관리 및 웃거름주기

차이브는 한번 심어두면 몇 년 동안 계속 그 자리에 있어야 한다. 그래서 더욱 풀 관리가 중요하다. 웃거름을 주고 거름이 부족하지 않게 관리해준다. 웃거름은 이듬해 봄과 여름에 퇴비와 깻묵을 주는 것이 좋으며, 방법은 '쪽파의 웃거름주기'를 참조한다.

차이브꽃, 5월 중순

차이브 씨앗이 영그는 모습, 6월 중순

꼬투리 속의 씨앗, 6월 중순

씨받기

꽃이 피고 시간이 지나면 꽃 봉오리 안에서 씨앗이 맺힌다. 즉, 5월 중순에 활짝 핀 꽃이 6월 중순에는 씨앗을 모두 간직한 봉오리가 된다. 그러면 이 봉오리를 씨앗이 흩어지지 않게 조심스럽게 따서 말리고 비비면 씨앗을 얻을 수 있다.

씨앗받기가 끝나면 밑동을 잘라주고 기다리면 연한 새순을 키운다. 그러면 보드랍게 자라는 새순을 부추처럼 베어서 이용한다.

재배일지

나는 사실 차이브가 뭔지 아무 관심이 없었다. 어느 날 『채소재배대백과』를 보다가 이러한 풀이 다 있구나 하면서 차이브를 알게 됐다. 식용도 되고 관상용으로도 좋다고 했다. 씨앗을 구입해 봄(4월 7일)에 파종하고 여름에 정식을 해서 길렀다. 여름이 되면서 여러 포기로 나누어지는 강한 번식력이 돋보인다. 모종을 기르면서 어떤 맛일까 매우 궁금했는데, 잎을 뜯어 맛을 보니 파, 쪽파, 달래를 섞어놓은 듯한 진한 맛이 났다. 봄철에 돋아나는 연한 줄기를 이용하면 좋다. 특히 생선 요리에 쓰면 비린내를 없애준다고 한다. 부추, 파 등에는 함유량이 적은 유황이 많아 독특한 맛을 내고, 철분과 칼슘이 많아 빈혈에 좋고 손, 발톱, 치아 성장에 좋다고 한다. 대략 정리해보면 부추와 같이 팔방미인형 음식 재료인 것 같다. 5월에 피기 시작하는 꽃봉오리를 샐러드의 재료로 이용하면 색깔도 좋고 맛도 낼 수 있어 좋다. 꽃이 풍성해 화단을 가꾸어도 좋을 것 같다.

초피나무

- **분류** : 운향과
- **원산지** : 한국
- **분포지역** : 한국, 일본, 중국
- **특징** : 낙엽, 활엽수. 메마르지 않은 곳에 재배
  씨앗 또는 접붙이기로 번식
  아주 추운 곳은 자라지 못함
- **재배시기** : 봄에 씨앗 파종

초피나무는 각 지역별로 부르는 이름이 다양하다. 제주도에서는 '제피'라 부르고, 전남 순천에서는 '젠피'라 부른다. 우리나라의 제주, 전남, 전북, 경남, 경북, 충남, 강원, 황해도의 산자락에 주로 분포하며 키는 약 3m 정도이다. 산초나무와 비슷해 혼동되는 경우가 많다. 『우리나라 나무이야기』에 보면 여기에 대한 설명이 나온다. 초피나무의 열매를 '초'라 하고 산에서 나는 것이라 '산초'라 한다. 그런데 초피나무의 열매를 산초라 부르기 때문에 혼동이 일어난다. 나무의 생김생김이 산초와 초피는 언뜻 보아서는 구분이 안 된다.

모종 및 씨앗 구하기

초피나무는 우리나라 자생종의 키 작은 나무다. 씨앗을 따로 판매하는 걸 아직까지 보지 못했다. 산을 오를 때 열매를 따서 보관했다가 이듬해 봄에 파종하여 재배한다. 부산 지역의 재래시장에 가면 초피나무 열매를 배초향의 연한 순과 함께 추어탕용 양념 재료로 판매한다. 그런 곳에서 구입하여 열매 껍질은 이용하고 까만 열매는 종자로 쓰면 된다.

재배 주의사항

장소 선정 초피나무는 전국의 야산 속, 약간 그늘지고 습기가 있는 곳에 많이 자란다. 밭에서 기를 때도 이와 유사한 곳을 골라야 한다. 즉, 흙이 너무 메마르지 않는 곳, 또는 큰 나무 아래 약간 그늘이 지는 곳이 적지다. 초피나무의 뿌리는 옆으로 퍼지면서 얕게 분포하므로 수분공급이 잘 되어야 한다. 그리고 지역적으로는 너무 기온이 내려가지 않는 곳에서 키워야 한다. 나의 경우는 2년 동안 잘 자라다 3년째 겨울을 나더니 세 그루 모두 말라 죽었다.

그해 기온이 유난히 많이 내려가서 동해를 입은 것으로 추정된다.

벌레 피해 초피나무의 잎과 나무껍질에 짙은 향기가 있어서 벌레가 접근하지 않을 거라고 생각했다. 그런데 이 나무의 잎에만 붙어 있는 벌레가 있었다. 호랑나비 애벌레는 초피나무의 잎사귀를 잘도 갉아 먹는다. 이 벌레는 먹성이 좋아 한번 지나가면 주변의 잎사귀와 연한 줄기가 모두 없어진다. 가을의 9월에 주로 발생한다.

초피나무에 붙은 호랑나비 애벌레

자라는 모습

초피나무는 4월에 잎이 돋아나 5월이면 연한 잎의 전개가 왕성하게 이루어진다. 나무의 수령이 4~5년된 초피나무는 빠르면 6월에 꽃이 피고 8월에 열매를 맺는다. 봄에는 연한 잎을 따서 이용하고 8~9월에는 열매를 딴다.

4월 중순, 새순이 돋는다.

5월 중순, 잎사귀가 자란다.

재배일지

초피나무만큼 이름이 많은 나무도 드물 것이다. 지방마다 동네마다 부르는 이름이 제각각이다. 우리 고향에서는 제피나무라 부르는데, 사람들이 보통 말하는 산초나무는 난두라 부른다. 추어탕을 끓일 때 잎이나 열매를 갈아 조금 넣으면 미꾸라지의 비린내를 없애 준다. 내 고향 경남 울주군에는 이 제피나무가 아주 중요해서 어떤 집은 밭둑에 기르기도 하고 어떤 집은 아예 밭을 만들어 몇 십 그루의 나무를 길러 열매를 따서 팔기도 한다. 잎이 연할 때는 따서 나물로 먹기도 하고, 매운탕에 넣기도 하고, 또는 된장이나 고추장에 넣었다가 장아찌로 먹기도 한다. 열매는 여름에 익기 시작한다. 열매가 완전히 익으면 열매를 둘러싼 껍질이 갈라지고 겉껍질은 조금 붉은색을 띠게 된다. 이 열매를 따다 새까만 씨앗을 제거하고 씨앗을 둘러싼 껍질을 잘 말려 절구통에 보드랍게 찧어서 병에 담아두고 향신료로 조금씩 이용한다. 최근에는 김치를 담을 때 조금 넣으면 김치를 덜 시게 한다고 해서 이용하는 편이다.

초피나무는 씨앗을 심으면 잘 발아한다. 씨앗을 심어 2년 정도 지나면 키가 30~40cm 정도 자란다. 그러면 밭둑이나 정원에 옮겨 심어 가꾸면 된다.

나는 초피나무 씨앗을 파종하여 기르시는 아버지께 2년된 모종을 세 포기 구해서 기르고 있었다. 2년 동안 잘 기르다 그해 겨울이 지나고 봄이 되어도 새싹이 돋아나지 않아 나무를 꺾어보니 죽어 있었다. 그 이유를 알지 못했는데 최근에야 아주 추운지방에는 월동하지 못한다는 걸 알았다. 그해 겨울에는 포도나무도 얼어 쪼개지고 감나무도 얼어 죽었다. 현재는 죽은 초피나무 옆에서 새싹을 틔우고 자라는 어린 줄기만 자리를 지키고 있다.

약용 식물
익모초, 인삼, 당귀

우리 주변에 보이는 약용 식물 중에 많이 이용하는 당귀, 인삼, 익모초 등을 길러 보았다. 당귀 잎은 건강식 쌈으로 많이 이용하고, 익모초는 즙을 내어 마시면 위를 보호한다고 많이 이용한다. 특히, 산후 지혈과 복통에 좋다고 한다. 인삼은 말할것도 없이 예로부터 많이 기르는 대표적인 약용 식물이다. 이들 식물의 모종이나 씨앗은 주변에서 손쉽게 구할 수 있다.

약용 식물

익모초
육모초

- **분류** : 꿀풀과
- **원산지** : 한국, 중국, 일본
- **재배지역** : 자생식물임
- **특징** : 두해살이풀
  물 빠짐이 좋은 곳에 재배
  씨앗으로 번식
- **재배시기** : 여름 또는 가을에 씨앗 파종

오래전부터 주변에서 많이 이용하는 약용 식물이다. 쓴맛이 너무 강해 환으로 만들어 이용하곤 했다. 사람이 사는 근처에 많이 보이는 식물로 따로 기른다는 생각을 버리고 그냥 집주변의 풀처럼 생각하면서 해마다 꽃도 구경하고, 연한 잎 뜯어 말려두거나, 즙을 내어 마시면 좋다.

익모초는 두해살이풀로 여름, 가을에 싹을 틔워 어느 정도 자라다 월동을 하고 이듬해 봄부터 왕성하게 성장한다. 잘 자란 익모초는 2m까지 자란다. 특별하게 땅을 가리지도 않고, 많은 거름을 요구하지도 않는다. 주변에 몇 포기 있으면 자연스레 씨앗이 떨어져 8월부터 싹을 틔우고 자라기 시작한다. 밭둑이나 머위가 자라는 주변에 심어두면 머위에 그늘을 드리워준다.

잎의 변화 익모초는 싹을 틔워서 자라는 초기에는 잎이 붙어 있다가 점점 자라면서 잎이 갈라진다. 나중에는 꽃대에 달린 잎이 완전히 피침형을 이룬다.

수확시기

익모초는 꽃이 피기 전인 7월 이전에 수확하는 것이 좋다. 전체를 낫으로 베어 즙을 내어 이용하든지 말려둔다. 전부 자르지 말고 위의 연한 줄기와 잎을 잘라내고 나머지를 그냥 두면 8월 말부터 꽃을 피우고 씨앗을 남긴다.

싹을 틔우는 익모초, 9월

자라는 모습

가을이 되면 밭의 여기저기에 수없이 돋아나는 익모초를 볼 수 있다. 가을에 싹을 틔워 조금 자라다 죽은 듯이 겨울을 나고 봄에 급성장한다. 그리고 7월 말부터 9월 중순까지 계속 꽃을 보여준다. 꽃이 지고나면 줄기가 마르면서 씨앗이 영글어 간다. 가만히 두면 이 씨앗이 떨어져 가을 또는 이듬해 여름에 싹을 틔워 자란다.

수확하기 좋은 모습, 6월

번식

익모초가 주변에 몇 포기 있으면 따로 번식에 신경쓰지 않아도 저절로 씨앗이

월동 후 익모초, 4월

잘 자라는 익모초, 7월

익모초꽃, 8월

씨앗을 남기는 모습, 9월

약용 식물 527

떨어져 잘 자란다. 처음으로 익모초를 길러볼라치면 씨앗을 구하기가 만만치 않다. 주변에 워낙 흔해서 씨앗을 따로 판매하지 않는 것으로 생각된다. 시골의 친척집을 방문했을 때, 씨앗이 들어 있는 줄기를 몇 대 꺾어서 씨앗을 받았다가 가을에 뿌리면 된다. 아니면 봄이나 가을에 익모초 주변에 돋아나는 어린 싹을 옮겨 심는다.

재배 주의사항

익모초는 진딧물 그리고 줄기를 파먹는 박쥐나방 애벌레만 주의한다. 진딧물은 키가 큰 익모초 줄기에 많이 붙어 있다. 너무 많이 붙어 있으면 베어내 땅에 묻어 번식을 막아준다. 박쥐나방 애벌레는 줄기를 파고 들어가 내부에서 자란다. 파 먹힌 줄기는 약해져 바람에 꺾이거나, 윗부분이 고사한다. 줄기의 아랫부분에 실을 풀어 놓은 듯한 자국이 있으면 박쥐나방 애벌레가 줄기를 파고 들어간 흔적이라고 보면 된다.

익모초에 붙은 진디와 개미

줄기의 벌레 자국

익모초 줄기를 파먹은 벌레

당귀

- **분류** : 산형과
- **원산지** : 한국, 중국, 일본
- **재배지역** : 자생식물임
- **특징** : 여러해살이풀. 습기가 있는 곳에 재배
  씨앗으로 번식
- **재배시기** : 이른 봄에 씨앗 파종
  또는 전년도 재배모종심기

당귀는 대표적인 약용 식물이다. 예전에는 산에서 채취했으나 최근에는 많이 재배한다. 당귀 뿌리와 잎에서 퍼지는 은은한 한약냄새를 즐기고 건강 쌈 채소로 잎을 많이 이용한다. 연한 당귀 잎을 뜯어 상추쌈을 먹을 때 같이 곁들이면 색다른 향을 맛볼 수 있다. 『자연농법 자재만들기』에 보면 가을에 뿌리를 캐서 술을 담근다든지, 한방영양제 등을 담아두는 이야기가 나온다.

당귀를 약용으로 재배하려면 꽃대를 키우지 않은 당귀를 수확해야 한다. 즉, 여러해살이풀이지만 약초용은 꽃이 피기 전에 모두 캐야 한다. 초기 성장이 아주 더디게 이루어지다가 어느 정도 자라는 6월 이후에는 왕성하게 큰다.

밭 준비 및 파종 준비

물 빠짐이 좋고 자갈이 많지 않은 밭이 좋다. 즉, 너무 비옥하지 않고 토심이 깊은 밭을 선택한다. 초기에 퇴비의 양을 많이 주지 않는 것이 좋다.

당귀 씨앗은 차가운 곳에 두어야 휴면을 깨고 발아할 수 있다고 한다. 그래서 씨앗이 준비되면 2~3월에 주변의 시냇물이나, 냉장고 등을 이용해 얼었다 녹았다 할 수 있게 해준다. 파종 전에 물기를 제거하고 약간 말려 두면 파종할 때 씨앗에 묻은 물기 때문에 손에 달라붙는 현상을 방지할 수 있다.

전통 5일장에 나온 당귀

파종

봄에 파종하여 가을이 되면 키가 50~60cm 정도 자란다. 그러므로 씨앗을 뿌릴 때는 나중에 완전히 자라는 시기의 키를 생각해서 40cm 줄 간격에 씨앗 간격이 3cm되도록 파종한다. 나중에 싹이 자라면서 솎아주어 포기 사이의 간격은 15cm 정도 유지한다. 발아율이 그다지 좋지 않으므로 나중에 듬성하게 자라는 곳은 솎아낸 모종을 옮겨심기한다.

당귀 씨앗

수확시기

당귀는 봄에 파종하여 가을에 수확하거나, 작은 포기일 경우 이듬해 가을에 수확한다. 따로 수확시기를 잡아 일정을 두기보다는 가을에 잎이 마르기 시작하면 모두 캐서 이용한다. 꽃을 보거나 씨앗을 받을 욕심이 있으면 몇 포기는 그대로 둔다. (주의 : 씨앗은 2~3년 정도 지난 줄기에서 받아야 질 좋은 당귀를 얻을 수 있다고 한다.) 자라는 동안에 수시로 보드라운 잎을 수확하여 쌈 채소로 이용할 수 있다.

자라는 모습

봄에 일찍 씨앗을 파종하면 4월 말이 되어서야 싹을 틔운다. 그리고 초기의 성장이 아주 둔하여 자칫 관리를 잘못하면 풀에 묻혀 실패할 수도 있다. 그러나 이

싹이 트는 모습, 파종 3주

자라는 모습, 파종 6주

파종 3개월, 7월 초

파종 5개월, 9월 초의 당귀

월동 후 싹이 돋아나는 모습, 3월 말

월동 후 자라는 모습, 5월 초

시기만 지나면 줄기도 왕성하게 성장하고 잎도 넓게 펼쳐져 아래에 돋아나는 풀을 이기고 자라게 된다. 여름의 긴 장마철에도 잘 크며 가을이 되면 다시 보드라운 새잎을 키운다. 이때 보드라운 잎을 뜯어 건강채소로 이용한다.

내 경우는 봄에 씨앗을 파종해 가을에 수확을 해보니 뿌리가 너무 작아 월동을 시키고 이듬해 가을에 수확하려고 키우고 있다. 덕분에 이듬해 봄부터 돋아나는 당귀 잎을 잘 이용하고 있다. 월동 후 자라는 모습이 너무 씩씩하다.

재배 주의사항

당귀는 잎에서 강한 향기를 내므로

당귀와 함께 자라는 풀, 6월 초

벌레가 접근하는 일이 없어 키우기에 좋다. 그러나 초기 성장이 더디므로 주변에 돋아나는 풀을 잘 정리해주는 것이 관건이다. 여름의 끝자락으로 접어들면 햇볕을 강하게 받는 곳에 있는 잎과 줄기가 마르는 포기가 보인다.

장마 뒤 마르는 잎과 줄기

인삼

- **분류** : 두릅나무과
- **원산지** : 전 세계
- **재배지역** : 자생식물임
- **특징** : 여러해살이풀. 물 빠짐이 좋은 곳에 재배 그늘에서 자람, 씨앗으로 번식
- **재배시기** : 가을에 씨앗 파종 또는 봄에 모종심기

　인삼을 씨앗 단계부터 기르는 것은 어렵다. 씨앗을 구하기도 쉽지 않고 싹을 틔우는 것도 어렵다. 그래서 봄이면 전통 5일장에 많이 나오는 작은 무침용 인삼을 구해 그늘이 지는 장소에 심어둔다. 2년 뒤부터 빨간 열매도 보여주고 조금씩 자라는 모습도 보여준다. 인삼의 잎을 자주 보면 산에 있는 산삼도 쉽게 발견할 수 있지 않을까 막연한 기대감도 불러 일으킨다.

　인삼은 여러해살이풀로 해를 거듭함에 따라 뿌리가 조금씩 굵어지는 특징이 있다. 전국의 곳곳에서 볼 수 있는 검은 차광망을 씌운 밭은 거의 인삼을 재배하는 포장이다. 인삼이 그늘에서 자라는 식물이므로 인공적으로 그늘을 만들어 주는 것이다.

밭 준비 및 파종 준비

　인삼은 그늘에서 자라는 식물이므로 밭이나 집 주변의 나무그늘이 진 곳을 골라야 한다. 그렇지 않으면 차광망을 씌워 인공적으로 그늘을 만들어 주어야 한다. 물 빠짐이 좋고 약간의 습기를 늘 머금는 장소를 고른다. 봄에 시중에서 판매하는 1년된 무침용 인삼(미삼) 중에 뿌리에 흙이 많이 붙어 있는 모종을 고른다. 아니면 조금 비싸더라도 모종용으로 판매하는 인삼을 구입한

5일장에 나온 인삼

약용 식물 533

다. 사방 20cm 간격에 한 뿌리씩 심는다.

인삼은 한번 심어두면 최소한 4년 이상은 지나야 하므로 심어두고 잊어버려도 좋은 곳을 골라야 한다. 즉, 나무그늘이 어느 정도 심해서 다른 풀 씨앗이 싹을 틔우고 자라지 않아야 관리가 쉬워진다.

주의사항 인삼은 반드시 그늘에 심어야 한다. 몇 년 전에 미삼을 심고 차광망을 씌우는 것을 미루다가 싹이 모두 햇볕에 말라죽고 말았다.

수확시기

밭에서 인공적으로 재배하는 인삼의 경우는 보통 3년 이상이 되어야 수확을 하고 더러는 6년근으로 수확을 한다. 따로 퇴비를 준다거나, 전용 비료를 뿌리지 않으면 성장이 아주 더디게 이루어져 약용가치를 지니려면 최소 10년 정도는 지나야 수확이 가능할 것으로 추정된다. 인삼을 캐는 시기는 낙엽이 지는 9월 이후가 적당하다. 즉, 9월~11월이 적당하다.

4년된 인삼

옆은 1년된 미삼을 구입하여 그늘에 심어둔지 3년 지나서 캐낸 인삼을 보여준다. 퇴비주기, 풀 뽑기 등의 인위적인 조치를 취하지 않은 상태에서 자란 인삼의 모습을 보여주려 6월 초에 캐서 찍은 사진이다.

자라는 모습

모종용 인삼을 심고 몇 주가 지나면 싹이 돋아난다. 돋아난 싹이 펴지면서 잎을 만든다. 잎은 손가락을 닮은 5조각으로 이루어져 있다. 4월 중순에 싹을 틔웠다가 7월에 빨간 열매를 맺으며, 10월에 낙엽이 진다. 아마 산에서 자라는 산삼도 이와 비슷한 성장주기를 갖는 것으로 판단된다.

재배 주의사항

물 빠짐이 좋고 약간 습기가 있으면서 그늘이 지는 장소에 심어 두면 그다지 주

인삼 싹 돋아나는 모습, 4월 중순

잎이 완전히 펴진 모습, 4월 말

인삼 열매 모습, 7월 중순

낙엽이 지는 인삼, 10월 중순

의할 사항은 없다. 풀이나 주변의 잡목이 자라는 것을 정리해주면 된다. 다만 해마다 조금씩 개체수가 줄어든다. 나무 그늘이 너무 심하게 들면 자라는 데 방해를 받으므로 위의 가지를 적당하게 잘라 인삼이 자라기 적당한 그늘을 만들어야 한다.

꽃

목화, 부용화, 봉숭아, 접시꽃, 참나리, 원추리, 비비추,
기린초, 옥잠화, 섬초롱, 금계국, 코스모스

담벼락에 피어 지나는 사람의 눈요깃거리가 되준 많은 꽃들이 있다. 접시꽃은 한여름에 활짝 피어 색색의 아름다움을 전해주고, 봉숭아는 마루에 앉아 물들이는 누나의 모습을 떠올리게 한다. 원추리, 비비추는 산나물로 많이 이용되던 것이고, 목화는 집집마다 조금씩 심어 솜을 이용하던 식물이다. 이제는 어렵게 씨앗을 구해서 심어야 볼 수 있는 정다운 꽃들이다. 텃밭 한 쪽에 심어두고 물 마시다 한 번 쳐다보고, 씨앗 뿌리고 한 번 돌아보면 좋을 것 같다.

목화

- **분류** : 아욱과
- **원산지** : 동아시아
- **재배지역** : 한국(전국), 전 세계
- **특징** : 양지바른 곳에 재배, 남부 지방이 재배에 유리함
  씨앗으로 번식
- **역사** : 고려 공민왕(1363년)
- **재배시기** : 봄에 씨앗파종 및 모종 옮겨심기

목화는 우리나라보다 따뜻한 곳이 고향인 식물로 여름을 좋아한다. 자라는 기간을 충분하게 주어야 제대로 성장한다.

흰색의 꽃이 피었다 색깔이 변하는 특징이 있다. 꽃이 지고 꼬투리가 생기고 익어 터지면서 솜이 보인다.

모종 및 씨앗 구하기

목화는 씨앗이나 모종을 구하기가 쉽지 않다. 전문 농장에서 씨앗을 구하든지 인터넷을 통해 웹사이트에서 구입한다.

파종 주의사항

목화 씨앗 주변의 기름 성분이 물을 밀어내기 때문에 파종 후 수분이 적당하지 않으면 싹이 잘 트지 않는다. 그래서 파종 전에 비누로 씨앗을 씻어내고 파종하면 좋다. 미지근한 물로 살 씻고 씨앗을 물에 담가두면 2~3일 후 꼭짓점이 약간 벌어지는 느낌이 든다. 그러면 다시 물기를 빼고 바로 파종하거나, 그늘에서 조금 말린 후 파종한다.

목화 씨앗

파종

목화는 물 빠짐이 좋으며, 비옥한 토양을 좋아한다. 거름을 따로 넣지 않고 자라는 추이를 보면서 웃거름을 조금 주는 편이 수월하다. 파종할 때는 호미로 흙을

약간 파내고 씨앗을 3개 넣은 다음 1cm 정도 흙덮기를 해준다. 심는 간격은 40cm 정도 유지한다. 목화는 이식성이 좋으므로 나중에 옮겨심기를 해도 된다. 아니면 모종으로 길러 모두 옮겨 심어 가꾸어도 된다. 모종을 기르는 밭에는 색깔이 검은 퇴비를 뿌려주면 지온을 높여 싹도 잘 트고 초기 성장이 좋아진다.

자라는 모습

목화는 따뜻한 곳에서 싹이 잘 트는 식물이라 노지에 파종하면 싹이 더디게 올라온다. 파종 후 거의 1달이 지나야 싹을 내민다. 그리고 싹이 돋아나도 5월의 날씨에는 자라는 정도가 더디다.

그러다 6월이 되어 날씨가 따뜻해지면 잘 자란다. 목화는 7월 말부터 꽃이 피기 시작해서 서리가 내릴 때까지 꽃을 피운다. 색이며 모양이 은은한 한지를 연상시키는 꽃이다.

목화 싹 트는 모습, 파종 25일 경과

자라는 모습, 6월 중순

꽃이 피는 목화 모습, 9월 초

목화솜이 터진 모습, 10월 초

| 피기 시작하는 목화꽃 | 만개한 목화꽃 | 지기 전의 목화꽃 |

목화꽃

비 오는 날 목화 꽃잎에 맺힌 물방울을 보면 상큼한 아름다움이 있어 좋다. 목화꽃은 초기에는 흰색을 띠다가 시간이 지남에 따라 분홍색으로 변한다. 꽃이 떨어지기 직전에는 붉은 빛이 많이 감도는 분홍색 꽃이 된다. 나는 해마다 목화를 심어서 장모한테 욕을 먹고 있다. 딸 시집갈 때 목화 솜이불 해주면 되겠다고 빈정거리신다. 먹지도 못하는 것에 뭐 그리 정성을 기울이냐는 말씀이다. 그래도 은은한 꽃과 매달린 목화솜을 보면 그간의 모든 고생이 다 사라진다.

관리 웃거름주기, 풀 관리, 지주세우기

목화 씨앗을 파종할 때 밑거름을 주지 않았거나 덜 준 경우, 6월 말에 포기 밑동에서 15cm 떨어진 곳의 흙을 조금 파내고 퇴비를 한 주먹 넣어준다. 그리고 8월

| 목화가 어릴 때의 풀, 5월 말 | 지주를 세우고 묶어준 모습, 7월 중순 |

말에 한 번 정도 웃거름을 더 준다. 그러면 좋은 꽃과 목화 꼬투리를 볼 수 있다.

목화는 다 자라면 키가 1m 정도 되지만 자라는 중간에는 무척 연약하고 주위의 풀에 치여 조금만 부주의하면 죽이는 수가 많다. 목화가 잘 자라지 못하는 초기에 풀을 한두 번 정리하는 수고를 하면 결과가 좋다. 이후로는 목화 잎이 우거져 주변의 풀을 압도하게 된다.

목화 줄기가 본격적으로 자라는 시기가 장마와 겹친다. 한두 번 지나가는 태풍의 피해를 줄이려면 반드시 지주를 세워야 한다. 지주는 포기 옆에 단단히 박고 목화 줄기를 묶어주면 된다. 그리고 자람에 따라 두 번 정도 더 묶는다.

씨받기

목화꽃이 지면 꼬투리가 생긴다. 시일이 지나면서 꼬투리가 터지는데 안에 있는 목화솜이 크리스마스 트리에 매달린 솜을 연상시킨다. 목화씨는 발아율이 좋지 않다. 내 경우 실제 밭에 파종해보면 30~40% 정도만 싹이 튼다. 그래서 다음 해에도 기르려면 씨앗을 많이 준비해야 한다.

부용화

- **분류** : 아욱과
- **원산지** : 중국
- **재배지역** : 전 세계
- **특징** : 여러해살이풀. 꽃이 크고 아름다움
  파종 2년이 지나야 꽃을 피움, 씨앗 및 포기나누기
- **역사** : 삼국시대(부용아씨 설화)
- **재배시기** : 봄에 씨앗파종 및 가을에 포기나누기

부용화는 오래전부터 우리나라에서 길러온 화초로 자생식물과 흡사하다. 씨앗을 파종하면 2년째부터 꽃을 피운다. 여러해살이풀로 포기나누기가 가능하다. 몇 년이 지나 꽃이 부실하게 되면 새로운 부용화를 심거나, 포기나누기를 해서 기르면 늘 좋은 꽃을 볼 수 있다. 뿌리의 껍질은 한약재로 해독, 해열, 관절염, 늑막염 등에 처방한다고 한다. 밭이나 집의 진입로 양쪽에 죽 심어두면 크고 화사한 색색의 꽃을 보여준다.

모종 및 씨앗 구하기

아직까지 시중에서 씨앗이나 모종을 구하기가 쉽지 않다. 길가에 흔히 심어져 있는 관상용 화초로 모양이 좋은 꽃이 있으면 봐 두었다가 가을에 씨앗을 받아 봄에 파종한다.

모종 기르기

봄에 파종하면 이른 여름이 되어야 조금 자라는 식물이다. 싹이 트는 데 상당한 시일이 걸린다. 초기 성장이 더뎌 주변에 돋아나는 풀을 정리하는 것이 여간 어려운 작업이 아니다. 씨앗을 뿌릴 때는 줄 간격은 30cm, 씨앗은 3cm에 하나 정도 두는 것이 적당하다.

모종이 잘 자라는 여름이 되면 간격이 10cm 이상 되게 솎아준다. 아니면 작은 모종을 주변에 옮겨 심어 기른다. 너무 빽빽하게 자라면 연약해지므로 적정 간격을 유지한다.

모종으로 자라는 것 중에 실하게 자란 포기는 꽃을 피우기도 한다. 내가 길러본

파종 11주 지난 부용화

부용화 모종, 7월 중순

부용화 모종, 8월 중순

꽃망울을 맺은 부용화, 9월 초

식물 중에 가장 더디게 싹이 돋아나고 초기 성장이 더딘 종류 가운데 하나다. 그만큼 초기에 풀을 관리하는 것이 어려운 식물이다.

옮겨심기

10월 초순이 되면 부용화의 잎이 마르고 줄기가 시들기 시작한다. 이때가 옮겨심기의 적기다. 삽으로 부용화의 뿌리가 덜 다치게 깊숙하게 파낸다. 그리고 적당한 장소를 골라 옮겨심기한다. 옮겨심기를 마친 부용화는 물을 흠뻑 뿌려주어 뿌리와 흙이 잘 밀착되게 한다. 부용화 뿌리는 굵고 깊게 뻗으므로 파낼 때 뿌리가 잘리지 않게 주의한다. 옮겨 심는 간격은 50cm 이상 유지하는 것이 좋다. 심는 깊이는 모종 상태로 묻혀 있는 깊이가 적당하다.

자라는 모습

부용화는 한번 심어 두면 오랫동안 같은 자리에서 꽃을 피운다. 한번 제대로 모종을 길러 심는 것이 어렵지만 심어두면 해마다 조금씩 포기가 늘어나면서 줄기 수도 늘어난다. 줄기 수가 늘어나면 꽃이 더 많이 피어 아름답다. 7월 말부터 9월 초까지 화사한 꽃을 볼 수 있다. 꽃이 지고 나면 꼬투리 가득 들어 있는 씨앗을 볼 수 있다. 이 씨앗을 받아 두었다 이웃에 나누어 주거나 이듬해 봄에 파종하여 모종을 길러도 된다.

부용화는 그다지 잔손질이 가지 않는다. 해마다 봄이 되면 새싹을 키우고 7월에 꽃을 피운다. 꽃이 다 지고 난 줄기를 잘라 그 자리에 두면 다시 퇴비로 변한다. 봄에 새싹이 돋아나는 시기에 함께 자라는 풀을 한 번 정도 정리해주면 이후는 부용화가 우거지게 자라면서 풀을 이긴다.

부용화 새순, 4월 말

활짝 핀 꽃, 8월 초

부용화 꽃길

부용화 씨앗, 10월 초

벌레가 파먹은 부용화 줄기   잎을 많이 뜯긴 부용화

재배 주의사항

부용화는 거름을 많이 주게 되면 줄기가 지나치게 자라 바람에 약해진다. 퇴비를 조금만 주거나 주지 않는 것이 좋다. 부용화도 줄기를 키우는 다른 식물(고추, 가지, 익모초 등)과 마찬가지로 줄기를 파먹는 벌레의 해를 입기도 한다. 그리고 벌레들이 잎을 많이 갉아 먹지만 그다지 큰 피해는 없다. 병충해에 강한 화초다.

봉숭아 봉선화

- **분류** : 봉선화과
- **원산지** : 동남아시아
- **재배지역** : 전 세계
- **특징** : 양지바른 곳에 재배, 여러 가지 색의 꽃이 있음
  씨앗으로 번식
- **역사** : 삼국시대로 추정
- **재배시기** : 봄에 씨앗파종 및 모종 옮겨심기

봉숭아는 오래전부터 화단이나 길가를 장식하던 화초였다. 한번 재배를 시작하면 씨앗이 떨어져 해마다 같은 자리에서 자란다. 꽃은 6월 말부터 서리가 내릴 때까지 핀다.

씨앗 구하기

봉숭아는 주변의 학교나 공원의 화단에 많이 보인다. 한여름이 지나고 씨앗 꼬투리가 맺히면 좋은 색깔의 꽃이 피는 봉숭아 씨앗을 받아두었다 이듬해 파종한다. 특히, 봉숭아는 꽃의 색깔이 다양하고 모양도 다양하므로 좋아하는 종류를 골라서 씨앗을 받아둔다. 흰색 꽃의 봉숭아는 한약 재료로 이용된다.

파종 주의사항

봉숭아꽃을 오랫동안 보려면 4월, 5월, 6월에 각각 씨앗을 뿌린다. 6월에 파종한 봉숭아는 서리가 내리는 시기까지 꽃을 피운다. 씨앗을 뿌린 뒤 3주 정도 지나면 옮겨심기가 되므로 조금 많은 양의 씨잇을 넣이도 된다.

파종 및 옮겨심기

봉숭아는 보습성이 있는 양지바른 곳에서 잘 자란다. 비옥한 곳에서는 초기 성장이 좋다. 그러나 너무 잘 자란 봉숭아는 비바람에 쓰러지기 쉽고 웃자라기도 한다. 조금 척박한 곳의 봉숭아가 튼튼하게 자라고 씨앗도 많이 남긴다. 파종할 때는 호미로 흙을 약간 파내고 씨앗을 3개 넣은 다음 5mm 정도 흙덮기를 한다. 옮겨심기는 포기의 간격을 40cm 정도 유지한다. 봉숭아는 너무 자라지 않은 상태에서 옮겨 심는 것이 몸살이 적다. 옮겨 심는 시기는 비가 오고 난 직후나 비가 올 때가 좋다.

자라는 모습

봉숭아는 여름에 꽃을 피우는 대표적인 관상용 화초다. 4월 말 또는 5월 초에 씨앗을 심는 것이 좋다. 봄에 일찍 파종한 봉숭아는 조금 더디게 자라는 편이다. 4월 말에 파종하면 4주 정도는 지나야 옮겨 심을 모종으로 자란다. 일찍 파종한 봉숭아는 여름이면 씨앗이 떨어져 다시 자라는데 9월이면 꽃이 핀다. 관리를 잘하면 초여름부터 서리가 내릴 때까지 꽃을 볼 수 있다.

봉숭아 떡잎 돋아나는 모습, 파종 2주

모종 모습, 파종 4주

꽃이 핀 봉숭아

흰색 봉숭아

씨받기

봉숭아는 봄에 일찍 파종하면 한여름에 씨앗을 맺고 떨어진 씨앗이 발아해 가을에 꽃을 피운다. 여름에 생긴 꼬투리는 아직 줄기 위에 꽃이 있으므로 꽃의 색깔과 모양을 확인하고 씨앗을 받은 후에 기록해둔다. 씨를 받을 때 씨앗이 들어있는 꼬투리를 조심스럽게 따서 그릇에 담는다. 조금만 힘을 주면 꼬투리가 말려 들어가면서 안에 있던 씨앗이 사방으로 흩어져버린다.

재배 주의사항

봉숭아는 물 빠짐이 잘되는 장소에 심는 것이 좋다. 물 빠짐이 안 되면 잘 자라던 줄기가 여름 장마철에 습해를 입어 줄기가 물러지면서 죽기도 한다. 그리고 퇴비를 주지 않는 것이 봉숭아를 튼튼하게 기르는 방법이다. 잘 키울 욕심에 퇴비를 많이 주면 웃자라거나 줄기가 무성해져 비바람에 잘 쓰러진다.

접시꽃

- **분류** : 아욱과
- **원산지** : 중국, 시리아
- **특징** : 양지바른 곳에 재배. 파종 2년째 꽃이 핌
  씨앗으로 번식. 여러해살이풀
- **역사** : 삼국시대
- **재배시기** : 봄에 씨앗파종

접시꽃은 역사가 오래된 꽃으로 우리나라 전역에서 자란다. 봄이나 여름에 파종하면 그해에는 잎만 무성하고 이듬해 줄기를 키우면서 꽃을 피운다. 꽃의 색깔은 여러 가지이며 홑꽃과 겹꽃이 있다. 줄기, 꽃, 잎, 뿌리를 한약재로 쓴다.

씨앗 구하기

야외의 식당이나, 시골의 담장에 피어 있는 접시꽃을 보면서 좋아하는 색상과 꽃잎을 고른 다음 씨앗을 받아둔다. 씨앗을 취급하는 웹사이트에서 구할 수도 있다. 씨앗이 접시를 닮아서 접시꽃이란 이름이 붙여진 것이 아닌가 생각된다. 씨앗은 옆의 사진과 같이 6mm 정도의 원형에 두께는 1mm 정도다.

접시꽃 씨앗

준비 및 파종

접시꽃은 키가 2m 이상 자라므로 구석진 곳이나 밭둑에 심는 것이 좋다. 옮겨심는 것을 싫어하므로 되도록 오랫동안 기를 수 있는 곳을 선택해 파종한다.

씨앗 심을 곳을 호미로 지름 30cm 정도 일구고 퇴비를 한줌 넣어둔다. 2주 후에 씨앗을 3~4개 넣고 흙덮기는 5mm 정도 한다. 파종 후 물을 흠뻑 준다. 심는 간격은 40cm 정도 유지한다. 자람에 따라 솎아내기를 해 한 구덩이에 두 포기만 자라게 한다.

주의사항 접시꽃은 옮겨심기를 싫어하지만 전혀 할 수 없는 것은 아니다. 모종의 주변을 삽으로 푹 파내서 뿌리가 덜 다치게 옮겨 심으면 잘 자라는 편이다.

자라는 모습

접시꽃은 심은 첫해에 뿌리와 잎을 성장시킨다. 그리고 이듬해에는 줄기를 키워 꽃을 피운다. 잎을 바짝 땅에 붙여 겨울을 나는 식물이다. 모든 작물들이 그렇지만 어릴 때 풀과의 경쟁에서 살아남기가 힘들다. 특히, 접시꽃은 심은 첫해에는 키를 키우지 못하므로 주변 풀과의 경쟁에서 상당히 불리하다. 주변의 풀을 잘 정리해주는 것이 중요하다. 그러나 그 이듬해는 상황이 사뭇 달라진다. 키를 키우고 잎을 성장시켜 무성한 그늘을 만들면서 풀을 이긴다.

접시꽃 자라는 초기, 파종 4주

풀과 경쟁하는 모습, 파종 6주

겨울을 준비하는 접시꽃, 12월

접시꽃, 6월 말

씨받기

접시꽃이 피고 조금 지나면 줄기에 씨앗 뭉치가 달린다. 이 씨앗 뭉치가 잘 마르면서 안의 씨앗을 보존하게 된다. 씨앗으로 이용할 때는 어느 정도 마르기를 기다렸다 받는 것이 좋다. 접시꽃은 모양과 색깔이 여러 가지이므로 씨앗을 받을 때, 색깔과 모양을 기록하면 나중에 도움이 된다.

재배 주의사항

귀화식물로 화초로 기르는 데 주의사항이 별로 없다. 단지 어릴 때 주변의 풀을 정리해주고 꽃을 보기 위해 한 해를 기다리는 인내가 필요하다. 잎이 무성하고 키가 큰 접시꽃 줄기는 지지대를 세워 묶어준다. 여름 장마철에 닥치는 비바람에 쓰러지는 것을 막아준다. 부용화, 봉숭아 등과 마찬가지로 퇴비를 주지 않고 기르는 것이 좋다.

참나리

- **분류** : 백합과
- **원산지** : 한국, 중국, 일본
- **특징** : 주아나, 알뿌리(비늘줄기)로 번식. 여러해살이풀
- **역사** : 자생식물임
- **재배시기** : 여름이나 가을에 주아를 파종

나리꽃은 종류도 많고 꽃의 모양도 다양하다. 우리가 많이 보는 나리는 주로 참나리다. 나리는 모두 알뿌리를 가지고 있다. 주아를 이용해 번식하는 참나리가 있고 알뿌리를 늘려나가는 다른 종류의(말나리, 하늘말나리, 중나리, 땅나리, 솔나리 등) 나리가 있다. 나리의 알뿌리인 비늘줄기는 대부분 식용 또는 약용으로 이용한다.

씨앗 구하기

참나리는 잎겨드랑이에서 발생하는 콩알 같이 생긴 주아를 떼어 심어두면 번식한다. 주아는 산이나 들의 참나리에서 쉽게 구할 수 있다. 참나리를 제외한 나리꽃은 화원에서 판매하는 작은 화분을 구해서 심는다.

준비 및 파종

참나리 주아는 심은 지 최소 2년이 지나야 탐스럽게 많이 핀 꽃을 볼 수 있다. 관리하기 쉬운 장소에 제대로 모종을 심어 기른다. 주변의 풀을 정리하고 준비한 주아를 10cm 간격에 하나씩 놓고 흙을 1cm 정도 덮는다.

주의사항 주아는 구한 즉시 심는 것이 좋다. 오래 보관하면 말라서 못쓴다. 여름이나 가을에 심으면 이듬해 봄이 되어야 싹을 틔운다.

잎겨드랑이에 달린 주아

주아 모양

자라는 모습

참나리 주아는 심는 즉시 뿌리를 성장시키고 싹 틔울 준비를 한다. 새싹은 이듬해 봄에 돋는다.

참나리, 4월 초

자라는 모습, 4월 중순

2년이 지난 참나리, 5월 초순

3년이 지난 참나리, 5월 말

옮겨심기

참나리 주아를 심고 이듬해 봄이 되면 싹이 터 자라기 시작한다. 이때는 아주 연약하므로 세심하게 관리해야 한다. 2년째 봄 비늘줄기인 알뿌리가 엄지손톱만큼 자라면 옮겨 심는다. 옮겨 심을 때는 한곳에 2~3포기를 뭉쳐서 심는 것이 좋다. 옮겨 심을 곳의 반경 20cm 정도를 호미로 잘 일구고 퇴비를 넣고 2주 후 옮겨 심는다. 심을 때는 50cm 이상의 간격을 유지한다.

주의사항 나는 주아를 심고 바로 이듬해 옮겨심기를 했더니 참나리가 풀과 경쟁하면서 아주 연약하게 자라는 모습을 보았다. 여러 곳에 흩어 기르는 것보다는 한 곳에 몰아두는 편이 관리하기도 편하고 탐스럽게 핀 꽃도 볼 수 있어 좋다.

웃거름주기 및 풀 정리

초기 풀 정리가 어렵다. 햇빛이 잘 들지 않는 곳에서 연약하게 자라면 참나리 싹이 어디 있는지 몰라서 풀을 정리하면서 같이 뽑기도 한다. 줄기가 큼지막하게 자라기까지의 2~3년은 신경써서 주변의 풀을 정리한다.

나리 종류는 비옥한 토양에서 길러야 잘 자라는 편이다. 그래서 줄기가 많이 자라는 5월 초순에 포기 주변을 조금 파내고 퇴비와 깻묵을 한 주먹 넣고 흙을 덮어준다.

주의사항 웃거름을 주기 위해 호미로 포기 주변을 파낼 때 알뿌리(비늘줄기)가 다치지 않게 포기에서 10cm 이상 떨어진 곳을 파낸다.

번식

나리꽃이 자라는 주변에는 주아가 흘러 이듬해 여러 포기의 새끼가 자라는 것이 보인다. 1년 정도 더 키우다가 어미포기 주변의 나리를 옮겨 심으면 새로운 개체를 확보할 수 있다. 계속 기르다보면 땅속의 비늘줄기가 늘어나 해마다 줄기 수가 늘어난다. 이 늘어난 줄기를 포기나누기 해도 된다.

원추리

- **분류** : 백합과
- **원산지** : 동아시아, 한국, 중국
- **특징** : 연한 잎을 나물로 이용. 여러해살이풀
- **역사** : 자생식물임
- **재배시기** : 여름이나 가을에 씨앗 파종

원추리는 우리나라 자생종으로 여러 종류가 있다. 백합과의 여러해살이풀로 뿌리는 한약 재료로 쓴다. 봄에 돋아나는 연한 잎은 나물로 이용한다. 해가 드는 양지바른 곳에서 잘 자란다. 나리와 마찬가지로 종류가 많다(각시원추리, 노랑원추리, 섬원추리, 왕원추리, 골잎원추리, 애기원추리 등). 주로 꽃의 모양이나 색깔에 따라 붙여진 이름이다.

씨앗 및 모종 구하기

원추리는 들이나 산에서 많이 자란다. 번식은 씨앗이나 포기나누기로 가능하므로 모양 좋고 마음에 드는 원추리를 봐두었다가 꽃이 지는 늦여름이나 가을에 씨앗을 받거나 봄에 포기나누기를 한다. 정원이나 화단에 원추리 몇 포기가 있으면 그 주변에 씨앗이 떨어져 자라는 포기를 옮겨 심는다. 여러 해 지난 포기는 뿌리가 많이 번성하므로 포기나누기 해도 된다. 최근에는 야생화에 관심이 많아지면서 주변의 화원에서도 화분을 구입할 수 있다.

자라는 모습

원추리는 이른 봄에 싹을 틔워 자란다. 처음에는 펼쳐진 부채 모양으로 자라다가 나중에는 골이 파진 잎줄기가 생긴다. 봄에는 주로 활처럼 휘어진 잎을 키우고, 여름이 되면 꽃대를 세우고 꽃을 피운다. 꽃은 여러 개의 봉오리가 차례로 생기는데 하룻동안 피었다 진다.

원추리 새싹, 4월 중순

잎이 무성하게 자란 모습, 5월 초

꽃대를 키우는 원추리, 7월 초

원추리꽃, 7월 중순

관리 풀 정리, 웃거름주기, 병충해

이른 시기에 싹을 틔우기 때문에 초기에 풀이 주는 어려움은 덜하다. 그러나 자라면서 잎줄기가 크지 않고 꽃대만 자라므로 잎이 풀에 묻혀버리는 경우가 많다. 이럴 때 아래에 있는 풀을 정리해주는 노력이 필요하다.

가끔은 원추리 꽃대에 진딧물이 많이 붙어 있는 경우도 있다. 어느 정도 비옥한 곳에서 잘 자라므로 봄에 한 번 정도 웃거름을 준다. 포기에서 20cm 정도 떨어진 곳을 호미로 약간 긁어내고 퇴비를

원추리 꽃대의 진디

한주먹 넣고 다시 흙을 덮어둔다. 옮겨 심을 때, 밑거름보다는 웃거름을 주는 편이 쉽고 관리하기도 편하다. 즉, 웃거름을 줄 때 풀도 정리해 포기 주변에 덮어두면 수분유지에 도움이 된다.

야생원추리는 산과 들판의 경계부나 밭둑에서 많이 자란다. 봄에는 해가 잘 들고 여름에는 다소 그늘이 지는 곳에서 잘 자라는 편이다. 이와 같은 특성을 이용해 조경용으로 관상수 아래에 심거나 조경석 사이에 심어 정원을 가꾸는 재료로 많이 이용한다.

비비추

- **분류** : 백합과
- **원산지** : 동아시아, 한국, 중국, 일본
- **특징** : 연한 잎을 나물로 이용. 여러해살이풀
- **역사** : 자생식물임
- **재배시기** : 가을, 봄에 포기나누기 또는 가을에 씨앗파종

비비추는 우리나라 자생종으로 여러 종류가 있다. 백합과의 여러해살이풀로 뿌리는 한약 재료로 쓰인다. 봄에 돋아나는 연한 잎은 데쳐서 쌈으로 먹거나, 묵나물을 만든다. 약간 그늘이 지는 곳에서 잘 자란다. 예전에는 산나물로 취급했지만 최근에는 관상용이나 조경식물로 많이 재배한다. 나물로 기르다보면 꽃이 피고 잘 자라며 번식도 잘된다. 내 고향에서는 배배추라고 불렀다. 은은한 보라색 꽃이 어여쁘다.

씨앗 및 모종 구하기

비비추는 원추리와 마찬가지로 들이나 산에서 많이 자란다. 번식은 씨앗이나 포기나누기로 가능하다. 가을에 씨앗을 받아 바로 파종한다. 포기나누기는 가을 또는 봄에 새순이 아주 어릴 때 싹을 2~3개 붙여 쪼개서 심는다. 주변의 야생화 전문 화원에서 구입할 수 있다.

주의사항 비비추 씨앗은 추운 겨울을 지나야 잠에서 깨어나 싹을 틔울 능력을 갖춘다. 포기나누기를 할 때 쪼개진 포기가 마르거나 얼지 않도록 주의한다.

자라는 모습

비비추는 이른 봄에 싹을 틔운다. 초기에는 잎을 키우다가 여름이 되면서 꽃대를 세워 차례로 꽃을 피운다. 비비추는 심고난 후 몇 년이 지나면 뿌리가 우거져 한꺼번에 여러 개의 싹이 동시에 난다. 그늘이 드리운 밭둑이나, 활엽수의 그늘이 약하게 지는 곳에 심어두면 해마다 꽃을 볼 수 있다. 많이 심으면 봄에 올라오는 연한 잎을 수확해 데쳐서 쌈으로 먹는다.

비비추 새순, 4월 중순

잎이 무성해진 모습, 5월 말

꽃대, 7월 초

비비추꽃, 7월 중순

관리 풀 정리, 웃거름주기, 병충해

비비추는 다른 식물이 기지개를 켜는 이른 봄에 새순을 키운다. 같은 장소에서 오랫동안 기른 비비추 주변에는 쑥이나 돌콩이 번성한다. 비비추 포기 주변에 뿌

풀과 함께 자라는 비비추 순

비비추와 엉겨 있는 쑥

리가 엉켜서 자라는 쑥이 번성하면 관리가 까다로워지므로 이때는 전체 포기를 캐내서 옮겨 심는다. 비비추는 비옥한 토양에서 잘 자란다. 여름 장마가 끝나면 포기 주변의 흙을 긁어내고 퇴비를 한주먹 주고 다시 흙을 덮는다. 비비추는 병충해가 거의 없지만 꽃대에 진딧물이 붙는 경우가 가끔 보인다.

기린초

- **분류** : 돌나물과
- **원산지** : 한국, 일본, 중국, 사할린
- **특징** : 연한 잎을 나물로 이용
  여러해살이풀
- **역사** : 자생식물임
- **재배시기** : 수시로 포기나누기 및 줄기 잘라 심기

　기린초는 바위 주변에 많이 자라는 돌나물과 자라는 모습이 아주 비슷하다. 돌나물과의 여러해살이풀로 봄에 돋아나는 연한 잎은 생식 또는 나물로 이용한다. 그리고 줄기, 뿌리, 잎을 한약재로 쓴다. 연한 잎은 약간 쌉쌀한데 떫은 뒷맛이 남는다. 상추 등의 쌈을 먹을 때 곁들이면 새롭다. 야생화로 꾸미는 정원의 재료로 자주 들어가는 풀이다.

씨앗 및 모종 구하기

　아직까지 그리 많이 알려진 식물이 아니다. 비교적 구하기 쉽지 않다. 번식은 씨앗파종이나 포기나누기 또는 줄기를 5~8cm로 잘라 심는다. 재배가 쉬워서 요새는 숯부작이나 석부작의 재료로 많이 쓰인다. 주변의 야생화 화원에서 판매하는 화분을 구입해 가꾸거나 웹사이트에서 가끔 판매하는 씨앗을 구해 기른다.

　줄기 심는 요령 기린초 줄기를 5~8cm 간격으로 잘라 밭에 뿌리고 위에 흙을 1~2cm 덮어두면 잘 자란다. 아니면 줄기의 밑동을 잘라 잎이 달린 채로 5cm 정도 흙을 파고 심는다.

잘 자라는 조건

　서늘하고 약간 그늘이 지는 장소에서 잘 자란다. 물 빠짐이 잘되면서 그리 비옥하지 않은 곳을 골라 가꾸는 것이 요령이다.

자라는 모습

　기린초는 월동 상태에서 바로 봄에 자라므로 다른 풀에 비해 비교적 일찍 자란

기린초의 봄맞이, 3월 말

기린초, 4월 말

기린초꽃, 6월 말

기린초의 겨울, 1월 중순

다. 봄에는 줄기와 잎이 성장하고 여름에는 줄기의 끝에서 꽃봉오리가 생기면서 노란색의 꽃이 핀다. 꽃이 지고나면 억센 줄기가 남아 뿌리를 뻗으면서 자란다. 가을이 되면 잎이 노래지고 줄기는 땅에 바짝 엎드려 겨울을 난다.

기린초와 함께 자라는 봄풀, 5월 말

기린초와 함께 자라는 가을풀, 9월 중순

관리 풀 정리, 웃거름주기, 병충해

잎을 나물로 이용하려면 웃거름을 주어 연한 잎을 수확한다. 그러나 꽃을 보려면 거름을 많이 주지 않는다. 거름이 많으면 줄기가 너무 우거져 바람이 잘 통하지 않고 장마철에 물러지는 것들이 많이 생긴다. 줄기와 잎이 많이 우거진 곳을 수시로 솎아서 바람이 잘 통하게 관리한다. 기린초 주변의 풀 관리가 무척 힘들다. 수시로 풀을 정리하는 수고를 해야 노란 꽃을 많이 보여준다. 기린초는 이렇다 할 병이 없다. 다만 잎과 줄기가 너무 어우러져 여름에 바람이 잘 통하지 않아 잎과 줄기가 물러지는 경우만 주의한다.

옥잠화

- **분류** : 백합과
- **원산지** : 중국
- **특징** : 관상용으로 재배. 연한 잎줄기를 나물로 이용 여러해살이풀
- **역사** : 도입시기 미상
- **재배시기** : 가을 또는 3월에 포기나누기 봄에 씨앗파종

비비추와 마찬가지로 백합과의 여러해살이풀로 꽃, 뿌리, 줄기를 한약 재료로 이용한다. 봄에 돋아나는 연한 잎줄기는 나물로 먹는다. 약간 그늘이 지는 곳에서 잘 자란다. 요새는 길가 또는 정원의 낙엽수 아래 조경용으로 많이 재배한다. 추위에 견디는 능력이 탁월하며, 빽빽하게 심어두면 수분보존도 되고 토양유출을 방지하는 데도 도움이 된다. 꽃은 비비추와 비슷한데 길게 뻗은 꽃대에 달리는 흰 꽃이 훌륭하다.

씨앗 및 모종 구하기

번식은 씨앗이나 포기나누기로 가능하다. 가을에 씨앗을 받아 바로 파종하거나, 이듬해 봄에 파종한다. 씨앗에 의한 번식보다는 포기나누기를 하는 편이 훨씬 수월하다. 포기나누기는 가을에 잎이 말라가는 시기 또는 봄에 새순이 자라기 시작 할 무렵이 좋다. 싹이 되는 눈을 2~3개 붙여 쪼개서 심는다. 주변의 야생화 화원에서 화분을 구입해 가꾸어도 된다. 나는 도로공사를 하느라 파헤쳐놓은 화단 절거 현상에서 몇 포기를 캐내 심었다.

자라는 모습

옥잠화는 자라는 상태와 모양이 비비추와 아주 흡사하다. 이른 봄에 싹을 틔워 잎을 성장시키고 여름이 되면 꽃대를 세워 차례로 꽃을 피운다. 옥잠화는 심고 몇 년이 지나면 뿌리가 우거지고 여러 개의 새싹이 동시에 자란다. 흰색의 꽃이 상당히 아름답다.

옥잠화는 한두 포기 있을 때보다는 무리지어 한꺼번에 핀 꽃이 보기 좋다. 공원

옮겨 심고 1주 지난 모습, 4월 말

옥잠화 자라는 모습, 7월 초순

2년째, 8월 초

꽃이 핀 모습, 8월 중순

이나, 유원지 등의 나무 그늘 아래 무리지어 핀 흰색의 옥잠화꽃은 초가을의 정취를 느끼게 한다.

관리

옥잠화를 재배하는 데 별다른 주의사항은 없다. 다만 오랜 기간 같은 장소에서 기르다보면 뿌리와 줄기의 번식이 왕성한 쑥 같은 풀이 우거져 관리가 아주 힘들어진다. 조기에 풀을 정리해서 풀이 엉기지 않게 한다.

특별한 병충해가 없어 좋다. 옥

옥잠화 주변에 돋아나는 풀, 9월 중순

잠화는 약간 비옥한 곳에서 잘 자란다. 그래서 장마가 끝나는 7월 중순에 포기 주변의 흙을 조금 긁어내고 퇴비를 한줌 주면 좋다. 주변의 풀을 정리해 옥잠화 포기 주변을 덮어준다.

섬초롱

- **분류** : 초롱꽃과
- **원산지** : 한국
- **특징** : 연한 잎을 나물로 이용
  여러해살이풀, 우리나라 특산종
- **역사** : 자생식물임
- **재배시기** : 가을 또는 봄에 포기나누기
  가을에 씨앗파종

섬초롱은 우리나라 특산종으로 울릉도가 원산지다. 초롱꽃과의 여러해살이풀로 봄에 돋아나는 연한 잎은 생식으로 이용할 수 있다. 잎을 나물로 이용할 때는 수확 후 데쳐서 쓰거나 묵나물로 이용한다. 특히, 이른 봄에 상추 등의 푸성귀가 없을 때 귀한 채소를 주는 고마운 나물이다. 아삭아삭하게 씹히는 풋풋한 맛이 일품이다. 반그늘이 지고 서늘한 물 빠짐이 좋은 곳에서 기르는 것이 좋다.

씨앗 및 모종 구하기

아직까지 그리 많이 알려진 식물이 아니다. 구하기가 비교적 쉽지 않다. 번식은 씨앗이나 포기나누기로 가능하다. 가을에 씨앗을 받아 바로 파종한다. 가을 또는 봄에 새순이 아주 어릴 때 포기나누기를 한다. 주변의 야생화 화원에서 판매하는 화분을 구입해 가꾸어도 좋다.

자라는 모습

초롱꽃과의 자생식물은 모두 월동이 된다. 겨울에는 잎이 모두 말라 버리고 땅속줄기로 월동한다. 이른 봄에 잎을 키운다. 잎이 어느 정도 자라는 5월에 꽃대를 성장시키고 6월에 꽃을 피운다. 꽃이 지고나면 줄기도 일부 말랐다가 다시 새싹을 기른다. 섬초롱은 땅속을 기는 줄기로 활발하게 번식해 여러 포기가 한꺼번에 자란다.

섬초롱을 나물로 쓰려면 봄의 5월 초순까지와 가을의 11월에 돋아나는 잎을 이용한다. 이 시기는 상추 등의 쌈 채소가 귀할 때라 생식으로 이용하면 각별한 향기를 느낄 수 있어 좋다.

섬초롱의 봄, 4월 중순

섬초롱, 4월 말

섬초롱꽃, 6월 초

꽃이 지고난 후, 8월 말

겨울을 준비하는 모습, 11월 중순

한겨울의 섬초롱, 1월 중순

관리 풀 정리, 웃거름주기, 병충해

섬초롱 잎을 나물로 해먹을 경우에는 웃거름을 준다. 그러면 연한 잎을 수확할 수 있다. 꽃을 볼 목적이라면 거름은 조금만 준다. 거름이 많으면 꽃대가 연약하

봄에 자라는 풀, 3월 말   가을에 자라는 풀, 9월 중순

게 올라와 쓰러지기도 한다. 다른 여러해살이풀과 마찬가지로 섬초롱도 주변에 돋아나는 풀 때문에 상당히 힘들다. 보이는 대로 주변의 풀을 정리해서 섬초롱이 우거지게 만들어준다. 또한 섬초롱이 너무 우거지면 종종 솎아내서 바람이 잘 통하게 한다. 장마에 잎이 무르는 경우가 적지 않다. 자생식물답게 뚜렷한 병충해가 없는 강건한 식물이다.

금계국

- **분류** : 국화과
- **원산지** : 북아메리카
- **특징** : 2년생 식물
  관상용으로 많이 심음
  6, 7월에 꽃이 핀다.
- **역사** : 최근으로 추정
- **재배시기** : 가을에 파종

금계국은 길가에 많이 심는 꽃이다. 길모퉁이나 작은 언덕에 많이 심어두면 아주 보기 좋다. 특별히 가리는 조건 없이, 해가 잘 들고 물 빠짐이 좋은 곳이면 어디서나 잘 자란다. 비옥한 곳보다는 약간 척박한 데서 잘 자란다. 금계국이란 이름만 몰랐을뿐 주변에서 많이 본 꽃일 것이다.

씨앗 및 모종 구하기

꽃이 지는 여름부터 가을에 걸쳐 씨앗을 채취한다. 길가에 많이 심어져 있기 때문에 구하기 쉽다. 주변에서 구하기 어려우면 화원이나, 인터넷 매장의 씨앗 가게에서 손쉽게 구할 수 있다. 나는 주변에서 씨앗을 채취해 바로 길가에 흩뿌려 가꾸고 있다. 한번 자리를 잡으면 씨앗이 떨어져 해마다 자란다.

초겨울의 금계국, 11월 중순

자라는 모습

금계국은 겨울을 나고 이듬해 봄에 성장을 해 초여름에 꽃을 피운다. 봄에 파종하면 성장이 약간

꽃대를 키우는 모습, 5월 중순

6월 초, 꽃이 피기 시작한다.   활짝 핀 금계국, 6월 중순

더디다 7월에 꽃을 피운다. 씨앗이 여물 때 채취해 바로 파종하는 편이 가꾸기 편하다. 가을이 되면 싹을 틔워 조금 자라다 겨울을 난다. 그래서 파종 후 잊어버리고 있으면 다른 풀이 말라가는 시기에 어느덧 잎을 조금 성장시키다 겨울을 맞이한다. 겨울에는 죽은 듯이 잎을 땅에 붙이고 활짝 펴서 최대한의 햇볕을 받아들인다.

금계국은 파종해 자라는 동안 잔손질이 거의 필요없다. 다만 주변에서 자라는 쑥, 망초 등의 풀만 잘 정리하면 된다. 특별한 병도 없어 가꾸기 수월하다.

코스모스

- **분류** : 국화과
- **원산지** : 멕시코
- **특징** : 한해살이풀
  길가에 관상용으로 많이 심음
  6~10월에 꽃이 핀다.
- **역사** : 1910년대 선교사에 의해 도입
- **재배시기** : 가을 또는 봄에 파종

코스모스하면 가을운동회가 떠오를 만큼 가을과 친숙한 꽃이다. 코스모스는 재배하는 꽃이라기보다는 해마다 조금씩 넓게 퍼지는 풀이다. 옮겨심기가 잘된다. 요새는 꽃 피는 시기도 다양하고 모양도 다양한 코스모스가 늦은 봄부터 가을까지 피어난다. 해가 잘 들고 물 빠짐이 좋은 곳이면 어디서나 잘 자란다. 특별하게 가리는 조건이 없는 화초다. 약간 척박한 곳에 더 잘 자란다. 거름 기운이 많은 곳에서는 키가 너무 자라 여름의 비바람에 줄기가 쓰러진다.

씨앗 및 모종 구하기

길가나 화단에 자라는 코스모스 중에 꽃 모양이나 색깔이 마음에 드는 것을 기억해두었다 가을에 씨앗을 받아둔다. 아니면 봄에 돋아나는 코스모스를 캐서 옮겨 심는다. 한번 자리를 잡으면 씨앗이 떨어져 해마다 자라게 된다.

6월 중순

관리

코스모스는 자라는 동안 잔손질이 필요없다. 주변에 자라는 풀들도 코스모스

9월 말

꽃 571

가 자라는 데 그다지 방해가 안 된다. 다만 가을에 불어오는 태풍에 키 큰 코스모스가 쓰러지는 일이 많으므로 지지대에 묶어주어 쓰러지지 않게 한다. 비옥한 토양에서 키가 많이 자란 코스모스의 윗부분을 낫으로 베어주는 것도 좋다. 키가 1.5~2m 정도 자라므로 주변에 있는 채소나 다른 식물에 해가림 현상이 심하게 나타난다. 이를 감안해 미리 기를 장소를 정한다.

자라는 모습

떨어진 씨앗이 봄이면 싹을 틔운다. 여름이 시작되면 부쩍 키를 키우고 가을이 되는 시점부터 꽃이 피어나 가을이 깊어갈 때까지 계속해서 꽃을 피운다. 가을에 씨앗이 여물어 바람에 날리듯 흩어진다.

달빛 은은한 초가을 밤에 바라보는 코스모스의 아름다움은 어떤 향기로운 꽃과 비교가 되지 않는다. 마당 옆에 줄지어 심어두고 달빛에 비치는 하늘거리는 꽃잎을 바라보는 즐거움이 있다.

| 참고문헌 |

1. 『침묵의 봄』 레이첼 카슨, 김은령 옮김, 에코리브르, 2002
2. 『채소재배』 농업기술원.농업기술센터 신현욱 외 5인, 내외출판사, 2003
3. 『가정채소재배대백과』 이타키 도시타카, 장광진 옮김, 동학사, 2004
4. 『한국의 야생화』 이유미, 다른세상, 2004
5. 『야생화 쉽게 찾기』 송기엽·윤주복, 진선, 2003
6. 『희망의 밥상』 제인 구달, 김은영 옮김, 사이언스북스, 2006
7. 『생명의 농업』 후쿠오카 마사노부, 최성현 옮김, 정신세계사, 2001
8. 『자연농업 자재 만들기』 조한규, 자연을 닮은 사람들, 2001
9. 『자연을 꿈꾸는 뒷간』 이동범, 들녘, 2000
10. 『똥 살리기 땅 살리기』 조셉 젠킨스, 이재성 옮김, 녹색평론사, 2004
11. 『생태농업을 위한 길잡이』 전국귀농운동본부, 들녘, 2000
12. 『신비한 밭에 서서』 가와구치 요시카즈, 최성현 옮김, 들녘, 2000
13. 『진기한 야채의 역사』 빌 로스, 김소정 옮김, 눈과 마음, 2005
14. 『21세기 희망은 농에 있다』 정경식, 안철환, 두레, 2002
15. 『무농약 채소 재배』 오성출판사 편집부, 오성출판사, 1992
16. 『흙을 알아야 농사가 산다.』 이완주, 들녘, 2002
17. 『흙과 퇴비와 유기물』 松崎敏英, 김민호 외 공역, 동화기술, 1999
18. 『지렁이, 소리 없이 땅을 일구는 일꾼』 에이미 스튜어트, 이한중 옮김, 달팽이, 2005
19. 『귀농 길잡이』 전국 귀농운동본부, 소나무, 2006

| 찾아보기 |

20일무→적환무

ㄱ

가지 29, 325~362
감자 15, 16, 19, 20, 26, 38, 43, 61, 198, 297~307, 432, 436
감자산곶 306~307
감자삼곶 307
갓 42, 128~135, 305, 409
갓김치 134~135
강낭콩 20, 43, 418, 425~429
거세미나방 애벌레 42, 49, 98, 303, 378, 379
겨울초 136~141
결구 15
곁가지 104, 144, 166, 167, 169, 357, 366, 367, 370, 375, 449, 450, 457, 458, 495

고마리 171, 173
고구마 15, 16, 18, 19, 20, 26, 29, 307, 308~317
고추 16, 17, 18, 20, 29, 372, 381, 508, 544
곰취 462, 463, 464, 483, 486
곽향 501, 504
관아 332, 333, 334, 338
근대 15, 148~155, 163
금계국 569, 570
기린초 494, 560, 562
꺾꽂이 15, 493, 497, 506, 509, 514, 517
꽃양배추→브로콜리, 콜리플라워

ㄴ

나리꽃 551~553
낙화생 346, 348
내서성 80, 101, 112, 202, 289
내한성 80, 88, 101, 112, 202
냉이 488, 489
냉해 187, 343
노균병 42, 50, 390
노린재 67, 88, 89, 97, 251, 267, 269, 294, 360, 378, 381, 434, 436
녹국 100
녹병 444

ㄷ

단호박 394, 402
달래 213, 268, 271~277
당근 70, 259, 288~296
당귀 529~532

대파 218, 226
덩굴 쪼개짐 390, 391
덩이줄기 301, 314, 350, 352
도장 439
돈나물 492
돌나물 492~494
돌려짓기 15
돌산갓 128, 129, 130, 134
동해 52, 184, 187, 186, 343, 508, 515, 523,
동애등에 32
돼지감자 15, 350~353
돼지파 236~247
두줄심기 83, 281, 298, 300
들깨 43, 437~445
딸기 410, 417
땅콩 345~349
뚱딴지 332, 350~353

ㄹ

락교 236, 242
런너 411~414, 416
리이크 260~270

ㅁ

마늘 253~259, 305, 457
맷돌호박 394, 402
머위 19, 462, 463, 464, 470~474, 526
메뚜기 42, 49
멘톨 511
모잘록병 244, 245, 251→입고병
목화 537~540
무 42, 69~78

무당벌레 20, 46, 47, 304, 362
무름병 42, 50, 52, 65, 87, 90, 96, 105, 180, 182
미나리 170~176

ㅂ

박하 15, 500, 509, 510, 511, 512, 517
방아 500, 501, 504
방울토마토 364, 366, 369, 370
배초향 500, 501~505
배추 16, 17, 20, 42, 52~62,
배추순나방 애벌레 42, 49, 50
배추흰나비 애벌레 42, 47, 48, 89, 96
벼룩나물 240, 274, 487, 490, 491
벼룩잎벌레 42, 43, 45, 64, 67, 73, 82, 83, 98, 107
봉숭아 536, 545~547
부용화 541~544
부추 208~217, 384
브로콜리 42, 45, 50, 80, 93, 95, 100~107
비비추 536, 557~559
비늘줄기 17, 19, 212, 213, 215, 227, 230, 236, 253, 269, 272, 551~553

ㅅ

사마귀풀 171, 173
사이짓기 17
사탕수수 20, 455~461
산마늘 463, 464, 479~482
산초 522~524

산호랑나비 애벌레 189
상추 16~19, 43, 144, 191~199
생강 340~344
새삼 39~40
섬초롱 566~568
섬서구메뚜기 42, 49
서리태 418, 419, 430, 436
셀러리 177~183
스테비아 500, 513~517
스테비오사이드 513
시나나빠 136
시금치 43, 156~163
신선초 184~190
쑥갓 142~147, 198, 305
씨감자 297~306

ㅇ

아들덩굴 405, 406
아스파라거스 278~287
아욱 43, 164~169, 393
알타리무 116
얼청갓 128~135
야채스프 331
약호박 394
야콘 332~339
양배추 42, 46, 47, 49, 50, 79~91
양상추 200~207, 305
양파 43, 243~252, 305, 315, 408
어미덩굴 405, 406
얼갈이배추 42, 112~115, 259
엇갈이배추→얼갈이배추
역병 360, 380, 381
열과현상 369, 371, 405
열무 42, 45, 49, 50, 63~68, 259,

373, 393
염교 236~242, 305
오이 66, 93, 382~393, 396, 402, 424
옥수수 16, 18, 20, 43, 446~454, 457
옥잠화 563~565
완두콩 418, 420~424
왕고들빼기 487, 495, 496
왕무당벌레붙이 304, 305, 360, 361, 362
우엉 17, 326~331
원추리 536, 554~556
월동춘채 136, 141
익모초 502, 525, 526~528
인삼 525, 533~535
입고병→모잘록병
잎마늘→리이크
잎마름병 234, 391
잎벌레 42~46, 62, 64~67, 73, 77, 82, 83, 98, 107, 111, 115, 119, 123, 127, 134, 141

ㅈ

적겨자채 120~123
적환무 42, 124~127
접시꽃 548~550
조생종 53, 80, 84, 87, 101, 104, 106, 107, 165, 185, 202, 289
좁은가슴잎벌레→잎벌레
종구19, 272, 271, 275
주아 268, 272, 273, 275, 276, 277, 551, 552, 553
줄기무름병 96, 105

쥐눈이콩 419, 430, 432
지칭개 47, 329, 487
진딧물 20, 42, 43, 46, 47, 88, 89, 90, 96, 97, 146, 197, 207, 267, 329, 331, 378
쪽파 528, 555

ㅊ

차광망 483, 486, 533, 534
차먼지응애 360, 361
차이브 500, 518~521
참나리 551~553
참외 403~409
청경채 42, 108~111
초피나무 259, 511~524
총각무 42, 116~119, 305
추어탕 259, 324, 503, 522, 524
취나물 462, 464, 465~469

ㅋ

카로틴 120, 162, 295
케일 42, 45~47, 50, 92~99
코스모스 571, 572
콜리플라워 42, 80, 100~107

ㅌ

탄저병 380
토란 318~325
토마토 55, 363~371

ㅍ

파드득나물 462~464, 475~478
페퍼민트 506~508
풋마늘 253, 256, 259

피 58, 84

ㅎ

하루나→유채
한랭사 43, 45, 51, 53, 54, 62, 70, 71, 80, 81, 82, 83, 98, 107, 143, 200, 305
한줄심기 298, 319
호광성 17, 356
호박 17, 29, 394~402
호박고구마 310, 316
호박과실파리 400, 402
호랑나비 애벌레 523
호암성 17, 243, 396
환삼 35, 36, 399, 402
휘어심기 441, 445
휴면 19, 208, 227, 235, 236, 253, 271, 272, 297, 410, 437, 465, 466, 479, 483, 529
흰콩 418, 430~436

농부가 세상을 바꾼다

귀 농 총 서
guidebook

땅심 살리는 퇴비 만들기
_석종욱이 들려주는 내 땅 살리는 퇴비제조법

석종욱 지음 | 국판 259쪽 | 올 컬러

땅심을 살려야 농사가 산다!

농업의 모체는 흙이다. 그런데 재배과정에서 땅에 오염이 발생한다면 어떻게 될까? 또 땅심이 부족하면 어떻게 될까? 오염물질은 먹을거리를 통해 우리 몸에 들어올 것이고, 땅심이 약한 곳에서는 절대로 좋은 먹을거리가 생산될 수 없을 것이다. 이 땅심을 확보하는 데 가장 필요한 것이 유기물이지만, 무조건 유기물을 준다고 땅심이 좋아지는 것은 아니다. 생(生)유기물을 사용하면 땅속에서 발효가 일어나 작물에 피해를 주기 때문에 미리 발효시켜 퇴비로 만든 뒤 사용해야 한다. 이 책에서는 '땅심 살리는' 퇴비를 만들기 위한 재료 선택부터 기술적인 제조방법과 사용효과 등에 관해 설명한다. 수십 년간 오로지 퇴비 연구에만 몰두해온 저자의 땅심 올리기 노하우가 상세히 밝혀져 있다. 모든 농사, 특히 친환경농업(유기농업)에 힘을 쏟는 분들에게 이 책은 큰 성취감을 안겨줄 것이다.

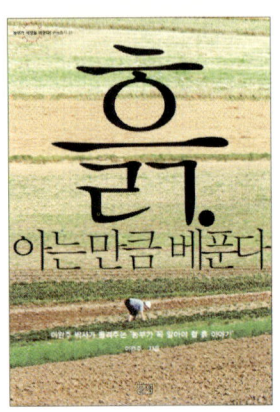

흙, 아는 만큼 베푼다
_이완주 박사가 들려주는 '농부가 꼭 알아야 할 흙 이야기'

이완주 지음 | 국판 336쪽 | 올 컬러

우리가 미처 몰랐던 흙의 속사정

농업인에게 흙은 애증의 대상이자 생계의 수단이다. 좋은 흙, 건강한 흙 없이는 소출을 낼 수 없다. 하지만 흙의 성격을 잘 이해하고 친하게 지내는 사람은 별로 없다. 그 속을 들여다볼 수도 없거니와 그 안에서 끊임없이 일어나는 화학적인 변화를 도무지 예측할 수 없는 탓이다. 그만큼 흙 속에서 이루어지는 다양한 변화는 상상 이상으로 복잡하다. 알기 쉽게 설명하기도 어렵다.
이 책은 어렵고 복잡한 흙의 생리를 이야기처럼 풀어내어 독자를 변화무쌍한 흙의 세계로 안내하는 길라잡이다. 필자가 이 책에서 강조하는 키워드만 확실하게 이해해도 흙을 알고 농사를 살리는 데 문제가 없을 것이다.

나의 애완 텃밭 가꾸기

이학준 글·그림 | 크라운판 변형 248쪽
중국 하남과기출판사 수출

공감 백 퍼센트, 만화로 읽는 텃밭 매뉴얼

텃밭 가꾸는 데 필요한 거의 모든 내용을 만화로 재현한 책. 거름을 만드는 법부터 씨 뿌리기, 모종 심기, 물주기, 웃거름 주기, 솎아주기, 수확하기 등 텃밭농사에 필요한 A부터 Z까지를 포괄적으로 다루되, 실전에서 우러나온 경험을 양념처럼 곁들여 읽은 즐거움을 배가했다. 일단 책을 펴놓고 읽으면서 머릿속에 남은 것을 따라 하면 된다. 텃밭농사를 시작하는 시점인 3월부터 농기구를 정리하고 사람도 땅도 잠시 휴식을 취하는 11월까지 텃밭농사법을 월별로 정리하여 해당 월에 꼭 하고 넘어가야 할 일이나 잊으면 안 되는 점들을 정리해놓았다. 귀농을 꿈꾸거나 준비하는 사람들의 필독서.

내 손으로 가꾸는 유기농 텃밭

전국귀농운동본부 엮음 | 국판 291쪽

내 손으로 키워 먹는 텃밭농사가 진정한 참살이다!

농사를 지으려고 해도 마땅한 농서를 구하기 어렵다. 겨우 구했다 해도 용어들이 너무 낯설거나 전문적이라 쉽게 이해할 수가 없다. 이 책은 기존 농서의 단점을 최대한 보완하여, 전문적으로 농사를 짓는 사람뿐 아니라 초보자도 이해하기 쉽게 풀어 쓴 최고의 유기농 입문서다. 특히 일본식, 영어식으로 혼용된 농사 용어를 과감히 우리말로 고치고, 문장도 편안한 에세이 식으로 쓰려고 한 저자의 노력이 돋보인다. 내용 또한 알차다. 무엇보다 우리 전통방식의 농법을 충실하게 소개함으로써 독자들이 전통농법에 한결 쉽게 다가설 수 있도록 도왔다.

도시 사람을 위한 주말농사 텃밭 가꾸기

전국귀농운동본부 엮음 | 국판 287쪽

내 손으로 짓는 무공해 유기농사

텃밭을 찾는 도시 사람들이 점점 늘어나고 있다. 나와 내 가족이 먹을 것을 직접 길러 먹기 위해서다. 더는 안전하다고 볼 수 없는 먹을거리를 가만히 앉아서 소비하기보다는 스스로 '생산'의 주체가 되고 싶은 초보 농부들. 그들을 위해서 식물을 기를 때 알아야 할 기초적인 정보부터 곡식, 채소, 양념, 과일 등 다양한 작물을 기르는 방법까지 담았다. 농약과 제초제에서 벗어나 자연의 힘으로 가꾸는 텃밭은 도시 사람에게 건강한 먹을거리와 함께 생명을 기르는 즐거움, 땅을 치유하는 기쁨을 안겨줄 것이다.

도시 농업

_도시농사꾼이 알아야 할 모든 것

전국귀농운동본부 텃밭보급소 엮음 | 국판 284쪽

재미없는 돈벌이에서 벗어나 신명나는 생명의 잔치에 참여하라!

요양병원 옥상에 텃밭을 일구어 노인들의 정서적 안정을 돕는 도시텃밭 보급원, 학교 화단에 텃밭을 가꿔 아이들에게 바람직한 생태교육 및 자연 체험학습을 유도하는 선생님들을 비롯해, 농사 공동체를 만들어 주말마다 교외 농장에서 땀을 흘리는 도시농부, 조례와 각종 지원을 맡아주는 제도 전문가 등 우리나라에서 내로라하는 도시농사꾼들의 다양한 목소리가 담겨 있는 책. 현장과 정책, 즉 민(民)과 관(官)의 진솔한 이야기가 한데 어우러져 있어서 입체적으로 도시농업을 파악하는 데 도움을 준다.

무농약 유기벼농사

_다양한 논 생물을 살린 억초법과 다수확의 포인트

이나바 미쓰쿠니 지음·김준영 옮김 | 국판 303쪽

누구나 할 수 있는 무농약 유기벼농사, 그 확실한 성공 포인트

30년에 걸친 환경보전형 벼농사 기술 확립운동 속에서 실증되고 확립되어온 유기벼농사 기술체계를 쉽게 정리한 책이다. 이 책에서 소개하는 농법은 생물 생산력이 높은 아시아 몬순 풍토에서 성립된 유기벼농사 기술로, 다양성이 풍부한 무논 생물을 재생하여 그 생태를 벼농사에 오롯이 활용하는 수법이다. 그 성공 포인트는 크게 세 가지다. 모내기 30일 전부터 담수와 심수관리를 할 것, 어린 치묘가 아닌 4.5엽 이상의 성묘를 이식할 것, 쌀겨 중심의 발효비료를 투입할 것. 이상의 세 가지를 중심으로 한 기본기술을 지키면 모내기 후 단 한 번도 논에 들어가지 않아도 밥맛 좋은 쌀을 다수확할 수 있다.

제초제를 쓰지 않는 벼농사

민간벼농사연구소 지음·김광은 옮김 | 국판 260쪽

전통 농법에서 끌어낸 친환경 제초법

이제 농사에서 잡초를 제거하려면 제초제 말고는 달리 방법이 없다는 낡은 사고방식에서 벗어나야 한다. 내분비 교란물질로서 환경호르몬이 주성분인 제초제를 벼농사에 쓰기 시작한 지도 50여 년이 지났다. 그러나 환경호르몬의 존재가 밝혀진 것은 겨우 몇 년 전의 일이다. 벼에는 거의 흡수되지 않는다고 안심하는 사람도 있겠지만, 제초제가 흙과 함께 강으로 흘러들어 가 바닷물고기에 축적되는 것은 피할 수 없는 사실이다. 당장은 안전하다고 계속 제초제를 쓴다면 앞으로 어떤 문제가 더 발생할지 모른다. 더 이상 환경을 오염시키지 않기 위해 제초제를 쓰지 않고서도 잡초를 억제하는 방법을 진지하게 모색하는 책.

강대인의 유기농 벼농사

강대인 지음 | 국판 170쪽

대안은 유기농업이다!

우리의 벼농사를 지킬 수 있는 대안은 유기농업밖에 없다는 인식이 널리 퍼지고 있다. 하지만 정작 농부들은 유기농업을 하고 싶어도 할 줄 모르고 배우고 싶어도 배울 데가 없다. 이 책은 30년 가까이 유기농으로 벼농사를 지어온 저자의 체험과 연구내용을 담고 있다. 특히 농민들이 일상적으로 쓰는 농사용어를 그대로 사용하고 그들의 농사방식을 실었다는 점에서 주목을 끈다. 생태농업에서 '벼 박사'로 통하는 고 강대인 씨는 "작물은 주인의 발소리를 들으며 자란다"는 선조들의 말씀을 신조로 삼아 벼와 대화를 나누며 농사를 짓고, 벼에도 사주팔자가 있다면서 하늘의 기운에 맞춰 날을 받아 파종했다. 자연의 심부름꾼으로서 농부의 삶 자체를 살다간 저자의 생생한 육성을 들을 수 있는 독보적인 유기농 책이다.

생태농업이란 무엇인가

전국귀농운동본부 엮음 | 국판 325쪽

참살이, 참농사를 위한 생태농업의 모든 것!

현대 농법이 자랑하는 높은 생산력과 효율성의 실체란 무엇인가? 그것은 다름 아닌 자연의 순리를 거스르고 땅을 약탈하고 생태계를 파괴하며 작물을 한낱 생산수단으로 전락시켜버린 주범이다. 생산과정에서 화학약품과 화학비료가 들어가고, 또 그렇게 만들어진 생산품은 석유를 태워 자동차를 타고 도시로 스며들어 밥상에 오른다.

생태농업은 석유와 기계, 화학재료에 현혹되지 않고, 논과 밭에 사는 모든 생명체들이 땅에서 생산되는 것에 의지하여 먹고 입고 번식하고 살아가는 이치를 자각하고 실천하는 일이다. 이 책은 사람 또한 자연과 생명체의 일원이란 사실을 겸허히 깨달으며 자연의 풍요에 동참하여 생명을 양육하는 사람들의 삶과 농법을 다루고 있다.

농업이 문명을 움직인다

요시다 타로 지음 · 김석기 옮김 | 국판 372쪽

전통 농업이 희망이다

석탄도 원자력도 석유를 대신해서 공업사회와 현대농업을 유지할 만한 힘이 없다. 안타깝게도 석유 생산은 2012년을 기점으로 생산량이 정점에 달했다가 급하락할 전망이다. 따라서 종자 생산부터 수확에 이르기까지 농사의 전 과정을 석유에 의존하는 현재의 농경법으로는 인류의 식량을 담보할 수 없다. 하지만 식량 문제를 해결하지 않는 한 미래 사회에는 희망이 없다. 저자 요시다 타로는 "옛날로 돌아가면 좋은 것이 있을까, 전통 농업으로 모든 세상사가 쉽게 해결될까?"라고 물음을 던지면서 쿠바, 마야, 인도, 스리랑카, 뉴기니, 발리 등 각 나라의 전통 농업을 소개한다.

자연의 빛깔을 닮은 장인들

전국귀농운동본부 엮음 | 신국판 변형 222쪽

자연과 전통 그리고 장인정신을 이어가는 사람들

장인, 그는 생명과 사물의 이치, 그 결을 따르는 사람이다. 그것이 지혜다. 지혜란 삶을 깊이 통찰하는 것이다. 그러기에 그는 결코 억지로 자연의 순리를, 그 바탕을 거스르는 무리를 범하지 않는다. 이는 마치 제재소에서 기계로 켜는 나무가 대부분 크기와 규격에 따르는 것에 비해 능숙한 목수가 손으로 다듬는 나무는 그 결을 따르는 것처럼 그는 일이 되어가는 과정과 그 결을 알고 이에 따르는 사람이다.

장인은 전통을 계승하는 사람이다. 전통이란 인류가 자연과의 관계에서 지속적인 삶을 이어가는 생태적 삶의 지혜다. 이 땅에서 살아오던 조상들의 슬기와 토착적 기술을 이어받아 전해 내려오는 전통을 지키려는 마음, 그것이 장인정신의 밑바탕인 것이다.

시골집 고쳐살기

_인생을 담은 맞춤형 생태주택

전희식 지음 | 신국판 변형 240쪽

시골집을 고쳐 살면 뭐가 좋은데?

시골 살림집 고쳐 살기의 장점과 묘미는 '맞춤형'이자 '생태형'이라는 점. 집주인의 형편이나 취향에 맞춰서 고쳐 살 수 있으니 좋고, 새 집을 짓는 과정에서 발생하는 자연 훼손 문제를 염려하지 않아도 좋으며, 집을 고치기 시작하는 순간 진정한 동네 주민이 될 수 있기 때문이다. '겨울에는 좀 춥게 살고, 여름에는 좀 덥게 사는 집, 여러 가지로 불편하지만 좋은 집, 늘 손봐야 해서 즐거운 집'에 대한 정겹고 실용적인 이야기를 담은 이 책은 조금 불편하지만 자연과 더불어 그리고 이웃과 더불어 행복하게 살아갈 수 있는 생태적 삶을 향한 첫 걸음으로 안내하는 친절하고 따뜻한 그러면서 매우 실용적인 집고치기 이야기를 담아냈다.

이웃과 함께 짓는 흙부대 집

김성원 지음 | 사륙배판 변형 320쪽

국내 최초의 흙부대 집 건축 보고서

저자는 이 책에서 몸소 체득한 흙부대 건축의 노하우를 꼼꼼하게 소개한다. 어떤 방식을 택할 것인지, 건축자재는 어디서 구입하는지, 시공할 때 주의할 점은 무엇인지를 친절하게 알려주고 있다. 또한 다양한 사례를 통해 흙부대 건축의 역사와 적용, 발전 양상을 안내한다. 그러나 그가 무엇보다 집중적으로 조명한 것은 우리 주변에서 흙부대로 집을 지은 사람들의 생생한 건축이야기다. 『이웃과 함께 짓는 흙부대 집』은 지역공동체와 더불어 집짓기를 꿈꾸는 모든 이의 나침반이다.

내 손으로 만드는 햄 소시지 베이컨

김준권·홍문국 지음 | 국판 176쪽

유축농업의 과정에서 반드시 다루어야 할 문제에 대한 해결책을 제시한다

이 책에서 제시하는 육가공이란 어떻게 고기를 가공할 것인가 하는 기술적 차원만의 문제가 아니라, 제대로 된 생명의 먹거리를 어떻게 바라보고, 어떻게 마련해야 하는지를 생각하면서 스스로 생명의 밥상을 마련하는 일이기도 하다. 본래 육가공은 맛과 보존성을 높이고 가격의 등락에 따른 경제적 손실을 줄이려는 것에 그 목적이 있다. 그러나 시중에 유통되고 있는 가공품들은 제조회사가 최소의 투자로 최대의 이익을 얻기 위하여 생산 판매하는 것들이 대부분이다. 여러 가지 화학첨가제로 버무려져 제조·유통된 후 식탁에 오르므로 건강에 이로울 리가 없다. 이 책은 소비자로만 머물던 독자들을 새로운 가치를 생산하는 창조자의 길로 안내하는 귀중한 나침반이다.

숨쉬는 양념·밥상

_쉽고 편하게 해먹는 자연양념과 제철밥

장영란 글·김광화 사진 | 크라운판 변형 352쪽 | 올 컬러

평생 곁에 둬야 할 '손맛 이론서'

올해로 귀농한 지 15년이 된 저자가 전하는 '자연스럽고 건강한' 밥상 노하우. 모든 맛의 기본인 양념 만들기와 밥상의 중심인 밥 짓기에 초점을 맞춰 쉽고 소박한 요리법을 선보인다. 장 담그는 일은 시간과 정성이 들어가는 일이라 다들 어려워하기 마련이지만, 도시에 사는 독자들도 할 수 있도록 최대한 간편한 방법을 추렸다.

진정한 요리는 화려하고 특별한 음식이 아니라 우리가 늘 먹는 식단에서 시작해야 한다. 한국인의 밥상에 꼭 등장하는 양념과 밥은 요리의 기본이자, 평생 먹고 살아야 하므로 더욱 중요하다. 기본에 충실하면 어려웠던 요리가 이해되고 곧 즐거운 경지에 오른다. 베테랑 주부에게 밥 짓는 일은 요리가 아닌 것처럼, 장 담그는 일도 조금씩 습관처럼 하다 보면 몸에 익은 하나의 일상이 될 수 있다. 그대로 따라 하는 요리책이 아닌, '나만의 비법'을 갖게 해주는 요리 이론서와 함께한다면 숨어 있는 손맛 유전자가 깨어날 것이다.

농사꾼 장영란의 자연달력 제철밥상

장영란 글·김정현 그림 | 사륙배판 변형 360쪽 | 올 컬러

2008년 정농회 선정도서

24절기 자연 흐름에 맞춘 자급자족 밥상

이 책은 단지 먹을거리만 소개하고 있는 것이 아니다. 절기에 맞춰 자연의 흐름을 이해하기 쉽게 보여주는 훌륭한 자연교과서라 할 수 있다. 절기마다 피고 지는 꽃, 찾아오는 새들의 울음소리와 다양한 동물들과 벌레들의 활동, 그에 맞춰 진행되는 농사일들, 그리고 먹을거리에 관한 이야기들이 재미있고 잔잔하게 전개된다. 저자는 자연을 구경만 하는 관객의 입장이 아니라 자연 속에서 자연과 하나 되어 자연을 말하는 태도를 일관되게 취한다. 독자들은 이 책을 통해 자연 속으로 흔쾌하게 빨려 들어가는 즐거움을 맛볼 수 있을 것이다.

"먹을거리가 넘쳐나지만 제대로 먹고 살기는 오히려 힘든 세상이다. 아이 어른 할 것 없이 면역력이 떨어지고 있다. 면역력이란 다른 말로 몸의 자급능력이라 할 수 있다. 몸의 자급능력은 하루아침에 얻어지는 게 아니라 꾸준히 먹을거리를 자급해나갈 때 얻을 수 있다." _ 지은이의 말 중에서

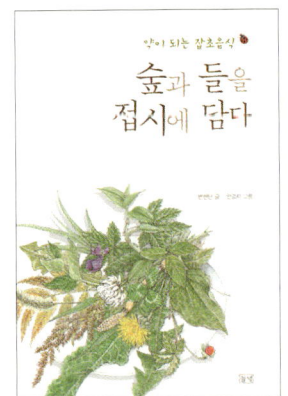

약이 되는 잡초음식 숲과 들을 접시에 담다

변현단 글·안경자 그림 | 국판 320쪽 | 올 컬러

2010년 문화관광부 우수교양도서

약이 되고 찬도 되는 50가지 잡초음식의 향연장!

매일 먹는 밥상에 비상이 걸렸다! 화학재료의 남용으로 우리 밥상이 위험 수위에 오른 지는 이미 오래. 하지만 건강한 밥상으로 바꾸는 일도 만만치는 않다. 이제 인스턴트 음식과 매식에서 벗어나 철 따라 즐길 수 있는 자연산 식물에 눈을 돌려보자. 잡초음식을 상용하여 병도 고치고 건강도 찾은 저자의 생생한 경험담이 그만의 독특한 농철학과 함께 소개된다. 석유가 점령한 우리 밥상의 심각성을 경고하는 1부에 이어, 2부는 우리 산야에 나는 자연산 풀을 일상에서 건강한 먹을거리로 즐길 수 있는 여러 가지 조리법을 소개한다. 풀이나 뿌리뿐 아니라 꽃잎까지 다양하게 활용하여 식탁의 그린지수를 높여본다.

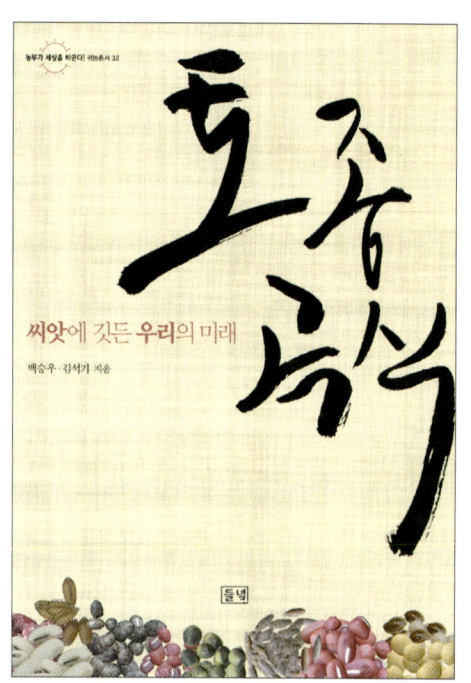

토종 곡식

_씨앗에 깃든 우리의 미래

백승우·김석기 지음 | 국판 224쪽 | 올 컬러

건강한 세상을 만드는 토종 곡식의 귀환!

토종 곡식이 사라지고 있다. 대대손손 농사일을 이어오며 부모로부터 곡식 씨앗을 받아 기르던 농민이 줄어들면서 그 씨앗도 함께 사라졌다. 씨앗의 소멸은 또 다른 소멸을 부른다. 씨앗이 없으면 다양한 작물을 기를 때 사용하던 농기구, 농사법 등이 사라지고, 그 곡식으로 해먹었던 요리마저 없어진다. 우리네 고유한 농경문화가 사라지는 것이다.

이 책은 아직 살아 있는 토종 씨앗에 관한 기록이다. 밀, 호밀, 보리, 율무, 수수, 팥, 콩, 조, 기장, 참깨 등 이름만큼 모양새도 각기 다른 곡식들. 이들은 '잡곡'으로 불리며 '잡스러운' 취급을 당했지만, 쌀의 빈자리를 채워준 고마운 존재다. 무관심 속에서도 여전히 살아 숨 쉬고 있는, 풍요롭고 건강한 토종 곡식 이야기.

내 손으로 받는 우리 종자

안완식 지음 | 국판 324쪽 | 올 컬러

2008년 진안군청 선정도서

대대로 내려온 우리 농부들의 자가채종법

자가채종을 하는 비전문가들이나 오래전부터 전해 내려오는 농부들의 방법을 국내 최초로 체계화한 책. 한 뙈기 밭에서도 얼마든지 우리 종자를 키워낼 수 있다. 종자는 농가 현지에서 계속 재배되어야 한다. 같은 종자라도 100년 동안 냉장고에 있던 것과 현지에서 계속 재배되고 채종해온 것은 전혀 다른 종자가 된다. 종자란 환경 변화에 능동적으로 대응할 줄 아는 생명체다.

이 책은 60여 가지 필수 작물들의 유래와 채종법, 그리고 종자의 사후 관리법까지 꼼꼼히 담아냈다. 우리 땅 우리 토종을 지키는 사람들을 위한 최고의 길라잡이.

먹기 싫은 음식이 병을 고친다

_돌파리 突破理 임락경의 약이 되는 쓴소리

임락경 지음 | 국판 228쪽

조목조목 알려주는 '임락경'표 자연건강법

한의도 양의도 아니면서 건강서를 펴내게 된 임락경은 강원도 산골에 있는 시골교회 목사다. 그는 사람의 몸을 하나의 완성된 유기체로 파악하고, 머리가 아픈 것이나 기침이 나는 게 몸의 조화가 깨져서 일어나는 증상이라고 주장한다. 의사의 처방이나 약물에 의존하지 않고 건강하게 살 수 있는 법을 알려주는 책.